“十三五”国家重点出版物出版规划项目

总主编 檀传宝

公民教育研究

GONGMIN JIAOYU YU GUOJIA JIANGOU DE
HUDONG GUANXI YANJIU
JIYU ZHONGGUO JINDAI GONGMIN JIAOYUSHI DE KAOCHA

公民教育与国家建构的互动关系研究

基于中国近代公民教育史的考察

◎刘争先 著

浙江教育出版社·杭州

本书为国家社科基金教育学青年项目：基于中国经验的公民教育与国家建构的互动机制研究（项目编号：CEA150168）成果。

纪念我的父亲 刘学超（1941.10—2008.5）

总　序

今天,我们为什么亟须开展公民教育?

有积极与消极两个方面的理由。

必须大力开展公民教育的积极理由,在于个人生活幸福和法治社会建设的建构。前者是个体的视角,后者是社会的视角。

从个人生活角度看,"人民对美好生活的向往,就是我们的奋斗目标"[①]。我国每一个国民幸福生活的需要,乃是开展公民教育的一个最重要的理由。一个人生活是否幸福,当然取决于能否获得更好的教育、更高的收入、更可靠的社会保障等。而一个更重要的指标还在于:作为个体存在,他是否拥有尊严,是否得到善意与平等的对待,是否能够以社会主体的身份拥有参与公共生活的权利与机会,等等。今天的中国已经成为总量意义上的世界经济大国,有条件让每一个中国人都获得更多的自由、平等与尊严。但是,自由、平等、尊严这类被称为"天赋人权"的东西,却非仅仅依靠制度建设而未经教育即可安享。如何让自由不成为对自由的伤害,让平等不成为平等的障碍,让尊严不成为社会参与的割裂与破坏性力量……这些是任何一个社会都应该通过公民教育去完成的历史课题。

---

① 习近平. 习近平谈治国理政[M]. 北京: 外文出版社, 2014: 4.

从社会发展的角度看，法治社会建设的重要基础在于公民教育的开展。中国正走在一条伟大的道路上——一个重要的体现就是政府和多数民众都已经形成了建设法治国家、实现国家治理现代化的政治共识。唯有实现真正的法治，中国社会才能彻底摆脱权大于法的人治思维及其导致的权力寻租、贪污腐败等泥淖，真正实现中华民族的伟大复兴。法治社会乃至整个国家治理的现代化都并非只是一个简单的制度架构，没有现代意义上的公民作为法治社会的主体，则无论是法治的建设还是法治的实施都可能成为无源之水、无本之木。因此，认真研究、实践公民教育，乃是当前中国社会主义法治建设和整体文明进步的迫切需要和基础工程。

换言之，要建设法治中国、要让人民生活幸福，高品质公民教育建构与实践势在必行。

至于公民教育的消极理由，下面从国家认同、权利认同两个维度予以简要说明。

当代社会，在全世界范围之内，国家认同都是一个十分重要又充满挑战的课题。这是因为，一旦国家认同出现问题，国家动荡乃至分崩离析，则不仅“国家”而且普通民众都会付出极其沉痛的代价。近年东欧、中东一些国家的动荡与苦难正可谓殷鉴不远。但是国家认同既牵涉文化认同、政治认同等复杂的理论争议，更涉及国家与社群、民族，国家与超国家，国家与世界等等现实政治关系，稍有不慎，就会导致剧烈的社会冲突。英国就是一个国家认同面临挑战的典型案例——它既有内部认同问题（苏格兰问题），又有外部认同问题（脱离欧盟后，如何处理与欧洲大陆的关系）。两大问题没有一个是好处理的。当今中国正处在“鸦片战争以来发展最好的历史时期”，甚至有人预言，21世纪将是“中国世纪”。但是就在这个“最好的历史时期”,仍然存在国家认同问题。如何处理文化认同与政治认同的关系,如何处理中国公民身份与全球公民、族群成员、社区公民身份之间的关系,已经成为全社会最迫切的现实问题之一,教育当然也无法置身事外。建构理性、和谐的中国公民身份,既是中国公民教育最重要的任务之一,也是中国公民教育存在价值的重要确证。

权利认同则是基于个体维度的另外一大挑战。一方面,中国长期封建专制的历史造成了许多漠视公民基本权利的观念、制度与社会生活的惯性,制度与观念的现代化任务远未完成。在公民权利意识的唤醒与教育养成方面,公民教育的任务仍然十分艰巨。另外一个方面,在今天的中国,自由、人权等美好的词汇又常常成为某些极端个人主义或者赤裸裸的利己主义的遮羞布。比如:某些年轻人理直气壮地享受着在现代社会任何意义上都并不存在的“啃老”的“权利”的同时,却不愿意承担最基本的赡养父母、抚育子女等法定与道德义务。又比如,灾难发生时,弃学生不顾而率先逃命的教师,竟然试图用所谓的生命权、个人自由等漂亮的“权利”辞藻将自己打扮成个人主义的道德英雄……按照康德所说的“绝对命令”,一个伦理概念只有经过普遍化才能成为一个理性的概念。换言之,任何只有自己单方面才有的所谓“权利”,其实都是特权、非理性的诉求。没有相应义务的权利,向来都是无法成立的观念上的空想。因此,如何让儿童和成人将自己的权利与他人的权利看成是同等重要的诉求,将自己的权利主张与对他人、家庭、社会与国家的必要义务建立正常、内在的连接,如何让每一个公民都因全面深入地理解不同公民身份的权利与义务的意涵而高贵地生活于当代世界,从而获得世人对中国国民人格发自内心的尊重,同样是中国社会面临的迫切任务。

简言之,建立理性和牢靠的国家认同、权利认同,更需要高品质公民教育的建构与实践。

认可公民教育对于当代中国发展与进步极其重要的意义,是这套“公民教育研究”丛书以及本世纪初以来慢慢勃兴的中国公民教育研究共同的逻辑前提。而富有个性与创造性的选题与内容、年轻而富有活力的作者群体,以及出版社富有远见的大力支持,已经让本套丛书独具特色。衷心希望本套丛书的出版,能够成为中国公民教育理论建设与实践推进道路上一个崭新而重要的里程碑!

檀传宝

2016 年 8 月 22 日

于京师园三乐居

目录

CONTENTS

绪　论

人们自己创造自己的历史，但是他们并不是随心所欲地创造，并不是在他们自己选定的条件下创造，而是在直接碰到的、既定的、从过去承继下来的条件下创造。一切已死的先辈们的传统，像梦魇一样纠缠着活人的头脑。当人们好像只是在忙于改造自己和周围的事物并创造前所未有的事物时，恰好在这种革命危机时代，他们战战兢兢地请出亡灵来给他们以帮助，借用它们的名字、战斗口号和衣服，以便穿着这种久受崇敬的服装，用这种借来的语言，演出世界历史的新场面。

——马克思

一、研究问题的提出与研究边界的勘定

（一）选题缘起与研究问题

2013 年 11 月，《中共中央关于全面深化改革若干重大问题的决定》提出全面深化改革的总目标是完善和发展中国特色社会主义制度，推进国家治理体系和治理能力现代化。[①] 国家治理必须解决两个基本问题：治理的有效性与正当性。俞可平认为，有效的国家治理体系涉及三大要素——“治理主体、治理机制和治理效果”，“国家治理体系的现代化，最重要的还是体制机制的现代化和人的现代化”。[②] 人的现代化是国家治理有效性的关键要素。与此同时，为了提升国家治理的有效性，必须塑造国家权力的正当性。国家权力有正当性，国民才对国家负有政治义务。国家权力的正当性是解决国家治理有效性和稳定性的重

① 中共中央关于全面深化改革若干重大问题的决定[R]. 北京：人民出版社，2013：3.

② 俞可平. 推进国家治理体系和治理能力现代化[J]. 前线，2014（1）：5—6，8.

要方式。[①] 由是观之，治理的有效性有赖于人的现代化；治理的正当性建基于国民的认可。学校教育是实现人的现代化并塑造国家权力正当性的关键途径。因此，我们需要将公民教育置于国家治理的脉络之中，将其视为国家治理体系的重要组成部分。

在国家治理现代化的时代背景下，教育作为国家治理体系的重要领域，教育部提出推进教育治理体系与治理能力的现代化的目标。[②] 当我们将当前的教育制度置于百余年来中国现代教育制度建立和发展的历史视野中，最鲜明的特点即在于国家权力积极而全面地介入教育领域，其中表现最为显著的领域即是关涉国家权力正当性的公民教育。近代以来，为实现社会整合，塑造国家权力的正当性，国家积极在新式教育中推行公民教育。公民教育与中国现代国家建构几乎同步兴起并发展。国家能力与国家权力正当性之间的内在张力，使得国家能力有其限度并使公民教育的相关政策实践产生非预期后果。

本研究基于中国近代公民教育发展的历史社会学考察，尝试解释中国近代公民教育兴起和发展演变的原因，明晰国家建构进程对公民教育兴起和发展演变产生的影响，以及公民教育在国家建构进程中所产生的作用，进而探讨公民教育与国家建构的互动关系。具体说来，此项研究试图回答以下两个问题：

首先，解释中国近代公民教育的兴起和演变。

鸦片战争以来，中华民族面临“数千年未有之变局”[③]，知识分子为挽救民族危亡进行了长期探索。甲午战争惨败、清末新政流产、辛亥果实被篡夺，使得有识之士日益认识到“新民”对于救亡图存的重要性，提出要用西方的近世文明来启蒙国民，催生“新民”“国民性改造”“教育救国”等思潮。从新民到教育救国，贯通其中的一条主线是，知识分子希望通过教育来塑造现代公民，从而实现救亡图存。对此，可称之为立国而新民。这一逻辑起点的不同亦使中国公民教育与西方有着前提性差异。发端于清末民初的中国公民教育，在20世纪二三十年代取得显著成效，形成颇具影响的公民教育运动。

---

① 周濂. 现代政治的正当性基础[M]. 北京：生活·读书·新知三联书店，2008：5，49—143.

② 袁贵仁. 深化教育领域综合改革　加快推进教育治理体系和治理能力现代化——在2014年全国教育工作会议上的讲话[N]. 中国教育报，2014-2-13.

③ 李鸿章. 李鸿章家书[M]. 邓曙光，编注. 北京：中国华侨出版社，1994：172.

对于中国近代公民教育兴起和演变的原因，已有研究并未给予足够的重视，也未提供有解释力的分析：这些研究或是仅仅将近代公民教育运动作为一个既成史实加以研究，或是概括地指出救亡图存的国家主义和民族主义等思潮是中国近代公民教育兴起的原因。可是，我国自 1840 年鸦片战争以来就面临着严峻而深重的救亡形势，为何直到近百年后才催生这一运动？此外，对于自晚清、北京政府以至南京政府时期，学校课程设置上历经"修身"到"公民"以至"党义"的转变原因，已有研究也缺乏解释力。

显然，我们需要以一个更具根本性的视野来探求中国近代公民教育兴起及发展变迁的原因，那就是国外武力入侵的冲击使得中国面临帝国的统治危机和国人的意义危机[①]，迫使中国从传统帝国向现代民族国家转型。面对外来武力入侵和西方文明冲击，中国传统文明体系在制度和价值上出现严重危机，使中国必须从传统儒法帝国转型为现代民族国家，开启中国现代国家建构的进程。对此，有学者指出，1840 年以来，对中国现代化进程而言，国家建构是现代中国制度变革的原始动力。[②] 中国现代国家建构进程是公民教育兴起与发展变迁的动力与条件，国家建构理论成为研究中国近代公民教育兴起与发展变迁的应然视角。

其次，解答公民教育领域的"杜威难题"。

20 世纪 70 年代知识社会学的诞生为讨论教育中的知识与权力关系提供了新的视角。知识，尤其是教科书不再被视为价值中立的，而是经过社会建构而形成的"选择性传统"。国家试图干预知识的组织和选择，以再生产权力关系并实现社会控制。[③] 对此，杜威（J.Dewey）在《民主与教育》第七章"教育中的民主概念"提出：由于国家掌握了现代教育的领导权，民主主义教育的实施机构与管理工作由国家承担，那么，"教育系统由国家政府主导，教育的社会目的却不

---

① 张灏. 新儒家与当代中国的思想危机[M]// 封祖盛. 当代新儒家. 北京：生活·读书·新知三联书店，1989：58—60.

② Deng, Kent.State-Building, The Original Push for Institutional Changes in Modern China, 1840-1950[R/OL]. https://core.ac.uk/reader/94983.

③ 扬. 知识与控制：教育社会学新探[M]. 谢维和，等，译. 上海：华东师范大学出版社，2002：1—18.

受局限、不受压制、不被腐化，这是可能的吗？”[①]作为民主与教育关系集中体现的公民教育深受杜威难题的困扰。早在现代公民教育诞生之初，法国启蒙思想家孔多塞（Condorcet）就指出要保持教育中国家权力和个体自由之间的平衡。他谴责国家把教育当作社会控制的工具，倡导教育要“确保每一个人都有机会完善自己的技能，享受自己的权利，并有能力履行自己的义务”。[②]

个体与共同体、权利与责任、公民自由与国家权力等是政治理论的核心范畴，也是公民教育的基本议题。然而，在当前的公民教育研究中，一些学者将这些范畴的内在张力视为公民教育的必然状态，称之为公民教育的二律背反。[③]与此相关，在确定公民教育的定位时，持个人主义立场的学者，将公民权利、公民自由视为至高价值，期望通过公民教育培养个体的公民意识和公民能力，从而保障公民自由，制衡国家权力；持国家主义立场的学者，将公民责任、共同体价值视为首要价值，期望通过公民教育培养个体对于国家的认同，倡言国家至上。可以说，正是杜威难题的困扰，使得两种立场都难以完整认识公民教育的功能。个人主义立场否认国家通过公民教育实现国家建构目标的正当性，国家主义立场则忽视公民自主对于塑造国家权力正当性及国家治理有效性的价值。双方都未认识到公民教育与国家建构之间的互动关系。

回溯国家建构进程中公民教育曾经并且正在担负的使命，可以发现，在民族国家层次，公民教育承担着具有内在张力的双重任务：既要培养个体基于公共理由行使其公民权利，实现个人自主的发展，又要培养个体理性的国家认同感，承担对国家的公民责任。公民教育的双重任务并非是整合不同传统的公民教育[④]，而是源于公民教育与国家建构的内在逻辑关系。国家建构不仅要增强国家能力，也必须对国家权力予以正当化。因而，不同国家都面临相似的本质困境：如何保持国家凝聚力和国家权力的正当性。尽管一个国家的历史和文化传统对其公民教育的价值取向和发展轨迹有着重要的影响，然而，决定公民教育目

① 约翰·杜威. 民主与教育[M]. 薛绚，译. 南京：译林出版社，2014：88.

② 安迪·格林. 教育与国家形成：英、法、美教育体系起源之比较[M]. 王春华，等，译. 北京：教育科学出版社，2004：154.

③ 高伟. 现代性图景中公民教育的二律背反[J]. 教育学报，2012（4）.

④ 唐克军. 比较公民教育[M]. 北京：中国社会科学出版社，2008：1—26.

标的根本因素是国家建构的历史进程。[①]

因而，本研究力求通过国家建构的视角检视近代公民教育兴起与发展变迁的原因，展现不同阶段的国家掌权者如何通过公民教育推动国家建构的进程，以及公民教育如何受制于国家建构的基本议题在个体和国家之间的游移。正如涂尔干（Durkheim）所言："历史有助于我们理解的并不仅仅是教育的组织；它还让我们清楚这种组织旨在实现怎样的教育理念，以及是什么样的一些目标决定了这种组织的存在并赋予其正当性。"[②] 只有确证公民教育兴起和发展的根源所在，才能找到准确定位公民教育目标的逻辑可能性与现实可行性，从而确保公民教育有效地实现其双重任务，破解公民教育领域的"杜威难题"，实现公民教育与国家建构的良性互动。

（二）研究问题边界的勘定

1. 时间

本选题将研究时间限定在 1895 年中日甲午战争结束到 1937 年抗日战争全面爆发期间。选择以 1895 年作为研究起点，是因为甲午战争打破了中国在两次鸦片战争后通过《万民法》与西方国家达成的暂时稳定秩序。日本以民族国家身份战胜中国，使得中国以往的"经世致用"策略彻底失败，现代"国家""国民""公民""民主"等观念开始迅速被引进。[③] 自此，中国知识界和政界精英思考救国的路径开始转换，历经从器物、制度到思想的转变，相继开启现代国家建构和公民教育的历史进程。戊戌变法、清末新政、开设"修身科"以及"新民"思潮正是这一进程的写照。1937 年全面抗日战争爆发后，公民教育问题又有了新

---

① 以深受自由主义传统影响的英国为例，当我们对英国公民教育的发展历程进行历时性的动态考察，我们会发现，自由主义传统只是其公民教育的底色，在不同的历史时期，其公民教育的主要任务和议题也会发生变化。参阅赵明玉. 现代化进程中的英国公民教育研究[D]. 东北师范大学博士学位论文，2008：137.

② 涂尔干. 教育思想的演进[M]. 李康，译. 北京：商务印书馆，2016：22.

③ 清末民初"国家""国民""公民""民主"等观念的兴起与演变，参阅：金观涛，刘青峰. 观念史研究：中国现代重要政治术语的形成[M]. 北京：法律出版社，2009。基于晚清读书人日常阅读史的研究表明，1894 年 6 月到 1895 年 4 月是中国近代史上特殊的一年。民族国家观念进入普通人日常的阅读、交流和情感实践，也使其第一次拥有政治意义上的"同一个中国"。参阅卞冬磊. "中国"的一年：新闻、阅读与民族—国家在日常的兴起（1894—1895）[J]. 传播与社会学刊，2020（52）.

的特殊历史背景，需要另作研究。当然，出于探讨问题的需要，本研究可能会集中于某一阶段或突破这一时间限制。

2. 主题

笔者赞同蒂利（Tilly）等人对于国家建构（state building）和民族建构（nation building）所作的区分。[①] 蒂利根据欧洲的经验，把国家建构和民族建构视为民族国家发展的两个不同历史阶段，并认为国家建构先于民族建构。作为两个密切联系的概念与历史进程，国家建构与民族建构有相互联系、相互支持的一面，也存在相互冲突的一面。这种区分为深入探究公民教育与国家建构的关系奠定了基础。本研究在区分国家建构和民族建构的基础上，系统梳理国家建构的理论脉络，提炼出国家建构的基本议题，探讨国家建构的不同议题对公民教育的影响以及公民教育在国家建构不同议题中的作用，从而形成公民教育与国家建构互动的一般性解释框架。

二、核心概念界定

（一）国家建构

国家建构是指在由传统国家向现代国家转变的过程中，国家逐步实现由间接统治到直接统治的转变，形成相应的国家能力并予以正当化的过程。国家建构需要解决国家的制度形式与价值取向等问题，重构国家、社会与公民的关系，其基本议题是国家能力和国家权力的正当性问题。基于这一概念界定，除特别说明外，本研究均在现代国家的意义上使用国家概念。

（二）公民身份

公民身份不仅是政治理论的基本概念，而且是公民教育的重要理论基础。史珂拉（Shklar）在《美国公民身份：寻求接纳》一书的开篇指出：没有什么概念像“公民身份”那样居于政治的核心地位，也没有哪个概念像公民身份概念那样在历史上那么富于变化、在理论上那么充满争议。[②] 近年来，特纳（Turner）、

---

① 具体的阐述见第一章第二节第二点有关“国家建构的概念厘清”部分的讨论。

② Shklar, Judith. *American Citizenship: The Quest for Inclusion*[M]. Harvard University Press, 1991:1. 转引自T.H. 马歇尔，安东尼·吉登斯，等. 公民身份与社会阶级[M]. 郭忠华，等，编. 南京：江苏人民出版社，2008：编者导言：1.

伊辛（Isin）、郭忠华与郭台辉等人对公民身份的概念内涵及理论脉络做了系统梳理和研究，指出公民身份是连接个体与共同体之间的桥梁和纽带。[①] 为了细致讨论公民教育在国家建构进程中的作用，笔者使用奥斯勒（Osler）和斯塔基（Starkey）对于公民身份的维度划分。公民身份由地位（status）、情感（feeling）和实践（practice）三个相辅相成的部分组成。[②]

（三）公民教育

对于公民教育的概念，学术界普遍认为存在广义和狭义之分。[③] 檀传宝指出，作为普遍教育目的的公民教育是推进教育民主化进程的核心任务，而作为特殊教育形态的公民教育则是教育民主化的最直接承担者。[④] 出于研究需要，本研究采用广义的公民教育概念，即公民教育是指以公民身份的普及为逻辑起点，培育现代公民的教育。

学术界对于晚清的修身科以及南京国民政府时期的三民主义教育是否属于公民教育存在争议。[⑤] 本研究并不预先从价值上判断某一阶段的教育形态是否是公民教育，而是努力从特定的教育目标、教育内容及教育实践中辨识公民教育的因素，从而明晰是哪些因素催生了公民教育的萌芽和发展，塑造了作为自主个体的公民。更为重要的是，本研究以国家建构作为理论分析工具，建立公民教育与国家建构之间的互动关系，也试图证明，学校课程历经“修身”到“公民”以至

---

① 肖滨，郭忠华，郭台辉. 现代政治中的公民身份[M]. 上海：上海人民出版社，2010.

② 奥德丽·奥斯勒，休·斯塔基. 变革中的公民身份：教育中的民主与包容[M]. 王啸，等，译. 北京：教育科学出版社，2012：7.

③ 蓝维，等. 公民教育：理论、历史与实践探索[M]. 北京：人民出版社，2007：21. 学术界对德育概念存在着“大德育”与“小德育”之分，通常使用的“德育”概念属于“大德育”。“大德育”涵盖的范围非常广泛，“公民教育”只是其中一个组成部分。在此，出于本研究的需要，我们统称之为公民教育。关于大德育、小德育的概念分析，参见：檀传宝. 学校道德教育原理[M]. 北京：北京师范大学出版社，2003：2—4.

④ 檀传宝，等. 公民教育引论：国际经验、历史变迁与中国公民教育的选择[M]. 北京：人民出版社，2011：188.

⑤ 舒新城认为公民教育在1927年之后完全消沉下去。舒新城. 近代中国教育思想史[M]. 福州：福建教育出版社，2007：248—261. 栗蕊蕊认为近代公民教育的起点是民国成立之后，将1927年作为公民教育消亡的时点。栗蕊蕊认为1912年至1922年为中小学公民教育的酝酿期。栗蕊蕊. 学校道德教育的本土演进：以公民教育为核心[M]. 北京：中国经济出版社，2014：17.

"党义"的转变,其根本原因在于中国现代国家建构及其进程。

（四）自主性

康德将个人的自主性等同为自主意志。任何社会实体的自主性均指向其偏好与实践之间的契合。涂尔干对自主性的理解为本研究奠定了基调。他指出:对人类来说,自主意味着理解他不得不承受的必然性,并基于对各种事实的充分认识去接受它们。我们不可能违背事物的本性去制定事物的法则,不过,我们却可以自由自在地思考它们,也就是说,通过思考把它们变成我们自己的东西。①

本研究中,不论是作为行为主体的国家,还是承担培养公民使命的教育,都具有相对的自主性,这种自主性是解释国家行为和教育行为及其互动的重要基础。回归国家学派的代表人物斯考切波（Skocpol）② 认为,所谓"国家自主性"（state autonomy）是指,作为一种对特定领土和人民主张其控制权的组织,国家可能会确立并追求一些并非仅仅是反映社会集团、阶级或社团之需求或利益的目标。③ 与之对应,教育也具有自主性,即教育系统所追求的独立于其他社会组织的需求和价值。我们可以将教育的自主性理解为教育系统中偏好与实践的一致性。教育自身的特点和规律是教育自主性的内在依据。

不论是国家自主性,还是教育自主性,研究自主性最基本的任务就是要发掘国家/教育为什么、在什么时候以及如何提出这种与众不同的政策/主张。自主性不是任意政府或教育体系中的一种固定不变的结构性特征,它可以获得也可能会丧失。

三、文献综述

基于问题意识,本部分将已有研究分为三个相互关联的部分予以呈现:首先,回顾作为研究对象的中国近代公民教育的整体研究概况,为研究提供基本背景;其次,针对中国近代公民教育起源、发展和变迁的研究加以梳理,论证以国家建构作为理论视角分析中国近代公民教育的必要性;再次,梳理公民教育与

① 埃米尔·涂尔干. 职业伦理与公民道德[M]. 渠东,等,译. 上海:上海人民出版社,2001:96.

② Theda Skocpol 在不同汉译著作中被翻译成斯考切波或斯考克波。为了方便读者查阅文献,本书不做统一。

③ 彼得·埃文斯,迪特里希·鲁施迈耶,西达·斯考克波. 找回国家[M]. 方力维,译. 北京:生活·读书·新知三联书店, 2009:10.

国家建构关系的相关研究；最后，在此基础上指出已有研究的贡献及不足，作为本研究理论对话的基础。

（一）中国近代公民教育的整体研究

公民教育的产生和发展建立在公民观念兴起和传播的基础上。因而，需要回顾中国近代公民及相关观念的研究，以便明确近代中国人在何种意义上理解和使用公民概念。其次，梳理中国近代公民教育发展、评价的研究，把握历史发展的整体图景。

韦伯指出，古代中国“对于专门适用于‘市民’——因为他们具有城市-公社成员资格——的实体法和诉讼法或者由他们自主任命的法庭却一无所知”，因而，“这里并不存在城镇居民作为（西方）古代和中世纪意义上的‘公民’那种特殊身份”。[①] 直到19世纪末，随着西方文化的传播，中国近代意义的“公民”概念才得以产生。据金观涛和刘青峰的考证，1897年，康有为在《日本书目志》中收录《日本公民必携》一书。而中国人最早用“公民”来指国家成员的用法出现在1899年何启、胡礼垣《新政真诠五编》中。“议院一开，则用人之法必变，无论科甲之士，商贾之家，皆得为议员，但须由公民举。”[②] 据毕苑考证，近代学者杨廷栋最早在学堂教科书中使用“公民”概念。在1902年出版的《政治学教科书》中，杨廷栋多次使用“公民”一词，例如“各种集会，皆出于公民所选举”“其自治皆出于公民之力”等。[③]

晚清知识分子对于“公民”“国民”等概念的理解和使用受到日本的重要影响。池上荣子（Eiko Ikegami）指出，明治时期的日本在吸纳西方政治观念时，并没有将“citizenship”与“citizen”译作“公民权”与“公民”，而是译作“国民”。近代日本的国民建构并未有一个相应的“公民社会”（civil society）为基

① 马克斯·韦伯. 经济与社会[M]. 阎克文，译. 上海：上海人民出版社，2010：1391—1392.

② 金观涛，刘青峰. 观念史研究：中国现代重要政治术语的形成[M]. 北京：法律出版社，2009：509.

③ 毕苑. 近代公民教育的兴起及转向——以公民教科书为中心[C]// 中国社会科学院近代史研究所. 中国社会科学院近代史研究所青年学术论坛（2010年卷）. 北京：社会科学文献出版社，2011：300.

础，而是与其国家建构的历史进程紧密相关。[①]

1902年，梁启超发表《新民说》，宣传从日本汲取的国民教育思想。从此，"国民"逐渐取代"公民"，成为对译和表达西方"公民"概念与思想的有力话语。[②] 与日本近似，由于没有相应的"市民社会"为基础，晚清国民概念缺乏西方公民身份概念所必需的政治主体性。[③] 沙培德（Peter Zarrow）指出，"国民"一词跨坐于最狭义的national和最广义的citizen之间。[④] 季家珍（Judge）则认为，"国民"作为与"citizen"和"citizenship"的对译词，其内涵发生转变，已经具备西方公民概念的某些面向：国民是相对臣民、奴隶而言；国民需要发扬公民道德；应该积极参与社会建设和国家发展。[⑤]

吴永认为，国民话语体现了清末知识分子学习西方民主制度、建立现代民族国家的诉求。[⑥] 那么，晚清的国民是如何将新民与救国建立关联，塑造具有独立人格的国民意识，从而参与政治变革、建设民族国家的呢？对此，梁景和通过提炼构成国民意识的相关要素，如权利与义务、自由与平等、自尊与自治、进取与冒险、合群与公德以及国家思想等，细致梳理清末所形塑的不同于以往个体与他人、个体与社会、个体与国家关系的国民形象。尽管清末的国民意识和参政意识还存在诸多局限，但新的意识出现对于人的现代化和政治现代化具有进步意义。[⑦]

---

① Ikegami, Eiko. Citizenship and National Identity in Early Meiji Japan, 1868–1889: A Comparative Assessment[J]. *International Review of Social History*, 1995(S3).

② 根据金观涛、刘青峰的研究，"公民"一词在1900年后使用次数增多，于1902年达到顶峰之后逐渐减少。金观涛，刘青峰. 观念史研究：中国现代重要政治术语的形成[M]. 北京：法律出版社，2009：509.

③ 沈松侨. 国权与民权：晚清的"国民"论述（1895—1911）[J]. 台北：历史语言研究所集刊，第七十三本，第四分册，2002：685—734.

④ Zarrow, Peter. *Introduction: Citizenship in China and the West, in Fogel, Joshua & Zarrow, Peter(eds). Imagining the People: Chinese Intellectuals and the Concept of Citizenship, 1890–1920*[M]. ME Sharpe, 1997:3—38.

⑤ Judge, Joan. 改造国家——晚清的教科书与国民读本[J]. 新史学，2001（2）：5；Harris, Peter. The Origins of Modern Citizenship in China[J]. *Asia Pacific Viewpoint*, 2002(2).

⑥ 吴永. 近代知识精英的"国民"话语及其政治维度刻画——以梁启超和陈独秀为例[J]. 安庆师范学院学报：社会科学版，2009（8）.

⑦ 梁景和. 清末国民意识与参政意识研究[M]. 长沙：湖南教育出版社，1999.

随着清末到民国时期国家建构进程的变迁,公民概念及公民身份的内涵也随之变化。陈永森指出:清末民初的公民观念经历了从整体性到个体性再到阶级性的转变轨迹。清末民族危机背景下产生的“民”意识被“国”意识压倒,此时的公民观念具有国家整体主义倾向。新文化运动对个体性的张扬促使产生近代意义的公民观。然而,“个性解放”和“自由主义”的公民理想无法解决普通国民的温饱问题,不少知识分子转而关注“平民”,公民的阶级性随之凸显。[①] 古德曼(Goldman)和裴宜理(Perry)讨论自清末至当代中国公民身份的变迁。他们指出,公民身份概念与近代中国争取民族国家独立运动紧密相连,随着国家与社会关系的变动而不断发展变迁。[②] 傅佛果(Fogel)和沙培德主编的论文集《国民想象:中国知识分子和公民身份概念(1890—1920)》细致探讨清末民初现代公民观念、民族观念和国家观念的形成,并将这一讨论置于中西方相关概念的整体视野中加以讨论。其中,贾士杰(Price)指出,面对强势政府试图充任“民众导师”的构想,知识分子的公民理想逐渐被侵蚀。[③] 沈艾娣(Harrison)在《塑造共和国公民:中国的政治仪式与象征(1911—1929)》一书中,基于新文化史的视角,通过聚焦从 1912 年孙中山就任临时大总统到 1929 年孙中山葬礼之间的重要国家仪式,探讨国家如何从无意识转向有意识地通过国家仪式塑造普通民众的“共和国公民”观念。为了反映普通民众面对国家仪式的能动性,沈艾娣探讨了普通民众在参与国家仪式的过程中如何逐渐接受国家精心塑造出的象征意义与国家认同。[④]

中国近代公民教育研究主要呈现以下路径:第一类是基于德育史或德育课

---

① 陈永森. 告别臣民的尝试——清末民初的公民意识与公民行为[M]. 北京:中国人民大学出版社,2004.

② Goldman, Merle & Perry, Elizabeth(eds). *Changing Meanings of Citizenship in Modern China*[M]. Harvard University Press, 2002.

③ Fogel, Joshua & Zarrow, Peter(eds). Imagining the People: Chinese Intellectuals and the Concept of Citizenship, 1890—1920[M].N.Y. : M.E. Sharpe, 1997:160.

④ Harrison, Henrietta. *The Making of the Republican Citizen: Political Ceremonies and Symbols in China, 1911-1929* [M]. Oxford: Oxford University Press, 2000.

程史的考察而进行的公民教育研究[①]；第二类是对当时一系列教育活动家的公民教育思想的研究，如严复、梁启超、蔡元培、晏阳初、李大钊等[②]；第三类是对当时公民教育的发展历程，特别是中小学公民教育整体发展的研究[③]。

中国现代公民教育发轫于清末民初。无论是公民教育理念的引入、公民教育的研究，还是公民教育的实践探索，都受到那个时代强烈的救亡图存意识和启蒙维新思想的深刻影响。因此，20 世纪上半叶的中国公民教育成为当前公民教育历史分期研究的重点。[④] 早在民国时期，舒新城就对民国前期公民教育进行研究。在《近代中国教育思想史》一书第十八章，他从背景、变迁和影响三个方面进行总结。他认为当时公民教育思想是因中国的政治紊乱和世界的民治主义混合激荡而产生。他将清末民初公民教育的发展分为四个阶段：1906—1912 年

---

① 张志建. 中学思想政治课发展史[M]. 北京：北京师范大学出版社，1994；高谦民. 中国小学思想品德教学史[M]. 济南：山东教育出版社，1995；郑航. 中国近代德育课程史[M]. 北京：人民教育出版社，2004；毕苑. 中国近代教科书研究[D]. 北京师范大学博士学位论文，2004；毕苑. 近代公民教育的兴起及转向——以公民教科书为中心[C]// 中国社会科学院近代史研究所. 中国社会科学院近代史研究所青年学术论坛（2010 年卷）. 北京：社会科学文献出版社，2011：300；王颖春. 从修身到公民再到三民主义与党义——民国公民教育课程的演变[D]. 北京师范大学硕士学位论文，2008；陈华. 中国公民教育的诞生：课程史的研究[D]. 华东师范大学博士学位论文，2012。

② 黄仁贤. 严复的三育救国论与近代公民教育的发轫[J]. 教育评论，2000(5)；徐涛. 作为公民教育理想类型的“新民”——《新民说》中的公民教育思想研究[D]. 北京师范大学硕士学位论文，2010；曾鸿祥. 蔡元培公民教育思想研究（1901—1932）[D]. 中央大学硕士学位论文，2007；蒋舟. 晏阳初公民教育思想研究[D]. 华中师范大学硕士学位论文，2008；刘争先. 李大钊公民教育思想研究[D]. 北京大学硕士学位论文，2010.

③ 张凯. 近代中国公民教育及对当前我国教育的启示[D]. 首都师范大学硕士学位论文，2006；Culp，Robert. *Articulating Citizenship: Civic Education and Student Politics in Southeastern China, 1912-1940*[M]. Harvard University Press，2007；阚欣欣. 民国前期中小学公民教育研究[D]. 山东师范大学硕士学位论文，2009；Law，Wing-Wah. *Citizenship and Citizenship Education in a Global Age: Politics, Policies and Practices in China*[M]. Peter Lang Publishing，2011；吴亚玲. 民国时期公民教育研究[D]. 中山大学博士学位论文，2012；栗蕊蕊. 学校道德教育的本土演进：以公民教育为核心[M]. 北京：中国经济出版社，2014；亓娜. 清末民初中小学公民教育研究[D]. 山东师范大学硕士学位论文，2016.

④ 胡君进，刘争先. 中国公民教育研究述评（2011—2015 年）：取向、对象与方法[J]. 中国人民大学教育学刊，2017（2）.

为萌芽期，其时只言爱国爱群的公德而不明言公民；1912—1919 年为第二期，以自由、平等、亲爱为德目，以政治知识为学科的内容；1919—1925 年为第三期，公民教育为人重视，中小学设公民科；1925—1926 为第四期，学校公民教育进而及于社会公民教育；1927 年之后完全消沉下去。[①] 任时先在《中国教育思想史》中将当时的公民教育运动分为萌芽期、盛行与衰落期、复兴期。[②]

高哲一（Culp）考察了民国时期江浙地区学校的公民教育和公民训练，探讨民国时期公民观念如何在学校教育中发展起来、学生对于公民身份的理解如何影响其政治行动等问题。他结合对近年来公民身份理论脉络的梳理，把公民身份分为四个维度（国家认同、政治参与和权利、社会成员身份和文化公民身份），在具体的公民教育实践中考察这四个维度如何相互关联，从而塑造一个好公民。通过探讨公民教育与文化变革和社会有机体的关系，社会动员等公民教育的形式，他指出，当时“国家”作为一个与种族同等重要的概念被人们所关注，同时也显示公民共和主义的公民教育观比自由主义的公民教育观在当时的中国有着更为广泛的社会基础。[③] 陈钊从制度、教学、管理等方面系统分析南京国民政府时期党化的公民教育。他指出，国民党通过一套党化教育制度，传播其意识形态，建立国民对其统治的认同，从而达到维护统治的目的。[④]

教科书作为公民教育的重要载体，得到研究者的特别关注。高谦民从公民科地位的确立、教材的纲目和教学方法等方面论述新学制下的小学公民教育状况。[⑤] 郑航以近代文化变迁的阶段为基本线索，从德育课程形态及其编制等方面，细致梳理公民教育课程从修身、新修身到公民科、党义科的变迁历程。他认为，清末公民教育思想经历了从公民道德教育到公民资格教育的演进。[⑥] 毕苑将近代教科书的变迁与近代中国社会变迁以及建构民族国家的诉求相关联，揭示在这一历史叙事背景下国民教育的重要性。她认为，晚清天下观念逐渐被民族

---

① 舒新城. 近代中国教育思想史[M]. 福州：福建教育出版社，2007：248—261.

② 任时先. 中国教育思想史[M]. 上海：商务印书馆，1937：378.

③ Culp, Robert. *Articulating Citizenship: Civic Education and Student Politics in Southeastern China, 1912—1940*[M]. Harvard University Press, 2007:7—11.

④ 陈钊. 国民党党化教育制度研究：1924—1937[M]. 杨凌：西北农林科技大学出版社,2014.

⑤ 高谦民. 中国小学思想品德教学史[M]. 济南：山东教育出版社，1995：242—256.

⑥ 郑航. 中国近代德育课程史[M]. 北京：人民教育出版社，2004.

国家观念取代，修身科也因而在承继儒家经典的前提下注入近代民族国家意识等内容，开始了近代中国的国民教育。公民科的出现则标志着修身教育的断裂终结，但限于当时特殊的历史条件以及中国政治文化发展的内在理路，公民教育缺乏充分的生长空间，具有较强的政党色彩。[①] 刘霞基于近代母语教科书，分析其中传递的公民文化、塑造的公民形象，以及其产生的影响，重点讨论了不同时期的公民性、政治诉求和传统文化三者之间的关系。[②]

对中国近代公民教育发展的评价方面，张宁娟指出，民国时期的“修身科”及其后的公民科、社会科等课程的开设使这一阶段的公民教育发展有了实质性的推进，并具有起点低，以社会为本，国家主义、民族主义高涨，学校教育和社会教育并行等特点。[③] 吴亚玲认为，民国时期公民教育表现出三个特点：借鉴西方公民教育与探索中国式的公民教育紧密结合；由民间自觉发动，走出一条自下而上的发展道路；体现出公民共和主义的思想特色。[④] 蓝维认为，公民教育是与现代民主制度相联系的教育，是在现代政治、经济和文化发展的基础上产生和发展起来的。我国公民教育的探索是现代教育在政治教育和青少年政治社会化发展领域的重要尝试，为后来现代教育在我国的发展奠定了一定的实践基础。然而，当时的经济基础和文化基础不足以支撑公民教育的顺利发展，因为自然经济不能为公民教育提供充分的社会需求，而封建文化所维系的封建等级制度和专制统治与现代国家倡导的平等和民主精神背道而驰。因而，民国时期的公民教育是一种无根的探索。[⑤] 骆军则认为，民国时期的中国缺乏公民教育的土壤，国民政府并非民主政权，而只是用民主、共和来粉饰政权的专制和独裁，运用军事暴力来维持其统治，这就决定了当时的公民意识教育是一个先天不足的早产儿，是一种无根的探索。[⑥]

---

① 毕苑. 建造常识：教科书与近代中国文化转型[M]. 福州：福建教育出版社，2010：162—188.

② 刘霞. 中国公民教育的反思与重构——基于百年母语教科书的文本分析[D]. 南京师范大学博士学位论文，2016.

③ 檀传宝，等. 公民教育引论：国际经验、历史变迁与中国公民教育的选择[M]. 北京：人民出版社，2011：125—136.

④ 吴亚玲. 民国时期公民教育研究[D]. 中山大学博士学位论文，2012.

⑤ 蓝维，等. 公民教育：理论、历史与实践探索[M]. 北京：人民出版社，2007：347—353.

⑥ 骆军. 民国时期的大学生公民意识教育研究[J]. 武汉大学学报：哲学社会科学版，2011(2).

（二）中国近代公民教育兴起和变迁原因的研究

每一种公民教育理念的形成都不是横空出世的，而是一个国家的时代变迁、政治主题、文化传统等综合因素在教育中的体现，因此从外在形式上看，公民教育是一种教育理念，而从其内在诉求上看，则是一种政治理想。[①] 目前学术界还没有对于中国近代公民教育兴起和发展变迁原因的专门研究。在上述对近代公民教育发展的整体研究中，一些学者论及了相关问题。

对于中国近代公民教育兴起的原因，舒新城指出，“教育界推溯原因，以为中国之所以如此，国民之无公民常识当为重要原因。加以欧战终了，民治主义大倡，其流波远到中国，而美国教育哲学家杜威于斯年来中国讲演，又极力鼓吹教育的民治主义，留美之习教育者又根据美国教育情形而极力提倡，于是公民教育的思想遂一日千里地发展”。[②] 这是当时教育界的广泛共识。朱元善提出，“既为共和立宪之国家”，“非实施公民教育不可”。[③] 王荚也提出，“今后教育方针，宜以人格为教育全体之中心，并须提倡公民教育，坚筑共和政体之基础”。[④]

对于民国公民教育兴起的原因，当代研究者仍未超越舒新城等人所论因素。朱小蔓、冯秀军指出，公民教育是在近代中国由民族危机与社会危机所引发和启动的宪政进程中，借鉴西方民主思想与制度形式，寄望通过教育造就“新民”、挽救民族危亡的历史诉求。[⑤] 蓝维认为，中国早期政治民主化的尝试，尤其是地方自治的提倡，必然催生出对公民和公民意识培养的需要。资产阶级对社会和政治民主的追求，对公民及其教育的发展提出了社会需求，为公民及其教育的发展奠定了社会和政治的基础。[⑥] 此外，李艳霞、陈炳、林杰等人也对这一问题持近似观点。[⑦]

---

① 忻平，陆华东.“制造国民”：1920年代醒狮派的公民教育思想[J]. 史学月刊，2012(11).

② 舒新城. 近代中国教育思想史[M]. 福州：福建教育出版社，2007：249.

③ 朱元善. 今后之教育方针——实施公民教育[J]. 教育杂志，1916（4）：5—6.

④ 王荚. 今后教育改进之管见[J]. 教育杂志，1916（11）：170.

⑤ 朱小蔓，冯秀军. 中国公民教育观发展脉络探析[J]. 教育研究，2006（12）.

⑥ 蓝维，等. 公民教育：理论、历史与实践探索[M]. 北京：人民出版社，2007：321—322.

⑦ 李艳霞. 公民资格视域下当代中国公民教育的历史与逻辑[J]. 浙江社会科学，2010(10)；李艳霞. 公民资格与我国公民教育的历史逻辑[J]. 厦门大学学报：哲学社会科学版，2011（1）；陈炳. 中国近代公民教育的历史逻辑——基于对公民身份的省察[J]. 社会科学战线，2012（3）；林杰. 民国时期的公民教育[J]. 博览群书，2012(5)；郭小香. 辛亥革命与中国公民教育的发展[J]. 教育学术月刊，2012（1）.

徐临江基于对20世纪30年代浙江省公民教育的考察,具体分析了民国前期公民教育失败的原因。他指出,知识精英创造公民社会的努力尽管取得一定成绩,但政府希望培养的仍是臣民和顺民,以树立政府及领袖的权威,使得知识精英与政府对于公民教育的目标取向背道而驰。在公民教育实践中,国家精英的缺位使得知识精英无法独立实现以公民教育塑造现代公民、建设公民社会的重任。[①] 郭绍敏则从国民政府国家能力的角度予以解释,认为"清政府虽积极致力于国民塑造和社会整合",但由于政府缺乏权威,故难以实现其目标。[②]

王颖春梳理了中国近代公民教育课程从修身到公民再到三民主义与党义的变迁历程。他指出,修身科转向公民科是因为修身科与民主政体的新社会产生脱节;而在公民科基础上增加三民主义科与党义科,则是因为单纯的公民科无法满足南京国民政府新政权的政治需要。这两个转变都是国家课程落在了新兴社会现实的后面,因而不得不改变自身去适应现实。这种矛盾,发生在国家、党派、课程三者之间,表面上看,是理论与实际之间的矛盾,是政权认同与国民改造之间的矛盾,从根本上讲,是西方理想层面的民主公民理念与中国现实之间的矛盾。[③] 陈华用学校科目社会史的研究路径来探究公民教育的诞生。他指出,公民教育因其对于政治现代化的促进作用而得到政府和社会的关注,也因此使得国家和社会成为公民教育的两个重要实施主体。作者通过国家与社会力量对比与博弈分析,阐释公民课程在中国近代三个发展阶段所呈现的不同形式与内容。[④]

值得注意的是,近年来,已有研究者从国家建构的视角来考察中国近代公民/国民概念的语义变迁和公民教育发展问题。郭台辉通过梳理"国民"语义的变迁后指出,中日的"国民"语义变迁反映出两国近代以来不同的国家建构历程。古汉语"国民"在近代日本首次获得归属和参与的现代语义,回归中国后,在晚清最后十余年间变得更为复杂。近代中日的"国民"承载权利、成员身份等现代西方的公民概念语义,并与人民、公民、臣民、民族等相关语词形成一个概念

---

① 徐临江. 民国时期公民教育何以失败——以20世纪30年代浙江省公民教育为中心的考察[J]. 天津社会科学,2006(5).

② 郭绍敏. 塑造"国民":清末政府的努力及困境[J]. 社会科学论坛,2009(6).

③ 王颖春. 从修身到公民再到三民主义与党义——民国公民教育课程的演变[D]. 北京师范大学硕士学位论文,2008.

④ 陈华. 中国公民教育的诞生:课程史的研究[D]. 华东师范大学博士学位论文,2012.

网，传递出对国家主义的强烈追求。[①] 汪澜以国家建构作为理论框架探讨民国公民教育发展演变中所蕴藏的历史原因。他认为，中国的国家建构是伴随着民族危机的出现而开展的，在外力的强迫下，中国开始被迫进入国家现代化的进程中，我国的公民教育也正是发源于此。民国时期的公民教育虽发端于共和主义的国家建构过程，发展于自由主义的国家建构中，但最后，由于多种力量相互抗衡的非均衡性，国家主义在公民教育中的兴起不可避免，而国家主义的特征就是统一性和整体性。所以，到了后期，民国公民教育就基本上已经去除了其他元素特别是自由主义而单单只保留了国家主义的需求，使得民国时期的公民教育出现“党化”教育的特征。[②]

（三）公民教育与国家建构关系的研究

公民教育与国家建构的关系问题属于教育和国家关系的研究论域。美国比较与国际教育协会前主席卡诺伊（Carnoy）指出，国家是现代教育的提供者和界定者，教育系统的变化方式取决于公民与国家的政治关系以及国家政治性地组织教育系统的方式。因而，分析教育时需要关注的主要组织就是国家。如果没有国家理论的框架，分析教育系统及其实践何以如此将会遭遇麻烦。[③] 我们对教育与国家问题的分析与其他学者存在诸多差异，这主要是由于我们潜在的国家观不同。[④] 对于教育问题的分析，尤其是对与国家有着密切关系的公民教育的分析，必须放在特定国家理论的框架中进行。由于马克思和韦伯的国家观为国家建构理论奠定了基调[⑤]，因而，根据是否有明确的国家观基础，以何种国家观为基础，本部分依次对以西方马克思主义国家观、韦伯式国家观为基础的研究以及未明确表明国家观的研究进行梳理。需要指出的是，目前学术界直接讨论公

---

① 郭台辉. 中日的“国民”语义与国家构建——从明治维新到辛亥革命[J]. 社会学研究，2011（4）.

② 汪澜. 国家建构理论视角下的民国公民教育——以民国商务印书馆公民读本文本为分析对象[D]. 厦门大学硕士学位论文，2012.

③ Carnoy，Martin. Rethinking the Comparative and the International[J]. *Comparative Education Review*，2006（4）.

④ Carnoy，Martin & Levin，Henry. *Schooling and Work in the Democratic State*[M]. Stanford University Press，1985:26.

⑤ 瑞查德・拉克曼. 国家与权力[M]. 郦菁，等，译. 上海：上海人民出版社，2013：20.

民教育与国家建构关系问题的研究成果相对较少，不少研究者在阐述教育与国家关系时均探讨了这一问题，在此一并梳理。

1. 以西方马克思主义国家观为基础的研究

尽管马克思没有专门讨论国家理论，但他对国家性质的界定和分析形成独特的工具论国家观范式，影响了后来的西方马克思主义者对国家问题的看法。马克思的著名论断指出："现代的国家政权不过是管理整个资产阶级的共同事务的委员会罢了。"[①] 这一观点与葛兰西（Gramsci）的文化霸权理论成为西方马克思主义视角下研究教育与国家关系的理论基石。格林（Green）、伯恩斯坦（Bernstein）以及批评教育学的阿普尔（Apple）、吉鲁（Giroux）等人都是在此基础上形成教育与国家关系的理论。

葛兰西发展了马克思的国家观。他指出："国家是统治阶级宣扬和维护统治、借以获得被统治者认可的所有复杂的实践及理论活动的总和。"葛兰西认为，霸权不仅是政治上的统治，更是智识与道德的领导权。在重构国家与霸权概念的基础上，葛兰西借助军事术语区分两种争取国家权力的策略：运动战（war of manoeuvre）和阵地战（war of position）。运动战即对国家机器进行直接的攻击，阵地战则是在市民社会中对统治阶级的意识形态霸权进行长期斗争。基于此，葛兰西指明教育作为意识形态斗争场域的价值所在：对于教育的控制不仅是统治阶级保持意识形态霸权的主要手段，也是被统治者挑战国家霸权的有效武器。为获得阵地战的胜利，争取文化霸权，无产阶级需要培养"有机知识分子"，并且同化和转化传统知识分子。[②] 文化霸权理论的贡献在于：从文化和伦理的角度理解国家，强调国家概念的非物质因素，成为近年来国家理论文化转向的理论资源[③]；"有机知识分子"概念启发此后西方马克思主义者讨论教育的相对自主性。

---

① 马克思，恩格斯. 马克思恩格斯选集（第1卷）[M]. 中共中央马克思恩格斯列宁斯大林著作编译局，编译. 北京：人民出版社，1995：274.

② 安东尼奥·葛兰西. 狱中札记[M]. 曹雷雨，等，译. 郑州：河南大学出版社，2014：313，59，291—306，1—27.

③ Steinmetz，George(ed). *State/Culture: State-formation after the Cultural Turn*[M]. Cornell University Press，1999.

作为教育与国家形成关系研究的集大成者①,格林针对英国教育体系发展相对落后的"特殊性"问题,以马克思、葛兰西的国家理论和霸权理论作为比较分析的解释框架,指出19世纪各国国民教育体系的形成是国家建构这一历史过程的产物,而且各国教育的不均衡发展是18世纪末19世纪初民族国家为达到巩固之目的而采取的不同方式的直接体现。格林通过对英国、法国和美国教育体系起源的考察,阐述了教育发展与国家形成之间的关系,明确提出"快速构建的国民教育体系既是加速的国家形成过程的推动因素,又是这一过程的产物"。格林指出,决定国民教育体系起源和发展的关键因素是国家属性和国家形成过程,而国家形成过程包括公民身份的普遍化。② 在格林看来,创建民族性国家教育体系的主要动力在于:"为国家提供受过训练的管理者、工程师、军人,推广占统治地位的文化和灌输普遍性的国家意识形态,铸造新兴的民族国家的政治和文化统一体,巩固统治阶级意识形态的霸主地位。" ③

格林对教育和国家形成的研究具有里程碑式的意义。借用格林的分析框架,谢耀东(Chia) 通过对新加坡公民教育的历史研究(1955—2004),探讨历史、公民和社会研究课程的变迁与国家建构之间的相互联系。他超越将教育视作为经济提供有技能的劳动力的传统观念,勾画出教育在发展性国家(developmental state) 中的文化和意识形态维度,并以发展性国家理论解释新加坡公民教育与其国家建构进程的关系。谢耀东指出,新加坡通过公民教育形成国家的历史实质上是作为发展性国家的新加坡如何成功管理危机 (想象的、真实的或者制造的),历史、公民和社会研究课程如何变迁以服务于国家权力的正当化,通过教育形塑符合国家建构利益的理想好公民的历史。在这一过程中,国家利用儒家文化和亚洲价值等文化建构来塑造其正当性。④ 吕秋芳进一步指出,现代公民教育

---

① 朱旭东,乐先莲. 试论比较教育研究与民族国家构建、发展与转型[J]. 比较教育研究,2018 (7): 89.

② 安迪·格林. 教育与国家形成: 英、法、美教育体系起源之比较[M]. 王春华,等,译. 北京: 教育科学出版社, 2004: 中文版序 1—4, 91.

③ 安迪·格林. 教育、全球化与民族国家[M]. 朱旭东,等,译. 北京: 教育科学出版社,2004: 37—38.

④ Chia, Yeow Tong. *Education, Culture and the Singapore Developmental State: "World-Soul" Lost and Regained?* [M]. Palgrave Macmillan, 2015.

是民族国家形成的工具,是随着民族国家的诞生由国家或政府上层积极建构的,是国家自上而下地组织开展的。国家性质及国家建构历程的差异,形成了公民教育体系在发展的时间和形式上的差异。因此,公民教育体系的形成恰恰在于国家的干预。①

格林以及谢耀东的研究指出,国家建构过程不仅包括国家机器的建立,还要通过公民身份的普遍化、国家认同感的塑造来解决国家权力的正当性问题。正是国家建构进程推动了公民教育的兴起与发展。然而,他们的研究仅在宏观层面指出国家意识形态在公民教育中的渗透,以及国家建构对公民教育的影响,未能在微观层面具体揭示国家是如何运用其意识形态霸权影响以致控制公民教育,塑造其正当性的。

对此,伯恩斯坦的教育机制(pedagogic device)理论不仅有效地解决了前述不足,还为细致探讨教育自主性问题提供了有效分析工具。教育机制理论是伯恩斯坦在建构教学话语理论时提出并予以阐述的。教育机制是学校教育中生产、再生产意识的内部规则与控制机制,包括分配规则(distributive rules)、再情境化规则(recontextualizing rules)和评估规则(evaluative rules)。伯恩斯坦指出:"教育机制在实现时为各竞争团体制造出一个占据教育机制的竞争场域,因为掌握教育机制者就有权力管制意识,夺取教育机制者就可以掌控象征控制的重要场域。"② 不同社会力量对教育机制的争夺表明,一方面,在国家建构过程中,政治精英会利用教育机制形成和维护意识形态霸权;另一方面,教育机制尤其是再情境化规则,给予社会力量尤其是给予学校以反抗国家霸权教育的可能和机会。学校利用再情境化的过程,传递与官方不一致的意识形态与价值观,从而影响甚至改变国家建构的进程。

在伯恩斯坦的基础上,阿普尔具体探讨了教育与国家建构的双向互动关系。一方面,阿普尔运用霸权概念分析统治者如何通过文化吸纳、改造,将被统治者的文化与价值观塑造为有利于维持意识形态霸权的方式;另一方面,阿普尔指出学校并非仅仅是被动地传递统治阶级的意识形态,学生也只是部分地接受学

① 蓝维,等. 公民教育:理论、历史与实践探索[M]. 北京:人民出版社,2007:97—101.

② Bernstein, Basil. *Pedagogy, Symbolic Control, and Identity: Theory, Research, Critique*[M]. London: Taylor & Francis, 2000:52.

校传递的价值观,学校是反抗、冲突与斗争的场域。[①] 吉鲁进一步指出,学校和学生并非完全被政治和社会制度支配,他们拥有相对的自主性,并通过集体行动反抗国家的意识形态霸权。[②]

西方马克思主义学者讨论了教育自主性问题,然而囿于其工具论国家观,无法客观评价国家推行公民教育的必要性。国家作为现代社会最为重要的行为主体,丧失了推行公民教育的正当性。因为,既然国家是统治阶级的工具,那么,国家推行的意识形态和价值观教育就是一种文化霸权,应予批判和抵制。在西方马克思主义的视域中,国家权力的支配者与被支配者呈现二元对立的图景。究其原因,在于西方马克思主义否认或至少是忽视了国家自主性。20 世纪 60 年代末,新马克思主义者普兰查斯(Poulantzas)提出国家的相对自主性问题,将相对自主性与阶级斗争结合,分析资本主义国家暂时摆脱支配阶级控制,通过让渡部分经济利益维护支配阶级政治利益的现象。[③] 然而,限于阶级斗争理论和工具论国家观,加之新马克思主义者的内部分歧,西方马克思主义的国家相对自主性问题并未在教育与国家关系领域产生影响,这一任务最终由韦伯式国家观的学者实现。

2. 以韦伯式国家观为基础的研究

韦伯式国家观的突出特征在于把国家作为独立的行为主体。"韦伯式的国家观的确是要求我们超越将国家视为纯粹的竞争舞台的视角,后一视角认为国家只不过是社会集团提出要求并致力于政治斗争或妥协的一个平台。"[④] 韦伯认为,"国家者,就是一个在某固定疆域内肯定了自身对武力之正当使用的垄断权利的人类共同体"。[⑤] 相较于西方马克思主义者,以韦伯式国家观为基础讨论公

---

① 迈克尔·阿普尔. 意识形态与课程[M]. 黄忠敬,等译. 上海:华东师范大学出版社,2001:3—5;阿普尔. 教育与权力[M]. 曲囡囡,等,译. 上海:华东师范大学出版社, 2008:69—142.

② Giroux, Henry. *Ideology, Culture, and the Process of Schooling*[M]. Temple University Press, 1984.

③ 尼科斯·普兰查斯. 政治权力与社会阶级[M]. 叶林,等,译. 北京:中国社会科学出版社, 1982.

④ 彼得·埃文斯,迪特里希·鲁施迈耶,西达·斯考克波. 找回国家[M]. 方力维,译. 北京:生活·读书·新知三联书店, 2009:9.

⑤ 韦伯. 学术与政治[M]. 钱永祥,等,译. 桂林:广西师范大学出版社, 2004:197.

民教育与国家建构关系的研究相对较少。考虑到近年来“回归国家”学派以韦伯式国家观为基础在国家建构理论上取得的丰硕成果,这不能不说是一个令人遗憾的现象。需要指出的是,不少学者在讨论国家理论时实际上是将西方马克思主义的国家观与韦伯式国家观予以融合。比如格林等人的发展性国家理论即是吸纳了韦伯式国家观的基本观点。在《教育、全球化与民族国家》一书中,格林运用“发展性国家”概念进一步探讨19世纪欧洲、亚洲和北美的民族国家教育体系形成的原因。格林认为,“教育在所谓的‘发展性国家’中起着特别重要的作用,并且一定时期内教育的迅速发展与基于政府的发展性抱负产生的强烈的国家形成过程紧密相连。教育的迅速进步,既是发展性国家的产物,也是它得以运转的重要工具”。①

在《教育体系的起源》一书中,阿切尔(Archer)以韦伯式国家观解释不同国家在教育改革中选择不同的策略(限制型和替代型),进而形成两类不同的教育结构(集权式和分权式)。阿切尔认为,国家性质与国家结构是教育体系起源的决定性因素。②通过对19世纪加拿大国家形成与教育发展的研究,柯梯斯(Curtis)指出,在国家建构的过程中,为了塑造国民,维持国家的有效运转,帝国政府以及殖民地政府有计划地塑造教育性国家。在这一过程中,国家将地方与宗教势力在教育中的影响边缘化,集中控制教师训练与学校课程。教育性国家的建立巩固了国家的主导价值观,因而教育性国家的常规化与再造大众文化、道德特征与自我认同联系起来。③

赵明玉和饶从满以徐勇对国家建构的界定和维度划分为理论基础④,最早在国内提出“以现代国家建构为切入点来探讨公民教育在现代化进程中的功能问题”。通过与公民教育直接相关的公民科等学科的教学以及民族语言和民族历史的教学培养公民的民族认同来对分散的社会加以整合;通过公民科等学科的

---

① 安迪·格林. 教育、全球化与民族国家[M]. 朱旭东,等,译. 北京:教育科学出版社,2004:33.

② Archer, Margaret. *Social Origins of Educational Systems*[M]. Routledge, 2013.

③ Curtis, Bruce. *Building the Educational State: Canada West, 1836–1871*[M]. London: Falmer Press, 1988.

④ 徐勇. 现代国家建构中的非均衡性和自主性分析[J]. 华中师范大学学报:人文社会科学版,2003(5);徐勇. “回归国家”与现代国家的建构[J]. 东南学术,2006(4).

直接教学和课外实践、社区参与等途径，实现其民主化功能。[①] 依照这一分析路径，饶从满及其研究团队发表多部论著，进一步研究公民教育在国家建构中的作用，认为民族认同和民主观念是公民教育的重要内容。民族认同为民族国家提供了一种共同体意识支撑，为民族国家提供政治正当性证明；民主观念是民主国家建构的动力源，公民参与是民主国家建构的政治保障。[②]

乐先莲认为，国家建构对教育发展产生三方面的影响：首先，国家建构导致精英教育的政治控制并发展成为促使精英的实质权威和人事关系合法化的工具；其次，国家建构导致国家控制教育和发展公民身份及其正当化的过程；最后，随着特定群体被整合进国家中，他们日益要求有权使用教育体系。[③]

3. 未明确表明国家观的研究

泰瑞高（Tiregol）以土耳其共和国早期的个案探讨基础教育在民族国家建构中的作用。泰瑞高指出，一战后，奥斯曼帝国解体，大多数土耳其国民并未意识到新生共和国的意义和价值。政府希望塑造国民的土耳其公民感和民族意识。面对贫穷和教育普及率低的现实，凯末尔强调教育，特别是义务基础教育在传播政策和现代共和观念中的作用。泰瑞高的研究关注教育的两个方面：政府将教育作为实现特定目标的工具；新生共和国在实施义务教育中的挑战。泰瑞高认为，尽管面对挑战，政府和教育者在凯末尔的激励下勤奋工作，以实现国家的目标，这些献身国家目标的国民被称为“凯末尔一代”。[④]

暨爱民指出，公民教育是民族国家培养合格公民的教育。民族国家的公民教育具有自由和民族价值的双重内涵与目标。然而，在近代中国特殊的历史背景下，中国知识分子希望通过公民教育造就“新国民”，以实现“教育救国”的目

---

① 赵明玉，饶从满. 现代化进程中的国家建构与公民教育[J]. 比较教育研究，2008（5）：2.

② 苏守波. 现代化、民主国家与公民教育[J]. 外国教育研究，2008（12）；苏守波，饶从满. 现代化、民族国家与公民教育[J]. 首都师范大学学报（社会科学版），2009（3）；苏守波. 现代化、国家建构与公民教育[J]. 清华大学学报（哲学社会科学版），2009（3）；赵明玉. 现代化进程中的英国公民教育研究[D]. 东北师范大学博士学位论文，2008；苏守波. 美国现代化进程中的公民教育[M]. 济南：山东人民出版社，2011.

③ 乐先莲. 当代西方教育与国家关系[M]. 北京：教育科学出版社，2011：198—200.

④ Tiregol, Jessica. *The Role of Primary Education in Nation State Building: The Case of the Early Turkish Republic*[D]. Doctor Dissertation of Princeton University, 1998.

的。公民教育体现着民族国家的政治诉求,被赋予工具论的意义。① 任勇从国家认同的角度研究公民教育在民族地区国家认同性整合中的作用。他指出公民教育为国家实现认同性整合提供了制度基础、组织基础和价值基础,通过培育少数民族的公民身份,优化少数民族的认同序列,从而使地方性知识和国家知识相互交融,实现民族建构和国家建构的有效统一。②

近年来,鉴于战后殖民地的民族认同重构、多民族的冲突与整合以及全球化时代日益凸显的移民问题,公民教育在民族国家建构中的作用问题成为国外学术界研究的重要议题,公民教育和民族建构的关系问题得到深入的研究。③ 毕瑞尔(Birrell)等人梳理了民族建构与公民身份交织的发展历程,并讨论公民教育在澳大利亚民族建构进程中的作用。④ 瓦格海德(Waghid)分析了南非民族建构的爱国主义和民主的公民教育议题。⑤ 卡莱夫(Kalev)等人讨论了爱沙尼亚公民教育政策在民族国家建构和全球化之间的张力问题。⑥

(四)对已有研究的评论

文献梳理表明,教育与国家关系的研究深受西方马克思主义国家观和韦伯式国家观的影响。两派学者的研究为我们探讨公民教育与国家建构的互动关系奠定了坚实的基础。本研究基于对两派理论的批判和吸收,发展出一套新的分析框架,尝试解释中国近代公民教育兴起与发展演变的原因,进而建构公民教育

---

① 暨爱民."公民教育"与"民族国家"诉求——以近代中国知识分子的公民教育观为分析对象[J]. 教学与研究,2011(1).

② 任勇. 公民教育与国家建设——基于民族地区的考察[J]. 浙江社会科学,2012(7);任勇. 国家治理视野中的公民教育:文化资本的维度[J]. 广东行政学院学报,2013(1).

③ 不少学者未严格区分民族建构和国家建构,考虑到有关公民教育与民族建构的研究也为本研究提供了有益启发,在此一并予以梳理。

④ Birrell, Robert. *A Nation of Our Own: Citizenship and Nation-building in Federation Australia* [M]. Longman Publishing Group, 1995; Michael, Hill and Fee, Lian Kwen. *The Politics of Nation Building and Citizenship in Singapore* [M]. New York: Routledge, 1995.

⑤ Waghid, Yusef. Patriotism and Democratic Citizenship Education in South Africa: On the (im) Possibility of Reconciliation and Nation Building [J]. *Educational Philosophy and Theory*, 2009(4).

⑥ Kalev, Leif & Ruutsoo, Rein. Citizenship Policies Between Nation-State Building and Globalisation: Attitudes of the Decision Makers in Estonia[J]. *Studies of Transition States and Societies*, 2010(1).

与国家建构良性互动的一般性解释框架。

对于受西方马克思主义影响的学者而言,他们从马克思的国家理论和葛兰西的国家理论与霸权理论中汲取营养,关注意识形态、权力与教育的关系,其理论优势在于对再生产问题的强调使得其对于权力关系如何塑造教育,尤其是统治阶级的霸权如何规训教育,以及教育场域如何再生产权力关系与社会结构的图景得以深刻展现。值得注意的是,伯恩斯坦的研究,不仅在微观层面系统地阐明社会支配原则如何通过教育机制将权力关系与象征控制的话语相互转换,而且因其对于教育机制,尤其是再情境化场域的细致分析,阐明了教育自主性何以可能。对于持韦伯式国家观的学者而言,强调国家自主性和国家能力,为我们解释公民教育的兴起和变迁以及国家实施公民教育的必要性提供了理论分析工具。在这些方面,已有研究为本研究提供了有益的启发。然而,由于各自理论立场及研究视角的局限,已有研究存在以下问题:

第一,正如笔者在选题缘起中所言,已有研究对于中国近代公民教育的兴起和发展变迁原因的关注相对较少,相关研究缺乏解释力。近年来,随着回归国家学派的兴起,已有研究者提及国家建构这一视角。由于未能深入梳理国家建构的理论脉络,提炼出国家建构的基本议题,已有研究仅仅将国家建构作为一个背景性的历史进程,在宏观层面抽象地谈论国家建构对公民教育的影响,未能认识到国家建构与公民身份、公民教育之间的内在逻辑联系,无法发掘影响以及决定公民教育兴起和发展变迁的决定性因素,也无法阐明公民教育与国家建构的互动关系。

第二,尽管不少研究声称要探讨公民教育在国家建构中的作用,但由于仅仅把教育视为被动的因变量,假定教育是权力关系、经济力量和文化传统等因素的反映(各种教育再生产理论),这些研究与其说是阐明了公民教育在国家建构中的作用,不如说是揭示了国家如何运用其霸权控制教育,从而实现其国家建构的意图,实质上讨论的仍是国家建构对公民教育的制约作用,教育自主性没有得到应有的重视,因而无法考察公民教育在国家建构过程中可能产生的非预期后果。例如,学校传递的价值观念可能与国家主流价值观存在分歧,从而造成社会的断裂甚至对抗。晚清"育才之举转为酿乱之阶"就充分说明了这一点。

第三,已有研究大多是单向度的,或者关注国家建构对于公民教育发展的影响,或者强调公民教育对于国家建构的作用。然而,公民教育与国家建构是动态的双向互动关系。阿普尔提出探讨教育与国家之间的双向和动态关系，“这就需要重构传统上的静态分析国家作用的分析模式，走向动态的过程分析”。[①]国家建构为公民教育提供动力与空间，公民教育则通过教育培养公民及其国家认同，从而影响国家建构的进程。那么，国家如何掌控公民教育以实现其国家建构的目标？公民教育又何以可能影响国家建构的进程？

鉴于已有研究取得的成果及存在的不足，本研究以国家建构理论作为理论工具，尝试解释中国近代公民教育兴起和发展变迁的原因。在此基础上，从国家建构的两个基本议题之间的内在张力出发，探讨解答杜威难题的可能路径，进而建构公民教育与国家建构良性互动的一般性解释框架。

① 阿普尔，等. 国家与知识政治[M]. 黄忠敬，等，译. 上海：华东师范大学出版社，2007：译者序 2.

第一章　理论视角与研究框架

国家权力在现代的扩展涉及一个双面的过程：一是渗透与扩张的过程，一是证明此种渗透与扩张过程的正当性。

——杜赞奇

第一节　国家建构作为理论分析工具的适切性

本研究以国家建构理论作为分析和解释中国近代公民教育兴起与发展变迁的理论工具，通过对中国近代公民教育发展历程的分析，建立公民教育与国家建构互动的一般性解释框架。国家建构这一理论分析工具是否具备方法论层面的适切性可以从两个层面予以论证：历史社会学的研究路径为解释中国近代公民教育兴起和演变的原因提供了有益的分析范式；国家建构、公民身份与公民教育之间形成的完整逻辑链条为研究公民教育与国家建构的互动关系提供了坚实的逻辑基础。

一、历史的维度

现代教育的起源是教育研究的重要议题。已有研究从宗教、经济以及政治等角度提出多种竞争性解释。宗教解释认为，现代教育兴起是新教徒反抗天主教徒或宗教与世俗教育之间权力竞争的结果。[①] 经济解释认为，现代教育兴起是

---

① Becker, Sascha & Woessmann, Ludger. Was Weber Wrong? A Human Capital Theory of Protestant Economic History[J]. *The Quarterly Journal of Economics*, 2009(2).

为了满足新兴资本家对于识字且有纪律的劳动力的需要。[①]政治解释认为,现代教育的兴起是因为统治者需要通过教育传递国家认同,塑造统治者权力的正当性基础。[②]

现代公民教育几乎与现代国家建构同时产生和发展。现代公民教育最早出现于法国。对于教育在法国民族国家建构中的作用,韦伯(Weber)做了经典的阐述。他在《从农民到法兰西人》一书中指出,法国通过在学校、公共服务和军队等领域推行抑制和削弱多语种和多元文化的政策,塑造法兰西人,服务于法国的民族—国家建构。[③]在自由主义传统占上风的英国,同样的历史在上演。在英国国家形成的过程中,国家逐渐将地方势力及宗教势力边缘化,从而获得教育领导权,通过制定标准化的教科书,在学校中传播民族国家的历史,把英国的国民教育成现代国家的公民。考瑞根(Corrigan)等人将这一过程称为"文化革命"。[④]

格林通过对英国、法国和美国教育体系起源的比较历史研究,解释为何最早完成工业革命的英国却最晚建立现代国民教育体系。格林明确提出"快速构建的国民教育体系既是加速的国家形成过程的推动因素,又是这一过程的产物"的观点。格林指出,影响国民教育体系起源和发展的关键因素是国家性质和国家形成过程,国家形成过程包括公民身份的普遍化。[⑤]格林的研究有力地论证了政治因素是现代教育兴起的根本原因。这一观点得到最新计量史学研究的支持。对奥地利历史数据的分析表明,学校教育和经济发展对彼此的影响有限,学

---

① 鲍尔斯,金蒂斯. 美国:经济生活与教育改革[M]. 王佩雄,等,译. 上海:上海教育出版社,1990.

② 安迪·格林. 教育与国家形成:英、法、美教育体系起源之比较[M]. 王春华,等,译. 北京:教育科学出版社,2004.

③ Weber, Eugen. *Peasants into Frenchmen: The Modernization of Rural France, 1870—1914*[M]. Stanford University Press, 1976.

④ Corrigan, Philip & Sayer, Derek. *The Great Arch: English State Formation as Cultural Revolution*[M]. Basil Blackwell, 1985.

⑤ 安迪·格林. 教育与国家形成:英、法、美教育体系起源之比较[M]. 王春华,等,译. 北京:教育科学出版社,2004:中文版序4, 91.

校扩张的推动力主要来自政治层面对于扩大选举权和增强政治表达的需要。[①]

苏守波以国家建构的视角探讨美国公民教育的发展历程。他指出,在美国现代化进程的不同时期,国家建构会因不同时期的现代化建设要求而在民族国家与民主国家之间表现不同的建构侧重。在现代化转型时期,为适应农业社会向工业社会转型的需要,一个稳定、统一且具有广泛有效的干预和保护功能的现代国家成为此时社会发展的最重要目标,与民主相比,民族上升为国家建构的主要任务。在这期间无论是美国国家结构形式——联邦制的完善和巩固,南北战争的爆发,还是公民学校体系的兴起、建立和完善等,都是增强国家控制力,巩固和促进国家一体化建设的具体体现。[②]

从公民教育发展的历史脉络可以看出,公民教育兴起和发展的历史伴随着现代国家建构的历史。中国近代的公民教育运动是中国现代国家建构的一部分,反映着它的希望及内在困境。国家建构理论作为研究西欧国家形成过程和原因的理论,其理论特色之一在于其历史社会学的研究范式——通过对历史的梳理而建立对相关议题的解释分析。可以说,国家建构理论研究所使用的历史社会学研究范式契合于解释中国近代公民教育的兴起与发展变迁。更为重要的是,国家建构理论的历史社会学研究对西欧国家形成过程的分析,关于公民身份的普遍化以及公民教育的兴起与发展的讨论,使得以国家建构理论研究公民教育具备逻辑必然性。

二、逻辑的维度

"公民身份本质上是现代政治的产物。"[③] 对于公民身份的起源和发展,蒂利

---

① Cvrcek, Tomas & Zajicek, Miroslav. The Rise of Public Schooling in Nineteenth-century Imperial Austria: Who Gained and who Paid?[J]. *Cliometrica*, 2019(3); Cvrcek, Tomas & Zajicek, Miroslav. The Making of a Liberal Education: Political Economy of the Austrian School Reform, 1865–1880[J]. *Explorations in Economic History*, 2019, 73: 101251.

② 苏守波. 美国现代化进程中的公民教育[M]. 济南:山东人民出版社,2011:303.

③ Turner, Bryan S. & Hamilton, Peter. *Citizenship: Critical Concepts, Vol.1* [M]. London and New York: Routledge, 1994:xi.

的战争起源说、马歇尔（Marshall）的发展阶段说[①] 以及曼（Mann）的统治策略说[②] 等观点都表明了公民身份与国家形成/国家建构之间的有机联系，并阐述了在国家建构进程中公民教育的起源和发展。

蒂利认为，战争的压力迫使欧洲统治者在19世纪将他们的国民转化为公民。为了征用战争物资（人力、税收等），统治者不得不与国内的资源持有者进行反复的“讨价还价”，这些谈判赋予国民以公民身份，使其享有各种公民权利，进而促进公民身份的普遍化。[③] 以此为思路，许田波比较中国春秋战国与近代欧洲早期国家的国家形成。她指出，如果公民身份源于国际竞争，那么在春秋战国时期，统治者也曾为了动员民众参战而做出三项让步：言论自由、司法公正和经济福利。许田波认为，国家形成过程中的制衡逻辑是公民身份跨越时空分别在中国春秋战国时期和近代早期欧洲兴起的主要因素。[④]

马歇尔和本迪克斯（Bendix）的理论以公民身份为核心概念论述国家建构问题，勾勒出公民身份伴随国家建构进程获得发展的图景。1949年，马歇尔在剑桥发表了名为“公民身份与社会阶级”的著名演讲，历史地分析了公民身份所包含的理论要素、演化顺序及其与民族国家形成之间的关系。马歇尔认为，公民身份由公民的要素、政治的要素和社会的要素三个部分组成。“公民的要素由个人自由所必需的权利组成：包括人身自由，言论、思想和信仰自由，拥有财产和订立有效契约的权利以及司法权利”；“政治的要素，我指的是公民作为政治权力实体的成员或这个实体的选举者，参与行使政治权力的权利”；“社会的要素，我指的是从某种程度的经济福利与安全到充分享有社会遗产并依据社会通行标准享受文明生活的权利等一系列权利”。与此同时，马歇尔进一步把三种权利与不同时代及国家机构联系在一起。在他看来，公民权利主要发展于18世纪，与之最直接相关的机构是法院；政治权利主要发展于19世纪，对应的机构是国会

---

① Marshall, Thomas. *Citizenship and Social Class: And Other Essays*[M]. Cambridge: Cambridge University Press, 1950.

② Mann, Michael. Ruling Class Strategies and Citizenship[J]. *Sociology*, 1987(3).

③ 蒂利. 强制、资本和欧洲国家（公元990–1992年）[M]. 魏洪钟，译. 上海：上海人民出版社，2012：138–146.

④ 许田波. 战争与国家形成：春秋战国与近代早期欧洲之比较[M]. 徐进，译. 上海：上海人民出版社，2009.

和地方议会；社会权利主要发展于20世纪，与之紧密相连的是学校教育体系和社会公共服务体系。至此，马歇尔首次系统地勾勒出一幅完整的公民身份发展与国家建构的图景。①

本迪克斯更为明确地指出这种联系的存在。通过梳理西欧在前现代和转型时期的社会结构和民族国家建构过程，厘清公民身份、公共权威等从西欧经验中生发出来的背景，本迪克斯把公民身份理解为权利/义务的互惠关系。他指出，工业革命之后，雇主对工人责任的期待，下层阶级不断地反抗、结社，从而推动了公民身份的普遍化。各国赋予公民基本的受教育权利，并通过在教育中实施公民教育来服务于国家建构。② 马歇尔认为本迪克斯的《民族国家建构与公民身份》是后来更系统、更具理论取向研究的奠基石。

随着现代国家的形成和发展，公民身份逐渐由占社会少数群体的上层精英扩展到全社会。"既然我们已经给了他们政治权力，我们就不能再推迟给他们提供教育。" ③ 马歇尔认为，19世纪的国家强制要求儿童接受教育的原因在于"政治民主需要受过教育的选民"。④ 本迪克斯也指出，"接受基础教育的权利和义务定位"可能是落实公民身份最普遍的措施。⑤ 于是伴随着国家建构的进程，公民教育对国家建构的作用日益受到重视，公民教育逐渐发展起来。从积极方面而言，国家实施公民教育的目的在于，通过教育培养国民的公民意识和政治参与能力，使其成为国家的合格公民。从消极方面来讲，国家实施公民教育的目的在于，通过教育传递统治阶级的意识形态，使民众认可其统治。

公民教育是指以公民身份的普及为逻辑起点，培育现代公民的教育。而正

---

① T.H. 马歇尔，安东尼·吉登斯，等. 公民身份与社会阶级[M]. 郭忠华，刘训练. 南京：江苏人民出版社，2008：3-60.

② Bendix, Reinhard. *Nation-building and Citizenship: Studies of Our Changing Social Order* [M]. University of California press, 1977:89-126.

③ 1870年2月17日枢密院副院长福斯特在下议院为介绍初等教育议案所作的演讲（1870年2月17日）[M]// 金含芬. 教育学文集（第22卷）英国教育改革. 北京：人民教育出版社，1993：11.

④ T.H. 马歇尔，安东尼·吉登斯，等. 公民身份与社会阶级[M]. 郭忠华，刘训练. 南京：江苏人民出版社，2008：21.

⑤ Bendix, Reinhard. *Nation-building and Citizenship: Studies of Our Changing Social Order* [M]. University of California Press, 1977:105.

如希特（Heater）在对近代公民教育发展史的梳理中所指出的，现代公民教育建基于民族国家赋予大众公民身份并要求公民认同民族国家。① 因为没有国家，就无所谓公民身份。② 国家引导形成的公共学校系统和作为连接个体和国家必要机制的民族国家的形成是同步的。这一事实意味着整个教育系统都涉及培养公民的责任。③ 可以说，在国家建构、公民身份和公民教育之间形成了完整的逻辑链条。国家建构是公民教育产生和发展的根本动力，并设定公民教育的价值取向和基本议题；公民教育为支持国家建构提供手段，如意识形态、国家认同。公民教育作为一个关键的教育供给和控制制度，其目标依赖并反映国家的意识形态和实际关注。因而，不论是要回答公民教育的目标定位问题还是解释公民教育的兴起与发展变迁的轨迹问题，都必须在这一完整的逻辑框架中去寻找答案。

综上所论，不论是现代公民教育兴起和发展的历史，还是公民教育、公民身份与国家建构之间的内在逻辑都表明，以国家建构理论研究公民教育的兴起与发展变迁可以实现历史与逻辑的统一。

第二节　国家建构：基本内涵、路径模式与基本议题

随着比较政治学重新将国家作为独立的解释变量，倡导回归国家，作为解释西欧国家形成过程的国家建构理论得到整个社会科学界的关注，不论是对发展中国家的经济发展问题，还是对后发国家的国家制度建设与民主化问题的研究，都产生了积极影响。20 世纪末以来，第三世界国家失败与国家重建问题成为地区和全球不稳定的重要因素，进一步增强了国际社会和学术界对国家建构理论的研究兴趣。④ 在中国，国家建构在新世纪以来也成为社会科学领域重要的理论资源，产生了一些有价值的研究成果。然而，对西方国家建构理论缺乏细致的梳

① Heater, Derek. *A History of Education for Citizenship*[M].Routledge Falmer, 2004:65-151.

② 胡安·林茨，阿尔弗莱德·斯泰潘. 民主转型与巩固的问题：南欧、南美和后共产主义欧洲[M]. 孙龙，等，译. 杭州：浙江人民出版社，2008：29.

③ Meyer, John, et al. World Expansion of Mass Education, 1870—1980[J]. *Sociology of Education*,1992(2).

④ 闫健. 失效国家研究引论[J]. 经济社会体制比较，2014（3）.

理和总结，导致对国家建构理论的理解和使用存在诸多问题。特别是随着中央提出推进国家治理体系与治理能力现代化的命题后，国内学术界兴起研究国家建构理论相关议题的新潮流，在推进理论研究的同时也存在若干问题。如有研究者将国家建构与国家治理混用①，随意扩大其概念内涵。基于研究问题，笔者首先梳理国家建构的理论视角、概念内涵与路径模式，在此基础上，再提炼出国家建构的基本议题。

一、“回归国家”与国家建构的理论视角

二战结束以来，受到行为主义的影响，政治学界主流的研究视角是多元主义和结构功能主义，在解释政治和政府的行为时采用社会中心论的方法。虽然60年代中期以来，新马克思主义发起了关于国家相对自主性的讨论，但仍深受社会中心主义假设的影响。② 作为对20世纪30年代以来凯恩斯主义等国家主义理论的反动，70年代以来，新自由主义（Neo-liberalism）③ 和新管理主义提出“去国家化”，主张国家要向市场、社会放权。一时间，国家被视为过时的概念。然而，市场失灵、第三世界国家重建失败的教训使得国家建构理论自80年代在“回归国家”④ 的口号下逐渐兴起。面对随后出现的寻求“多中心的治理”的治理理论，杰索普（Jessop）通过阐述治理失败的风险，论证国家建构对于“元治理”的重要性。⑤ 福山（Fukuyama）则更为直接地指出，国家建构是当今国际社会最重要的命题之一。⑥

斯考切波在《找回国家——当前研究的战略分析》一文中对多元主义、结构

---

① 陈慧荣. 国家治理与国家建设[J]. 学术月刊，2014（7）.

② 彼得•埃文斯，迪特里希•鲁施迈耶，西达•斯考克波. 找回国家[M]. 方力维，译. 北京：生活•读书•新知三联书店，2009：3—7.

③ 关于Neo-liberalism 和New liberalism 的区别，参阅李小科. 澄清被混用的“新自由主义”——兼谈对New liberalism 和Neo-liberalism 的翻译[J]. 复旦学报：社会科学版，2006（1）.

④ 彼得•埃文斯，迪特里希•鲁施迈耶，西达•斯考克波. 找回国家[M]. 方力维，译. 北京：生活•读书•新知三联书店，2009.

⑤ Jessop，Bob. *The Future of the Capitalist State*[M]. Cambridge: Polity Press，2002: 240—243.

⑥ 弗朗西斯•福山. 国家构建：21世纪的国家治理与世界秩序[M]. 黄胜强，等，译. 北京：中国社会科学出版社，2007：序1.

功能主义、新马克思主义等国家观忽视国家自主性的社会中心论予以批判,提出将国家作为重要变量引入有关社会变革、经济政策等的研究中,考察国家作为行为主体和制度结构在其中的作用。这一研究视角和方法正是她的成名作《国家与社会革命:对法国、俄国和中国的比较分析》一书所作出的开创性贡献。摩尔(Moore)、斯考切波、蒂利、埃特曼(Ertman)、曼、拉克曼(Lachmann)等人的持续研究,形成了颇具影响的回归国家学派,对于国家建构问题的研究也形成鲜明的特点:重视国家自主性,国家中心主义,历史社会学的研究范式等。

首先,确认国家自主性。斯考切波指出,所谓国家自主性是指,“作为一种对特定领土和人民主张其控制权的组织,国家可能会确立并追求一些并非仅仅是反映社会集团、阶级或社团之需求或利益的目标”。国家是由特定的个体、机构聚合而形成的,当这些个体、机构互动并相互作用时,就产生了一些新的意识和现象,从而产生了单个个体、机构所不具备的特性。国家有自身的利益和意志。因而,我们必须在国家自身中寻找关于国家的解释。斯考切波认为,“只有国家确实能够提出这种独立目标时,才有必要将国家看作一个重要的行为主体”。[①] 无论是多元主义、结构功能主义还是新马克思主义,都持一种工具论国家观。国家或者是利益集团斗争的平台,或者是实现社会功能的结构,或者是阶级统治的工具,断然否认国家将自身偏好上升为权威行动的可能性。对此,诺德林格(Nordlinger)认为,被选举和任命的官员掌握着资源,国家始终无意或不能将它的偏好变为公共政策,这极不合常理。他根据国家偏好与社会偏好的一致与分歧建立国家自主性解释的类型学,确证了国家自主性的普遍存在。[②] 有意致力于自主性研究的学者所面临的最基本的任务就是要发掘国家为什么、在什么时候以及如何提出这种与众不同的政策。

---

① 彼得·埃文斯,迪特里希·鲁施迈耶,西达·斯考克波.找回国家[M].方力维,译.北京:生活·读书·新知三联书店,2009:10.

② Nordlinger, Eric. *On the Autonomy of the Democratic State*[M]. Harvard University Press, 1981:1–38.

其次,国家中心主义的研究视角。[①]作为批判社会中心论而成长起来的国家建构理论是典型的国家中心主义。然而,必须指出的是,“要把国家找回来,但并不把社会踢出去”[②],要对国家与社会进行全面的相关关系研究。因为,国家与社会关系不仅影响着国家自主性的大小,而且影响着国家能力的强弱以及国家权力的正当性。这种国家中心主义的国家观也表明韦伯、托克维尔(Tocqueville)等人的国家观对国家建构理论的独特价值。韦伯认为,“国家者,就是一个在某固定疆域内肯定了自身对武力之正当使用的垄断权利的人类共同体”。[③]韦伯式国家观即把国家作为独立的行为主体。作为行为主体,国家能否实现自己的目标,对于这一问题的关注,不仅需要考察国家是否可以采取特定措施追求自己的目标,也要考察国家行为所引发的意外后果。托克维尔式的国家观则是《论美国的民主》《旧制度与大革命》中所体现出的国家结构及其行为模式如何无意识地产生影响的一种研究路径。特定的国家结构及其行为将鼓励某种行为的发生而阻滞另一种行为的发生。

再次,历史社会学的研究范式。国家建构理论最初诞生于对西欧民族国家形成的研究,以解释现代国家是如何形成,又是如何被重构的,属于历史社会学的研究范式。不论是摩尔及其弟子,如蒂利、斯考切波、埃特曼等,还是其他关注国家建构问题的学者,如福山、黄冬娅、郭圣莉等[④],均遵循这一研究范式,尤其是运用比较历史方法进行研究。斯考切波将历史社会学研究的特征总结为:基于时空来思考社会结构和过程问题;强调过程并在瞬时的场景下解释结果;重视分析意义的行动与结构背景的交互作用,以清晰地呈现在个人生活与社会转

---

① 需要指出的是,本研究以国家建构理论作为理论分析工具是基于公民教育与国家建构的内在逻辑。然而,在公民教育与国家建构的互动中,国家不是唯一的行动主体,也不是唯一的支配力量,国家和其他各种社会力量都具有相对的自主性,且基于此争夺着教育机制的话语权。笔者的立场倾向于国家与社会基于各自嵌入自主性,形成国家与社会的良性互动。

② Weiss, Linda & Hobson, John. *States and Economic Development: A Comparative Historical Analysis*[M]. Cambridge: Polity Press, 1995:150.

③ 马克斯·韦伯. 学术与政治[M]. 钱永祥,等,译. 桂林:广西师范大学出版社,2004: 197.

④ 弗朗西斯·福山. 政治秩序的起源:从前人类时代到法国大革命[M]. 毛俊杰,译. 桂林:广西师范大学出版社, 2012; 黄冬娅. 转变中的工商所:1949 年后国家基础权力的演变及其逻辑[M]. 北京:中央编译出版社, 2009; 郭圣莉. 城市社会重构与国家政权建设[M]. 天津:天津人民出版社, 2006.

型中意图和非意图的结果；突出特殊类型的社会结构与变迁模式的独特性与多样性。[①]

二、国家建构的概念厘清

由于缺乏对国家建构理论脉络的深入研究，近年来，我国学术界对于国家建构理论的解读使其面临“概念延伸”[②]的危险。不同研究者出于各自意图对国家建构进行界定，使其逐渐沦为一个内涵模糊而外延宽泛的概念。因而，在梳理国家建构的路径模式与基本议题之前，需要厘清国家建构与相关概念的区别与联系。

首先，我们要明确西欧国家形成（state formation）与后发国家建构（state building）的区分。作为国家建构理论的最早提出者，在1975年主编的《西欧民族国家的形成》一书中，蒂利明确区分了西欧等国的国家形成过程和新兴国家的国家建构过程。[③]在1994年出版的《欧洲城市与国家的兴起：公元1000年到1800年》一书中，蒂利进一步指出，由于国家建构太过于“预见性”和“指向性”，对于西欧国家形成的研究应该使用国家形成这一更具历史性的概念。[④]“很少有欧洲君主在心目中有一个关于他们创建的某种国家的准确模式，甚至他们很少有效率地努力来创建一个如此模式的国家”。“没有人设计了民族国家的主要组成部分——国库、法庭、中央政府等等。它们通常或多或少是作为无意识的副产品而形成的，通常它们来自执行更为直接任务的努力，特别是为了创建和支

---

① 西达·斯考切波. 历史社会学的视野与方法[M]. 封积文，等，译. 上海：上海人民出版社，2007：2.

② Collier, David & Mahon, James. Conceptual “Stretching” Revisited: Adapting Categories in Comparative Analysis[J]. *American Political Science Review*, 1993(4).

③ Tilly, Charles. Western State-Making and Theories of Political Transformation, in Tilly, Charles (ed). *The Formation of National States in Western Europe*[M]. Princeton University Press, 1975:636-638.

④ Tilly, Charles. Entanglement of European Cities and States, in Tilly, Charles & Blockmans, Wim P.(eds). *Cities and the Rise of States in Europe, A.D.1000 to 1800*[M]. Westview Press, 1994:4.

持武装力量的努力”。[①] 在反思欧洲国家形成历史的基础上，蒂利指出，新兴国家建构与西欧国家形成所面临的环境已经有了本质性的变化，可以说，新兴国家的生存逻辑已经不同于西欧国家形成的生存逻辑。对于 16 世纪以来的西欧国家形成时期而言，战争与准备战争的压力使得国家的强制能力和资源汲取能力至关重要。而对于 19、20 世纪以来的新兴国家而言，不能通过战争改变在国际体系中的地位。[②] 西欧等发达国家主导建立的国际体系既为新兴国家带来了机遇，也使其面临巨大的挑战：一方面，既有国际体系使得小国、弱国不再担心被大国、强国吞并，可以在国际法的保护下与其他国家平等交往；另一方面，新兴国家在既有世界体系中处于边缘地位，只有成为进取的发展性国家，才能在日益激烈的国际竞争中占据有利地位。

其次，我们要区分国家建构（state building）和民族建构（nation building）的概念。现代国家即民族国家，是相对传统国家而言的。[③] 因而，现代国家建构包括国家建构和民族建构两个维度。有学者明确区分国家建构和民族建构：蒂利根据欧洲的经验，把国家建构和民族建构视为民族国家发展的两个不同历史阶段，并认为国家建构先于民族建构。国家建构表现为政权的官僚化、渗透性、分化以及对下层控制的巩固，民族建构则表现为公民对民族国家的认同、参与、承担义务和忠诚。[④]

林茨（Linz）和斯泰潘（Stepan）指出，国家建构和民族建构是两个有所交叠，然而在理论和历史上都迥然不同的过程。国家建构和民族建构并不是一个紧密交叠和牢不可分的过程。他们认为，在民族概念——特别是民族—国家概念——激发知识分子和普通百姓的想象力之前，国家建构过程已经进行了数个世纪。国家建构是基督教帝国崩溃和君主国之间相互混战的结果。而早期国

---

① 蒂利. 强制、资本和欧洲国家（公元 990—1992 年）[M]. 魏洪钟，译. 上海：上海人民出版社，2012：32.

② Tilly, Charles. Reflections on the History of European State-Making// Tilly, Charles (ed.). *The Formation of National States in Western Europe*[M]. Princeton University Press, 1975:81—82.

③ 安东尼·吉登斯. 民族—国家与暴力[M]. 胡宗泽，等，译. 北京：生活·读书·新知三联书店，1998：43—147.

④ Tilly, Charles (ed.). *The Formation of National States in Western Europe* [M]. Princeton University Press, 1975:70—80.

家（如法国）的国家建构过程并不建立在民族情操、认同和意识的基础之上。人民效忠的对象是王朝，而不是民族。现代民族观念和现代民族主义直到18世纪晚期才开始出现，而到19世纪下半叶民族—国家才成为主要的力量。①

作为两个密切联系的概念与历史进程，国家建构与民族建构有相互联系、相互支持的一面，也存在相互冲突的一面。奥特维（Ottaway）认为，国家建构和民族建构是相反的力量。国家建构和民族建构都是正在发生的进程，但二者的目的是有冲突的。国家建构关注创建同质的民族国家，民族建构则强调文化认同的重要性，鼓励族裔民族主义运动。民族建构威胁多族裔国家的凝聚力，进而侵蚀国家建构。②国家建构与民族建构的既相互促进又相互冲突的关系源于民族本身的复杂性。民族不仅指涉共享特定语言和文化的共同体，还表达了国家与法律面前平等的公民之间的平等地位。③

有鉴于此，尽管国家建构与民族建构之间存在密切的联系，而且近年来在一些国家及国际组织报告中交替使用国家建构和民族建构两个概念，但二者所要解决的核心问题存在根本性差异。因而，本文在严格意义上区分二者。对于国家建构的具体概念内涵则需要通过梳理国家建构的理论脉络，厘清不同路径与模式的国家建构所要解决的共同问题，在此基础上，提出具有包容性和概括性的国家建构概念界定。

三、国家建构的路径与模式

国家建构作为一个重要的研究领域和理论流派已经形成丰富的研究成果，并对当前全球化竞争中的经济发展、失败国家的国家重建等研究议题发挥重要

① 胡安·林茨，阿尔弗莱德·斯泰潘. 民主转型与巩固的问题：南欧、南美和后共产主义欧洲[M]. 孙龙，等，译. 杭州：浙江人民出版社，2008：20—25.

② Ottaway, Marina. *Nation Building and State Disintegration*. in Mengisteab, Kidane &Daddieh, Cyril K. (eds). *State Building and Democratization in Africa: Faith, Hope, and Realities*[M]. Greenwood Publishing Group, 1999: 83—97.

③ Bendix, Reinhard. *Kings or People: Power and the Mandate to Rule*[M]. Berkeley, University of California Press, 1980:605.

作用。已有研究对国家建构的理论脉络进行了细致的梳理。[①] 为展现不同路径与模式国家建构的共性与差异，我们将分别从内生型国家建构与外生型国家建构，回应型国家建构与非回应型国家建构，民族国家建构与民主国家建构的角度来回顾已有研究，从而为提炼出国家建构的基本议题奠定基础。

（一）内生型国家建构与外生型国家建构

1. 早发西欧内源型的国家形成过程

国家建构理论最初源于对 16 世纪以来西欧国家形成和发展的解释，即为何在西欧国家发展过程中，有的国家生存下来，有的国家则消失了？国家是如何日益扩展其权力的？已有国家形成的解释可以分为四类：强调生产力与生产关系的经济学视角，强调战争与战争能力的军事视角，强调理性选择的制度主义视角以及强调权力与精英斗争的权力视角。

拉克曼认为马克思和韦伯的理论为国家形成理论的争论奠定了基调。[②] 对于国家形成的核心机制，马克思认为是资本主义的发展，韦伯则认为是新教改革之后的理性化扩展。韦伯认为理性在政治领域的扩展导致官僚制的形成和完善，最终促成国家的形成。此外，韦伯关于官僚制在历史上的产生及其各种变形的讨论对于国家建构理论产生了重要影响。然而，韦伯忽视了政治行动者对各自利益的不同理解所造成的国家形成过程中的多样性和偶然性。西方马克思主义则主要关注谁在管理国家，代表谁的利益。安德森（Anderson）系统论证阶级斗争（贵族、农民和中产阶级）如何影响国家形成。[③] 然而，受限于西方马克思主义的阶级分类，安德森无法回答是谁巩固了绝对主义国家的权力。因为即使是同一阶级的行动者，也可能由于政治斗争中实际位置的不同而属于不同类型的精英。

蒂利的财政—军事模型是关于国家形成的主导模型。蒂利认为准备和从事战争能力的差异导致国家结构和国家能力的不同，由此形成三种不同的国家建

---

① 杨雪冬. 民族国家与国家构建：一个理论综述[J]. 复旦政治学评论，2005：84—107；Scott, Zoe. Literature Review on State-Building[R]. *International Development Department*, 2007; Vu, Tuong. Studying the State through State Formation[J]. *World politics*, 2010(1).

② 拉克曼. 国家与权力[M]. 郦菁，等，译. 上海：上海人民出版社，2013：20.

③ 佩里·安德森. 绝对主义国家的系谱[M]. 刘北成，等，译. 上海：上海人民出版社，2001.

构路径：强制密集道路、资本密集道路和资本化强制道路。拉克曼认为，蒂利的理论并没有详细说明统治者如何能在16世纪扩展国家的规模和资源，而不是更早。[①] 如许田波就认为中国早在春秋战国时期就开始了国家形成的历程。她以蒂利的理论为基础，比较了中国春秋战国与近代欧洲早期国家的国家形成。[②]

理性选择理论认为国家形成是统治者和国民理性选择的结果。凯瑟（Kiser）认为，统治者和国民决定合作还是对抗基于他们对于其他行动主体的预期反应的信息。[③] 理性选择理论解释了统治者、贵族、普通民众根据其理性计算所可能做出的不同选择。如利瓦伊（Levi）用交易成本来考察国家权力与国家税收之间的关系。她指出，统治者税收最大化过程受到相对议价能力、交易费用和贴现率的影响。[④] 但理性选择理论难以解释为何统治者在某个时间点做出理性选择，而不是在其他时间点；也无法解释面对相似的形势，不同国家为何走上不同的道路。

曼对于国家权力两个维度的区分为我们重新认识国家权力奠定了基础。曼认为，国家权力可以分为两种：其一是国家的专断权力（despotic power of the state），即国家精英无须遵守例行程序，无须与市民社会中的各团体进行制度化协商就可采取行动的权力；其二是国家的基础权力（infrastructural power of the state），即国家事实上渗透市民社会，在整个统治领域以提供后勤补给的方式实施政治决策的能力。曼指出，两种权力都是分析国家权力的独立维度。在此基础上，曼以意识形态、经济、军事、政治等维度，建立其国家建构的IEMP模式。[⑤] 与曼的理论颇为相似的是布迪厄（Bourdieu）的国家建构理论。布迪厄认为国家是军事资本、经济资本（主要是税收制度）、信息资本（文化资本是一个方面）、象征资本和司法资本集中的结果。在不同种类资本的集中和它们的再生产的过

---

① 拉克曼. 国家与权力[M]. 郦菁，等，译. 上海：上海人民出版社，2013：29.

② 许田波. 战争与国家形成：春秋战国与近代早期欧洲之比较[M]. 徐进，译. 上海：上海人民出版社，2009.

③ Kiser, Edgar & Linton, April. The Hinges of History: State-Making and Revolt in Early Modern France[J]. *American Sociological Review*, 2002(6).

④ 玛格利特·利瓦伊. 统治与岁入[M]. 周军华，译. 上海：格致出版社，2010：11—49.

⑤ Mann, Michael. The Autonomous Power of the State: Its Origins, Mechanisms and Results[J]. *Archives Européennes de Sociologie*, 1984(2): 188, 189.

程中，产生一种特殊资本（即国家资本），并取得对其他资本的支配权。[①] 与蒂利等人强调军事、经济等有形力量不同，曼和布迪厄特别关注无形力量（意识形态、文化资本、象征资本）在国家建构中的重要作用。

拉克曼首先以对国家形成的方式、国家形成的主体行动者和国家形成的时机等三个问题的解释为标准对国家建构理论进行述评，在此基础上提出其精英斗争理论。他指出，只有当独立自主的各类精英进入国家，并把各自所控制的制度性资源带入国家以后，国家权力才得以扩张。精英之间的斗争是国家形成和发展的具体机制。精英之间的激烈斗争形塑了国家与社会关系、国家能力与精英关系。[②] 精英斗争理论较好地解释了精英在政治斗争中如何吸引盟友，承认国民的公民身份。在这个意义上，拉克曼的精英斗争理论可以看作蒂利理论的重要补充。

2. 后发外源型的国家建构过程

早发的西欧国家形成与后发国家建构过程的差异在对于国家形成和国家建构概念的区分中已显露无遗。正如蒂利等人所言，早发的西欧国家是一个自然而然的形成过程。因而，马克思和韦伯都将其视为由社会发展核心机制（资本主义发展或新教改革）衍生而来的副产品。早期的西欧国家形成后，通过国际条约体系和殖民战争，使其他国家客观上或主动或被动地进入现代国家建构的进程。“现代国家作为一种组织形式，发展于欧洲，并通过强加、传播和学习，从欧洲扩散到世界的其他地区。”[③] 因而，对于后发国家而言，不仅被迫卷入既有国际体系，而且由于面临的国际国内环境（经济发展、意识形态影响等）而产生强烈的学习已有成功国家发展模式的动力。

对于早发的西欧国家而言，自治城市、市民社会作为独立于国家的空间和力量而存在。在此基础上，通过经济的发展，资产阶级和其他社会力量的崛起，政治精英与经济精英的分化与联合，国家权力不断集中与渗透，国家最终实现由间

---

① Bourdieu, Pierre. Rethinking the State: Genesis and Structure of the Bureaucratic Field. in Steinmetz, George(ed). *State/Culture: State-formation after the Cultural Turn*[M]. Cornell University Press, 1999: 53—75.

② 拉克曼. 国家与权力[M]. 郦菁，等，译. 上海：上海人民出版社，2013：译者序V.

③ Kohli, Atul. *State-directed Development: Political Power and Industrialization in the Global Periphery*[M]. Cambridge University Press, 2004:386.

接统治到直接统治的转变。对于后发国家而言,首要问题是建构一个独立主权的现代国家,然后才是市民社会的成长。正是这种历史逻辑的不同,使得后发国家普遍面临如何制约强大国家权力的问题。与此同时,在全球化和福利国家的背景下,后发国家需要具备发展经济的能力,以汲取资源建立完善的福利体系,满足民众日益提升的公共服务需求。

罗坎(Rokkan)指出,与逐步发展而形成的西欧民族国家不同,东欧、亚洲以及非洲等后发国家不得不同时处理民族认同、政治参与和经济不平等等一系列问题,这种问题叠加式的建构过程与西欧国家渐进式的形成过程形成强烈反差。罗坎指出,两者的根本区别在于,对于后发国家而言,在解决来自内忧外患的高度压力之前,几乎没有时间形成相应的国家制度和国家能力。① 这也正是当前国际社会普遍关注的第三世界国家失败和国家重建所面临的困境所在。

进入新千年,国家建构成为国际社会的优先性议题。几乎在每个双边和多边援助项目中,国家建构都是一个关键目标,尤其是在脆弱国家中。② 正因如此,福山指出,国家建构是当今国际社会最重要的命题之一。软弱无能或失败国家已经成为当今世界许多严重问题(从贫困、艾滋病、毒品到恐怖主义)的根源。正是从后发的失败国家、转型国家的国家重建角度,福山将国家建构定义为“在强化现有的国家制度的同时新建一批国家政府制度”。他从制度的供给与需求两个角度讨论国家的制度能力。制度供给角度涉及国家概念的四个方面:组织的设计和管理,制度体系设计,正当性基础,文化和结构因素。在制度需求角度,福山指出,制度或制度改革的国内需求不足,是贫困国家制度发展的一个最大障碍。而如果没有强烈的国内需求,对制度的需求必然会从外部产生。③

可以说,当前对于重建国家的国家建构研究都是与外界干预联系在一起的。如泰勒—弗朗西斯出版集团于 2007 年创办的专业期刊就命名为《干预与国家

① Rokkan, Stein. Dimensions of State Formation and Nation-Building: A Possible Paradigm for Research on Variations within Europe.In Tilly, Charles(ed.). *The Formation of National States in Western Europe* [M]. Princeton University Press, 1975:570—572.

② Fritz, Verena & Menocal, Alina. *Understanding State-Building from a Political Economy Perspective*[R]. Overseas Development Institute, 2007:4.

③ 弗朗西斯·福山. 国家构建: 21 世纪的国家治理与世界秩序[M]. 黄胜强,等,译. 北京: 中国社会科学出版社, 2007: 序 1—2, 23—35.

建构学报》(*Journal of Intervention and State-building*)。对-于外界干预的国家建构模式,有学者将其区分为美国模式和联合国模式。① 当前的问题在于,已有文献尽管强调本土精英在国家建构中的角色,却主要在讨论外部行动者如何促进国家建构。国际社会的主导侵蚀了正在形成的国家学习独立统治的机会,分裂了国家和地方精英的关系,滋生怨恨并制造掠夺者。② 当然,这并非是说国际社会应该忽视弱国家或失败国家,而是说国际社会的帮助应该定位为提供便利,而不是主导整个过程。

(二)回应型国家建构与非回应型国家建构

福山指出:"现代政治的使命就是对国家的权力施加制约,把国家的活动引向它所服务的人民认为是合法的这一终极目标上,并把权力的行使置于法治原则之下。"③ 国家建构的最终目的不仅要增强国家能力,把国家塑造为凌驾于一切社会力量之上,而且要建立合理的国家与社会、国家与公民的关系,促进国家对社会经济变迁和公民的利益诉求的有效回应。④ 能否有效回应社会和公民诉求也成为检验国家能力强弱、国家权力正当与否的重要指标,这一点在西欧国家形成过程中已得到有力的验证。蒂利、埃特曼、拉克曼等人的研究表明,在国家汲取资源、扩展权力的过程中,公民开始向国家提出范围日益广泛的要求,而对这种新利益的回应产生了更多的国家组织,国家相继建立大众学校、再分配部门、公共福利机构等。⑤ 对此,马歇尔以英国为例,细致地阐述公民身份演进中市民权利、政治权利和社会权利的扩展,和与之对应的法院、国会和地方议会、社会公共服务体系等国家机构的建立过程之间的紧密联系。

英国国际发展署(DFID)在名为《国家在发展中:理解国家建构》的报告

---

① Scott, Zoe. *Literature Review on State-Building*[R]. International Development Department, 2007:20.

② Ghani, Ashraf, et al. *Closing the Sovereignty Gap: An Approach to State-Building*[A]. Working paper 253, Overseas Development Institute, 2005.

③ 弗朗西斯·福山. 国家构建:21 世纪的国家治理与世界秩序[M]. 黄胜强,等,译. 北京:中国社会科学出版社,2007:1—2.

④ Wang, Shaoguang. State Effectiveness and Democracy[J]. *Journal of Democracy*, 2003(1).

⑤ 蒂利. 强制、资本和欧洲国家(公元 990—1992 年)[M]. 魏洪钟,译. 上海:上海人民出版社,2012:138—146.

中指出，国家建构发生在所有国家，不论富裕或贫穷，所有国家都试图使其结构更好地实现政府的目标。根据国家建构包括的三个必要领域的差异，DFID 提出两种国家建构模式：回应型国家建构和非回应型国家建构。国家建构的三个必要领域包括政治解决（political settlement）、生存性功能、预期性功能，其中政治解决是理解国家建构的核心要素。①

回应型国家建构的关键是要形成有能力、负责任和回应性的国家。首先，政治解决是终止冲突，在大多数国家是防止暴力冲突发生的第一步。政治解决通过采用或创制国家机器来管理政治，包括选举过程、议会、政党、内阁和国家首脑。通常这些以民主的理念被组织，制度的本质和组织原则与正当性密切相关。其次，实现安全、税收、法治等最低限度的生存性功能。再次，预期性功能，即预期国家在公民和外部行动者关注的重要议题方面如何表现。与此相对，非回应型国家建构在政治解决方面产生无效的、压制性的和腐败的国家。这种政治解决的性质导致在生存性功能方面的寻租和压制以及很少关注国家的预期性功能。非回应型国家建构使得国家在面临重大冲击（如经济危机或社会不满爆发）时成为脆弱国家或失败国家。DFID 指出，许多国家的国家建构进程同时具有回应型国家建构的特征和非回应型国家建构的特征。

2012 年，DFID 在《脆弱和冲突影响国家中的国家建构、和平建构与服务分配》的研究报告中进一步讨论国家建构的回应性问题。报告指出，国家满足民众对于公共服务预期的能力与国家权力的正当性之间具有显著的关联，国家对于民众的高优先性预期和生存性功能的有效回应对于增强国家权力的正当性具有积极作用，这一点在后冲突时代尤为重要。②

（三）民族-国家建构与民主-国家建构

上述关于国家建构的讨论主要是国外学术界的研究成果，这也表明当前国内对国家建构理论研究的不足。20 世纪 90 年代以来，随着对中国现代国家制度建构的反思以及全球化进程中民族国家所面临的国家认同等问题日益凸显，

---

① Alan, Whaites. *States in Development: Understanding State-building (A DFID Working Paper)*[A]. London: the Department for International Development, 2008.

② DFID. *State-building,Peace-building and Service Delivery in Fragile and Conflict Affected States*[R]. London,2012(11).

中国学者对于国家建构这一问题的研究逐渐增多。

通过对近代中国社会的反思，金耀基指出，从19世纪中叶起，中国就面临两大政治任务的挑战：一是国家建构，一是民主建构。[①] 沿着这一思路，徐勇指出，现代国家建构是民族-国家和民主-国家的双重建构过程。民族-国家是现代国家的组织形式，推动民族-国家建构的动力是军事暴力和经济暴力，民族-国家建构的核心是主权；民主-国家是现代国家的制度体系，以主权在民为正当性基础。民族-国家建构与民主-国家建构既相互依存又内含矛盾。民族-国家的行政实体是主权在民和人民权利的现实基础，民主-国家则为民族-国家的生长和持续提供制度保障。民族-国家的建构理性是民族主义，强调国家的整体性，国家利益至高无上；民主-国家的建构理性是民主主义，强调构成国家的个体性，个人自由和权利至高无上。这两种建构理性的冲突与调和是现代国家建构多样性的根本原因。在欧美等早发国家，民族-国家建构和民主-国家建构是同步的。在中国等后发国家，这一双重化的建构是不同步的，即出现了现代国家建构中民族-国家和民主-国家的非均衡性，由此引起政治整合和文化整合的矛盾。因此，现代国家建构不仅包括民族-国家建构，推进国家一体化，还要建构现代民主-国家，通过政治发展推进民主化。[②] 此外，在徐勇关于民族-国家建构与民主-国家建构的基础上，有学者进一步提出民生-国家建构的主张，认为民生-国家建构主要是在发展经济的基础上为国民提供公共服务，促进民众的福祉。[③]

徐勇对现代国家建构的这种双重性的区分成为国内国家建构问题研究尤其是乡村研究的重要视角。研究者以民族-国家建构和民主-国家建构的视角重新解读近代以来中国国家建构的历程，认为改革开放前的中国主要是民族-国家建构的过程，新中国的建立以及之后的集体化改造等政治运动极大地提升了国家权威，扩展了国家在基层社会的力量。然而民族-国家和民主-国家建构的非均衡性也带来诸多问题。改革开放以来，国家通过实行村民自治等制度，推动民主-国家建构的进程。徐勇及其团队的研究指出，民主-国家建构所要求的行政

---

① 金耀基. 中国社会与文化[M]. 香港：牛津大学出版社，1993：118.

② 徐勇. 现代国家建构中的非均衡性和自主性分析[J]. 华中师范大学学报：人文社会科学版，2003（5）；徐勇. “回归国家”与现代国家的建构[J]. 东南学术，2006（4）.

③ 叶本乾. 现代国家构建中的均衡性分析：三维视角[J]. 东南学术，2006（4）.

放权是为乡村治理提供制度空间,是乡村自组织成长的必要条件。行政下乡、政党下乡、政策下乡和民主下乡不仅促进了国家权力的下沉和渗透,而且强化了农民对国家的政治认同。[①]

四、国家建构的基本议题及其张力

通过厘清国家建构概念,梳理路径与模式,我们认为,国家建构是指在由传统国家向现代国家转变的过程中,国家逐步实现由间接统治到直接统治的转变,形成相应的国家能力并予以正当性的过程。国家建构是世界各国现代国家发展过程中的一种普遍现象,虽然不同国家由于历史遗产、国家与社会关系的差异,形成不同的路径与模式,但在从传统国家向现代国家的转型中,都面临如何增强国家能力,如何塑造国家权力的正当性,以及如何有效调和国家能力和国家权力正当性之间张力的根本性问题。

(一)国家能力

传统国家的君主需要借助地方精英等代理人对基层实行统治,“世袭的统治者并不敢总是摧毁自治的地方世袭权力……如果统治者想要消灭自治的土地贵族,他必须拥有能够取代它们的自己的管理组织,并且对当地的人口拥有几乎相同的权威”。国家建构需要实现从间接统治到直接统治的转变,因为“任何间接统治的体制都给统治者能从周边经济中榨取的资源数量设定了重大的限制”。瓦尔德纳(Waldner)指出,“非直接统治型的国家结构是前现代国家缺乏能力的结果”。[②] 因而,要创建直接统治型国家,国家就必须具备相应的国家能力。

要提升国家能力,首先必须澄清对于国家能力的种种误区。[③] 伴随 20 世纪 70 年代以来新自由主义和新管理主义“去国家化”的呼声,不少人主张缩减国

---

① 徐勇.“行政下乡”:动员、任务与命令—现代国家向乡土社会渗透的行政机制[J]. 华中师范大学学报(人文社会科学版),2007(5);徐勇.“政党下乡”:现代国家对乡土的整合[J]. 学术月刊,2007(8);徐勇.“政策下乡”及对乡土社会的政策整合[J]. 当代世界与社会主义,2008(1);徐勇.“服务下乡”:国家对乡村社会的服务性渗透—兼论乡镇体制改革的走向[J]. 东南学术,2009(1).

② Waldner, David. *State-Building and Late Development*[M]. Ithaca: Cornell University Press,1999:20.

③ 包刚升. 走出理解“国家能力”概念的误区[N]. 中国社会科学报,2013—10—25(B02).

家职能，弱化国家能力，建设“小政府、大社会”。然而，正如福山所言，他们混淆了国家职能范围与国家能力强度的关系。[①]福山的观点深具启发。为了更细致地讨论国家能力问题，我们认为，曼对于国家的专断权力和国家的基础权力的区分为我们重新认识国家权力提供了有益的启发。曼指出，这两种权力是分析国家权力的独立维度。在现代国家建构的过程中，要限制国家的专断权力，增强国家的基础权力。那么，国家权力与国家能力之间是什么关系呢？国家基础权力和国家专断权力的关系及其组合方式构成国家能力的结构，进而形成不同的国家治理模式，如集权型国家治理模式和分权型国家治理模式。国家权力的评价指向正当性，国家能力的评价指向有效性。

国家能力本身是一个集合，不同学者对于国家能力的界定和维度划分存在差异。米格代尔（Migdal）认为，国家能力即国家领导人运用国家机构让人民去做领导人希望他们做的事情的能力。国家能力包括渗入社会、调节社会关系、提取资源以及以特定方式配置或运用资源四大能力。[②]维斯（Weiss）和霍布森（Hobson）认为国家建制性权力都包括三个维度：渗透能力、汲取能力、协商能力。[③]王绍光、胡鞍钢认为任何政治制度都必须具备四种基本国家能力后才能生存和运作：汲取能力、调控能力、正当化能力和强制能力。[④]此后，王绍光构建了更完善的国家能力体系。王绍光提出，国家能力包括强制能力、汲取能力、濡化能力、认证能力、规管能力、统领能力、再分配能力、吸纳和整合能力等八项能力。其中，前三项（强制、汲取、濡化）是近代国家的基本能力，缺乏这三项基本能力就会成为失败国家；中间四项（认证、规管、统领和再分配）是现代国家的基础能力，如果在这四方面能力不足，国家治理就会遇到困难；最后一项即吸纳和整合能力是民主国家的基础。[⑤]

---

① 弗朗西斯·福山. 国家构建：21 世纪的国家治理与世界秩序[M]. 黄胜强，等，译. 北京：中国社会科学出版社，2007：15—21.

② 乔尔·S·米格代尔. 强社会与弱国家——第三世界的国家社会关系及国家能力[M]. 张长东，等，译. 南京：江苏人民出版社，2009：序 1—2，5.

③ Weiss, Linda & Hobson, John. *States and Economic Development: A Comparative Historical Analysis*[M]. Cambridge: Polity Press, 1995:150, chp1—2.

④ 王绍光，胡鞍钢. 中国国家能力报告[M]. 沈阳：辽宁人民出版社，1993：6—7.

⑤ 王绍光. 国家治理与基础性国家能力[J]. 华中科技大学学报：社会科学版，2014（3）.

国家能力的过度扩展有可能侵蚀社会组织的自主空间，侵犯公民个体的权利，从而削弱国家能力自身，因而就涉及国家建构的另一基本议题，即国家权力的正当性问题。

（二）国家权力的正当性

国家实现间接统治到直接统治的转型是国家权力下沉、渗透基层社会的过程。当国家权力几乎占领全部社会领域，可以随时随地侵入和控制社会的每一个阶层和每一个领域，就形成邹谠所言的全能主义国家。① 正如蒂利对西欧国家形成过程所做的描述：从间接统治到直接统治的转型使得国家权力渗透到基层社会，国家权力的扩张遭到民众的集体反抗，国家也在应对民众抗议的过程中逐步由反应性的镇压转型为预防性的镇压。历经与民众反复的讨价还价，国家通过授予民众公民身份、提供公共服务以获得民众对国家统治的支持和认可。可以说正是国家能力的扩张引发了日益凸显的正当性问题，而国家提供公共服务的能力增强了国家权力的正当性。

当代学者对国家的定义过于强调国家的物质性因素，如暴力、机构、制度等，国家的非物质因素，如正当性等凸显不足。② 不少学者在阐释韦伯的国家定义时删除其正当性意涵。曼认为，韦伯的国家定义包括四个因素：（1）国家是一套分化的制度和人事；（2）集权性，即政治关系由中心向外辐射；（3）明确划界的领土区域；（4）基于垄断有形的暴力手段，以垄断具有强制约束规则的制定。③ 当代学者从韦伯的国家定义中看到了国家机构和国家能力，但却忽视了韦伯在支配社会学中特别强调的国家权力的正当性。韦伯指出，暴力或主权并不是国家的最特别之处，相反正当使用暴力和统治下的命令与服从关系才是它最大的特点。④

基于对韦伯国家理论的片面理解，已有国家建构理论对于正当性等非物质

---

① 邹谠. 二十世纪中国政治：从宏观历史与微观行动的角度看[M]. 香港：牛津大学出版社，1994：69.

② Vu, Tuong. Studying the State through State Formation[J]. *World Politics*, 2010(1): 165.

③ Mann, Michael. The Autonomous Power of the State: Its Origins, Mechanisms and Results[J]. *Archives Européennes de Sociologie*, 1984(2): 188.

④ 史丹利·阿若诺威兹，彼得·布拉提斯. 逝去的范式：反思国家理论[M]. 李中，译. 长春：吉林人民出版社，2011：215.

因素关注不足。戈尔斯基（Gorski）指出，“国家不仅仅是行政、警务和军事组织，国家也是教育、矫正和意识形态组织”。[①] 格林、考瑞根等人对教育与国家关系的研究均指出国家是如何通过学校教育塑造其正当性，建立其文化霸权的。米切尔（Mitchell）提出，“国家是一个同时作为物质力量和意识形态建构存在的分析对象”。[②] 张静对国家建构研究仅关注国家权力单方面的扩展与渗透问题予以批评。她认为，国家建构“并非只涉及权力扩张，更为实质性的内容是，它必定还涉及权力本身性质的变化、国家—公共（政府）组织角色的变化、与此相关的各种制度——法律、税收、授权和治理方式的变化、公共权威与公民关系的变化”。[③] 杜赞奇（Duara）指出，国家权力在现代的扩展涉及一个双面的过程：一是渗透与扩张的过程，一是证明此种渗透与扩张过程正当性的过程。[④] 可以说，国家能力问题和国家权力正当性问题成为国家建构过程中一体两面的基本议题，二者相互促进又存在内在张力。这种对国家建构的理解是本研究基于国家理论的文化转向对国家建构理论的修正。

正当性（legitimacy）[⑤] 是一个哲学概念，正当性问题的讨论和应用存在于不同的领域，如政治正当性、法律正当性、经济正当性等。本研究主要讨论政治正当性，亦即国家权力的正当性。政治正当性和证成性（justification）是对政治权力进行道德评价的两种方式。作为一种回溯性的概念，政治正当性关注的是权力的来源和谱系，从“发生的进路”去评价权力；作为前瞻性概念，政治证成性关注的是权力的效用和达成的目的，从“目的的进路”去评价权力。[⑥] 国家权

---

① Gorski, Philip. *The Disciplinary Revolution: Calvinism and the Rise of the Early Modern State*[M]. Chicago: University of Chicago Press, 2003:165.

② Mitchell, Timothy. Society, Economy, and the State Effect. in Steinmetz, George(ed). *State/Culture: State-formation after the Cultural Turn*[M]. Cornell University Press, 1999:76.

③ 张静. 现代公共规则与乡村社会[M]. 上海：上海书店出版社，2006：47.

④ 杜赞奇. 从民族国家拯救历史：民族主义话语与中国现代史研究[M]. 王宪明，等，译. 南京：江苏人民出版社，2009：94.

⑤ legitimacy 通常被译作“合法性”。根据周濂的分析，“合法性”的译法会沦为法律实证主义的工具，为一些威权政治作辩护，从而丧失legitimacy 原有的超越的道德维度，且“合法性”无法涵盖legitimacy 的所有意义，因而应译为“正当性”。关于legitimacy 的翻译问题，参阅：周濂. 现代政治的正当性基础[M]. 北京：生活·读书·新知三联书店，2008：7.

⑥ 周濂. 现代政治的正当性基础[M]. 北京：生活·读书·新知三联书店，2008：41.

力的正当性即是追问作为权力主体的国家，其权力的道德基础何在。

对于政治正当性问题，哈贝马斯（Habermas）在《现代国家中的正当性问题》一文中指出，政治正当性研究有两种范式：一种是政治哲学的规范主义研究，一种是以韦伯为代表的社会科学的经验主义研究。[①] 鉴于本研究采用历史社会学的研究范式探讨近代不同政权如何借助学校公民教育形塑国家权力的正当性，因而，本研究主要运用韦伯的经验主义正当性理论。韦伯对于正当性理论的突出贡献在于：提出一系列概念工具并形成系统的理论逻辑，通过比较历史分析展现不同权威类型如何基于相应的正当性基础而维护其支配方式。然而，韦伯的正当性理论因其过分强调个体的信念这一主观维度，丧失了正当性概念的规范性和客观维度，受到晚近政治哲学家的批判。[②]

韦伯对正当性问题的理解与他对"非理性世界"的观点联系在一起。他认为，由于利益是由非理性的命运所任意赋予的，因而，这些利益就必须证明其正当性。"任何权力—甚至生活中的任何好运道——般都有为自己之正当性辩护的必要。"[③] 在支配社会学中，韦伯将正当性问题与权威类型、支配方式联系在一起，建构了"权威类型—支配方式—正当性基础"三位一体的分析框架。首先，韦伯区分了三种类型的权威：卡理斯玛权威、传统型权威和法理型权威。支配则是"基于权威（命令权力与服从义务）"之上的，相应形成卡理斯玛制、家父长制和官僚制三种支配方式。进而，因为"任何支配（就此字之技术性意义而言）的持续运作，都有通过诉诸其正当性之原则的、最强烈的自我辩护的必要"，[④] 三种支配方式分别基于对超凡魅力者的追随、传统的神圣性和合理规则的制度而予以正当性辩护。

韦伯指出，不同的支配形式有不同的正当性基础，并发展出相应的制度安排以塑造相应的正当性基础。卡理斯玛权威建基于卡理斯玛制支配方式，对权力进行正当性辩护的理由在于对超凡魅力者的追随，具有天赋资质的人物通过显

---

① 哈贝马斯. 交往与社会进化[M]. 张博树，译. 重庆：重庆出版社，1989：206—213.

② Simmons, John. Justification and legitimacy[J]. *Ethics*, 1999 (4). 政治正当性的主观维度与客观维度问题将在第五章讨论。

③ 马克斯·韦伯. 支配社会学[M]. 康乐，简美慧，译. 桂林：广西师范大学出版社，2010：18.

④ 马克斯·韦伯. 支配社会学[M]. 康乐，简美慧，译. 桂林：广西师范大学出版社，2010：3，19.

示其超凡禀赋而获得权力的正当性。因而,塑造领导者的超凡魅力、奇迹和高尚德行,以及倡导德治天下就成为正当化卡理斯玛权威的常见手段。传统型权威建基于家父长制支配方式,对权力进行正当性辩护的理由在于传统的神圣性,具有习惯化与恒常化的传统习俗为权力提供了正当性基础。因而,传统的礼仪教化、嫡长子继承等制度不断强化人们对于传统权威的认同。法理型权威建基于官僚制支配方式,对权力进行正当性辩护的理由在于经由协商或指令所指定的合理规则制度。在此制度下,每个权力的担纲者都由上述具有合理规则的制度被赋予正当性。因而,公正程序等法理的基本原则会被特别强调。

韦伯指出,"纯粹"类型只能被视为一种近似的情况(虽然在分析时具有特殊且不可或缺的价值),将通常出之以混合形态的历史现实予以分类组合。在现实中,一个国家的政治正当性基础往往是几种"纯粹"类型的结合、混合、同化或变形。[①] 然而,不同类型正当性的结合或混合也可能因正当性来源的不同而引发冲突。例如,卡理斯玛制支配方式依赖于领导者的超凡禀赋,而官僚制支配形式建基于正式程序。如果将卡理斯玛权威与法理型权威融合,在不同时空侧重于不同的正当性基础,二者可以彼此兼容。一旦将二者置于同一时空场域时,卡理斯玛权威的任意性将会超越法理权威与正式程序,或者被法理权威与正式程序所限制。

(三)国家能力与国家权力的正当性的关系

现代社会对于个体自主的尊重,以及公民自由、权利观念的启蒙,使得政治正当性问题在当代国家建构中的重要性日益凸显。国家塑造政治正当性的方式也有新变化。一方面,由于后发国家外源型国家建构导致的国家权力与社会力量的失衡,使得建基于个体认可的正当性非常难实现;另一方面,现实生活中,相较于国家权力正当性,普通民众更关注社会秩序的稳定、经济增长和社会福利等切实关乎个体生活质量的议题。国家权力的正当性依赖于国家行为的有效性,这是20世纪以来国家建构的新现象。[②] 因而,我们有必要从政治正当性和证成性的关系入手,讨论国家能力和国家权力的正当性之间的关系。

---

① 马克斯·韦伯. 支配社会学[M]. 康乐,简美慧,译. 桂林:广西师范大学出版社,2010:86,19—20.

② 杨雪冬. 民族国家与国家构建:一个理论综述[J]. 复旦政治学评论,2005:98.

国家建构之所以需要解决国家能力和国家权力的正当性两个基本议题，根本原因在于国家自身既是工具性存在，同时也是目的性存在。

作为工具性存在，国家权力的证成性需要通过国家治理的效果进行道德评价。国家产生的最重要意义在于维护社会秩序、保障国民权益。因而，古今中外，每个国家都努力增强国家能力，建立一个富强而有效率的国家。国家能力也日益成为衡量国家证成性的重要指标而得到学术界和各国政府的广泛重视。①

福山对于国家建构的定义以及英国国际发展署对于回应型国家建构和非回应型国家建构的区分表明，国家能力不仅包括国家权力渗透到基层社会的能力，也包括有效回应民众或社会力量诉求的能力。强大的国家能力有助于提升国家治理的有效性，从而促进国家权力的正当性。当国家缺乏为减少贫困、发展、安全和国民权利提供基本保障的政治意愿和（或）能力，国家就是脆弱的，其正当性也会受到质疑。值得注意的是，国家能力的过度扩张，不仅会引发民众的反抗，产生正当性危机，而且可能导致由于中央权力过大，使地方缺乏灵活性，从而降低国家治理的有效性。中国国家治理中反复出现的“一管就死，一放就乱”现象充分说明了这一点。②

国家能力的增强有助于促进国家权力的正当性。然而，如果国家不能回应民众或社会力量对于正当性的诉求，如公民权利、政治参与等方面的诉求，即使国家治理保持较高的有效性，国家权力的正当性仍然会受到质疑。作为亚洲四小龙之一的新加坡在经济腾飞之初，由于经济增长改善了人民的福祉，新加坡政府得到民众的普遍支持。然而，执政党对政治的限制和对不同政见的压制使得民众对人民行动党的长期一党执政日益不满。③韩国的经济发展和民主化历程也说明国家证成性无法替代国家权力的正当性。一个国家即使拥有很强的证成性，也不能推论得出这个国家的权力具有正当性。

作为目的性存在，国家需要对其权力的来源予以正当化。政治正当性的增

---

① Cingolani, Luciana. *The State of State Capacity: a Review of Concepts, Evidence and Measures*[A]. MERIT Working Papers, 2013, 053.

② 周雪光. 中国国家治理的制度逻辑：一个组织学研究[M]. 北京：生活·读书·新知三联书店，2017：7—49.

③ 陈文，黄卫平. 新加坡人民行动党的执政困境[J]. 中国党政干部论坛，2013（1）.

强有助于提升国家能力，从而提升国家治理的有效性；反之，政治正当性的降低将削弱国家能力，从而降低国家治理的有效性。由于国家权力的正当性有其特定的来源，对于任何一个国家而言，都必须找到与其国家权威类型、权力支配方式相契合的政治正当性基础。如果一个国家缺乏正当性，其国家权力将受到民众的抵制以至反抗，国家难以有效地推进国家治理的目标。斯科特（Scott）的系列研究呈现了极权主义国家所推动的失败项目，高压统治下逃避国家控制的高地民族，以及村庄农民的日常反抗，包括偷懒、装糊涂、开小差、假装顺从、装疯卖傻、暗中破坏等，细致地说明了国家权力的正当性对于国家治理有效性的影响。[①] 斯科特的研究表明，无法得到民众支持的政府由于缺乏正当性，在制定和执行政策时将会遇到难以预料的阻力，付出更多的社会成本。

综上所论，由于国家自身既是工具性的存在，同时也是目的性的存在，因而，政治证成性和正当性是对国家权力进行道德评价的两种方式。一方面，二者密切相关。证成性可以增强或削弱正当性，正当性亦可增强或削弱证成性。另一方面，二者有明显区分。一个国家权力具有证成性不能推论得出其具备政治正当性；反之，一个国家权力拥有正当性亦不能推论得出其具备证成性。

鉴于国家产生的最重要意义在于维护社会秩序、保障国民权益，因而国家的证成性优先于正当性。[②] 国家建构的首要任务是增强国家能力，推动经济增长，更好地满足国民的公共福利需求。有学者将这种依靠提升国家治理有效性而获得的政治正当性称为“绩效正当性”[③]。但是，从政治正当性的规范意义来讲，此种措施终归只能是国家证成性，而非国家权力的正当性。国家能力的有效性只是一系列有助于正当化国家权力的实践的手段。证成性可以增强或削弱政治正当性，但不能由证成性推论出国家权力的正当性。“因为这种做法究其根本乃是一种‘范畴错误’，它的危险更在于使我们丧失了道德评价国家的一个重要维度，进而无法正确解释政治义务，无法确保个体基本的政治权利，并在实践中可

---

① 斯科特. 国家的视角：那些试图改善人类状况的项目是如何失败的[M]. 王晓毅，译. 北京：社会科学文献出版社，2004；斯科特. 逃避统治的艺术：东南亚高地的无政府主义历史[M]. 王晓毅，译. 北京：生活·读书·新知三联书店，2016；斯科特. 弱者的武器：农民反抗的日常形式[M]. 郑广怀，等，译. 南京：译林出版社，2007.

② 周濂. 现代政治的正当性基础[M]. 北京：生活·读书·新知三联书店，2008：179.

③ 赵鼎新. 国家合法性和国家社会关系[J]. 学术月刊，2016（8）.

能沦为替一些非民主国家乃至暴政国家做辩护的工具。”[①]

国家建构既需要增强国家能力，也必须对国家权力予以正当化。利普塞特（Lipset）指出：“有效性主要是指作用，而合法性是确定价值”。二者不能彼此替代。“一般来说，即使一种政治制度具有合理的有效性，任何时候主要保守群体的地位受到威胁，或在关键时期新兴群体被剥夺参与政治的机会，该制度的合法性仍将成为问题。另一方面，一再地或长时期地缺乏有效性，也将危及合法制度的稳定。”因而，利普赛特明确建议将正当性与有效性有机结合，以讨论政治系统的稳定性。[②]福山虽然重点强调了国家能力的有效性问题，但他明确指出，正当性基础与政府职能、治理能力共同构成理解国家概念的维度。[③]美国体系和平研究中心（The Center for Systemic Peace）自2007年起编制脆弱国家指数（The State Fragility Index），分别从四个维度（安全、政治、经济和社会）对每个国家的有效性和正当性进行评分。脆弱国家指数充分考虑了国家能力的有效性与正当性在国家建构中的作用。[④]

第三节 研究设计

一、研究范式与研究方法

研究问题本身蕴含并决定了研究方法。本研究采用历史社会学的研究范式，运用国家建构理论，解释中国近代公民教育兴起与发展变迁的原因，探讨现代国家建构进程对公民教育的影响以及公民教育在国家建构进程中的作用，进而形成公民教育与国家建构互动的一般性解释框架。这一问题决定了本研究的主要研究方法：首先，本研究基于对中国近代公民教育发展历程的考察，因而需要分析“修身”“公民”“党义”三门课程的相关政策文本、教科书文本，即文本分析法；其次，要在与公民教育发展相关的诸多因素中确定发展转变的原因，需

---

① 周濂. 现代政治的正当性基础[M]. 北京：生活·读书·新知三联书店，2008：180.

② 利普塞特. 政治人：政治的社会基础[M]. 刘钢敏，等，译. 北京：商务印书馆，1993：53,56.

③ 弗朗西斯·福山. 国家构建：21世纪的国家治理与世界秩序[M]. 黄胜强，等，译. 北京：中国社会科学出版社，2007：3.

④ 美国体系和平研究中心网站：http://www.systemicpeace.org/warlist/warlist.htm.

要比较三个发展阶段的异同,即比较历史分析法。

（一）资料收集

历史社会学与历史学不同,不强调占有大量的原始史料。然而,基于问题意识,本研究需要阐明在教育政策制定和执行过程中,国家如何考量公民教育的定位,国家权力如何渗透、掌控教育机制等问题。已有中国近代公民教育研究主要是将其作为历史事实予以呈现分析,对教育与国家关系的关注不够。[①] 为细致讨论各类行动者为实现国家建构的基本任务,如何认识公民教育,制定和落实相关政策,以及这些教育政策实现了何种效果,尤其是非预期后果,需要占有关键的原始史料。本研究需要的原始资料分为三类：不同时期国家制定的教育政策文本、地方政府和学校落实中央政策的文本以及学校教育实践的文本。

1. 不同时期国家制定的教育政策文本

这类资料文本源自中央政府,因而得到较好的保存。首先,多种史料汇编已将此类史料整理出版。如舒新城编《近代中国教育史料》,李桂林等编《中国近代教育史资料汇编》,中华民国大学院编《全国教育会议报告》,中华民国教育部编《第一次中国教育年鉴》《第二次中国教育年鉴》。中国第二历史档案馆编《中华民国史档案资料汇编》（简称民国史料汇编）中关于教育政策部分的史料也非常重要。朱寿朋编《光绪朝东华录》,故宫博物院明清档案部编《清末筹备立宪档案史料》,中国第二历史档案馆和海峡两岸出版交流中心编《中国国民党历次全国代表大会暨中央全会文献汇编》（简称全会汇编）、《中国国民党中央执行委员会常务委员会会议录》（简称中常会会议录）等提供了中央制定教育政策的关键史料。

其次,第一历史档案馆、第二历史档案馆以及台湾地区中国国民党文化传播委员会党史馆（简称党史馆）等机构所藏晚清、民国时期原始档案是反映不同时期中央重大决策的关键原始档案。为查阅相关史料,笔者先后赴第二历史档案馆、第一历史档案馆及台湾地区"中央研究院"近代史研究所档案馆（简称近史所档案馆）、党史馆等档案馆查阅相关史料。

---

① 近年来,史学界"民国大学史"研究为讨论教育与国家关系提供了较丰富的基础研究。参阅：丁乙."党国视角"、知识生产与地方性经验——"民国大学史"研究的新动向及其反思[J].教育学报，2019（5）.

此外，晚清《学部官报》，北京政府时期《教育公报》，广州国民政府时期《广州民国日报》，南京政府时期《政府公报》、《大学院公报》、《教育部公报》、《中央党务月刊》、《中央训练部部务汇刊》（1930 年改为《中央训练部公报》）[①]等也是中央制定教育政策的决策过程和结果的关键史料来源。

2. 地方政府和学校落实中央政策的文本

地方政府和学校落实中央政策的文本主要保存于地方档案馆。为此，除查阅已经整理出版的前述相关史料外，笔者先后在北京市档案馆、浙江省档案馆、江苏省档案馆、南京市档案馆、四川省档案馆、成都市档案馆、南充市档案馆查阅地方教育史料。

由于近代以来战乱频繁，各级政府档案遗失严重，南京国民政府成立之前的地方档案匮乏。笔者仅在南充市档案馆获取少量有价值的晚清史料。[②]这一不足因晚清、民国时期期刊全文数据库所收录期刊、报纸得以弥补。

3. 学校教育实践的文本

学校教育实践史料，如教案、教学管理材料等相当有限，且主要集中于历届政府统治核心区域和报刊较为发达区域。本研究对于公民教育政策在学校的执行情况倚重各级学校所使用的教科书及配套的教师用书。为此，笔者查阅了北京师范大学图书馆、中国国家图书馆、中国台湾地区编译馆所藏教科书及教授书。

（二）资料分析

1. 文本分析法

“修身”“公民”“党义”可视为近代三个重要的公民教育政策。政策是“权威性的价值分配”[③]。政策是国家的行为，是复杂的政治博弈的产物。因此，理解政策文本为什么如此，政策文本希望达到什么目标，提倡者的地位及基本立

---

① 国民党中央训练部（中央民众训练委员会、中央民众训练部）是南京国民政府时期三民主义教育的主管部门，其官方刊物《中央训练部部务汇刊》《中央训练部公报》刊载中央训练部规章制度、工作计划、提要草案、重要文件、重要议案及委员会训练部工作概况等。另需说明的是，不少近代期刊每部分重新编页码，本研究引文均为原件所标注页码。

② 南充市档案馆所藏“南部县衙档案”是迄今为止我国现存时间跨度最长，保存最完整、系统的清代县级地方政权档案，2004 年被列为国家清史编纂工程档案资料。

③ Easton, David. *The Political System*[M]. New York: Knopf, 1953:129.

场等非常重要。政策文本是现代国家的官方记录，只能阐明政治精英的官方话语。通过对不同文本的分析（政府文件—教科书—教学实践），阐释从国家政策到教科书编撰再到学校教学实践，不同层次的社会行动者在行动中所蕴含的主观意义，其中不仅包括行动者所构想的计划及试图达到的目标，还包括行动者持有的“意义情境”。在此基础上，探究不同层级的社会行动者如何沟通互动（争辩、游说、抗争等）以达到相互协调，从而反映出三个阶段的公民教育政策在培养目标、主要内容和教育方式等方面的特点和差异，为进一步比较分析探明公民教育发展与国家建构之间的内在关系奠定基础。

2. 比较历史分析

为将近代公民教育的缘起、变迁与国家建构进程建立因果解释，本研究需要运用比较历史分析，在公民教育发展历史轨迹中截取一些片段作为比较单位。本研究选择1895年到1937年这一涵盖近代公民教育兴起和发展变迁的关键时段。随着国家性质的变化，公民教育课程经历了三次大变革。

比较历史分析需要在解释的既定现象（近代公民教育的发展轨迹）与潜在的原因（现代国家建构进程）之间建立起有效的联系。为此，我们使用比较历史分析的两种具体方法：第一种是“求同法”。通过分析“修身”“公民”“党义”的产生背景、文本内容，确定三个阶段具有的相同的因素，从而检验要加以解释的既定现象（三个阶段变迁的节点及公民教育目标）与潜在的原因（国家建构）之间的关系。第二种是“求异法”。通过比较不同时段公民教育目标和内容的差异，发掘没有出现在其他案例中的要加以解释的现象（公民教育的特色）和假定的原因（国家建构的基本任务）。本研究通过结合两种比较的逻辑，解释中国近代公民教育发展变迁的原因和动力，揭示公民教育发展的内在困境。

二、分析框架与研究思路

本研究旨在基于中国近代公民教育的发展历程，探究公民教育与国家建构的互动关系。本章已梳理出国家建构的基本议题，进一步的问题在于，国家建构两个既相互促进又彼此矛盾的基本议题如何影响公民教育的兴起与发展变迁，公民教育又如何作用于国家建构的进程？对此，我们不能仅在宏观层面上指出：国家建构为公民教育提供动力与空间；公民教育通过培养公民及其国家认同，建设一个民主的、有凝聚力的强大国家。笔者试图从微观层面揭示国家建构如何影响公民教育，公民教育在国家建构中的作用机制，从而将宏观层面的国家建构进程与微观层面的公民教育实践过程实现链接。为此，笔者引入伯恩斯坦的教育机制理论以及奥斯勒和斯塔基对于公民身份的维度划分的理论。

为把握教育机制的内涵，我们简要回顾伯恩斯坦提出教育机制的理论背景。伯恩斯坦认为，已有再生产理论揭示了学校教育所具有的再生产支配/被支配社会关系（阶级、种族、性别；政治、经济、文化等）功能，描述了学校教育如何把某些认同合法化以及将某些认同去合法化。伯恩斯坦认为，这些再生产理论是“缺乏一种沟通理论的沟通理论”。[①] 因为这些研究中，“教育沟通经常被视为一个承载者，一个意识形态信息和外在权力关系的载体，或者，相对而言，被当作不同种类技能的一个明显中立的承载者或是载体”。然而，教育沟通并非是中立的，无论是教育沟通的载体（the carrier）还是其承载的内容（the carried）都不能免于意识形态的影响。[②]

为具体阐明教育话语如何选择性地制造教育主体，伯恩斯坦在前期课程符码理论的基础上提出教育机制理论，以此说明教育话语的具体生成。伯恩斯坦指出，教育机制通过其内部规则，调控其所生成的教育沟通，教育沟通选择性地作用于可供教育的潜在性话语。因而，教育机制是文化的生产、再生产及其相互关系的模式的条件。“教育机制通过机制对于知识的调节和分配，以及这些知识所预设的话语的规约和分配，使权力（即社会关系的基础及其生成的场所）转化成不同的专门化意识（主体）成为可能。”[③] 通过教育话语与教育机制概念，伯恩斯坦更深入地呈现了教育与社会权力之间的矛盾与断裂。[④] 正是由于教育机制理论阐明了意识形式的生产过程如何受到相互竞争的社会权力的影响，教育机制理论才可以有效用于分析国家建构进程中不同社会行动者利用学校教育传播相应的价值意识。

---

① Bernstein, Basil. *Class, Codes and Control, V4, The Structuring of Pedagogic Discourse*[M]. London: Routledge, 2003:148.

② Bernstein, Basil. *Pedagogy, Symbolic Control, and Identity: Theory, Research, Critique*[M]. London: Taylor & Francis, 2000:25, 27.

③ Bernstein, Basil. *Class, Codes and Control, V4, The Structuring of Pedagogic Discourse*[M]. London: Routledge, 2003:181.

④ 黄庭康. 批判教育社会学九讲[M]. 北京：社会科学文献出版社，2017：104.

教育机制包括两个层面：一是教育机制的“基本内在构成”，二是“基本内在构成”如何受到“社会支配原则”的影响（即教育机制的实现历程）。教育机制的“基本内在构成”包括分配规则、再情境化规则和评估规则。分配规则主要是调控权力、社会团体、意识形式、实践及其再生产和生产之间的根本关系，借由标记、分配不同知识类型（可思性知识与不可思性知识）及相应的意识形式给不同团体。也就是说，分配规则标记并分配谁可以在何种条件下传递何种合法性话语给特定群体。因而，分配规则对应话语的生产场域。再情境化规则是调控特定教育话语的再定位。再情境化规则不仅再情境化教育话语的联结方式，即何种教育话语可以成为教学实践的学科和内容（即伯恩斯坦课程符码理论所说的分类关系），而且再情境化教学理论的运作方式（即伯恩斯坦课程符码理论所说的架构关系）。因而，再情境化规则对应再情境化场域。再情境化场域包括官方再情境化场域和教育再情境化场域。官方再情境化场域是指由国家及其所选择的行动者和部门创造和支配的再情境化场域。教育再情境化是指学校和学院的教师、教育学院、专业期刊、私人研究机构等构成的再情境化场域。评估规则是指评估学生对根据分配规则及再情境化规则要求的教育内容的习得程度，对应再生产场域。教育机制“基本内在构成”的三个规则之间具有次序性：再情境化规则源于分配规则，而评估规则源于再情境化规则。[①]

伯恩斯坦指出，教育体系有三个基本情境：初始情境（primary context）、再情境化情境（recontextualizing context）和次级情境（secondary context）。初始情境是“新观点的选择性创造、修改和改变，以及专门话语的发展、修改或改变”。初始情境是话语的生产场域。再情境化情境主要关注文本/实践从话语生产的初始情境到话语再生产的次级情境的移动。再情境化情境的作用在于调节文本从初始情境到次级情境的流通。当话语从初始情境经再情境化进入次级情境后，话语就会发生变化，因而属于话语的再情境化场域。次级情境是指教育话语的选择性再生产，属于话语的再生产场域。伯恩斯坦认为，教育体系的三个基本情境、教育话语的三个场域与教育机制的三个规则之间形成对应关系，共同

① Bernstein, Basil. *Class, Codes and Control*, V4, *The Structuring of Pedagogic Discourse*[M]. London: Routledge, 2003:156—181; Bernstein, Basil. *Pedagogy, Symbolic Control, and Identity: Theory, Research, Critique*[M]. London: Taylor & Francis, 2000:25—40.

构成教育机制理论。不同的行动者因其各自立场、意识形态的差异,在不同的场域,以不同的规则相互竞争,以使其价值反映在教育政策与实践之中。

	场域	规则	行动者	话语
教育机制	生产	分配	生产者	生产
	再情境化	再情境化	再生产者	传递
	再生产	评估	习得者	习得

图1　场域、规则、行动者与话语的对应关系

教育机制的实现受到社会支配原则的限定。社会支配原则受权力分配和控制原则的制约,这决定了物质和话语资源的方法、背景、分布、可能性和社会关系。“一个社会如何选择、分类、分配、传递和评价其认为可以公开的教育知识,反映了权力的分配以及社会控制的原则。”[①] 教育机制的潜在输出预设着彼此对立的社会基础。选择哪种输出以及为谁选择,都与社会的支配原则有关。在教育机制的实现过程中,权力被转化为象征性控制,而象征性控制则维持既有的权力结构。“教育机制本质上是一种将权力关系转化为象征控制的话语和将象征控制的话语转化为权力关系的机制。”因而,教育机制本身创造出一个争夺控制的竞争场合,充满了冲突和对抗。[②]

其次,正如在文献述评中所指出的,已有的关于公民教育在国家建构中作用的研究,实质上讨论的仍是国家对教育的制约作用。为了切实阐明公民教育在国家建构中的作用,进而形成公民教育与国家建构的互动分析框架,在此,除了分析教育机制理论关于再情境化场域中教育自主性,我们还需要借助公民身份这一中介概念工具,来解释公民教育将个体从被动的臣民培育成为积极的公民的转变过程。在国家建构的特定历史时段,国家所提供的背景性因素和结构性条件是相对稳定的,而个体对公民身份的认知和实践却是变动的,这种变动的认识与实践最终将直接或间接地影响国家建构的进程。

---

① Bernstein, Basil. *Class, Codes and Control, V3, Towards a Theory of Educational Transmissions*[M].London: Routledge, 1975:77.

② Bernstein, Basil. *Class, Codes and Control, V4, The Structuring of Pedagogic Discourse*[M]. London: Routledge, 2003:169, 178.

研究者对于公民身份的理解颇具争议，但仍形成了一些共识，即，公民身份既是一种地位，也是一种实践。[①] 正如奥斯勒和斯塔基所言，尽管地位与实践、权利与义务是公民身份的关键因素，“但却没有考虑到公民身份可能是人们最有切身感受的归属感这样一个事实”。他们提出，公民身份由地位、情感和实践三个相辅相成的部分组成。[②]

“作为地位的公民身份取决于政治和法律上的界定”，这种地位主要是由一系列的权利和义务所体现和保障的。公民身份情感主要指公民对政治共同体的归属感和认同感，在不同的层次，公民形成本地、民族国家以至全球认同。“归属感是参与型公民身份的先决条件。”[③] 然而，不论是权利、责任还是情感，都必须通过公民的积极参与才能得到体现或者实现。[④] 公民参与的目的在于争取和维护公民地位；公民参与以及因参与而获得的公民地位形成公民的归属感，公民的归属感则可以提高公民地位以及增强公民实践。

在社会转型时期，尤其是国家处于从专制政府向民主政府的转型进程中，国家许可的公民行为范围相对较小，对于公民的要求主要体现为服从和责任。然而，由于习得了公民身份以及现代民主政治理念，学生在公民身份实践方面可能主张一种“要求权利的权利（the right to have rights）”[⑤]，形成不同于积极公民（active citizen）的行动主义公民（activist citizen）。行动主义公民由伊辛提出。相较于按照既定脚本行动——如投票、纳税、服兵役等——的积极公民，行动主义公民从事的是脚本写作和情境创设，以一种打破既有习俗、秩序、实践和地位

① 肖滨. 中国政治学年度评论（2013）[M]. 上海：格致出版社，2013：8—12，35—36.

② 奥斯勒，斯塔基. 变革中的公民身份：教育中的民主与包容[M]. 王啸，等，译. 北京：教育科学出版社，2012：7.

③ 奥斯勒，斯塔基. 变革中的公民身份：教育中的民主与包容[M]. 王啸，等，译. 北京：教育科学出版社，2012：9—10.

④ 肖滨，郭忠华，郭台辉. 现代政治中的公民身份[M]. 上海：上海人民出版社，2010：62.

⑤ Somers, Margaret. *Genealogies of Citizenship: Markets, Statelessness, and the Right to Have Rights*[M]. Cambridge University Press, 2008.

的方式行动。①

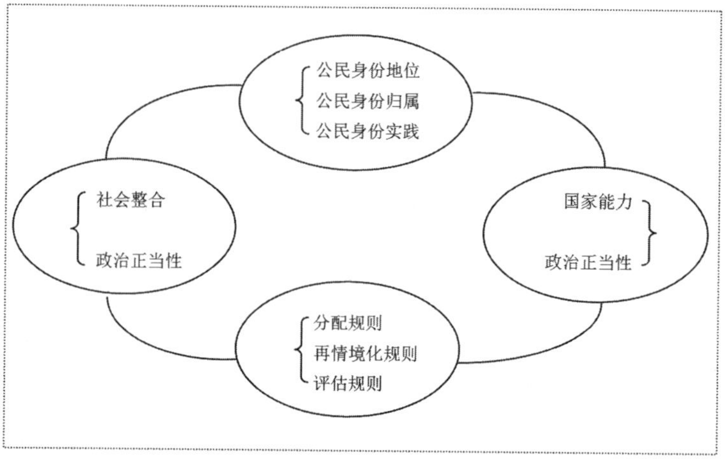

图2 公民教育与国家建构的动态互动关系

需要说明的是,为阐明公民教育与国家建构的互动,本研究将之分解为国家建构对公民教育的影响和公民教育在国家建构中的作用两个维度。这种分解只是研究分析的技术需要,并非意味着两个维度是独立的领域。尽管两个维度在理论上存在明确界限,但在实践中,不论是国家场域还是教育场域都充满了竞争与博弈,国家和社会力量会根据对于国家建构、公民教育及其关系的理解,或协同或争夺教育机制。因而,二者是同一过程的不同维度,两个维度是融为一体的。

基本研究思路:国家建构、公民身份和公民教育之间形成完整逻辑链条。国家建构的过程也是公民身份普遍化的过程。国家建构及其进程是公民教育产生和发展的根本动力,设定公民教育的价值取向和基本议题。就国家的视角而言,国家实施公民教育的目的是实现国家建构的目标。基于对中国近代三个阶段公民教育政策及国家建构形势的梳理和比较,论证国家建构作为公民教育兴起、发展和变迁的原因,通过具体史料中的国家自主性、教育自主性的呈现,建立公民教育与国家建构互动的一般性解释框架。

① 行动主义的公民身份不预先假定行动者的地位,而是从特定行为中辨识公民身份行为,要求证明哪些行为催生了作为公民的主体。主体不是作为公民而存在,而是作为公民的行为而存在:他们把自己塑造成有权要求权利的人。Isin, Engin & Nielsen, Greg(eds). *Acts of Citizenship*[M]. Zed Books, 2008: 15—43.

首先,从历史和逻辑的维度论证国家建构作为理论分析工具的适切性。通过梳理国家建构的理论脉络,明晰国家建构的基本议题。在此基础上,初步建立公民教育与国家建构互动的分析框架。

其次,研究的主体部分,分为三章,依次展现清末的儒法帝国、民国初期的共和国、国民党党治模式这三个阶段公民教育与国家建构互动的历史图景。每一章分别从三个层次来论述:第一,阐述在各阶段国家建构的两个基本议题(国家能力与国家权力的正当性)所面临的形势。具体讨论不同阶段国家权力的正当性基础是什么,为了塑造这一正当性,国家对于教育的认识有何变化?国家设立修身、公民和党义课程的初衷何在?第二,运用伯恩斯坦的教育机制理论,分析各阶段国家如何创设教育机制,并运用分配规则、再情境化规则和评估规则来形塑公民教育。在这个过程中,关注国家与社会力量对于教育机制的争夺,面对国家相关政策规定,民间团体、学校教师与学生是如何反应的,国家又如何应对和调整。第三,运用奥斯勒和斯塔基对于公民身份的维度划分理论,分析各阶段代表性的教科书文本及学校教育实践在公民身份地位、情感和实践方面的具体呈现,公民教育如何通过公民身份地位、公民身份归属感和公民身份实践等环节及其相互作用间接地影响国家建构进程。

最后,研究结论部分。通过前述对中国近代公民教育的历史梳理,分别回答影响公民教育兴起与发展变迁的因素,解答公民教育中的"杜威难题",在此基础上,系统阐述公民教育与国家建构的互动关系以及互动过程中面临的问题。

第二章　帝国崩溃与公民教育的萌芽

今世之言独立者，或曰拒列强之干涉而独立，或曰脱满洲之羁轭而独立。吾以为不患中国不为独立之国，特患中国今无独立之民。故今日欲言独立，当先言个人之独立，乃能言全体之独立；先言道德上之独立，乃能言形势上之独立。

——梁启超

1840 年的鸦片战争是划时代的事件，被认为是中国近代史的开端。然而，直到二十年后英法联军占领北京，清廷才认识到中国与世界的"变局"，并最终在甲午之战败于日本后，承认必须变革中国的传统制度，以挽救处于被列强肢解边缘的帝国。戊戌变法及清末新政开启了中国现代国家建构的进程，中国现代公民教育也随着新式学堂的建立而萌芽。鉴于清朝中期以来国家与社会变迁对晚清及近代中国的重要影响，为了理解晚清以来中国国家建构所面临的困境，我们简要回溯这些问题何以形成并如何制约中国现代国家建构的进程。

第一节　帝国的统治危机与权势转移

对于近代中国而言，西方入侵是迫使中国变革的直接原因，由此带来的中国社会、文化变迁更是影响深远。正如汪晖所言："殖民主义世界秩序及其武装干预的威胁是形塑 20 世纪前期中国建国运动及其主权范围的最为重要的力量之一。"[①] 如果没有西方展示的与中国传统国家异质的民族国家这一新的参照系，

① 汪晖. 现代中国思想的兴起（第一部）[M]. 北京：生活·读书·新知三联书店，2004：81.

并由此将中国卷入正在形成的世界体系，中国的内部危机只能引发王朝更替。[①]列强入侵对清政府造成巨大压力，迫使清政府逐渐从器物、制度和思想层面予以变革。然而，中国社会自身所遭遇的特殊社会结构变化导致清政府无法对内外问题做出有效回应。[②]晚清的一系列变革也造成预期与非预期的社会后果，国家与社会的权势转移深刻影响着清末以至民国国家建构的历史进程。[③]

一、晚清帝国统治危机的根源

18世纪初，面对国内人口剧增、漕运危机、民众反抗以及随西方传教士、商人而来的西方文化冲击等问题，儒家精英群体出现了庄存与、龚自珍、魏源、冯桂芬等“经世致用”派学者，他们提倡实学，主张“更法”。尽管西方地理文化知识和两次鸦片战争动摇了国人的“中国中心观念”，士大夫认识到“数千年未有之变局”，但其对传统文化和政治秩序的信仰及惰性使得他们认为西方仅仅是凭借“船坚炮利”，中国的自强通过推行洋务即可实现。张之洞等人的“中体西用”思想成为洋务自强运动的理论支撑。

文化层面的变动直到1890年之后随着维新派的兴起才开始出现。康有为、梁启超以西方的政治价值观念对儒家学说及传统政治秩序的正当性提出挑战。在维新变法思想的指导以及地方督抚与士绅名流的支持下，湖南等地的维新运动一度蓬勃发展。

清政府在中法、中日战争后失去了对越南和朝鲜的宗主国地位，这不仅宣告洋务运动的破产，而且宣告其朝贡体系的解体。尤其是甲午战败于昔日的“学

---

① 王国斌指出，中国明清之际的经济增长停留于斯密型增长模式，无法产生资本主义。王国斌. 转变的中国——历史变迁与欧洲经验的局限[M]. 李伯重，等，译. 南京：江苏人民出版社，2010：6-29。赵鼎新也指出，晚期中华帝国的经济繁荣得益于帝国有力的统治、务实的商业政策、庞大的人口和土地，以及长期的王朝中期繁荣。这些优势使经济发挥出极大的潜能，但却不能为中国带来工业资本主义。赵鼎新. 加州学派与工业资本主义的兴起[J]. 学术月刊，2014（7）.

② 虽然各个王朝后期都面临社会严重不公、官僚体制腐败等问题，但人口的剧增和人口的大量内部迁移则是清朝特有的问题。费正清，等. 剑桥中国晚清史：1800-1911年（上卷）[M]. 中国社会科学院历史研究所编译室，译. 北京：中国社会科学出版社，2006：257.

③ 罗志田. 权势转移：近代中国的思想、社会与学术（修订版）[M]. 北京：北京师范大学出版社，2014.

生”日本，“才使中国人认识到这个国家所面临的一系列困境”。[①]知识分子反思中国衰败而日本崛起的原因。最终，他们认为是日本以其民族国家身份战胜昔日的帝国。梁启超反思，“自主独立之国民，为今世文明之国所最尊重者”[②]，“故今日欲救中国，无他术焉，亦先建设一民族主义之国而已”。[③]余一提出，要挽救行将崩溃的帝国，必须由专制政体转型为现代民族国家。“虽然民族之政治能力常有优劣焉，能由专制政体而进化于民族国家者，则能优胜；不能由专制政体而进化于民族国家者，则常劣败”。因而，“凡立于竞争世界之民族，而欲自存者，则当以建民族的国家而独一无二”。[④]

清廷和儒家精英认识到必须变革传统政治制度。在保守势力阻挠下，激进的戊戌变法以失败告终，但庚子之变激发的清末新政接续了由戊戌变法开启的中国现代国家建构进程。1904 年日俄战争的结局促使统治精英得出“专制败于立宪”[⑤]的结论，加速了清末新政的进程。可以说，列强的入侵客观上不仅使得统治集团内部逐渐分裂，而且使得中国的文化传统与价值观念发生变迁，尊西崇新成为社会思潮的风气。然而，西方的影响应该结合清政府自身存在的问题，尤其是清朝特有的人口剧增问题予以考察。

清代中期以来，由于长期的社会稳定、“摊丁入亩”的赋税政策和高产农作物的推广等因素，清朝人口在 18 世纪中叶到 19 世纪中叶高速增长。官方数据显示，清朝人口从 1741 年的 1.43 亿，增长到 1790 年的 3.14 亿，最终在 1850 年达到 4.29 亿。[⑥]110 年间人口激增 200%。人口剧增引发一系列严重且相互作

---

① 斯考切波. 国家与社会革命：对法国、俄国和中国的比较分析[M]. 何俊志，等，译. 上海：上海人民出版社，2013：89.

② 梁启超. 中国积弱溯源论[J]. 清议报，1901（78）：4939-4940.

③ 梁启超. 论民族竞争之大势[J]. 新民丛报，1902（5）：13-14.

④ 余一. 民族主义论[J]. 浙江潮，1903（1）：21.

⑤ 端方指出，只有采取立宪政体，才能成为真正强大的国家。端方. 请定国是以安大计折，夏新华等整理. 近代中国宪政历程：史料荟萃[M]. 北京：中国政法大学出版社，2004：42—51；张謇指出，日本之胜利与俄国之失败，实乃立宪政体之胜利与君主政体之失败。费正清，等. 剑桥中国晚清史：1800—1911 年（下卷）[M]. 中国社会科学院历史研究所编译室，译. 北京：中国社会科学出版社，2006：140.

⑥ 何炳棣. 明初以降人口及其相关问题 1368—1953[M]. 葛兆光，译. 北京：生活•读书•新知三联书店，2000：328—330.

用的社会后果。人口剧增导致人地矛盾、精英分裂、民众反叛，进而引发晚清国家与社会关系的重大变化。

首先，人地矛盾激化。中国传统社会由农业占主导。土地产出凭大量劳动力的精工细作供应整个社会需求，经济增长方式停留于“斯密型动力”而无法避开人口的“马尔萨斯陷阱”。[①] 伴随人口剧增的是耕地面积缓慢增长。乾隆末年人口已达万历年间人口的 2 倍，但乾隆年间登记土地仅比万历年间增加 80 余万顷，约增加 10%。[②] 在部分省份，人口与土地资源比例严重失调。在 1753 年到 1851 年间，安徽省人口增长 15.4 倍，但土地却始终保持在 3500 万亩，人均耕地由 14.35 亩下降到 0.91 亩。[③] 为缓解日益突出的人地矛盾，清政府一方面推广由美洲引进的玉米和马铃薯等高产作物，一方面鼓励人口内部迁移，由此出现清代人口“西迁北移”现象。

其次，民众赋税沉重。人地矛盾的激化使得土地租金增加，佃农负担日益加重，更为严重的是赋税的增加。尽管康熙五十年（1711 年）下诏永不加赋，然而，人口剧增使得政府日常管理事务的数量增加、难度增大，各级政府不得不雇用更多胥吏。胥吏的俸禄无法通过正式财政支出解决，只能由“火耗”等非正式税收承担。与此同时，随着人口增长，获得科举功名的人员总量不断累积，而行政机构公职人员的法定数额保持不变，因而各级官员的竞争日益激烈，为谋取保全官职或升迁，官员往往采取贿赂等违法形式。到了晚清，为支付军费、战争赔款、洋务投资等开支，卖官鬻爵现象日益严重。据统计，在官吏和有官衔的人当中，捐官比例达 66%。[④] 此外，清政府缩短各级官员任期，使得民众遭受的盘剥日益严重。辜鸿铭指出，“彼民者未见丝发加益于吾事，而徒见符檄之惊怛，征

---

① 王国斌. 转变的中国——历史变迁与欧洲经验的局限[M]. 李伯重，等，译. 南京：江苏人民出版社，2010：6—29.

② 乾隆年间登记土地最高值为 1766 年的 780 万顷，而明朝正德十三年（1518 年）登记土地为 700 余万顷。郭松义. 清代的人口增长和人口流变[J]. 清史论丛（第五辑），北京：中华书局，1984：103—138.

③ 许纪霖，等. 中国现代化史（第一卷）1800—1949[M]. 上海：学林出版社，2006：29—30.

④ 费正清，等. 剑桥中国晚清史：1800—1911 年（下卷）[M]. 中国社会科学院历史研究所编译室，译. 北京：中国社会科学出版社，2006：529.

敛之无已，房捐、米捐、酒捐、糖捐日加月增，而民已无聊生矣”。①

第三，民众反叛频发。人地矛盾的激化导致粮价上涨。据统计，稻米价格从1680年到1800年上涨3倍多。②不少地方爆发抢米风潮。濒临赤贫境地的农民及日益增多的流民通过加入三合会会堂等秘密会社以获得生存机会。晚清以来，秘密会社引发多起暴乱。此外，人口的内部迁移引发移民与本地居民的冲突。如湘西苗族聚居区在改土归流后，大量寻找土地的客家人迁入，苗民与汉民之间的冲突最终导致1795年的苗民暴乱。在清政府用兵11年平定叛乱后，于1855年再次爆发大规模叛乱，持续18年之久。移居广西的客家人、乡勇、海盗与本地人的村社仇杀最终引发导致清王朝濒临崩溃的太平军叛乱。太平军叛乱与其他民众叛乱的根本区别在于其吸收了基督教思想，从而摒弃传统的社会价值准则和制度，对传统政治秩序发出有力的挑战。③无休止的叛乱和政府绝不妥协的镇压成为晚清历史的基本主题。

人口激增导致人地矛盾，赋税增加最终引发频繁的民众叛乱。而人口激增、民众叛乱与列强入侵又导致清政府出现日益严重的军事危机、财政危机和正当性危机。

首先是军事危机。频繁的民众叛乱导致地方社会军事化。这一方面是地方士绅、民众自保的需要。他们通过组织团练，维护地方秩序。这些地方团练力量又成为诱发地方暴乱的因素。另一方面是为镇压叛乱，地方督抚编练新军，最终导致清政府的军事危机。

现代国家的重要特征即对暴力的合法垄断。然而，清政府逐渐丧失维护国家对内和对外安全与秩序的军事主动权。清朝军队由八旗兵和绿营兵组成。经过太平军叛乱，八旗兵和绿营兵基本失去了战斗力。为了平定叛乱，曾国藩等将领被授予战争领导权。正如孔飞力（Kuhn）所言，这是内战的转折点，也是中

① 外务部员外郎辜汤生陈言内政宜申成宪外事宜定规制并请降谕不准轻改旧章创行新政呈（1907年11月）[G]// 故宫博物院明清档案部编. 清末筹备立宪档案史料（上册）. 北京：中华书局，1979：309.

② 彭信威. 中国货币史[M]. 上海：上海人民出版社，2007：571.

③ 费正清，等. 剑桥中国晚清史：1800—1911年（上卷）[M]. 中国社会科学院历史研究所编译室，译. 北京：中国社会科学出版社，2006：307-308.

国近代史的转折点。[①] 曾国藩、左宗棠、李鸿章、张之洞等人编练新军，由此军权、财权和人事权下移，导致晚清政治的“内轻外重”格局[②]。由于军权下移，清政府无法对军队进行合理部署和统一指挥，从而陷入严重的军事危机。甲午战争期间，仅北洋海军参加对日作战，南洋及福建海军却为保存实力而中立。[③] 八国联军攻打北京期间，李鸿章和张之洞等人拒绝清政府宣战指令，实行“东南互保”。对此，清政府试图将军权收归中央，1903 年设练兵处，1906 年官制改革设陆军部，后增设海军部。但因新军的私人性质，军队实际仍掌握在袁世凯、张之洞等地方将领手中。中央和地方争夺军权限制了清政府军事力量的发展，使得新军不仅无法与列强抗衡，也不能维护国内秩序。辛亥革命充分表明了这一点。

其次是财政危机。晚清财政危机的直接原因是频繁战争产生的巨额军费和战争赔款，以及因新政而产生的开支。经历苗民叛乱、白莲教叛乱等十余年战乱，乾隆后期约 7800 万两财政盈余消耗殆尽。加之因官吏贪腐造成的国库亏欠，嘉庆年间，财政问题初显。政府致力于迫使地方官弥补国库亏欠，导致县官对民众的更多搜刮。虽然经历两次鸦片战争以及洋务运动的支出，但甲午战争之前，清政府的民政和军费尚能得到解决。然而，甲午战争的巨额军费和赔款支出使得清政府陷入日益严峻的财政危机。甲午之战军费高达 1.2 亿两，战争赔款达 3 亿两，庚子赔款更高达 4.5 亿两。尽管清政府通过加收厘金等附加税使财政收入由 1840 年的 0.39 亿两提高到 1911 年的 3.01 亿两，但 1911 年的财政赤字仍高达 4000 万两。[④]

清末新政的各项举措表明清政府已由传统的“小政府”转型为“大政府”。无论是学务还是警务都属于新增支出。清政府间接统治的形式限制了财政汲取

① 费正清，等. 剑桥中国晚清史：1800–1911 年（上卷）[M]. 中国社会科学院历史研究所编译室，译. 北京：中国社会科学出版社，2006：290.

② 辜鸿铭指出太平军叛乱导致地方势力扩大，形成晚清政治“内轻外重”局面。外务部员外郎辜汤生陈言内政宜申成宪外事宜定规制并请降谕不准轻改旧章创行新政呈（1907 年 11 月）[G]// 故宫博物院明清档案部编. 清末筹备立宪档案史料（上册）. 北京：中华书局，1979：310.

③ 针对甲午之战，清政府仅“以北洋一隅之力，搏倭人全国之师”的现实，梁启超指出：“不见乎各省大吏，徒知画疆自守，视此事若专为直隶满洲之私事者然，其有筹一饷出一旅以相急难者乎？”梁启超. 李鸿章传[M]. 北京：中华书局，2012：66.

④ 周育民. 晚清财政与社会变迁[M]. 上海：上海人民出版社，2000：66，415.

能力,使其没有能力扩大税收。“与其行政方面的其他方面一样,中央政府的财政制度是相当地浮在表面的。甚至在正常时期,帝国官僚政治的组织虽然在形式上是高度集中的,仍不能深入到中国的社会(包括这个社会中那些构成经济的方面)中去。”[①] 清政府没有独立的税收系统和统一的预算体系,中央依赖各级官吏征收赋税,而异地为官的县官又依赖当地的“包税人”,因而层层截留税款就不可避免。此外,随着太平军叛乱之后的财政权下移,中央可以掌控的收入更为有限。[②] 然而,从晚清政府可以汲取的税收来看,当时经济还有一定的储备潜力,但限于意识形态和财政汲取能力,无法发挥。[③] 清末新政时,政府试图整理财政,以实现财政统一。度支部指出,“窃维宪政成立,以整理财政为最要”。[④] 因地方督抚反抗,未取得实效。尽管清廷已认识到频加赋税可能引发社会动乱,认识到“民力已极凋敝”[⑤],但巨额战争赔款和新政支出迫使其不断地榨取税收。虚弱的财政使得清政府无力推行新政。财政危机既是清末新政的动力,又是制约新政取得成效的原因。

再次是正当性危机。中华帝国的官僚系统仅有很小数量的官僚,却统治疆域广阔且人口众多的社会。[⑥] 社会控制方式包括两种:一是只到县一级的正式行政官僚系统,二是非正式的地方士绅网络。维系这两套系统得以运作并相互支持的是作为意识形态的儒家学说。西汉时,通过“天人合一”和“三纲”等学

---

① 费正清,等. 剑桥中国晚清史:1800–1911 年(下卷)[M]. 中国社会科学院历史研究所编译室,译. 北京:中国社会科学出版社,2006:58.

② 厘金制度于 1853 年为镇压太平军叛乱而实行。曾国藩在掌握军事领导权后,迅速建立独立于中央财政系统的财政机构——厘金局,以筹措军饷。曾国藩还鼓励其追随者隐匿大部分地方固定收入,以保证军饷供应。费正清,等. 剑桥中国晚清史:1800–1911 年(下卷)[M]. 中国社会科学院历史研究所编译室,译. 北京:中国社会科学出版社,2006:280–282;许纪霖,等. 中国现代化史(第一卷)1800–1949[M]. 上海:学林出版社,2006:226–228.

③ 费正清,等. 剑桥中国晚清史:1800–1911 年(下卷)[M]. 中国社会科学院历史研究所编译室,译. 北京:中国社会科学出版社,2006:65.

④ 度支部奏拟清理财政章程折(1908 年 12 月)[G]// 故宫博物院明清档案部编. 清末筹备立宪档案史料(下册). 北京:中华书局,1979:1019.

⑤ 朱寿朋. 光绪朝东华录[M]. 北京:中华书局,1958:5251.

⑥ 在地方,全国只有 2000 个左右基层行政官员的职位,再加上 1500 个教职。按官制,全国的官僚大约只有 2 万名文官和 7000 名武官。费正清,等. 剑桥中国晚清史:1800–1911 年(上卷)[M]. 中国社会科学院历史研究所编译室,译. 北京:中国社会科学出版社,2006:13.

说重新诠释儒家经典,皇权作为天命的代表统治国家。国家依据对儒家经典的掌握程度选拔官吏,使得社会精英群体形成同质文化,进而在国家统治者与儒家知识精英之间形成政治联盟。与此同时,法家学说继续作为统治者的统治权术被加以运用。清政府通过儒法并用调适帝国统治的正当性与有效性问题。①

作为统治者,清政府非常清楚儒家意识形态对于维护统治的重要性。即使在太平军叛乱期间,清政府仍照常举行科举考试,并对受影响的省份予以补考,以维护其权力的正当性。在内外交困的背景下,清政府的教育改革与其说是走向现代化的不断尝试,不如说是在民众叛乱以及与列强的战争压力下为维护其权力正当性而采取的自救。然而,在这一过程中,作为统治基础的儒家意识形态逐渐开始动摇、解体。

尽管康有为借用“公羊说”等传统资源为戊戌变法寻找依据,但这一事实本身说明康有为对儒家传统价值与信仰的质疑。②1905 年科举制的废除则意味着借以连接统治者和儒士精英的纽带断裂,传统社会大一统的制度基础随之消失。③虽然儒家经典在新学堂的课程体系中占据相当比重,但儒家作为一种意识形态已丧失其正当性。当清末新政无法满足民众日益高涨的民族和民主诉求时,儒法帝国的崩溃也就不可避免。

二、晚清国家与社会关系的变化

晚清开启的国家建构需要逐步实现由间接统治到直接统治的转变,在这一过程中形成相应的国家能力并确立稳定的正当性基础。在危机的冲击和清政府应对危机的过程中,晚清的社会结构以及国家与社会关系出现若干重大变化,最显著的变化就是伴随着中央等正统势力衰落,地方及边缘势力崛起。这些变化造成地方社会的碎片化,使得社会整合成为国家必须解决的首要问题。国家与

---

① 赵鼎新. 东周战争与儒法国家的诞生[M]. 夏江旗,译. 上海:华东师范大学出版社,2006:148-164.

② 除革命派明确挑战儒家意识形态的正统地位,维新派中何启、胡礼恒等人也对传统政治道德正当性提出质疑。参阅何启,胡礼恒. 新政真诠[M]. 沈阳:辽宁人民出版社,1994:348-355.

③ 废科举的社会后果,参阅罗志田. 清季科举制改革的社会影响[J]. 中国社会科学,1998(4);罗志田. 科举制废除在乡村中的社会后果[J]. 中国社会科学,2006(1);关晓红. 科举停废与近代中国社会[M]. 北京:社会科学文献出版社,2013.

社会的权势转移也形塑了晚清国家建构的路径,催生了晚清公民教育的萌芽。

第一个重大变化是地方势力的崛起。传统社会,中央政府高度集权,但因缺乏发达的行政系统,国家无法实现有效的中央集权控制,只能实行间接统治。所谓的集权仅仅是一种表象,国家必须借助地方督抚以及士绅的忠诚与合作,国家事务也必须通过层层委托才得以执行。如何保持地方灵活性与中央权威之间的平衡是国家治理的核心问题。①

地方势力的崛起包括两个方面:一是督抚权力扩大,二是士绅名流势力增强。导致这一变化的原因是内忧外患的形势,尤其是太平军叛乱。为镇压太平军叛乱,清政府的军权、财权和人事权下移,地方督抚势力在这一过程中逐渐扩大,形成晚清政治的"内轻外重"格局。与此同时,地方士绅名流为了在战乱中保障自身安全、维护地方社会秩序而组织团练②,在洋务运动、新政改革中,士绅名流积极参与洋务以及地方谘议局等事务,逐步取得政治影响力。③

不论是地方督抚编练新军、筹办洋务,还是地方士绅组织团练、地方自治,推动这些改革的动力都来自地方而非中央政府,因而,国家表面上维护统一,却也蕴藏着分裂的因素。对此,康有为指出:"夫方今欧、美各国,无论强弱大小治乱,而无不中央集权,举兵财二者统之于政府矣。而吾国分张散漫失纪如此,其何立于竞争之世哉!"④清政府也力图通过新政改革,"正中央地方之权限"⑤,实现中央集权。首先是官制改革。清廷大幅调整政府机构,设立省会议厅、谘议局、高等审判庭等机构分割地方督抚权力,将军机大臣由六人减少为三人,最终通过责任内阁制将权力集中于中央。其次是财政改革。统一货币、统一度量衡、成立度支部、建立预算制度,以实现财政统一,增加中央政府财政收入。再次

---

① 周雪光.中国国家治理的制度逻辑:一个组织学研究[M].北京:生活·读书·新知三联书店,2017:7-49.

② 孔飞力.中国帝国晚期的叛乱及其敌人[M].谢亮生,等,译.北京:中国社会科学出版社,1990:66-109.

③ 在晚清的权势转移中,士绅作为整体呈衰落趋势,但少部分地方士绅名流在变革中通过积极参与学务、地方自治等保持乃至提升社会地位。

④ 康有为.官制议(1903年2月)[M]//汤志钧.康有为政论集(上册).北京:中华书局,1981:554.

⑤ 梁启超.政闻社宣言书[J].政论,1907(1):13.

是军事改革。清政府加强新式军队建设，编练三十六镇新军（实际只练成十四镇）；设立陆军部、海军部，收回各省督抚的军事权力。然而，清政府“既想通过立宪以图自救，又希望君上大权不受损伤”①，矛盾中的改革最终导致地方督抚和士绅名流与中央离心离德。在国家集权的努力中，地方势力逐渐走向国家的对立面。“‘改革摧毁了改革性政府。’因为新的措施进一步削弱了早已十分脆弱的中央权力，而且还加剧了士绅与清朝专制政权的紧张关系。清政府在历次的起义之中和之后所采用的对抗当时局势发展的措施，只强化了地区性势力对抗中央的力量。”②

第二个重大变化是社会阶层的分化与联合。随着国内外战争、洋务运动、废科举以及清末新政的展开，中国社会出现新的精英阶层：军人阶层、工商阶层（绅商）和新知识阶层。在这一过程中，作为中国传统社会三大社会阶层的官僚、士绅阶层逐渐衰落，农民则更趋贫苦。军人、绅商、新知识阶层的共同特点是外在于传统的官僚体制。新兴社会阶层与农民阶层构成了左右中国现代化格局和走向的动力群体。

首先是军人集团的崛起。如前所述，在内外战争的推动下，清廷和地方督抚都编练了新式军队。新军与旧式军队的最大区别在于，新军士兵和军官使用西式现代武器并需掌握现代战争知识，文化水平相对较高。此外，由于局势危急，军人获得晋升的机会甚至超过文职官员，军人的社会威望也得到了提升。湘军、淮军、自强军等军事集团成为可以左右政局的政治力量。“由于军官大多受过现代军事教育，组织严密，社会整合能力强，因而在社会失范的20世纪上半叶的中国，他们往往扮演了重建政治秩序的强有力角色。”③

其次是工商阶层地位的提升。重农抑商传统使得商人在传统社会的地位较低。随着洋务运动的兴起，尤其是国家对商业税收的需求，“富国强兵”“民富国强”观念得到提倡，商人地位逐渐提升。1903年清政府成立工商部，随后批准

① 王人博. 中国近代的宪政思潮[M]. 北京：法律出版社，2003：131.

② 斯考切波. 国家与社会革命：对法国、俄国和中国的比较分析[M]. 何俊志，等，译. 上海：上海人民出版社，2013：90.

③ 许纪霖，等. 中国现代化史（第一卷）1800-1949[M]. 上海：学林出版社，2006：19.

了《商会简明章程》,谕令督抚劝导商人成立商会,以促进商业发展。①

再次是新知识阶层的兴起。新知识阶层最初从传统的士绅阶层中分化而来,最早的一批是深受西学影响的经世致用派。甲午战争后,特别是科举废除之后,随着新式教育和留学教育的发展,新知识阶层日益壮大。然而,废科举使得仕学分离,新式知识阶层虽承继士人希望参政议政的传统,但缺乏参政渠道使其学问与政治分离,一部分人开始追求"为学问而学问",其社会地位也日益边缘化。这些在城市读书,轻视乡村的边缘知识分子,面对国势的衰微和个体前途的无望,对清廷日益失望,最终走向革命。②

新政之后,随着言论、结社的空间日益宽松,会党、谘议局等参政组织机构的成立,新兴阶层逐渐扩大其政治影响力。新式教育和新闻业的发展使得知识分子的联合得以可能,也为社会动员提供有力的路径。维新派和革命派都充分利用报刊、学会等形式宣传思想主张,争取社会支持。强学会、同盟会、宪友会等全国性政治组织成为联合社会各界力量的有力组织。革命派除了积极争取学生、会党支持外, 1905 年后,还努力争取新军的支持。

在内忧外患的相互作用下,中国传统社会旧有的生存策略逐渐失效,中央政府对军事和财政的控制权日益下移到地方,儒家的大一统意识形态也受到革命党人和知识分子的挑战,国家开始由传统的儒法帝国向民族国家转型。此时,如何在社会分化的形势下实现社会整合成为国家必须解决的首要问题。然而,清政府却陷入国家建构的困境:一方面,清廷加强国家能力的目标需要削弱地方实力派;另一方面,晚清"内轻外重"的社会结构使得清廷不论是在军事、财政方面,还是在正当性方面,都依赖于势力日增的地方实力派。与此同时,地方实力派凭借国家授予的特权强化其势力,对抗国家削弱其力量的努力。自晚清形成的国家建构困境在近代中国始终未得到有效解决。

国家建构可以有效集中国家资源,实现国家的对内对外职能。但晚清的局势表明,晚清仍属于帝国而非现代国家。甲午战争时,仅有李鸿章的北洋海军孤

① 马敏. 官商之间:社会剧变中的近代绅商[M]. 武汉:华中师范大学出版社, 2003.

② 罗志田. 近代中国社会权势的转移:知识分子的边缘化与边缘知识分子的兴起[M]// 罗志田. 权势转移:近代中国的思想、社会与学术(修订版). 北京:北京师范大学出版社, 2014: 109-153.

身作战，保卫的也只是清朝一族的统治。八国联军进军北京时的“东南互保”也说明了这一点。帝国不仅无法有效汲取国家资源，也难以通过建构想象的共同体而塑造国民的现代国家认同，有效动员民众。因而，通过现代教育塑造国民的国家认同，有效动员民众，实现社会整合，维护清朝统治的正当性就成为清廷推行现代教育、设立修身科的主要目的。

第二节　为立国而新民：新式教育与修身科

在内忧外患冲击下，晚清政府的正当性基础开始动摇。传统的建基于儒家伦理的正当性日益动摇，开始转向现代民族国家建基于宪法的民主选举。然而，清政府立宪的目的并非为了转型为现代民族国家，只是将立宪作为维护清朝统治的工具。为维护摇摇欲坠的晚清帝国，清廷下令兴学伊始就要求学堂必须开设修身、读经等课程，让学生学习儒家伦理。同时，迫于新政立宪要求以及社会团体和新式教师对教育机制的争夺，在修身、国文、历史等课程中，出现了现代国家观念、公民观念，以及宪政、民主、法治等观念。

一、晚清教育权力格局的变化

在近代学校制度建立之前，政府对教育没有直接而统一的管理。尽管清朝积极推动义学、社学及书院等官学的发展，但整体而言，教育的管理权基本由地方士绅掌握。除了通过科举制将仕学结合，保障士绅与清朝政府的统治联盟，国家对于教育的干预甚少。随着鸦片战争以来对新式教育的认识逐渐加深，地方政府及清廷开始兴办新式教育，编撰教科书。国家权力的触角逐步渗透到以往由士绅等民间力量掌控的教育领域。

洋务运动时期，新学堂的数量较少，主要由地方督抚及总理衙门管理，国家并未在全国层面统一管理。戊戌变法期间，光绪帝谕令改书院为学堂，兴办新式学堂，国家开始直接兴办新式教育。尽管维新变法失败，然而教育改革成果得以保留。各地开办普通学校 77 所，各种专业学校 29 所。[①] 清廷下诏推行新政后，

① 林克光. 康有为教育改革思想及实践[C]// 胡绳武主编. 戊戌维新运动史论集. 长沙：湖南人民出版社，1983：195.

于1902年颁布《钦定学堂章程》,饬令地方官兴办学堂。1904年的《奏定学堂章程》规定,地方官有承办本地学堂之责,并对本地学堂进行管理和考核。从中央到地方的大学堂、中学堂、小学堂和蒙学堂的新式学校体系得以建立。章程规定,各学堂须将学堂课程、教员、学生以及经费情况呈报州县长官,经省学务处咨明学务大臣。1905年起,清政府逐步建立起学部、学务处、劝学所等从中央到地方的教育行政系统,对全国学堂进行统一管理。通过教育行政体系和学校体系,国家教育权力得以渗透基层社会。

贝磊(Berry)指出:"教育管理集权或分权的动力一般是政治上的,但也可能是行政上的,或是二者的结合。政治上引发的改革,其目标在于加强统治集团的权力,或把权力向其他集团扩散。行政上引发的改革,其目标是便于科层体制的运行。教育改革往往源于较广泛的政治或行政变化,而不是因为教育部门本身的具体情况。"[①] 可以说,不论是兴学堂、强迫教育,还是编审教科书、统一国语,都与清政府维持统治的目标紧密联系在一起,也必须置于晚清国家建构的进程中才能得到深入的理解和解释。

如果不是鉴于教育与新政立宪的关系,清廷不会在面临严重财政危机的情况下勉力推行强迫教育。1906年,根据五大臣出国考察宪政报告,清政府对日本和德国以强迫教育提升国民素养的做法表现出浓厚的兴趣。清廷所给出的"预备"理由即在于"民智未开",需要"广兴教育","使绅民明悉国政,以预备立宪基础"。[②] 此外,1911年,在答复国会请愿时,清廷所用托词也是"人民程度之未至"[③]。中央官制改革期间,清政府多次敦促学部拟定强迫教育章程。对强迫教育持保留意见的张之洞,也"电达政治大臣,请速会同学部妥定强迫教育之法,以期教育普及,风气渐开,方可实行地方自治,以为立宪之基础"。[④] 学部

① 贝磊. 教育控制:集权与分权问题及其张力[J]. 教育研究,2006(6):22.

② 宣示预备立宪先行厘定官制谕(1906年9月1日)[G]// 故宫博物院明清档案部编. 清末筹备立宪档案史料(上册). 北京:中华书局,1979:44.

③ "频岁以来,各省士民屡行请愿国会之举,政府犹故靳而不与,推其意岂不曰人民程度之未至欤?""夫欲增高人民之程度,将惟教育是恃。"沈颐. 论缩短立宪期限与教育之关系[J]. 教育杂志,1911(1):4.

④ 鄂督重强迫教育[N]. 大公报,1906—9—14(2).

积极配合清政府立宪进程，将普及教育视为立宪的基础。[①]1908年，为配合清政府预备立宪计划，学部编辑出版了《国民读本》和《简易识字课本》。《国民读本》体现了浓厚的忠君报国观念。学部在深知不具备推行强迫教育条件的情况下，力图以教育立法的方式推行强迫教育，从而向社会灌输国民教育思想。[②]

新式教育使得教育权由家庭、社会转向国家，相较于科举制，无论国家还是家庭，对新式教育的投入都急剧增加。“凡设学堂必加征加税，致使民怨沸腾，动辄生变。”[③] 因而，强迫教育遭到抵制，在不少地方发生毁学事件，私塾在短暂减少后又得以恢复并与学堂竞争。[④] 更为关键的是，新学堂教授的是不同于儒家思想的西学知识与价值观，加之科举制被废除，从根本上摧毁中华帝国大一统体制的组织机制和观念机制，科举制度同时兼具的正式组织和文化观念两种社会整合机制无以为继。[⑤] 在主观与客观层面，教育自主性开始萌发。王汎森指出，科举制被废除，仕学合一的传统被中断，“学问的性质遂产生了根本的改变”。与传统知识分子经世致用的知识观不同，新知识阶层提倡“为学问而学问”的新知识观。新知识阶层直接或间接接受西方文化，凭借对西方的了解获得其社会地位，因而，他们对传统文化持疏远或决裂的态度。[⑥] 新知识阶层开始思考教育的自身规律和独立价值，通过学校教育和教育组织等方式与官方争夺教育机制，传递不同于清政府所“分配”的价值观。

二、修身科的设立

“甲午以后，欲雪割地赔款之耻，于时人人言自强；庚子以后，欲弥赔款失权之憾，于时人人言自立；至于癸卯以来，日俄开衅，战事延长，穷其结果，国患方

---

① 关于学部配合立宪事宜的讨论，参阅关晓红. 晚清学部研究[M]. 广州：广东教育出版社，2000：416—427.

② 关于晚清学部对于强迫教育条件不足的认识以及学部与清廷的相关讨论，参阅关晓红. 晚清学部研究[M]. 广州：广东教育出版社，2000：419.

③ 刘大鹏. 退想斋日记[M]. 太原：山西人民出版社，1990：162.

④ 左松涛. 近代中国的私塾与学堂之争[M]. 北京：生活·读书·新知三联书店，2017.

⑤ 周雪光. 黄仁宇悖论与帝国逻辑——以科举制为线索[J]. 社会，2019（2）.

⑥ 王汎森."主义"与"学问"：1920年代中国思想界的分裂[M]// 许纪霖. 启蒙的遗产与反思. 南京：江苏人民出版社，2010：222—223.

迫，于是忧时之士，人人则言自存。”[①] 由“自强”“自立”到“自存”，直观反映了日趋严重的“亡国灭种”危机。清政府及知识分子反思国际形势与救亡图存之道。救亡的路径可分为三种：新民、改良和革命。新民是改造国民，改良和革命则是改造政府。对于不同立场的人而言，新民、改良与革命的路径选择有明显分殊，但理性的认识和抉择是同时改造国民和政府。正如竞盦所言：“政与民互为因亦互为果，政因民而日修，民亦因政而日化。”[②] 此外，随着亡国危机日益严峻，中下层民众的社会作用逐渐受到重视，“民”的地位逐步提升，救亡的责任落到国民身上。[③] 然而，被寄予厚望的“国民”难觅踪影，“奴隶”却比比皆是，通过教育塑造国民成为必然选择。随着对“民”的期望提升，清政府及知识分子对教育的认识也随之转变，教育宗旨也从培养专门“人才”转变为教育“国民全体”。

1862 年 8 月，京师同文馆的设立标志着中国新式学校教育的诞生。然而，清政府及知识分子对于近代教育宗旨的认识却是一个缓慢的深入过程。战争失败使得时人认识到教育在近世国家盛衰中的作用。洋务运动时期，兴办洋务的需要使得新式教育的宗旨在于培养工艺、外语等洋务之才。随着清政府在中法、中日战争中惨败，洋务自强运动宣告破产，维新派在戊戌变法期间提出教育重在培养政务变法的维新之才的观点。时任出使英法意比大臣的薛福成指出：“夫观大局之兴废盛衰，必究其所以致此之本原。学校之盛有如今日，此西洋诸国所以勃兴之本原欤？”[④] 康有为上书光绪指出：“近者日本胜我，亦非其将相兵士能胜我也，其国遍设各学，才艺足用，实能胜我也。”[⑤] 百日维新期间，有关教育改革的谕旨占总数的 1/3 以上。然而，无论是洋务之才还是维新之才，都是精英主义的观点，与西方近代国民教育宗旨有根本的差异。

维新变法失败后，梁启超逃亡日本。在日本，梁启超接触到国民教育思想，并目睹明治维新带来的国势日强景象。他认识到：“至 19 世纪以后，巨眼之政治家始确认教育之本旨在养成国民。”因而，要实现救亡图存，教育就必须“以造

---

① 社说：自存篇[J]. 东方杂志，1905（5）：100.

② 竞盦. 政体进化论[J]. 江苏，1903（1）：29.

③ 柯继铭. 理想与现实：清季十年思想中的“民”意识[J]. 中国社会科学，2007（1）：183.

④ 薛福成. 出使英法义比四国日记[M]. 长沙：岳麓书社，1985：291.

⑤ 康有为. 请开学校折（1898 年 6-7 月）[M]// 汤志钧. 康有为政论集（上册）. 北京：中华书局，1981：306.

就国民为目的”，“既以造就国民为目的，则不可不举全国之子弟而悉教之”。[①] 革命党人则希望通过争夺教育话语权来宣传革命思想，培养革命队伍。邹容对比中国革命和法国、美国革命后指出：“今日之中国，实无教育之中国也。”法国、美国革命的成功在于受教育的国民参与。“吾崇拜之，吾倾慕之，吾究其所以致此之原因，要不外乎教育耳。……然一华盛顿、一拿破仑倡之，而无百千万亿兆华盛顿、拿破仑和之，一华盛顿何如？一拿破仑何如？”邹容提出，“革命与教育并行”，“革命之前，须有教育；革命之后，须有教育”。[②] 张之洞指出，“国势之强弱在人才，人才之消长在学校，环球各国竞长争雄，莫不以教育为兴邦之急务”。[③] 袁世凯也认为，“国家舍学堂无以取士，士子舍学堂无以进身，农工商兵医，一切执业之人，舍学堂无以受普及之教育，无以裕普通之智能，无以养成国民之资格”。[④]

尽管维新派、革命派、保守派各自的动机、目的不同，但客观上都有利于新式教育的发展。“国民资格”成为当时广泛讨论并引发争议的话题。[⑤] 为立国而新民成为共识。正如梁启超所言：“苟有新民，何患无新制度，无新政府，无新国家。”[⑥] 塑造国民以造就民族国家的诉求促使新式教育得到迅速发展。1905 年，日本战胜俄国客观上加速了科举制度的废除进程[⑦]，为新式教育的发展扫清了制度障碍。

教育目标从专业人才到国民教育的转变，从废科举兴学堂到强迫教育的推行，都与清政府及知识分子对国家建构面临的形势及其与教育关系的认识密切

---

① 梁启超. 教育政策私议[J]. 新民丛报，1902（8）：52，60.

② 邹容. 革命军[M]. 北京：华夏出版社，2002：35-37.

③ 张之洞. 筹定学堂规模次第兴办折（1902 年 10 月 31 日）[M]// 苑书义，等. 张之洞全集. 石家庄：河北人民出版社，1998：1488.

④ 督宪袁兴学告示[J]. 教育杂志（天津），1905（14）：8.

⑤ 柯继铭. 理想与现实：清季十年思想中的“民”意识[J]. 中国社会科学，2007（1）.

⑥ 梁启超. 新民说[J]. 新民丛报，1902（1）：3.

⑦ 1905 年 9 月，袁世凯、赵尔巽、张之洞等上奏清廷废科举新学堂奏折指出：“科举一日不停，士人皆有侥幸得第之心，以分其砥砺实修之志。民间更相率观望，私立学堂者绝少，又断非公家财力所能普及，学堂决无大兴之望”。袁世凯、赵尔巽、张之洞，等. 会奏立停科举推广学校折暨上谕立停科举以广学校（1905 年 9 月 2 日）[G]// 璩鑫圭，等. 中国近代教育史资料汇编（学制演变）. 上海：上海教育出版社，2007：537.

相关。清末新政伊始，不论是国家建构还是培养现代国民，都成为知识分子及清政府需要考虑的重要议题。

1906年2月，觉民在《论立宪与教育之关系》一文中阐述教育对立宪新政的意义："教育既遍，国民胥智，政治上之知识，皆磅礴于人人之脑中，而后自治之能力，随在可以发挥，以之充议员之选，闻国家之事，其恢恢乎游刃有余矣。"①沈颐指出："今日多一受教育之人，将来即多一辅助宪政之人"。②1906年6月，江苏学政唐景崇奏陈清廷指出，要实现预备立宪，必须以普及教育为立宪的前提条件。"国民普及教育，所以造成立宪资格。"③或许正是唐景崇对于立宪与教育关系的开明认识得到了清廷肯定，1910年4月，唐景崇被任命为学部尚书，执掌全国兴学大业。唐景崇长部期间，勉力发展普通教育，以配合清政府预备立宪的进程。

对于清政府而言，无论是新政立宪，还是废科举兴学堂，都是在亡国危机下的被迫之举，根本目的在于挽救风雨飘摇的清朝统治。因而，培养忠于清政府的新式人才，是教育宗旨所在。为此，清政府对于兴学宗旨及课程设置格外重视。在"中体西用"的兴学思想指导下，1902年8月，清廷颁布《钦定学堂章程》，第一章全学纲领指出，"今无论京外大小学堂，于修身伦理一门视他学科更宜注意，为培植人材之始基"，修身和读经成为各级学堂必修科目。④晚清新式学堂修身伦理科的课程设置格局由此确定。

修身学说是儒家思想的重要组成部分。"格物、致知、诚意、正心、修身、齐家、治国、平天下"，由己身而至天下，将修身与治国紧密相连。1904年，清政府颁布《奏定学堂章程》，规定立学宗旨"以忠孝为本，以中国经史之学为基，俾学生心术壹归于纯正，而后以西学瀹其智识，练其艺能"，从而在"造就通才"的同时"慎防流弊"。1906年，学部成立不久即正式颁定"忠君、尊孔、尚公、尚武、尚实"的教育宗旨。"务使全国学生每饭不忘忠义"，以达到"保帝国之统一"，维持

① 觉民. 论立宪与教育之关系[J]. 东方杂志，1905（12）：245.

② 沈颐. 论缩短立宪期限与教育之关系[J]. 教育杂志，1911（1）：11.

③ 江苏学政唐景崇奏预筹立宪大要四条折（1906年6月）[G]// 故宫博物院明清档案部. 清末筹备立宪档案史料（上册）. 北京：中华书局，1979：115.

④ 钦定学堂章程（1902年8月）[G]// 璩鑫圭，等. 中国近代教育史资料汇编（学制演变）. 上海：上海教育出版社，2007：243.

“万世一系之皇统”的目的。[①]学部对“尚公”的阐释，“显示‘公民训练’以爱国爱群为训练之目标,实我国‘公民训练’具体实施之胚胎”。[②]

修身是儒家传统,然而,作为近代学校科目,修身科的设立受日本的影响更大。早在19世纪80年代,就有不少出访日本的知识分子记录了日本学校开设“修身”“伦理”等科目的情况。黄遵宪写于1887年,于1895年正式出版的《日本国志》中提及:“有小学校,其学科曰读书、曰习字、曰算术、曰地理、曰历史、曰修身。”[③]梁启超在1896年《变法通议》中提及日本学校设“修身”,并提出“今请略依其制而损益之”。[④]此后,一些新式学堂开始设置修身课程或教授修身内容。南洋公学于1897年开始编印的《蒙学课本》有专门的“修身”部分。[⑤]1898年邓家骧等在广州西关创办时敏学堂,较早开设修身课。[⑥]1901年,无锡三等公学堂在创办之初就编撰《蒙学读本全书》。该课本“第四编专重德育;用《论语》弟子章,分纲提目,系以历史故事,每课示以指归”,“盖完全为今修身教科之具体”。[⑦]

甲午战败后,清廷各级政府都曾派人到日本考察教育,“取法日本”。1898年,张之洞委派姚锡光赴日本考察学校教育。姚锡光撰写《东瀛学校举概》,介绍日本中小学都开设“伦理”“修身”课,指出,“言伦理,言修身,在德育”。1901年底,罗振玉受张之洞委派赴日本考察，1902年2月回国后呈交详细考

① 奏陈教育宗旨折（1906年3月）[G]// 璩鑫圭,等. 中国近代教育史资料汇编（学制演变）. 上海：上海教育出版社，2007：543.

② 沈子善. 小学公民训练之理论与实际[M]. 上海：商务印书馆，1935：18.

③ 黄遵宪. 日本国志·卷32（学术志）[M]. 上海：上海古籍出版社，2001：340.

④ 梁启超. 饮冰室合集（文集之一）[M]. 北京：中华书局，1989：37.

⑤ 陈懋治,等. 蒙学课本[M]. 南洋公学印,1897年初版。该版本并未标注作者,根据中华民国教育部编纂《第一次中国教育年鉴》,该《蒙学课本》由陈懋治、杜嗣程、沈叔逵等编织。“光绪二十三年南洋公学外院成立,课程分国文、算学、舆地、史学、体育六科,由师范生陈懋治、杜嗣程、沈叔逵等自编《蒙学课本》三编。”中华民国教育部编. 第一次中国教育年鉴（戊编）[M]. 上海：开明书店，1934：116.

⑥ 黄炎培. 清季各省兴学史[J]. 人文月刊，1930（8）：10.

⑦ 无锡三等公学堂《蒙学读本》[G]// 舒新城. 近代中国教育史料. 北京：中国人民大学出版社，2012：331—332.

察报告给张之洞。[①] 该报告比较日本和俄国教育后指出,俄国效法"法兰西民主国之教科书,而学生屡次滋事",日本因以修身课程保持传统文化,国民忠君爱国。[②] 此后,罗振玉在《教育世界》杂志上发表多篇文章,详细介绍日本学校的课程设置情况,并特别建议中小学应开设修身伦理课程。姚锡光、罗振玉等人的考察报告和建议经张之洞采纳反映在《钦定学堂章程》和《奏定学堂章程》[③],且因姚锡光、罗振玉等人出任学部要职,其主张进一步在全国教育中得到落实。[④]

清政府将"修身"设为必修科明显受到了日本影响。一方面是日本明治维新后迅速崛起的影响,另一方面则是儒家伦理培养忠君爱国国民对于维护天皇统治的重要意义。赴日人员的考察结果使得晚清统治集团坚信儒家修身学说对于维护统治的重要性,此后以修身科、读经科为主要形式的儒家伦理在新式学堂中占据了重要地位。

第三节　晚清国家建构对公民教育萌芽的影响

为解决内忧外患的困扰,清政府先后推行戊戌变法、清末新政等改革,开启中国现代国家建构的进程。清末新政中,清政府实施了一系列中央集权措施,不仅尝试将财政、军事等权力收归中央,而且要建立从中央到地方的教育行政机构和学校体系,试图将国家意识形态渗透到学校教育。修身科的设立就是为了在这一集权与渗透的过程中解决其正当性危机,维护清政府统治。可以说,正是晚清开启的现代国家建构进程使得修身科的设立成为必需。为了使新式教育在培养新式人才的同时维护清政府统治,清政府尝试建立一套教育机制,努力掌控教

---

① 罗振玉日记多次提及日本的修身课程。参阅璩鑫圭,等.中国近代教育史资料汇编(学制演变)[M].上海:上海教育出版社,2007:121.

② 张之洞.筹定学堂规模次第兴办折(1902 年 10 月 31 日)[M]// 苑书义,等.张之洞全集.石家庄:河北人民出版社,1998:1497.

③《奏定学堂章程》由张之洞负责拟定。根据关晓红的研究,1902 年,《定国是诏》由翁同龢拟定,体现张之洞的主张。

④ 吕达曾对比罗氏草拟小学堂章程宗旨第一条与《钦定学堂章程》和日本 1900 年《改正小学校令》有关条款,发现强调"道德教育"知识的内容乃至具体表述,几乎没有差别。吕达.中国近代课程史论[M].北京:人民教育出版社,1994:175.

育的整个环节。然而,教育机制并非单纯由国家决定,在国家建构的过程中,不同的行动者都会试图通过学校教育传播对其有利的意识形态和价值观。因而,教育机制的各个组成部分都会受到各类行动者的挑战。正如伯恩斯坦指出的,教育机制在实现时会制造出一个不同团体争夺教育机制的竞争场域,因为谁掌握教育机制,谁就有权力管制意识;谁夺取教育机制,谁就可以掌控象征控制的重要场域。①

一、教育价值的分配:中体西用

分配规则是一种基本的分类原则,调节权力分配、知识分配及意识形态分配三者之间的关系。② 学校知识是官方选择性传统的体现与结果。在此,我们从清政府颁布的教育宗旨和课程纲要入手,分析清政府为修身、读经等科目选择的目标和内容,以及如此选择的深层逻辑。

"教育宗旨实为一种意识形态之比较具体的表现。" ③ 传统教育虽然没有官方明定的教育宗旨,但历代政府兴学都有着明确的教育理念。1652 年,清政府颁布的卧碑文指出了清政府办学的目的:"全要养成贤才,以供朝廷之用。" ④ 清朝政府重视儒家伦理对维护权力正当性的价值。儒家伦理是清政府兴学的指导思想,并作为科举取士的基本内容。

在内忧外患压力下,清政府被迫兴办新式学堂。清政府兴学的目的"并非培养宪政时代的一代新人或者能使国家臻于富强的人民,而是培养一种热爱王朝和始终忠于清帝的人"。⑤ 为保障新式学堂培养的人才能在维护清朝统治的前提下救亡图存,政府通过厘定教育宗旨和教育内容,将维护清政府权力正当性的

---

① Bernstein, Basil. *Pedagogy, Symbolic Control, and Identity: Theory, Research, Critique*[M]. London: Taylor & Francis, 2000:52.

② Bernstein, Basil. *Class, Codes and Control, V4, The Structuring of Pedagogic Discourse*[M]. London: Routledge, 2003:162.

③ 周予同. 中国现代教育史[M]. 上海:良友图书公司,1934:16.

④ 卧碑、圣谕、训饬士子文[G]// 璩鑫圭,等. 中国近代教育史资料汇编(鸦片战争时期教育)[G]. 上海:上海教育出版社,2007:122.

⑤ 费正清,等. 剑桥中国晚清史:1800—1911 年(下卷)[M]. 中国社会科学院历史研究所编译室,译. 北京:中国社会科学出版社,2006:375.

价值分配于学校教育。

“中体西用”不仅是晚清政治改革的指导思想，也是教育改革的指导思想。“中体西用”的教育指导思想需要在塑造清政府权力正当性层面予以理解。被迫开启新政革新后，清廷统治者认为其正当性基础仍是儒家纲常伦理，然而立宪已使其正当性开始向法理型正当性转移。虽然对西方思想的态度已发生改变，但清政府是以工具论的心态接纳西学，而且清政府对西方民主政治思想抱有敌视态度，担心自由、民权等西方政治学说威胁其统治。

1896年8月，管学大臣孙家鼐在《议复开办京师大学堂折》中提出“办学宗旨宜先定”。立学宗旨“应以中学为主，西学为辅；中学为体，西学为用；中学有未备者，以西学补之，中学有失传者，以西学还之。以中学包罗西学，不能以西学凌驾中学”。①1898年5月，作为“中体西用”主张的集大成者，张之洞在《两湖、经心两书院改照学堂办法片》中指出：“两书院分习之大旨，皆以中学为体，西学为用，既免迂陋无用之讥，亦杜离经畔道之弊。”②

1903年4月，因俄国未按《交收东三省条约》规定撤兵并妄图独占东北，国内拒俄运动兴起。面对高涨的学生风潮，清廷派张之洞参与整顿学堂，重新厘定学堂章程。1904年1月，张之洞会同管学大臣拟定《重订学堂章程折》，提出“至于立学宗旨，无论何等学堂，均以忠孝为本，以中国经史之学为基，俾学生心术壹归于纯正，而后以西学瀹其智识，练其艺能，务期他日成材，各适实用，以仰副国家造就通才、慎防流弊之意”。③该立学宗旨经上谕批准以“奏定学堂章程”之名颁定，中体西用的指导思想得以落实。与《钦定学堂章程》相比，《奏定学堂章程》加大了儒家经典的比重。小学堂修身科课时从每天1课时减为每周2课时，读经讲经的课时从每天1课时增加到每周12课时，合计占每周总计30课时

① 孙家鼐. 议复开办京师大学堂折（1896年8月）[G]// 汤志钧，等. 中国近代教育史资料汇编（戊戌时期教育）. 上海：上海教育出版社，2007：225.

② 张之洞. 两湖、经心两书院改照学堂办法片（1898年5月）[G]// 汤志钧，等. 中国近代教育史资料汇编（戊戌时期教育）. 上海：上海教育出版社，2007：359.

③ 张百熙、荣庆、张之洞. 重订学堂章程折（1904年1月）[G]// 璩鑫圭，等. 中国近代教育史资料汇编（学制演变）. 上海：上海教育出版社，2007：298.

的 46.7%。[①]

1906 年 3 月，学部《奏陈教育宗旨折》提出五项宗旨："忠君，尊孔，尚公，尚武，尚实。"该教育宗旨经上谕批准颁行，"以一风气，而定人心"。[②] 至此，清政府第一次基于国家建构诉求的兴学宗旨得到确立，一系列章程细致规定如何实现该教育宗旨，修身、读经等科目在学堂中的地位、授课课时以及具体学习内容。

清政府为了维护统治的正当性，充分利用其教育领导权，在价值分配时极力保障儒家伦理在新式教育中的地位，摒除西学之"异说"。《钦定京师大学堂章程》第一章规定："欧、美、日本所以立国，国各不同，中国政教风俗亦自有所以立国之本；所有学堂人等，自教习、总办、提调、学生诸人，有明倡异说、干犯国宪及与名教纲常显相违背者，查有实据，轻则斥退，重则究办。"[③] 然而，当清廷将西学视为"长技"时，意味着承认西学是与中学平等的学说。中体西用的价值分配原则不但打破了传统"道出于一"的局面，从根本上动摇了儒学的神圣、经典地位[④]，且因寻求富强的目标使得中西认同的紧张被遮蔽，西学获得士人认同，被称为新学。1901 年 10 月，刘大鹏经历进京赶考后认识到，"天下之士莫不舍孔孟而向洋学"。[⑤] 张之洞《劝学篇》虽为系统阐释中体西用思想之作，但着墨最多者在于"西学为用"，且言用必言西。这一定位在经世致用的社会达尔文主义背景下，推动了学堂师生对于西学的尊崇。在张氏"西政为要"的主张下，清政府所厘定的教育宗旨和修身等科目内容虽然以儒家伦理为主导，但也吸纳了诸多现代西方政治观念，如国家观念、国民意识、权利观念等。《奏定高等小学堂章程》规定高等小学"以培养国民之善性，扩充国民之知识，强壮国民之气体为宗

---

① 奏定初等小学堂章程（1904 年 1 月 13 日）[G]// 璩鑫圭，等. 中国近代教育史资料汇编（学制演变）. 上海：上海教育出版社，2007：298.

② 奏陈教育宗旨折（1906 年 3 月）[G]// 璩鑫圭，等. 中国近代教育史资料汇编（学制演变）. 上海：上海教育出版社，2007：543，542.

③ 钦定京师大学堂章程（1902 年 8 月 15 日）[G]// 璩鑫圭，等. 中国近代教育史资料汇编（学制演变）. 上海：上海教育出版社，2007：243.

④ 关于传统经典地位变迁，参阅：罗志田. 中国传统的负面整体化：清季民初反传统倾向的演化[M]// 罗志田. 权势转移：近代中国的思想、社会与学术（修订版）. 北京：北京师范大学出版社，2014：180—221.

⑤ 刘大鹏. 退想斋日记[M]. 太原：山西人民出版社，1990：102.

旨”。[①]

自戊戌变法以来的政治改革,不断放松言论空间。知识分子开报馆、组学会,近代公共舆论空间的扩展促进了西方民主政治思想的广泛传播。甲午战败后,知识分子对清政府战败的反思,使得民权观念、国家观念逐渐被统治集团开明派接受,并体现在教育宗旨和教育内容中。作为晚清思想界的旗手,梁启超的“新民说”影响广泛,对国民观念、公民观念的启蒙发挥了重要作用。梁启超指出,教育宗旨应在于培养“有国家思想,能自布政治者”的“特色之国民”。这种国民,“备有人格(谓成为人之资格也,品行、知识、体力皆包于是),享有人权,能自动而非木偶,能自主而非傀儡,能自治而非土蛮,能自立而非附庸”。[②]因而,“新民为今日中国第一急务”。[③]梁启超的新民观念经学部维新派人士得以在教育政策中发挥影响。[④]1906年学部颁定的教育宗旨中“尚公”即体现了新民说之公德观,只是清廷将“公德之旨,团体之效”指向“务使人人皆能视人犹己,爱国如家”。[⑤]

西学是异于中学的知识传统及价值观,又因国势衰微而引发中学无用的反传统倾向,加之新学生地位的边缘化,使其日益走向政府的对立面。在发表《劝说篇》五年后,张之洞针对中体西用所引发的问题调整其立场。他批评在学校传播西方政治、伦理思想。“中国今日之剽窃西学者,辄以民权自由等字实之。变本加厉,流荡忘返。殊不知民权自由四字,乃外国政治、法律、学术中半面之词,而非政治、法律之全体也。若不看其全文,而但举其一二字样,一二名词,依

---

① 奏定高等小学堂章程(1904年1月13日)[G]// 璩鑫圭,等. 中国近代教育史资料汇编(学制演变). 上海:上海教育出版社,2007:315.

② 梁启超. 论教育当定宗旨[J]. 新民丛报,1902(1):63,1902(2):27.

③ 梁启超. 新民说[J]. 新民丛报,1902(1):2.

④ 张百熙任管学大臣(1902.1—1904.1)及荣庆管部期间(1905.11—1910.2),从直隶等地招揽了大批维新人士,参与教育政策制定。另需说明,自1903年2月起,管学大臣为两人,学部则同时有管部大臣和尚书两人。参阅关晓红. 晚清学部研究[M]. 广州:广东教育出版社,2000:46—50,162—163;45,171—173.

⑤ 奏陈教育宗旨折(1906年3月)[G]// 璩鑫圭,等. 中国近代教育史资料汇编(学制演变). 上海:上海教育出版社,2007:545.

托附会，簧鼓天下之耳目，势不至去人伦无君子不止。”[①] 为此，张之洞首先通过其主导拟定的《奏定学堂章程》大幅增加读经课时；其次，于1907年提倡创立存古学堂。他在提出创立存古学堂缘由时痛斥：“至有议请废罢‘四书’‘五经’者，有中小学堂并无读经讲经功课者，甚至有师范学堂改订章程，声明不列读经专科者，人心如是，习尚如是，循是以往，各项学堂于经学一科，虽列其目亦止视为具文，有名无实。”[②]

清政府的教育宗旨及对修身、读经内容的规定不仅遭到社会力量、学堂师生的抗议，而且由于清政府缺乏兴学经费及合格师资，无力资助和管理大量的私立学堂以及私塾，最终其精心规划的修身和读经课程未能落到实处。

知识分子从两方面批评清政府以忠孝为本的教育内容。一是批评读经课程课时过多。1909年初，江苏教育总会呈文学部指出，“读经讲经之费时既多，中国文字之收效遂少；意欲保存国粹，而事实乃与期望相左”，“以江南号称财赋之区，凡小学生徒能毕初等五年之业而不为家族之生计所迫以致中辍者，尚寥寥焉，其他贫瘠之省，更复何望”。江苏教育总会提出，“节缩初等小学之年限，并变通其科目，以期强迫教育之渐可实行”。[③] 二是直接抨击忠孝为本的儒教纲常。愤民指出，儒教纲常名教是“伪道德”，“中国数千年相传之道德，皆人为之道德，非天然之道德也。皆原于习惯、纲常名教，矫揉造作之道德，非根于心理，自由平等博爱真实无妄之道德也；皆伪道德，非真道德也”。[④] 缪文功更是明确指出，爱国不等于爱大清，教育宗旨之“忠君”应改为“爱国”。[⑤]

清政府颁定的教育宗旨规范了各级学堂的办学宗旨和修身、读经科的教学实践，全国不少学堂按照要求开设修身、读经课程。江西南昌府官立中学堂在学生毕业文凭中印入清廷上谕[⑥]，上海的尚公学校则直接以“尚公”为校名，河

---

① 奏定学务纲要（1904年1月13日）[G]// 璩鑫圭，等. 中国近代教育史资料汇编（学制演变）. 上海：上海教育出版社，2007：502.

② 创立存古学堂折（1907年）[G]// 璩鑫圭，等. 中国近代教育史资料汇编（教育思想）. 上海：上海教育出版社，2007：117.

③ 江苏教育总会呈学部文：为请变通初小学堂章程[J]. 教育杂志，1909（5）：16，15.

④ 愤民. 论道德[J]. 克复学报，1911（2）：1.

⑤ 缪文功. 中国当采之教育方针[J]. 教育杂志，1911（1）：5.

⑥ 李松龄. 清末江西南昌洪都中学堂毕业文凭[J]. 中国档案，1991（6）：46.

南、四川等地的“半日小学堂”“开智学堂”“夜课馆”都开设修身课程。[①]1909年，浙江松阳县的调查显示，13所初等小学堂中，11所学堂均开设修身课程。[②]在张之洞管辖的广州，广州府中学堂以“以中学为体，以西学为用”为宗旨。学堂课程中，“重点是放在读经和讲经方面”，每星期“六个课时讲经，三个课时读经，所教的经学有周礼和左传”，“修身一科则教授经典，如五种遗规”。[③]

时人指出，“私立学堂有以爱国自立为宗旨者焉，有以自治合群为宗旨者焉，有以实业救亡为宗旨者焉，观其名非不甚美也，乃其实际又辄背驰”。[④]1908年，武清县某学堂“仍用《三字经》《四言杂字》等书。教员、学董等均不知学堂之宗旨及教育之关系，教授管理各法是其生平所未研究”。[⑤]此外，不少学堂利用学堂章程变通规定，以修身科替代读经科。《奏定初等小学堂章程》规定，“惟有乡民贫瘠、师儒稀少地方，不能不量从简略以期多设，应另定简易科”，“修身、读经合为一科”。[⑥]当时的评论提出要“将经籍要义归并诸修身科中”。[⑦]相比读经科，修身科吸收了诸如权利与义务、公德与私德、自由平等博爱等不同于传统的西方政治、伦理观念，侵蚀着清政府的正当性基础。

儒学经典在传统教育中是唯一合法内容。随着在新式教育中引进西学，儒学被界定为与其他西式科目等同的修身、读经科。此后，预备立宪的加速以及民间力量的批评和抵制，使得读经和修身在一些学堂又被合为一科。不论从地位还是课时比例而言，儒学在学校教育中的日益衰落。鲁迅指出，维新以后，“外

---

① 李桂林，等. 中国近代教育史资料汇编（普通教育）[G]. 上海：上海教育出版社，2007：100，170.

② 松阳县各学堂调查表[J]. 浙江教育官报，1909（8）：43—47.

③ 沈祥龙，陈伯衡. 记清末广州府中学堂[G]// 李桂林，等. 中国近代教育史资料汇编（普通教育）. 上海：上海教育出版社，2007：349—350.

④ 论教育之不能普及[J]. 东方杂志，1904（11）：250.

⑤ 李搢荣调查武清县东北两路各学堂报告[J]. 直隶教育杂志，1908（13）：64.

⑥ 奏定初等小学堂章程（1904年1月13日）[G]// 璩鑫圭，等. 中国近代教育史资料汇编（学制演变）. 上海：上海教育出版社，2007：303.

⑦ 《东方杂志》提议“不如合修身与经学为一科，将四书五经中之大义微言，适合于当今之社会者，译成官话，作为修身课本”。普及教育议[J]. 东方杂志，1906（3）：41。1909年，江苏教育总会也建议：“讲经宜附于修身科并述，修身教科书应分之部分而举其例。”江苏教育总会研究学部变通初等小学章程意见书提要[J]. 教育杂志，1909（10）：21.

国的新事理，却愈来愈多，愈优胜，‘子曰诗云’也愈挤愈苦，愈看愈无用”。[①]对民间关于读经科经文深奥、费时过多，不利于普及教育，废止读经的呼声，学部碍于清廷对儒家伦理的重视而无法废止。1911 年，迫于预备立宪期限缩短，学部召开中央教育会，希冀召集全国教育界士绅及各地学务官员，解决困扰宪政的相关教育议题。会议在激烈讨论后，艰难通过废止读经科的决议，但学部最终未敢将决议案提交内阁。[②]

二、官方主导下的再情境化场域

清廷通过制定学堂章程、颁定教育宗旨等方式对教育价值进行权威分配。为确保这一体现中体西用的价值分配得以落实，清政府和学部采取多种措施对上述价值分配予以官方再情境化。由于新式教育是新生事物，清廷对如何有效掌控教育机制缺乏经验，加之清政府国家能力有限，社会力量在教育机制的争夺中也有一定的话语权，他们在由知识界、学校教师等构成的教育再情境化场域，与官方再情境化竞争。教育再情境化通过教科书文本的生产与解读，教员的培养与检定等方面影响官方教育话语的再生产。因而，我们选取教科书编审以及教员培养与检定两个侧面，反映国家及社会力量在再情境化场域中的博弈。

（一）在国定与审定之间：教科书的编纂与审定

传统中国蒙学教材主要是《三字经》《百家姓》《千字文》。然而，作为教材，这些书有诸多缺陷。随着西式教育教学观念传播，对这些教材的批评逐渐增多。[③]编撰适应新式学堂需求的教科书开始受到关注。

1876 年，在华传教士成立学堂教科书委员会，组织编撰教科书。“教科书之名自是始于我国矣。”[④]1897 年，上海南洋公学编纂三册《蒙学课本》，“是为我

① 唐俟. 随感录（四十八）[J]. 新青年，1919（2）：214.

② 关于学部促成召开中央教育会，试图解决废止读经、强迫教育等议题的分析，参阅关晓红. 晚清学部研究[M]. 广州：广东教育出版社，2000：437—443.

③ 如魏源、龚自珍、郑观应、林乐知等人认为，教材未采用循序渐进形式加以组织，教材内容过于艰深等。参阅熊月之. 西学东渐与晚清社会[M]. 上海：上海人民出版社，1994：663—664.

④ 教科书之发刊概况 [M]// 中华民国教育部编. 第一次中国教育年鉴（戊编）. 上海：开明书店，1934：115.

国人自编教科书之始”。[①] 此时新式学堂数量较少，教科书种类也以实业科目为主，清廷没有建立专门的教科书编撰、审定制度。

戊戌变法期间，光绪帝谕令建立起全国性现代学校体系，各级学校教学用书成为清廷亟须解决并高度重视的问题。1898 年 8 月，管学大臣孙家鼐甫一上任就指出，“学堂教育人才，首以书籍为要。而书籍考订尤不可不精，若使书中义理稍有偏歧，其关乎学校人心者，甚非浅鲜”。为避免育人之学堂“转以蛊惑民志”，“导天下于乱”，他认为儒家经典“断不可编辑”，经史类教科书须由管学大臣精选后，“钦定发下，然后颁行”。[②] 张之洞对于学堂教学用书也非常慎重，认为教科书系“教育根基”，“关系极重，著手极难，非亲往日本以目击为考定不可，似非专恃购来图书所能模仿”。[③] 对于编译国外教科书，他对比俄罗斯和日本后指出，“俄罗斯学堂用法兰西民主国之教科书，而学生屡次滋事，此用他国书而得大害者也”，而日本自编修身伦理教科书“得大利”的例子警醒清廷“教科书宜慎”。[④] 因而，此时修身等教科书大多以日本教科书为蓝本编译而成。

新式教育发展使得教科书需求巨大，社会各界均积极编纂教科书。1905 年，科举废除之后，新式学堂迅猛发展，教科书需求随之激增，教科书存在的混杂问题日益引起政府重视。“顾以草创之初，漫无限制，识解意见人各不同，采取既多，选择或误，精粗互见，是非错杂其间。”[⑤] 因而，对教科书加强管理自然成为清廷关注的问题，并由此引发教科书国定制与审定制之争。

1898 年 5 月，在兴学之初，管学大臣孙家鼐即上奏清廷，提出实行国定制教科书，由朝廷设立编译局，集中中西通才，专司编纂功课书，“勒为定本”后，颁行各省学堂，从而实现“一趋向而广民智”。[⑥]7 月，光绪帝谕令书院改学堂时提

---

① 蒋维乔. 编辑小学教科书之回忆[J]. 商务印书馆出版周刊，1935（156）：9.

② 朱寿朋. 光绪朝东华录[M]. 北京：中华书局，1958：4136.

③ 张之洞. 致上海罗叔芸（1901 年 11 月 10 日）[M]// 苑书义，等. 张之洞全集. 石家庄：河北人民出版社，1998：8642.

④ 张之洞. 筹定学堂规模次第兴办折（1902 年 10 月 31 日）[M]// 苑书义，等. 张之洞全集. 石家庄：河北人民出版社，1998：1497.

⑤ 论中国宜设编译鉴定所[J]. 时事采新汇选，1903 年 9 月 18 日.

⑥ 总理衙门奏拟京师大学堂章程（1898 年 5 月 15 日）[G]// 北京大学校史研究室. 北京大学史料（第 1 卷 1898—1911）. 北京：北京大学出版社，1993：81—82.

出，“所有中学小学应读之书，仍遵前谕，由官设局编译中外西书颁发遵行”。[①] 管学大臣张百熙亦支持实行国定制教科书。1902 年 2 月，他详细论证应由国家编定教材。学堂以编辑课本为第一要事，“现各处学堂皆急待国家编定，方有教法”。“国家所以变法求才，端在一道德而同风俗，诚恐人自为学，家自为教，不特无以收风气开通之效，且转以生学术凌杂之虞”。因而，教科书编纂需“慎选学问淹通、心术纯正之才，从事编辑”，“书成之后，请颁发各省府州县学堂应用”。[②]

此时，张之洞已于 1901 年在南京创办江楚编译官书局，编译教科书经审定后供学堂使用。因而，对于张百熙提出由国家编定教科书的提议，张之洞致电张百熙，以日本实行审定制具有适应各地形势之优势为例证，提出国定制与审定制并行。“似可于尊处纂发之外，并准外省编书呈候核定行用，并声明可随时增补修改，则尤广益而尽利矣。”[③] 廉泉上书管学大臣亦提出实行审定制教科书。他认为审定制教科书益处在于：“此制一定，凡编有成书者，宜麕集而沓至，可省局员编定之劳，可免学课歧误之弊，不数月间而学堂课本已灿备而足用，学堂之建岂犹有迟迟而不易举者哉。”[④]

张之洞等人的意见很快反映在清廷政策中。1902 年 8 月，《钦定学堂章程》首次明确国定制与审定制并行。学堂用书“须遵照京师大学堂编译奏定之本，不得歧异”。同时，章程允许教员自编课本，但“须咨送京师大学堂审定，然后准其通用”。[⑤]

清廷无法实行国定制教科书政策，主要有两方面原因。首先，兴学初始，事属首创，教科书需求量巨大，官方教科书不敷需求。学部第一次审定书目中，官

---

① 书院改学校（1898 年 7 月 10 日）[G]// 汤志钧，等. 中国近代教育史资料汇编（戊戌时期教育）. 上海：上海教育出版社，2007：121.

② 奏办京师大学堂情形疏（1902 年）[G]// 璩鑫圭，等. 中国近代教育史资料汇编（教育思想）. 上海：上海教育出版社，2007：435—436.

③ 张之洞. 致京张冶秋尚书（1902 年 3 月 23 日）[M]// 苑书义，等. 张之洞全集. 石家庄：河北人民出版社，1998：8642.

④ 廉部郎上管学大臣论鉴定学堂课本禀[N]. 大公报，1903 年 1 月 1 日，第 1 版.

⑤ 该规定见于《钦定高等学堂章程》第一章第十二节。《钦定初等学堂章程》《钦定中等学堂章程》均规定参照此项规定办理。[G]// 璩鑫圭，等. 中国近代教育史资料汇编（学制演变）. 上海：上海教育出版社，2007：265，273，280.

方书局编写或发行的初等小学书目有八种，占总书目的 1/5；高等小学书目有 4 种，占总书目的 1/7；中学书目两种，占总数 1/28。[①] 自 1905 年成立到 1909 年，学部编书局仅编撰完成初等小学完全科修身教科教授书 12 册及简易科修身教科教授书 6 册。[②] 其次，书局的官办性质制约了教科书编纂的效率和质量。官办书局在拥有资源优势的情况下[③]，却在与民间书局竞争中处于劣势，“学部教科书恶劣之声不绝于教育社会”。1906 年，编译图书局先后颁布初等小学堂修身教科书第一册、第二册。“因取材不合儿童心理，编制亦未妥善”，遭到批评反对，未能继续编印颁布。[④] 此中原因，时人认为：“吾国官场办事，毫无心肝，毫无条理。学部编书局非无人才，然在外间或可编出适用之书，在部则决无其事。一则应酬甚繁，安能全力办公。堂官又不知甘苦，平日任其稽延，一旦期迫，尽力催促，但求不误宪政之筹备。何为教育，何为教科书，皆非彼所注意也。”[⑤]

官方教科书无法满足学堂需求[⑥]，清廷只得予以变通，允许民间力量自行编撰教科书经学部审定后使用，实行教科书审定制。1904 年 1 月，《奏定学务纲要》坦承，“惟应编各书，浩博繁难，断非数年所能蒇事，亦断非一局所能独任”，因而，“教科书应颁发目录，令京外官局、私家合力编辑”。此外，在官编教科书未经出版以前，允许学堂教员自编讲义，“由各省咨送学务大臣审定”。[⑦]1905 年 10 月，山西学政宝熙奏请设立学部时亦指出官方教科书不敷时需，“若此时

---

① 本部审定初等小学暂用教科书目表[J]. 学部官报，1906（4）；学部第一次审定高等小学暂用书目表[J]. 学部官报，1907（21—24）；本部审定中学暂用书目表[J]. 学部官报，1908（57）.

② 奏颁布初等小学堂教科书折[J]. 学部官报，1910（113）：19.

③ 学部官报记录表明编译图书局机构设置完备、人员优秀、经费充裕。第二次学部编译图书局备览[J]. 学部官报，1909（97）：12—19.

④ 魏冰心. 国定教科书之编辑经过[J]. 教育通讯，1946（6）：14.

⑤ 江梦梅. 论现行教科书制度及前清制度之比较[J]. 中华教育界，1913（1）：18.

⑥ 京师大学堂于 1903 年颁布《暂定各学堂应用书目》，内分 16 门目（包括修身伦理门，称修身重私德，伦理重公德，列入《弟子职》《朱子小学》《近思录》等），共计列举教科书 90 种，其中由京师大学堂编译 15 种，仅占 1/6，其余为传统蒙学书籍和儒家经典 17 种，民间书局和个人编译 58 种。教科书之发刊概况[M]// 中华民国教育部. 第一次中国教育年鉴（戊编）. 上海：开明书店，1934：118.

⑦ 奏定学务纲要（1904 年 1 月 13 日）[G]// 璩鑫圭，等. 中国近代教育史资料汇编（学制演变）. 上海：上海教育出版社，2007：508—509.

专待官编课本一律完备，恐非三五年后所能竣事，此不得不略为变通”。[①]12月22日，顺天学政陆宝忠也称，“现在各州县蒙小学堂，需用教科书甚急”，建议由各地学政选送现有教科书善本至学部审定，“编入教科书目，详列提要，以期传布迅捷”。[②]因而，12月28日，学部甫一成立即致电各省督抚，要求将各省学堂教员所编讲义及采用私家课本、未经采用之私家著述，“从速征集，汇解本部，以备采择”。[③]清政府的一系列政策表明，国定制教科书始终是其坚持的目标，审定制只是迫于现实的权宜之计。[④]此后学部勉力推行国定本教科书的举措也证实这一点。1907年，学部编译图书局所编《初等小学修身教科书》第一册及《初等小学修身教授书》第一册等书出版后，学部札饬各省提学使“迅速翻印或委私局承印，转饬各学堂一体遵用”。[⑤]1909年，学部变更初等学堂课程，将部编各科书目注于各科目之下，试图推行国定教科书。[⑥]

为使教科书达到“一趋向而广民智”的效果，清廷成立教科书编审机构，其随教育管理机构变更经历了京师大学堂、总理学务处和学部三个阶段。1902年10月，张百熙请旨在京师大学堂设立译书局和编书处，分别负责编译西学和中学教科图书。编书处将中小学堂课本按照经学、修身伦理等七门“分类编纂”。章程还拟定编辑大纲和编辑宗旨。[⑦]1904年，《学务纲要》规定应专设总理学务大臣，“统辖全国学务”，教育行政系统从学校系统独立。总理学务大臣之下附设审定处等六处，审定处职能为“审定各学堂教科书和各种图书仪器，检察私

---

① 山西学政宝熙请设学部折[J]. 学部官报，1906（1）：12.

② 顺天学政陆宝忠条陈学务折[J]. 学部官报，1906（1）：4.

③ 通行各省汇解学堂课本电[J]. 学部官报，1906（1）19.

④ 1902年，钦定学堂章程明确规定，教科用书须用“京师大学堂编译奏定之本”。“自编课本者，须咨送京师大学堂审定，然后准其通用”，待京师大学堂编译出书之后，“即行停止”。此后，清廷多次申明这一规定。钦定高等学堂章程（1902年8月15日）[G]// 璩鑫圭，等. 中国近代教育史资料汇编（学制演变）. 上海：上海教育出版社，2007：265.

⑤ 通札各省提学使遵用初等小学修身教科书教授书文[J]. 学部官报，1907（25）：37；为各小学堂一律用部定教科书事饬南部县（宣统二年十二月八日），南充市档案馆藏，档号：Q1-21-00855-01.

⑥ 郑鹤声. 三十年来中央政府对于编审教科图书之检讨[J]. 教育杂志，1935（7）：23.

⑦ 大学堂谨拟编书处章程[J]. 政艺通报，1902（9）.

家撰述”。[①] 这是近代第一个专门的中央教科书审定机构。1905 年 12 月，学部成立，设五司十二科及三局二所，包括审定科、编译图书局（设经学修身等八股）、京师督学局等机构。此外，学部规定各省学务公所下设图书科，初步建立起教科书编纂和审定组织体系。

鉴于教科书主要由民间编纂，清廷注重教科书编纂标准，并通过审定制度确保教科书不背离宗旨。1902 年 5 月，张百熙提出四项教科书编撰标准：定宗旨、芟烦碎、通古今和求贯通。[②]1906 年 4 月，学部相继公布《第一次审定初等小学教科书凡例》《第一次审定高等小学暂用书目凡例》等，确定了学部审定学堂教科书的标准。[③] 此后，清廷颁布教育宗旨，学部规定编纂教科书必须恪守“忠君、尊孔、尚公、尚武、尚实”的教育宗旨。[④] 对于修身科，学部格外重视。“初等小学古人所谓蒙养之基，而近世之立宪国所谓国民教育，视之尤重者也。其中修身、国文两门，尤贵有一定之宗旨。臣部从事编纂之初已奉先朝立宪明谕，当经再三审度，既思保存我数千年立国之精神，又期吻合近世教育国民之主义。”[⑤]

除官方教科书外，各大出版社所编教科书也是学堂教科书的主要来源。出版界对教科书极为重视，为抢占教科书市场，出版社按照学部审定要求编撰教科书。商务印书馆在编撰教科书时，“谨遵教育宗旨，以忠君、尊孔、尚公、尚武、尚实为主，而尤详于宪政”，“至于爱国、合群、进化、自立等事，尤言之至详，以期养成立宪国民之资格”。[⑥] 与此同时，由于各出版社聘请大量专家学者编撰教科图书，他们对学部规定的不合理之处，做了变通处理。商务印书馆出版《初小最新修身教科书》，“每册 20 课，10 册 200 课，没有一课涉及‘君’字，共 300 个故事，没有一个涉及‘忠’字”，“对人伦，课本摈弃三纲而接受五常和五典”。[⑦]

---

① 《学务纲要》规定京师专设总理学务大臣（1904 年）[G]// 朱有瓛，等. 中国近代教育史资料汇编（教育行政机构及教育团体）. 上海：上海教育出版社，2007：7.

② 张百熙：致瞿鸿禨论办学书（1902 年 6 月）[G]// 璩鑫圭，等. 中国近代教育史资料汇编（学制演变）. 上海：上海教育出版社，2007：151—152.

③ 学部第一次审定初等小学教科书凡例（1906 年 4 月）[G]// 李桂林，等. 中国近代教育史资料汇编（普通教育）. 上海：上海教育出版社，2007：40.

④ 学部编译图书局备览[J]. 学部官报，1908（68）：7.

⑤ 奏颁布初等小学堂教科书折[J]. 学部官报，1910（113）：18.

⑥ 商务印书馆高等小学国文教科书[N]. 申报，1907 年 7 月 16 日，第 6 页.

⑦ 汪家熔. 民族魂——教科书变迁[M]. 北京：商务印书馆，2008：95—97.

为防流弊、正宗旨，学部对出版社及个人自编教科书加以审定。学部成立前，因教科书编审制度尚未正式形成，教科书基本未予审查。《钦定学堂章程》虽规定教员自编课本"须咨送京师大学堂审定"，但并未规定具体的审定程序、惩罚措施等。京师大学堂仅颁行了包括修身伦理门在内的《暂定各学堂应用书目》。郑鹤声称："清季对于教科用书，虽经坊间陆续编纂，至于审查一节，向未施行，坊间对于教科书之编纂，既不送政府审查，而学校对于教科书之采用，亦复任教员自由。"① 学部成立后，这一状况得到改观。根据吴科达的研究，自 1905 年 12 月成立到清朝覆灭，学部共审定教科书 679 种、923 册。《学部官报》有刊录审定禀批或内容提要的 596 种，涉及教育宗旨问题的有 32 种，占总数的 5.4%，其中 16 种经审定通过，13 种因有悖于教育宗旨未通过，3 种须修改后重审。②1908 年，学部认为刘师培所编《伦理教科书》"宗旨未纯，恐滋流弊"，未予通过。③ 同年，学部查禁何琪编撰的《初等女子小学国文教科书》。学部认为，该书"宗旨纰谬，颇染平权自由邪说"，"应即严行查禁，以维学术而正人心"。④1909 年，《初等小学修身教授本及课本》云："际此时代新道德未成，旧道德已丧。"学部审批曰："不知道德古今惟一，并无所谓新旧。"⑤ 由此表明，学部审定教科书，极力维护传统伦理，查禁平权、反满等革命观念。

学部教科书审定总体较为慎重、严格，经审定之书有较高水平。"从这一点看，清学部审定的教科书是基本可行的。"⑥ 张之洞长部期间，对教科书编审格外重视，所有应行审定教科书"非我审定不算数"，其办公室待审教科书"堆积满架"⑦。张之洞负责审定的教科书得到摄政王载沣肯定，认为张之洞"所有编订教科书籍均于教育前途甚有裨益"。⑧ 唐景崇调查发现，各学堂所用教科书"无

① 郑鹤声. 三十年来中央政府对于编审教科图书之检讨[J]. 教育杂志，1935（7）：21.

② 吴科达. 臣民还是公民——教科书审定制度和思想道德教科书（1902—1949）[M]. 北京：中国社会科学出版社，2013：30—31.

③ 学部批令改正再呈审定各书目表[J]. 浙江教育官报，1908（4）：15.

④ 咨浙抚查禁何编女子小学国文教科书文[J]. 学部官报，1908（66）：1.

⑤ 上海中国图书公司呈初等小学修身教授本课及课本请审定批[J]. 学部官报，1909（107）：4.

⑥ 王建军. 中国近代教科书发展研究[M]. 广州：广东教育出版社，1996：180.

⑦ 北京现象片片录[N]. 民呼日报，1909 年 6 月 28 日，第 2 版.

⑧ 张文襄之未竟事业[N]. 大公报，1909 年 11 月 1 日，第 5 版.

甚完善之本”,要求将学部“所有审定之书重加审定”,发现宗旨与教育有不甚合者,“即将审定之案撤销,以重学务”。① 学部首领的谨慎作风虽有益于教科书质量,但审定科人力及能力有限②,最终影响教科书的推广使用,受到民间广泛批评。“审定教科书关系甚大,诚宜慎重从事,然亦不可稽延太久,致民间无所适从。”③

民间对教科书编审政策的批评主要包括三个方面。一是反对教科书国定制。1902 年,梁启超提出,“教科书,无论为官纂为民间私纂,但能一依国家所定课目者,皆可行用”。④ 陆费逵也指出,欧美诸国绝鲜实行国定制,“日本行之,亦弊害百出”。⑤ 国定制教科书不仅不符合中国地域差异的现实,也将导致教科书领域因缺乏竞争而质量低下。⑥ 二是批评学部自编教科书质量低。学部编书局自成立到 1909 年仅编撰完成初等小学完全科修身教科教授书十二册及简易科修身教科教授书六册。⑦ 即使是仅有的数册修身教科书,“抄袭和草率在在皆是”。⑧ 原因在于,学部为配合筹备立宪,“以数日之力悉数出版,草率讹误,所不计也”。⑨ 是年 12 月,职官上奏清廷反映,“学部所设图书局编纂之书亦无善本,应请饬部严行厘订,慎编善本”。⑩ 三是认为学部的审定意见不合理。“编辑者尚有明教育之人,校勘者大概词林中人,不知教育为何物,持笔乱改。每有原稿尚佳,一经校勘,反不适用者矣。校勘之后,尚须呈堂,堂官较校勘者辈分愈

---

① 唐尚书注重教科书[N]. 大公报,1910 年 5 月 9 日,第 5 版.

② 1907 年 1 月,中央官制改革时,学部称“审定科事理繁重”,“拟特设图书司领之”,以加强教科书编审。学部官制草案[J]. 东方杂志,1906(增刊):32. 1909 年 1 月,学部上奏清廷称,“臣部编纂人员未必尽富于经验,每纂一书往往易稿十数,而废弃不用者亦所恒有。明知事属创始,难餍天下学者之望,然凡事先有始基乃能徐求进步”。奏颁布初等小学堂教科书折[J]. 学部官报,1910(113):18. 郑鹤声认为,清廷“对于图书审查能力,甚为薄弱”。郑鹤声. 三十年来中央政府对于编审教科图书之检讨[J]. 教育杂志,1935(7):21.

③ 论国定教科书[N]. 大公报,1907 年 4 月 3 日,第 1 版.

④ 梁启超. 教育政策私议[J]. 新民丛报,1902(8):58.

⑤ 陆费逵. 论各国教科书制度[J]. 教育杂志,1910(6):59.

⑥ 论限用部编教科书有妨教育之进步[N]. 申报,1910 年 3 月 11—12 日.

⑦ 奏颁布初等小学堂教科书折[J]. 学部官报,1910(113):19.

⑧ 汪家熔. 民族魂——教科书变迁[M]. 北京:商务印书馆,2008:34.

⑨ 江梦梅. 论现行教科书制度及前清制度之比较[J]. 中华教育界,1913(1):17.

⑩ 清实录馆. 清实录(第六〇册)[M]. 北京:中华书局,1987:506.

老，顽固愈甚，一经动笔，更不知与教育原理如何背谬。然以堂官之威严，何人敢与对抗。彼所改者，无论如何，皆必颁行。科学为彼辈所不解，不敢轻于下笔，故笑柄尚鲜。修身、国文、历史、地理，彼辈自命高明，最喜改窜，故笑柄最多。”[①]

晚清政府控制能力急剧下降，虽学部命令不得使用未经审定教科图书，然而不少学堂及私塾使用自编课本[②]，一些被学部查禁的教科书仍在学堂使用。麦鼎华翻译的元良勇次郎著《中等伦理学》“文笔极佳”，学部认为该书“意在调和中西学说，牵合杂糅，于我国教育宗旨不合。书中载有蔡序一篇，尤多谬妄”，因而要求各学堂禁用，[③]“但各省中小学堂仍多用之”。[④]湖南省教育总会亦反映学堂使用未经学部审定教科书。“部颁各种教科书虽经到司，久无遵章翻印之本，而各属初小所用，遂大半均非部定之书，且有遵奉部札饬禁者亦沿用未改，凌杂之病，实所未免，殊于教育前途大有障碍。”[⑤]

（二）优待与保守：教员培养与检定的非预期后果

合格乃至优秀的教员对教育的重要性自兴学之初就受到政府及社会各界的重视。“学生之成就与否，全视教习。”[⑥]因而，“学堂开设之初，欲求教员，最重师范”。[⑦]由于洋务运动时期兴办的学堂教员主要由外国人及留学生充任，师范教育的发展较为迟缓。1901 年 7 月，《江楚会奏》第一折提出教员培养问题。“天下州、县皆立学堂，数必逾万，无论大学、小学断无许多之师，是则惟有赴外国游学一法”，“宜专派若干人入其师范学堂，专学师范，以备回华充各小学、中学

---

① 江梦梅. 论现行教科书制度及前清制度之比较[J]. 中华教育界，1913（1）：18.

② 如 1908 年武清县学堂报告指出，“未能一律用应用教科书”。李搢荣调查武清县东北两路各学堂报告[J]. 直隶教育杂志，1908（13）：64.

③ 札饬各省提学使禁用麦译中等伦理学文[J]. 学部官报，1908（66）：1；为禁用日本元良勇次郎著伦理学书事饬南部县（光绪三十四年十月十二日），南充市档案馆藏，档号：Q1-18-01270-01.

④ 教科书之发刊概况[M]// 中华民国教育部. 第一次中国教育年鉴（戊编）. 上海：开明书店，1934：121.

⑤ 通告各校改用部编课本[N]. 申报，1910 年 9 月 28 日，第 3 页.

⑥ 总理衙门筹议京师大学堂章程（1898 年 7 月）[G]// 汤志钧，等. 中国近代教育史资料汇编（戊戌时期教育）. 上海：上海教育出版社，2007：235.

⑦ 钦定京师大学堂章程（1902 年 8 月 15 日）[G]// 璩鑫圭，等. 中国近代教育史资料汇编（学制演变）. 上海：上海教育出版社，2007：244.

普通教习”。[①] 在选派留学生的同时，清政府设立各级师范学校。1902 年，京师大学堂设立师范馆及张謇创办通州师范学校，开启了中国近代师范教育的进程。

废除科举后，新式学堂迅速发展。1905 年到 1908 年，学生增加 8.4 倍，而师范学堂学生仅增加 3.2 倍。[②] 新政改革需要大量人才，由于教员待遇不高，中学堂及师范学堂毕业生又大多不愿到小学堂任教，乡村地区师资非常匮乏，小学堂“大半难请教员”。学堂师资问题成为困扰教育普及的重要问题。为解决师资问题，学部一方面鼓励兴办师范简易科和速成师范学校，另一方面颁布优待教员章程。章程指出，教员“待之不优，则学有根柢者又或夷然不屑，舍而他图，甚非鼓励学人振兴教育之道”。[③]1904 年，《学务纲要》规定，“学堂教员宜列作职官，以便节制”。[④]1905 年，山西学政宝熙在奏设学部时亦提出“学堂教员宜列作职官”。[⑤]1907 年，为稳定学堂师资，张之洞进一步提出，“所有各省学堂监督教员应一并改为实官以资激励”。[⑥] 教员不仅被授以职绅、顶戴，还享受免徭役等种种特权。

师范生肩负培养忠君爱国的救亡人才的使命，能否按照清廷拟定的教育宗旨培养学生，显得至为关键。1904 年 1 月，《奏定初级师范学堂章程》指出，“国民之智愚贤否，实关国家之强弱盛衰；师范生将来有教育国民之重任，当激发其爱国志气，使知学成以后必当勤学诲人，以尽报效国家之义务”；“尊君亲亲，人伦之首，立国之纲；必须常以忠孝大义训勉各生，使其趣向端正，心性纯良”；“孔孟为中国立教之宗，师范教育务须恪遵经训，阐发要义，万不可稍悖其旨，创为异说”。[⑦]

---

① 湖广总督张之洞、两江总督刘坤一. 会奏变法自强第一疏（1901 年 7 月 12 日）[G]// 璩鑫圭，等. 中国近代教育史资料汇编（学制演变）. 上海：上海教育出版社，2007：21.

② 关晓红. 晚清学部研究[M]. 广州：广东教育出版社，2000：370.

③ 学部奏遵拟检定小学教员及优待小学教员章程折（1909 年 12 月 31 日）[G]// 李桂林，等. 中国近代教育史资料汇编（普通教育）. 上海：上海教育出版社，2007：49.

④ 奏定学务纲要（1904 年 1 月 13 日）[G]// 璩鑫圭，等. 中国近代教育史资料汇编（学制演变）. 上海：上海教育出版社，2007：504.

⑤ 朱寿朋. 光绪朝东华录[M]. 北京：中华书局，1958：5409.

⑥ 张中堂整顿学务之计划[N]. 申报，1907 年 12 月 17 日，第 5 页.

⑦ 奏定初级师范学堂章程（1904 年 1 月 13 日）[G]// 璩鑫圭，等. 中国近代教育史资料汇编（学制演变）. 上海：上海教育出版社，2007：405.

兴学之初，清廷虽然要求教员任用“宜取品学兼优通晓中外者”[①]，但并未制定具体任用标准。1909年12月，为防止“学术浅陋者”滥竽充数[②]，学部先后颁布《检定小学教员及优待小学教员章程》和《检定初级师范中学教员及优待教员章程》，提出检定并优待教员。学部认为，“现在各小学渐次设立，需用教员至为急切，而师范学堂设立无几，毕业者更属寥寥，势不得不通融聘用，以资教授。惟察之不严，则学术浅陋者，不免滥竽充数”。[③]

教员检定由督学局或各省提学使司负责，根据教员学历程度及教学经验分为无试检定和试验检定两种。小学教员为全科教员，其检定科目均包括修身（人伦道德要旨）和经义（四书五经大义）等。学部提出，“教员最重品行”，并规定有下列事项，不得与检：“一曾犯刑律者；二现有刑事诉讼者；三沾染嗜好者；四举贡生监学生，曾经斥革者；五曾经斥革教员，尚未开复者。”[④]师范教员检定为分科检定，充任修身科教员者，应试主要科目为人伦道德，应试补助科目为经学大义、伦理学、东西伦理学史。[⑤]检定完成后，检定委员将“教员姓名履历造具清册”，呈由督学局或各省提学使司，作为考核的依据。然而，《检定小学教员章程》颁布之后，直至1911年才进行了一次小学教员检定试验。此次全国共检定应考者三万余人，合格者六千余人，合格率仅20%。[⑥]1911年，天津、浙江、四川

① 总理衙门筹议京师大学堂章程（1898年7月）[G]// 汤志钧，等. 中国近代教育史资料汇编（戊戌时期教育）. 上海：上海教育出版社，2007：235.

② 为具禀宋毓璠窃名冒充师范争教恶索钱文事（光绪三十一年十一月十五日），南充市档案馆藏，档号：Q1-17-00361-03；为具禀汪九春等冒充师范私立学堂事（光绪三十二年二月十八日），南充市档案馆藏，档号：Q1-17-00730-01.

③ 学部奏遵拟检定小学教员及优待小学教员章程折（1909年12月31日）[G]// 李桂林，等. 中国近代教育史资料汇编（普通教育）. 上海：上海教育出版社，2007：49. 为通饬各种小学堂兼充教员不能胜任者应即辞退并考察管理最善教法最优者实行奖励事饬南部县（光绪三十二年十二月三日），南充市档案馆藏，档号：Q1-17-00853-01.

④ 学部奏遵拟检定小学教员及优待小学教员章程折（1909年12月31日）[G]// 李桂林，等. 中国近代教育史资料汇编（普通教育）. 上海：上海教育出版社，2007：52.

⑤ 学部奏检定初级师范中学教员及优待教员章程折（1911年1月19日）[G]// 李桂林，等. 中国近代教育史资料汇编（普通教育）. 上海：上海教育出版社，2007：301.

⑥ 戴克敦. 论检定教员[J]. 教育杂志，1911（1）：14.

等地均开展了教员检定工作。①

尽管学部采取了优待教员的措施，也通过检定教员来确保教员质量并保证教员忠于清廷，然而，清政府无力提供充足与优秀的教员，使得官方掌控的再情境化场域向社会力量开放，导致种种非预期后果。

首先，因教员待遇低，优秀毕业生不愿充任教员，学堂教员职位往往由科举制下的旧式文人担任，修身、读经科教员更是如此。这些教员学问不精且缺乏现代教育知识。沈颐指出："学堂教员，直接司教育之柄，然以需才至亟，滥竽之孔多，縻廪禄千百，而不能责成功于一二，彼不识教授管理训练为何事，而亦觋然拥皋比之尊者，所在多有。"② 报刊文章及视学报告也屡屡指出修身、读经科教员多为"迂老无用之绅士"③"八股老秀才""老学究"④。

由于教员水平参差不齐，学生普遍对学堂教学水平表示不满。"能够填补这种不满意的课外研究又完全没有"，内心世界"焦躁到不能忍耐的地步"。与此同时，保守的教员及学堂管理人员将学生痴迷西学而否定中学的行为视为离经叛道之举，以专制的管理予以压制。桑兵的研究表明，师生之间的这种差异及学堂的专制管理是早期学堂风潮的主要原因。⑤ 北京女子师范学堂监督自称："我为监督，犹皇帝也，诸管理员犹各部大臣，女生特百姓耳。岂有百姓而不遵皇帝之命令之理？"⑥

其次，不论是维新派还是革命派，都将教育作为启蒙民众、实现各自救国方案的重要途径，积极开办新式学堂或在学堂充任教员。"当时的明德学堂，是湖南新旧势力互相交锋的场所。一方面，有一批革命党人在这里鼓吹革命思想，隐为革命中心；另一方面，这又是立宪派分子的活动地方。"⑦ 叙永县永宁中学"延

① 天津检定教员修身试题[J]. 北洋官报，1911(2827)：7；本署司袁札饬温州府永乐瑞平四县检定教员录取名单文[J]. 浙江教育官报，1911（66）；省提学使县正堂宪札牍知县劝学所关于检定小学教育章程，南充市档案馆藏，档号：Q9-01-0054.

② 沈颐. 论缩短立宪期限与教育之关系[J]. 教育杂志，1911（1）：10.

③ 论教育之不能普及[J]. 东方杂志，1904（11）：249.

④ 问天. 述内地办学情形[J]. 教育杂志，1909（7）：45.

⑤ 桑兵. 晚清学堂学生与社会变迁[M]. 桂林：广西师范大学出版社，2007：108—109，190.

⑥ 北京女子师范之风潮[N]. 盛京时报，1911年3月30日.

⑦ 黄一欧. 黄兴与明德学堂[M]// 中国人民政治协商会议全国委员会文史资料研究委员会. 辛亥革命回忆录（二）. 北京：中华书局，1962：132—137.

聘了同盟会四川党人杨庶堪、向楚来校任教”。“杨庶堪和向楚经常亲到学生自习室去找学生闲谈，有意识地启发学生认识当时国内外形势，严正地谴责清廷腐化无能，丧权辱国；又暗中介绍革命书籍报刊等与有志气的学生们阅读，如邹容的《革命军》、章太炎的《訄书》和同盟会出刊的《民报》《天讨》等。”①

在保守与进步、维新与革命等力量的交互作用下，学生日趋激进、日益革命化，学堂风潮风起云涌。为防止“育才之举转为酿乱之阶”②，1902 年，袁世凯奏报清廷：“大学堂聘用各教习，皆平素主张民权自由之人，若以此化导后生，则将来之祸，必更甚于戊戌!”③1905 年 1 月，学务处咨令各学堂，“即将所有教肄功课按旬分咨本处，以备随时查核入奏”。④慈禧于 1907 年 12 月下诏“整顿士风”，饬令学部派视学官分往各处考察。“如有废弃读经讲经功课，荒弃国文不习，而教员不问者，品行不端，不安本分，而管理员不加惩革者，不惟学生立即屏斥惩罚，其教员管理员一并重处，决不姑宽。”⑤1909 年，学部《检定小学教员章程》规定，“投入各种违法之会党者”，应行撤销教员文凭。⑥

三、评估机制的初步形成

为了确保学堂“培养一种热爱王朝和始终忠于清帝的人”，清政府不仅制定了严格的学堂日常管理制度、奖励出身制度、考试制度，还通过建立从中央到地方的视学制度，监督各级学堂、学生。

首先是对学生的日常管理。

清政府从兴学之初就非常重视学堂的日常管理，对学生的身体、思想、时间与空间等方面加以规范。学生日常生活如何被安排、被塑造，从积极的方面反映了清政府对新国民的想象与期待；从消极的方面则反映了清政府通过细密的规

---

① 李铁夫. 同盟会在叙永县活动纪实[M]// 中国人民政治协商会议全国委员会文史资料研究委员会. 辛亥革命回忆录（三）. 北京：中华书局，1962：247.

② 朱寿朋. 光绪朝东华录[M]. 北京：中华书局，1958：5807.

③ 论袁慰师诋京师大学堂事[N]. 中外日报，1902 年 12 月 30 日.

④ 学务处训词[N]. 警钟日报，1905 年 1 月 16 日.

⑤ 朱寿朋. 光绪朝东华录[M]. 北京：中华书局，1958：5806—5807.

⑥ 学部奏遵拟检定小学教员及优待小学教员章程折（1909 年 12 月 31 日）[G]// 李桂林，等. 中国近代教育史资料汇编（普通教育）. 上海：上海教育出版社，2007：52.

训，严防流弊。

1904年1月颁布的《奏定学堂章程》将立学宗旨定为“以忠孝为本”，其《学堂管理通则》分为学生功课验、斋舍规条、讲堂规条、操场规条、礼仪规条、放假规条、各室规条、学堂禁令、赏罚规条等十三章，详细规定学生在学堂日常生活的言行举止。①清政府严禁学生干预国家政事，严厉压制学堂风潮，对违反学堂管理规定、妄干国政的师生予以惩治。②《奏定学务纲要》规定，“学生不准妄干国政”，并以《学堂管理通则》加以细致规定，“如有犯此者，各学堂应即照章惩儆，不可稍涉姑容，致滋流弊”。③1905年11月，清廷谕令“学生当以品行为重，如有实在不服管教者，应即行斥退”。④1907年8月，张之洞管部后，加强对学生的管理，饬令学堂将学生平日功过表现按学期填写并上报督学局备案。⑤1907年12月，慈禧诏令“整顿士风”。学堂管理应“以圣教为宗，以艺能为辅，以理法为范围，以明伦爱国为实效。若其始敢为离经畔道之论，其究必终为犯上作乱之人”，对此类学生“必予屏除，以免败群之累，违法律必加惩儆，以防履霜之渐”。⑥为防止学堂风潮，四川省南部县学堂要求学生家长签订保证书，具保学生在校不干政闹事。⑦

黄金麟指出，清末民初的一系列国民改造运动从身体的国家化、法权化、时间化与空间化等四个方面塑造国民身体。新式学堂对国家意识的宣扬、对时间

① 奏定各学堂管理通则（1904年1月13日）[G]// 璩鑫圭，等. 中国近代教育史资料汇编（学制演变）. 上海：上海教育出版社，2007：488.

② 为通饬都察院代奏浙江各学堂条陈圣谕学生理宜专心向学不应干政事饬南部县（光绪三十四年一月三十日），南充市档案馆藏，档号：Q1-18-01188-01；为牒知各学堂学生不准干预国家政治传布谣言事致劝学所（宣统二年一月二十二日），南充市档案馆藏，档号：Q1-20-00919-02.

③ 奏定学务纲要（1904年1月13日）[G]// 璩鑫圭，等. 中国近代教育史资料汇编（学制演变）. 上海：上海教育出版社，2007：504.

④ 总理学务处为考核学生品行咨各学堂文[J]. 直隶教育杂志，1905（17）：3.

⑤ 颁给学堂功过表[N]. 大公报，1907年8月30日，第3版.

⑥ 朱寿朋. 光绪朝东华录[M]. 北京：中华书局，1958：5807.

⑦ 为具保王建章在习艺所内学习不得滋生弊端抗听教诲事（宣统二年一月十四日），南充市档案馆藏，档号：Q1-21-00566-01；为具保蔡荣生等在习艺所学习不得怠玩抗听教诲事（宣统二年一月二十二日），南充市档案馆藏，档号：Q1-21-00566-05.

的精准管控、对空间的严格限制、对身体整洁的讲求等，都说明伴随国家建构的进程，学堂对学生身体的政治化和工具化塑造过程。[①] 清政府学堂管理规则对学生言行的细密约束，一方面是国家试图规训学生身体以达到形塑新国民的目的；另一方面，此时学校的教育理念受到赫尔巴特（Herbart）训育思想的影响，强调教育者的权威以及对学生的压制。[②] 关于清政府对学生日常言行的管理规定，高凤谦指出："前清学部设立仅六年，法令如牛毛，案牍所积，高可隐人……乃观其内容，关于学制之法令，既极繁琐，而所谓转学升学之限制，考试覆试之程式，修业卒业之文凭，学部学司之稽核，冠服礼节之形式，陈陈相因，名为整齐画一，实则束缚驰骤，使办学者就学者动触法纲，牵掣而不能自由。"[③]

其次是严格的考核与奖励出身制度。

学堂通过考试形式对学生日常品行加以约束，并将修身科成绩与奖励出身制度挂钩，以制度化考试束缚学生。学生为"博他日之证书"而受到学堂的压制。[④] 马克思指出，"'官职'和'个人'之间的'联系'，是市民社会的知识和国家的知识之间的客观联系，这种通过考试来确立的联系，无非是官僚政治对知识的洗礼，是官方对世俗知识变体为神圣知识的确认"。[⑤]

1902 年，《钦定小学堂章程》规定，"凡考试由教习将学生学过功课分门考试；惟修身一门，则须平日参考是否果能实行，遇事登记，至考试之日统加查验，与各门学科总计分数"。[⑥]1904 年，《奏定学务纲要》强调，"各学堂尤重在考核学生品行。造士必以品行为先。各学堂考核学生，均宜于各科学外，另立品行一门，亦用积分法，与各门科学一体同记分数。其考核之法，分言语、容止、行礼、作事、交际、出游六项，随处稽察，第其等差；在讲堂由教员定之，在斋舍由监

① 黄金麟. 历史，身体，国家：近代中国身体的形成（1895—1937）[M]. 北京：新星出版社，2006.

② 张小丽. 清末民初赫尔巴特教育学的中国面相[J]. 教育学报，2017（5）.

③ 高凤谦. 敬告教育部[J]. 教育杂志，1912（11）：15—16.

④ 论中国教育之弊[J]. 东方杂志，1906（13）：376.

⑤ 马克思. 黑格尔法哲学批判[M]// 马克思，恩格斯. 马克思恩格斯全集（第 1 卷）. 中共中央马克思恩格斯列宁斯大林著作编译局，编译. 北京：人民出版社，1956：307.

⑥ 钦定小学堂章程（1902 年 8 月 15 日）[G]// 璩鑫圭，等. 中国近代教育史资料汇编（学制演变）. 上海：上海教育出版社，2007：285.

学及检察官定之。但学生既重品行，则凡选派教员学职，均须推择品行端正之员以资表率”。① 此后，品行的考核要求被反复强调。②1906 年 9 月，学部饬令各学堂考核学生品行，要求学生“毋以不遵约束为伸张自由，毋以聚众滋事为能结团体，毋以攻讦教习为程度高尚，毋以破坏道德为思想文明，毋藉卫生而滋闹于饮食，毋吝惜脑力而腾议于学科，毋自狃于偏浅之知识而侮慢老成，毋自倚于学堂之声势而横行市井”。③ 对此，官办学堂多予以遵守。顺天中学堂规定，“如若学期、学年考试时，核计平日品行分数，不满二十分者，无论考试成绩若何，应即斥退”。④

为促进新式教育发展，清政府制定奖励出身制度。奖励出身制度以功名利禄诱导学生将前途与清廷统治联系起来，化解学生的不满情绪，引导学生维护清朝统治。然而，学堂考试与奖励出身相结合的方式在承袭科举选才作用的同时，因其所传授的科学知识与西方民主思想对学生及整个社会带来的影响，以及由此引发的冲突，使得奖励出身制度并未达到预期的效果。⑤

1898 年 7 月，总理衙门筹议京师大学堂时指出，此前各地设学堂不能成就人才，除了教员、教法等教育本身的原因，“亦由国家科第仕进不出此途，学成而无所用，故高才之人不肯就学”。因而，此次变法兴学，“宜变通科举使出此途，以励人才而开风气”。章程明确给予各级学堂毕业生以科举功名。⑥ 因变法旋即失败，政策未及实施。1901 年 7 月，张之洞和刘坤一在《会奏变法自强第一疏》提出给予学堂学生与科举士人同等入仕资格。⑦ 随后颁布的《钦定学堂章程》将

---

① 奏定学务纲要(1904 年 1 月 13 日)[G]// 璩鑫圭，等. 中国近代教育史资料汇编(学制演变). 上海：上海教育出版社，2007：498.

② 1905 年，袁世凯、赵尔巽、张之洞等在《会奏立停科举推广学校折暨上谕立停科举以广学校》中，重申这一规定。[G]// 璩鑫圭，等. 中国近代教育史资料汇编（学制演变）. 上海：上海教育出版社，2007：539.

③ 通行京外考核各学堂学生品行文[J]. 学部官报，1906（8）：69.

④ 顺天中学堂章程（1906 年）[G]. 北京：国家图书馆古籍馆藏第 49810 号。

⑤ 关晓红. 科举停废与近代中国社会[M]. 北京：社会科学文献出版社，2013：83—186.

⑥ 总理衙门筹议京师大学堂章程(1898 年 7 月)[G]// 汤志钧，等. 中国近代教育史资料汇编（戊戌时期教育）. 上海：上海教育出版社，2007：235.

⑦ 湖广总督张之洞，两江总督刘坤一. 会奏变法自强第一疏(1901 年 7 月 12 日)[G]// 璩鑫圭，等. 中国近代教育史资料汇编（学制演变）. 上海：上海教育出版社，2007：14—18.

奖励学生出身专列一章，正式实行奖励出身政策。1904 年 1 月，清廷颁布由张之洞主持制定的《奏定各学堂奖励章程》。章程详细规定各级学堂毕业生奖励办法，学堂毕业生不仅获得科举功名，还授予相应实官。1905 年，清廷废除科举上谕指出，“学堂本古学校之制，其奖励出身亦与科举无异”。① 清廷此举一方面在于减少废除科举的阻力，另一方面则希望通过奖励出身来笼络学堂毕业生，维护清朝政府统治。然而奖励出身的政策遭到各界的广泛批评。1911 年 4 月，各省教育总会联合会议决《请停止毕业奖励案》。9 月，学部经中央教育会议商议后会奏停止各学堂实官奖励。然而，清廷仍坚持保留，直至民国成立才被废止。对此，蔡元培评价称，“前清时代承科举余习，奖励出身，为驱诱学生之计，而其目的，在使受教育者皆富于服从心、保守心，易受政府驾驭”。②

清政府将学生在校期间品行作为修身科分数计入平时成绩③，升学及奖励出身均要求不能有不及格科目，成为束缚学生的重要手段。然而，学生对修身科普遍不重视，教员也认为“修身科最无谓，最无效”。如郭沫若在成都府中学的修身科成绩明显低于其他科目，勉强及格。④1907 年，河北省视学张良弼查视邯郸县高定小学堂，“阅其试卷，修身科前数名皆直钞原文，竟有一字不差者，似平日有专事记诵、不求理解之弊”。⑤ 蒋梦麟回忆称：“考试只是虚应故事而已。除了写一篇文章以外，名义上我们还得默写一段《圣谕广训》；但是我们每人都可以带一册进考场，而且老实不客气地照抄一遍。”⑥ 对此，庄俞在江苏所属各学校调查后指出：“夫各校无不设修身一科，无如教师择一种坊刊之本，按时教授，所采事实，学生不能躬行实践，且教且忘，类于多事。侧闻教员之言曰，修身科最无

① 袁世凯、赵尔巽、张之洞，等. 会奏立停科举推广学校折暨上谕立停科举以广学校（1905 年 9 月 2 日）[G]// 璩鑫圭，等. 中国近代教育史资料汇编（学制演变）. 上海：上海教育出版社，2007：541. 为遵办各学堂毕业请奖学生执照章程事饬南部县员绅（光绪三十四年十月二十二日），南充市档案馆藏，档号：Q1-18-01276-01.

② 我一. 临时教育会议日记[J]. 教育杂志，1912（6）：2.

③ 奏遵改各学堂考试章程折（1907 年）[G]// 潘懋元，等. 中国近代教育史资料汇编（高等教育）. 上海：上海教育出版社，1993：313.

④ 桑兵. 晚清学堂学生与社会变迁[M]. 桂林：广西师范大学出版社，2007：188.

⑤ 张良弼. 查视邯郸县学务情形报告[J]. 直隶教育杂志，1907（13）：43.

⑥ 蒋梦麟. 西潮 • 新潮[M]. 长沙：岳麓书社，2000：62.

谓，最无效。呜呼！修身科而无谓而无效，则学风乌有训良之希望。”① 此外，由于一些开明、进步教员的引导和支持，学堂对修身科的考核效果大打折扣。苏州公立高等小学修身科考试中，修身教员命题“专尚新说”，“与定章注重四书要义之旨显相违背”，教员给直接批判儒家伦理的学生高分。②

清政府试图通过奖励出身政策笼络学生，然而，晚清经济社会发展无法为学堂毕业生提供相应的就业机会。相比科举制，学生在学堂的教育投入更多，却缺乏实现阶层流动的机会。因而，清末严格的考试仅具有单一约束的功能，而丧失考试应具备的选拔人才、实现阶层流动的功能。最终，晚清的考试和奖励出身等兴学制度非但无法实现清政府的育才目的，在城市求学的学生不愿返回乡村，成为城市游民，对政府及社会心怀不满，反而成为革命的潜在力量。

再次是视学制度的创立。

视学是保障学堂按照学部要求培养学生，确保实现兴学目的的重要途径。清末建立的视学制度是中国现代教育督导制度的肇端。

1905 年学部成立后，即建议参酌日本文部省官制，设视学官。1906 年，学部官制改革时再次提出设立视学官及京师督学局。“拟设视学官暂无定员，约十二人以内，秩正五品，视郎中。专任巡视京外学务。其巡视地方及详细规则，当另定专章奏明办理。”③ 与此同时，学部奏请在各省提学使以下设省视学六人，各厅州县劝学所，设县视学一人，视察当地学务，初步建立起中央、省、县三级视学体系。然而，当时学部事务繁忙，加之对视学的认识不足，视学官编制被挪用到学部各司，仅部分地方视学制度得以执行。④ 直到 1909 年，因部分省份对学部的章程法令阳奉阴违，妨碍学务开展，学部才颁布《视学官章程》。

《视学官章程》将全国分为十二视学区，每区派视学官二人，要求三年之内，每区必须视察一次。学部“随时选派视学官分往各处认真考察，如有废弃读经

---

① 庄俞. 论小学教育[J]. 教育杂志，1909（2）：22—23.

② 部督堂札准江督咨据提学使樊详请维持名教整饬士风文[J]. 四川教育官报，1909（7）：5.

③ 学部奏酌拟学部官制并归并国子监事宜改定缺额折（1906 年）[G]// 朱有瓛，等. 中国近代教育史资料汇编（教育行政机构及教育团体）. 上海：上海教育出版社，2007：15.

④ 为嘉奖视学并认真续办学务事饬南部县（光绪三十三年十二月二十七日），南充市档案馆藏，档号：Q1-18-00538-01；关晓红. 晚清学部研究[M]. 广州：广东教育出版社，2000：131—142.

讲经功课，荒弃国文不习，而教员不问者，品行不端，不安本分，而管理员不加惩革者，不惟学生立即屏斥惩罚，其教员管理员一并重处，决不姑宽”，[①]“遇有立言诡激之教科书，驳令修正，并饬部视学，随时禁止，以杜流弊。”[②]然而，由于中国幅员广阔，学区众多，加之学部经费紧张，视学工作受到较大限制，效果有限。沈颐指出，“学部之派视学官于各省，提学使之派视学员于各府厅州县，使命络绎，冠盖载途，走马看花，为时至暂，是以据其所报告，往往注重形式，而遗其精神”。[③]

第四节　公民教育在晚清国家建构中的作用

上节对晚清政府试图通过教育机制掌控学校教育作了分析，不仅展现了晚清开启的国家建构进程直接导致具有公民教育萌芽性质的修身科的设立，而且表明清政府是为了维护其权力正当性从而设定了修身、读经的目的和主要内容。晚清国家权力日益衰弱的现实，不仅影响普及教育的推广，也制约清政府在与民间力量的竞争中掌控教育机制的能力。前述教育再情境化的讨论表明，“同一教育也，可以智可以愚，可以强可以弱”[④]。那么，晚清以修身为代表的公民教育在国家建构进程中如何发挥作用？其效果如何？本节将对这些问题予以分析。

一、公民身份地位：义务取向下公民人格的萌发

对于晚清公民观念的兴起及其与国民概念的分殊，已有研究形成的基本共识包括：国民概念虽古已有之，但经从日本转译，作为与citizen 和citizenship 的对译词汇，内涵发生转变，已具备西方“公民”概念的某些面向：国民是相对臣民、奴隶而言；国民需要发扬公民道德；应该积极参与社会建设和国家发展。[⑤]

公民、国民、新民等话语是晚清以来，尤其是甲午战败后，以梁启超为代表的

---

① 朱寿朋. 光绪朝东华录[M]. 北京：中华书局，1958：5806—5807.

② 郑鹤声. 三十年来中央政府对于编审教科图书之检讨[J]. 教育杂志，1935（7）：25.

③ 沈颐. 论缩短立宪期限与教育之关系[J]. 教育杂志，1911（1）：11.

④ 教育可以灭人国[J]. 教育杂志，1909（9）：14.

⑤ 季家珍. 改造国家——晚清的教科书与国民读本[J]. 孙慧敏，译. 新史学，2001(2)：23—24.

知识分子从日本“借来”的话语。这些话语通过学部政策、教科书、教员授课等途径影响到学生。学生在了解这些观念后的首要变化就是，重新认识自己，不仅获得现代的权利和责任观念以及公德观念，而且日益认识到自己的主体人格，开始从臣民转向公民。

（一）儒家伦理中权利观念的引入

在传统儒家伦理中，个人无法独立于纲常伦理所确定的等级秩序，是依附于他者的臣民、属民，没有权利可言。随着西学兴起，西方权利学说随之传入中国。近代最早使用“权利”一词是在丁韪良翻译的《万国公法》中。英文right一词除含有中国传统“权利”概念所具有的权势和利益之外，还具有正当性的含义。然而，1895年以前，right所具有的正当性含义被忽略，权利观念被严格限定于法律、外交等领域。[①]

甲午战败后，知识分子和清廷开始从政治层面尝试救亡之道，戊戌变法、清末新政等建构现代民族国家的努力使得权利的内涵发生转变。清廷为救亡而推行的措施，不论是设议院、开国会，还是立宪法，都明确赋予国民以权利。问题在于，既然国民已经拥有权利，那么国家权力与国民权利是何种关系？这就涉及国家权力的正当性议题。鉴于儒家伦理与帝制正当性的紧密关系，清廷无法放弃儒家伦理，只能在中体西用的二元思维下在政治公共领域引进权利观念。在此基础上，民权与国权基于社会契约论得以重构。

晚清在民族危亡情势下被迫接受权利观念，国民被赋予权利是出于国家独立的需要，个体权利并没有自足价值。在权利与义务的关系上，视义务为权利的前提。季家珍指出，晚清的“国民”要比“citizen”更服从。[②]如1903年出版的《蒙学修身教科书》，全书并未专讲权利，却设专节讲授义务。“人受一家之权利，故尽保护一家之义务。”“一方之人皆放弃义务，其地必为异族所占据。欲保其地，则当尽国民之义务。”[③]

---

① 金观涛，刘青峰. 近代中国权利观念的起源和演变[M]// 金观涛，刘青峰. 观念史研究：中国现代重要政治术语的形成. 北京：法律出版社，2009：112—116.

② 季家珍. 改造国家——晚清的教科书与国民读本[J]. 孙慧敏，译. 新史学，2001(2)：23—24；高凤谦，蔡元培，张元济. 最新初等小学修身教科书教授法(第8册)[M]. 上海：商务印书馆，1906：22.

③ 李嘉谷. 蒙学修身教科书[M]. 上海：文明书局，1906：第4章第3节.

对于义务的阐述，教科书更多是从儒家伦理出发的，属于道德责任范畴。蔡元培在《中学修身教科书》中从良心论进行论证，强调义务、责任，而非权利。他认为，“人之有当为不当为之感情，即所谓本务之观念也。是何由而起乎？曰自良心”。蔡元培进而区分法律层面的义务和道德层面的责任，并对二者的联系进行说明：“法律所定之义务，人之负责任于他人若社会者，得以他人若社会之意见而解免之。道德之本务，则与吾身为形影之比附，无自而解免之也。”[①]法律层面的义务观念被引入教科书。《最新初等小学修身教科书》系统阐述国民应承担的责任，除儒家伦理的急公和敬业等责任观念外，还包括现代国民所应承担的守法、兵役、纳税、受教育等义务。

法律层面权利与义务观念的引入，使得修身教育知识体系中的责任观念向现代转型。权利与义务不仅在道德层面是对等的，在法律层面也是统一的。这促使学生不满足于修身教科书中对于责任的偏重，更多地从西方权利学说汲取养分，重新认识国民与国家关系。无妄认为，“夫国家既负练兵之名目揭橥之，以消耗吾民之血汗，而曾不能保护吾民之生命财产，是已失其国家之资格”。[②]

（二）从臣民到国民：公民人格的萌发

清政府兴学是内忧外患形势下的无奈之举，目的是培养忠于清政府的臣民，而非培育一代新人。然而，在中体西用思想指导下，西学中关于现代国家、公民观念、民主政治等的思想在学堂得到传播。更为重要的是，清政府迫于改革的需要而认可了民权的价值。政府和知识分子出于不同的目的共同推动国民启蒙，客观上促进了公民人格的萌发。

在等级制的儒家纲常伦理中，只有在纲常伦理关系中的君臣、父子与夫妇，而没有具有独立人格的个体。金观涛指出，“只要儒家社会组织蓝图一日尚未解体，中国知识分子就只能用儒学来理解西方现代社会组织机制，要他们接受个人观念是不可能的”。[③]面对亡国灭种危机，清政府被迫尝试变革，在建立民族

① 蔡元培. 中学修身教科书（1912 年 5 月）[M]// 高平叔，编. 蔡元培全集（第二卷）. 北京：中华书局，1984：250.

② 无妄. 伟哉国民军[N]. 大公报，1911 年 3 月 14 日，第 2 版.

③ 金观涛，刘青峰. 中国个人观念的起源、演变及其形态初探[M]// 金观涛，刘青峰. 观念史研究：中国现代重要政治术语的形成. 北京：法律出版社，2009：158.

国家过程中，个体被赋予权利，使个体从儒家的等级伦理中解放出来，确立个体的主体价值。“个人主体性是现代公民产生的前提。”[①] 主体性是公民人格最为核心的特质。在从传统社会向现代社会的转型过程中，个体逐渐摆脱人身依附关系，成为具有主体人格的公民。[②]1901 年，梁启超将“提倡独立”作为“今日救国之策”。“吾以为不患中国不为独立之国，特患中国今无独立之民。故今日欲言独立，当先言个人之独立，乃能言全体之独立；先言道德上之独立，乃能言形势上之独立。”[③] 培养独立、自主的公民人格成为新式教育的重要目标。

晚清积极推动新式教育的多为开明士绅。他们希望通过兴学开启民智，培养民德。“在创办学堂者，以为精神教育不可不提倡，今日言自由，明日说改革，相习成风。”[④]《蒙学修身教科书》开篇即引导学生自立，“诸子年虽幼小，即当自立志向，毋徒附和人意也。”[⑤] 要摆脱依附性人格，珍视个体自由的价值。“人不自由，与死无异。人非法律自由，则与野蛮人又无异。人欲自由，慎无误解此自由之义。”“能自由者，必能自治。自治无他，即修身之谓也。是以最能自治之人，即最自由之人。”[⑥] 自由并非随心所欲，而是要尊重他人之同等权利，“以不侵人之自由为界”，此即人格之平等。“人与人平等，各有其天赋之权利”，“人知尊重自己之人格，即当尊重他人之人格”。[⑦] 以西方自由、平等观念为基础，学堂师生对传统社会的依附性人格予以批判。湖北方言学堂学生批判修身伦理课程“颠倒错谬”，是要教学生以“奴隶之行”。[⑧]

自由、平等观念的传授，公民人格的启蒙，使得学生日益不满学堂的专制管理，追求民主管理与学生自治。学生普遍抵制修身、读经课程，上课略为敷衍“即群散而归”。对于学堂教习的专制管理，学生奋起反抗，引发学堂风潮。晚

---

① 冯建军. 公民身份的自我认同及其教育[J]. 现代教育论丛，2013（5）：6.

② 檀传宝. 论公民教育是全部教育的转型——公民教育意义的现代化视角分析[J]. 安徽师范大学学报：人文社会科学版，2010（5）；刘争先. 社会转型视野下的公民教育[J]. 教育科学研究，2014（8）.

③ 梁启超. 十种德性相反相成义[J]. 清议报，1901（82）：2.

④ 论中国教育之弊[J]. 东方杂志，1906（13）：377.

⑤ 李嘉谷. 蒙学修身教科书[M]. 上海：文明书局，1906：第 1 章第 1 节.

⑥ 李嘉谷. 蒙学修身教科书[M]. 上海：文明书局，1906：第 1 章第 16 节.

⑦ 陆费逵. 修身讲义[M]. 上海：商务印书馆，1910：44.

⑧ 伦理课程之评判[N]. 警钟日报，1904 年 5 月 13 日.

清第一次全体学生风潮发生于1902年的浙江吴兴南浔镇。此次风潮的起因便是因学生组织的集会演说遭到学堂总理干涉,“以致相约解散”。在学堂风潮之前,学生因学堂缺乏管理人员而实行自治,习自由、民主之风,因而反对学堂的干涉压制。“(学堂)任事者不识甘苦,苛待学生,以至大冲突起。”桑兵指出,清末最初的学潮起因主要是反对校方压制学生民主追求以及反抗体罚和学校专制制度的束缚压迫。[①]

为避免此类学堂风潮,《奏定学务纲要》规定,禁止私立学堂讲习政治、法律专科。“近来少年躁妄之徒,凡有妄谈民权自由种种悖谬者,皆由并不知西学、西政为何事,亦并未多见西书。”“应由学务大臣咨行各省,切实考察禁止。”[②]

(三)培养公民的公德观念

公德观念经梁启超引介传播,产生重大影响。“道德之本体一而已,但其发表于外,则公私之名立焉。人人独善其身者谓之私德,人人相善其群者谓之公德,二者皆人生所不可缺之具也。”梁启超是在公私二元对立的意义上理解的公德,公德指向有利于国家总体利益的行为以及有利于一般社会公益的行为。[③]他认为国人缺乏公德是因为以私利取代公共利益。“然团体之公益,与个人之私利,时相枘凿而不可得兼也。则不可不牺牲个人之私利,以保持团体之公益。”[④]

个人利益与公共利益之间的冲突与协调是中国现代国家建构的根本性议题,士人对个人能否超越狭隘的私人利益而保证公共利益普遍持怀疑态度。而国民的公德是超越的前提条件。[⑤]由此,梁启超认为,“我国民所最缺者,公德其一端也”。他提出要经历道德革命,培育公德,造就新民。“知有公德,而新道德出焉矣,而新民出焉矣。”[⑥]亦因如此,梁启超将公德视为自治的重要基础。这种观念也影响了时人对公德与自治关系的认识。“地方自治必以个人自治为最

① 桑兵. 晚清学堂学生与社会变迁[M]. 桂林:广西师范大学出版社,2007:200,75—78.

② 奏定学务纲要(1904年1月13日)[G]// 璩鑫圭,等. 中国近代教育史资料汇编(学制演变). 上海:上海教育出版社,2007:504.

③ 陈弱水. 公共意识与中国文化[M]. 北京:新星出版社,2006:6.

④ 梁启超. 论中国国民之品格[J]. 新民丛报,1903(27):5.

⑤ 孔飞力. 中国现代国家的起源[M]. 陈兼,等,译. 北京:生活·读书·新知三联书店,2013:66—72.

⑥ 梁启超. 新民说(三):论公德[J]. 新民丛报,1902(3):6.

要，个人自治必以能知公德私德之分为最要，知公德私德之分而后公德可得而下手。”① 正是具备了公德观念，学生才能跃出一己私域的束缚，关心乃至参与学堂、社会与国家的公共事务。

公德观念在修身教科书中得到广泛传播。陈宝泉等人在其编的《国民必读》中指出，“在今日的状况下，不能只讲个人的私德，还必须做有益国家社会的事，以完成个人的义务”。因为，“若人人全想如此，那社会上的事，还有谁去做呢？必须有了私德，还有公德”。② 两江学务处沈观察致信张謇提出，“各学堂于修身一科，每日上堂教员须切实讲授，勿得视为具文，并将公私二德分析解释，发明义理，且使征诸实行，定为功过，辅此学业，渐征文明。久之，不须法律检束，自能服从命令，服从义务，各成有用之才，而一切弊习浇风，不禁自绝”。③

二、公民身份归属感：国家观念的普及与张力

晚清以来，国民与国家之间的关系开始发生变化。首先，如前所述，在清末改革中，国民被赋予诸多权利，民权与国权基于社会契约论得以重构。其次，随着国家建构进程的展开，国家从间接统治转向直接统治，国家更多地干预公共事务，如兴办教育等，国民与国家之间的联系日益密切。再次，个体的公共交往和公共生活在广度和深度上不断扩大，国民的认同感逐渐从对于本地的家族、地区认同扩展到国家，并在儒家修齐治平的逻辑下扩展至“天下”。多数修身教科书的内容体系均是按照己身、家庭、社会、国家、天下的顺序展开的。④

清政府在新式教育中引入现代国家观念的目的，是希望培养忠君爱国的国民。然而，教科书中国家观念的传播，不仅让学生重新认识自己与国家的关系，而且逐渐认识到国家与政府之间的区别。这使得日益具有公民人格的学生最终在公民实践中逐渐走向清政府的对立面，成为清廷覆灭的重要因素。

（一）学校教育中国家观念的普及

传统中国没有国家观念，只有天下观念。赵汀阳认为，在“天下体系”中，

---

① 个人说[J]. 东方杂志，1906（10）：208.

② 陈宝泉，高步瀛. 国民必读（第2册）[M]. 上海：南洋官书局，1905：8.

③ 两江学务处沈观察致张殿撰书[J]. 南洋官报，1906（51）：4.

④ 这一方面是受到日本修身教科书的影响，另一方面也是传统儒家伦理自然影响的结果。

中国“根本上就不是个‘国家’尤其不是个民族/国家,而是一种政治/文化制度”。[①]甲午战败使得传统的天下观彻底解体,人们开始接受现代民族国家观念。[②]郑观应指出,中国“其名曰有天下,实未尽天覆地载者全有之,夫固天下之一国耳”。[③]陈独秀自称,直到1900年才知道“世界上的人,原来是分做一国一国的”,“我们中国,也是世界万国中之一国”。[④]1906年,清廷预备立宪诏书也指出,“官不知所以保民,民不知所以卫国”。[⑤]

对此,1899年,梁启超发表《爱国论》称,“海外之国,其民自束发髫入学校,则颂爱国之诗歌,相语以爱国之故事,及稍长,则讲爱国之真理”。[⑥]1901年,时任留学生总监督夏偕复提出国民主义教育方针,认为教育之目的在于“陶铸通国之民”。“国何以有学校?国之有学校,所以整饬一国之教化,伸张一国之权利而振国威于无穷者也。故通国之民,无论贵贱上下贫富智愚,第一,当强健身体。第二,当培养公私二德。私德者,为一人之德性,孝弟敬信是也。公德者,为国民之资格,忠君爱国是也。第三,当具有生活必要之智识技能。”[⑦]1902年,罗振玉也指出:“近来教育家说,佥以义务教育为教育之基础。义务教育者,令通国人民知各尽国民之义务,如寻常及高等小学之教育是也。国民若不施义务教育,则国人不知国与民之关系,则爱国之心何由而生?古语所谓:‘愚民百万,谓之无民。’”[⑧]同年,张之洞在《筹定学堂规模次第兴办折》提出,“造就人材备国家任使为第二义,其第一义则谓知学为人民当尽之职分,使人民入学为国家当尽之职分。故全国初等小学经费皆官任之。其教法大指,一在修身,使人人知义

---

① 赵汀阳.没有世界观的世界[M].北京:中国人民大学出版社,2003:11.

② 关于中国天下观到现代国家观念的转变历程,参阅金观涛,刘青峰.从“天下”、“万国”到“世界”——兼谈中国民族主义的起源[M]//金观涛,刘青峰.观念史研究:中国现代重要政治术语的形成.北京:法律出版社,2009:226—251.

③ 郑观应,盛世危言[M].沈阳:辽宁人民出版社,1994:8.

④ 三爱.说国家[J].安徽俗话报,1904(5):1.

⑤ 仿行宪政之议[M]//门岿.二十六史精粹今译[M]北京:人民日报出版社,1991:2584.

⑥ 哀时客.爱国论(二)[J].清议报,1899(7):386.

⑦ 夏偕复.学校刍言[J].教育世界,1901(13):1.

⑧ 罗振玉.教育赘言八则[J].教育世界,1902(21):1.

理；一在爱国，使人人知保护国家；一在资生，使人人谋生有具”。①

“爱国二字，须要人人有普通知识，方能作到实处”②，逐渐成为朝野的共识。在学部推动下，教科书积极地传播国家观念，教育学生认识国民与国家的关系。“我们中国人，往往把国家叫做天下，岂知中国之外，还有好多国图，我们不过在亚洲东边一个国图。”③“如今日我中国的民人，有个最不好的习俗，遇着国家有事，就说这是国家的事，不与我民人相干。此等话可算是最糊涂的了。试问民人是何国的民人？国家是何人的国家？若国家的事与民人无干，是国家自国家，民人自民人，如何能唤作国民呢？”④《国民必读》称，“大国民三个字不是论国的大小，必须有作大国民的资格，若没有国民的资格，那国虽然大，只好算大国之民，却不能叫做大国民。那国民的资格从何造成呢？必须要受教育了”。⑤

然而，对于国民与国家的关系，学堂教育中出现了两种不同话语。一种是家国同构论的伦理型国家观，一种是受西学影响的契约论国家观。

家国同构论将国视为家的同构与扩展，通过儒家纲常伦理将家庭、家族与国家合为一体，进而论证国家与国民的紧密关系，以儒家忠孝伦理维护专制统治。1906 年，学部奏陈教育宗旨时指出，“今欲举支离涣散者而凝结之，尽自私自利者而涤除之，则必于各种教科之中，于公德之旨，团体之效，条分缕析，辑为成书，总以尚公为一定不移之标准，务使人人皆能视人犹己，爱国如家”。清廷的上谕批复也要求“总之君民一体，爱国即以保家”。⑥《最新初等小学修身教科书教授法》中讲道：“国之于家一也。家有盗，人莫不竭力御之；国有外侮，岂可坐视？”因而，“诸生或以为身者吾所爱也，家者吾所爱也，至于国则与我有何关系，而必爱国如爱身家乎？是未知国与身家不能离而为二者也”。⑦

① 张之洞. 筹定学堂规模次第兴办折（1902 年 10 月 31 日）[M]// 苑书义，等. 张之洞全集. 石家庄：河北人民出版社，1998：1496.

② 陈宝泉，高步瀛. 国民必读（第 1 册）[M]. 上海：南洋官书局，1905：6.

③ 谢允燮. 初等小学女子修身教科书[M]. 上海：中国教育改良会，1906：第 49 课.

④ 陈宝泉，高步瀛. 国民必读（第 1 册）[M]. 上海：南洋官书局，1905：1.

⑤ 陈宝泉，高步瀛. 国民必读（第 2 册）[M]. 上海：南洋官书局，1905：2—3.

⑥ 奏陈教育宗旨折（1906 年 3 月 25 日）[G]// 璩鑫圭，等. 中国近代教育史资料汇编（学制演变）. 上海：上海教育出版社，2007：545，547—548.

⑦ 高凤谦，蔡元培，张元济. 最新初等小学修身教科书教授法（第 7 册）[M]. 上海：商务印书馆，1906：20—22.

契约论国家观经知识分子对西方政治制度和政治思想的引介传入中国,在甲午战争后得到广泛传播。梁启超将兴民权、开议院与建立强大国家联系起来。“国者何?积民而成也。国政者何?民自治其事也。爱国者何?民自爱其身也。故民权兴则国权立,民权灭则国权亡”,因而,“言爱国必自兴民权始”。[①] 由此,学堂教育出现基于契约论的现代国家观,以国民权利和义务阐述国民与国家的关系。1908 年,龙门师范附小学生在毕业考试中写道,“国无权,不可为国;人无权,不可为人”,“未有个人之权不完,而国权能发达扩充者;亦未有个人之权无缺,而国权不发达扩充者,国权与人权无分也”。面对国势衰微的时局,提出“吾国学生今日最要之宗旨,在求学术;他日最重之事业,在争回主权”。[②]1910 年,蒋智由所编《小学修身书》称:“夫即为一国之民,皆可得望国家之保护,是国民应有之权利也。然既有国民应得之权利,即不能无国民应尽之义务。”[③] 陆费逵则从立宪国家与专制国家的对比来阐述国民与国家的关系:

立宪之国,有宪法而君民共守之,有议院以监督政府,司法独立,不容行政者之任意枉法。人民权利,保障稳固。斯国家基础,不致动摇。虽非民主,而民得预闻政事。人民爱国之心,与民主无异也。专制之国,则反是。法律仅以保障君主之权利,生杀予夺之权,皆君主握之。人民不惟不能监督政府,并无术自保其生命财产。故专制国之人民,谨愿者束身自好,视国事与己若不相涉。狡桀者则乘乱起事,冀争得主权而代之。故专制国之人民,无爱国之心,而大乱频仍也。[④]

随着亡国灭种危机日趋严峻,契约论国家观转向国家主义国家观。梁启超提出,“吾国今日所要求者,首在得一强固统一之中央政府”。[⑤] 刘师培称,“己身为国家、社会之身,非一己所克私。若戕贼己身,使国家、社会少一尽义务之人,其有负国家、社会,罪莫大焉”。[⑥] 为支持清政府筹还国债,“以纾国力”,学

---

① 哀时客. 爱国论(三):论民权[J]. 清议报,1899(22):1.

② 朱钟奇. 问吾国学生现在宜具何等宗旨将来当建何等事业[J]. 龙门师范学校附属小学校杂志,1908(1):59,60.

③ 蒋智由. 小学修身书(卷二)[M]. 东京:同文印刷舍,1910:14.

④ 陆费逵. 修身讲义[M]. 上海:商务印书馆,1910:54.

⑤ 梁启超. 新中国建设问题[J]. 法政浅说报,1911(27):12.

⑥ 刘师培. 伦理教科书(第一册)[M]. 上海:国学保存会,1906:41.

生于1905年和1909年发起了两次国民捐运动。学生在号召民众参与国民捐运动时，特别强调国民与国家的直接关系。“民心巩固者国必强，众力团结者事易举”，“现今各学堂学生虽学业各有浅深，而皆负有国民资格”。① 学生号召民众“凡属国民，皆应担认捐之责”。②

（二）国家与政府的区分

传统中国并无国家观念，国民“知有朝廷而不知有国家”。③ 然而，随着清廷屡战屡败，内不能保民，外不能御辱，民众对清政府统治的正当性产生质疑，出现反清情绪。1898年，康有为等人组织保国会时，提出“保中国不保大清”。④ 梁启超指出，“是故吾国民之大患，在于不知国家为何物，因以国家与朝廷混为一谈”。⑤ 学生日益趋向把庚子国难与清廷扼杀维新变法联系起来，反清情绪不断高涨。

早在1901年10月，梁启超在《国家思想变迁异同论》就将国家权力的正当性建基于民意，明确否定清政府的统治正当性。他认为，“人权者出于天授者也，故人人皆有自主之权，人人皆平等。国家者，由人民之合意结契约而成立者也，故人民当有无限之权，而政府不可不顺从民意”。⑥1902年，在《爱国论》中，梁启超提出“民权救国论”，认为“民权兴则国权立，民权灭则国权亡”，“故言爱国必自兴民权始”。⑦ 由此，知识分子日益有意识地区分“朝廷”与“国家”，将国家的希望寄托于国民。陈君衍指出，“民者，国之主人翁”，“今之国家存亡系于庶民，不在政府”。⑧

忠君与爱国、爱国与爱大清之间的矛盾在学堂中有明显的体现。1901年，无锡三等公学堂编撰《蒙学读本全书》第一课《爱君歌》曰：“大清皇帝治天下，

---

① 天津府中学堂学生公同集资备偿国债恳请立案禀[N]. 大公报，1905年10月28日，第2版.

② 北洋客籍学堂全体学生公启[N]. 大公报，1909年11月26日，第6版.

③ 梁启超. 新史学[J]. 新民丛报，1902（1）：41.

④ 1898年秋，清政府宣布康有为等人处置谕令时，斥责康有为等人在筹组保国会时宣扬“保中国不保大清”。朱寿朋. 光绪朝东华录[M]. 北京：中华书局，1958：4205—4206.

⑤ 梁启超. 中国近十年史论：积弱溯源论[J]. 清议报，1901（77）：4884.

⑥ 任公. 国家思想变迁异同论[J]. 清议报，1901（95）：1.

⑦ 哀时客. 爱国论（三）：论民权[J]. 清议报，1899（22）：1.

⑧ 爱国青年. 教育界之风潮[M]. 上海，1903：第五章。转引自桑兵. 晚清学堂学生与社会变迁[M]. 桂林：广西师范大学出版社，2007：105.

保我国民万万岁，国民爱国呼皇帝，万岁万岁声若雷。”[①]1906年，杨志洵在《中等修身教科书》中，把忠君的教育宗旨转化为“尊君”。[②]学生日益从契约论的角度而非家国同构论的逻辑来理解和对待国家。北京学生认为，“国家者，国民之所有物也。凡天下之物，苟为我之所有。当其安全则思巩固之。其或不然，则必保持之。而所以巩固而保持之者，则人人对于此物而各负其责成者也”。[③]对于学生“爱中国不爱大清”的言论，湖南巡抚赵尔巽痛斥学生称：“彼知忠君爱国之本，何以我们学生动将上二字抛去，专讲爱国？甚至有排政府、排满之谈？”[④]

清廷希望通过家国同构论的国家观，教育国民形成现代国家观念。然而，随着西方民主政治思想的传播以及知识分子在教科书编纂、教学实践等教育再情境化场域中相对自主性的运用，契约论国家观得以传播并日益取代家国同构论的国家观。这种国家观念加之清廷对学生爱国运动的压制，最终使学生群体日益区分国家与政府，形成“爱中国不爱大清”的爱国观念。

三、公民身份实践：自治、联合与学堂风潮

公民培养是一个从无意识臣民向有意识公民转变的过程。无论是公民的身份、地位还是公民的情感与认同，都需要通过不断的实践来习得和维系。然而，通过教育所培养的公民在国家建构中起何种作用取决于所培养的公民类型。教育既可以培养出国家所希冀的积极公民，也可能培养出挑战国家价值与策略的行动主义公民。“今日之学堂，可以造人材，亦可以召世变。”[⑤]

（一）学校中的公民实践：学生自治与军国民教育

在自由民主思潮的影响下，学生参与多种形式的公民实践。为说明公民实践对晚清国家建构进程的影响，我们从学生自治和军国民教育两方面予以分析。

1. 反对专制管理，要求学生自治

晚清学生自治既是反对学堂专制管理的结果，也与清廷预备立宪的进程紧

---

① 三等公学堂. 蒙学读本全书[M]. 上海：文明书局，1904：第1课.

② 杨志洵. 中等修身教科书[M]. 上海：文明书局，1906：4.

③ 北京学界同志敬告全国学生文[N]. 大公报，1905年7月11日，第1版.

④ 张篁溪，沈祖燕. 赵尔巽书信中所述清末湘籍留东学生的革命活动[J]. 湖南历史资料，1959（1）.

⑤ 兴学刍议[J]. 四川教育官报，1908（5）：2.

密相关。清廷之所以在预备立宪中推动地方自治，一方面是受到日益崛起的地方势力要求推行地方自治的影响；另一方面也是希望通过地方自治整合基层社会，增强国家实力。1906年，清政府颁布第一部全国性的地方自治章程，揭开晚清地方自治的序幕。为了保证中央权威，清廷指出，“自治之事渊源于国权，国权所许，而自治之基乃立。由是而自治规约，不得抵牾国家之法律，由是而自治事宜，不得违抗官府之监督”。① 省谘议局“为地方自治与中央集权之枢纽，必使下足以裒集一省之舆论，而上仍无妨于国家统一之大权”。②

随着地方自治的推行，学校被视为开启民智、养成地方自治之风的场所。1902年，梁启超在论及“广开学校之利”时指出，“养成地方自治之风，为强国之起点也。今日欲立国于大地，舍公民自治，其无术矣。虽然，骤举今日欧、美、日本所谓地方自治之权利义务，悉以界之责之于我国民，无论为政府所不欲，恐吾民亦未能受之而推行尽善也。故莫如先从教育著手，凡一区域内关涉教育之事，悉归会议所之自治。人民借此阅历，得以练习团体行政之法。此后渐次授以他事，使自经理，自可不迷厥途。而政府亦可以知地方自治之事，虽属民权，而于君权国权不特无伤，且能为国家分任艰巨，兴举庶务。而此后集权分权之政治可以确立，此又不徒为教育计，亦为一切政体之本原计也”。③

学生也将学校自治视为实现公民自治的有效历练途径。“欲自立于国家，不得不先求自立于学界。”④ 浙江吴兴浔溪公学在1902年时已组织自治团体，设置议长，“凡总理或教习有何命令，彼等皆得集众公议服从或反对之”。⑤1904年，岭南学堂发起自治会的原因在于，“学生欲为世界公正人，必先依良心而行事，则可抗拒诱惑，亦可互相规谏，是非有自治之权不可也。故本会定名曰‘自治会’”。⑥

---

① 宪政编查馆奏核议城镇乡地方自治章程并另拟选举章程折（1909年1月）[G]// 故宫博物院明清档案部. 清末筹备立宪档案史料（下册）. 北京：中华书局，1979：725.

② 宪政编查馆等奏拟订各省谘议局并议员选举章程折（1908年7月）[G]// 故宫博物院明清档案部. 清末筹备立宪档案史料（下册）. 北京：中华书局，1979：668—669.

③ 梁启超. 教育政策私议[J]. 新民丛报，1902（8）：60.

④ 一学生来信. 此之谓改良[N]. 中国日报，1904年3月26日.

⑤ 陶贻勋. 论学生本分[J]. 万国公报，1903（168）：18.

⑥ 本学堂自治会略[J]. 岭南学生界，1904（1—2）：39.

经历学生自治的洗礼，学生日益认可自治的民主平等理念，渴望在校内外事务中获得更多的参与权利。然而，清政府希望培养的是“服从”的臣民而非独立自主的公民，因而，学生的要求势必与学堂管理者发生矛盾。学堂对于学生民主管理要求的压制以及对于学生参与权利的剥夺，激起学生更大范围的反抗，最终使得单一的学堂风波扩展为地域以至全国范围的学堂风潮。桑兵的研究表明，清末学堂的学生自治组织也经历了从跨校联合到区域联合，最终实现全国联合的过程，在学堂风潮中发挥了重要的组织动员作用。①

2. 军国民教育的兴起与困境

晚清变局因战争而起，并因战争使清政府陷于严重的存亡危机。军事及军人的地位得到提升，军国民主义和尚武精神也在晚清得到宣扬。1902 年 2 月，蔡锷首先明确提出军国民主义。蔡锷指出，国家处于“战争最剧之世界”，唯有普及军国民主义才能挽救国家危亡。“军者，国民之负债也。军人之智识，军人之精神，军人之本领，不独限之从戎者，凡全国国民皆宜具有之。”② 同年，蒋百里提出，通过体操、野外演习、射击、登山等少年所乐为的活动，因地制宜推行军国民教育，“必以振起尚武之精神为目的”。③ 梁启超提出培养国民的尚武精神，以新民立国。“立国者苟无尚武之国民，铁血之主义，则虽有文明，虽有智识，虽有众民，虽有广土，必无以自立于竞争剧烈之舞台。”④

知识分子提倡的价值与观点很快反映在清政府的教育政策中。1906 年 3 月，学部颁布“忠君，尊孔，尚公，尚武，尚实”的教育宗旨。对于尚武，学部认为，东西各国“遍国之人无不以充兵为乐，战死为荣”，究其原因，“实由全国学校隐寓军律，童稚之时已养成刚健耐苦之质地，由其风气鼓荡而不能自已耳”。因而，若欲新民救国，“必以教育为挽回风气之具”。学部要求“凡中小学堂各种教科书，必寓军国民主义”，并设体操一科，“幼稚者以游戏体操发育其身体，稍长者

① 桑兵. 晚清学堂学生与社会变迁[M]. 桂林：广西师范大学出版社，2007：79—90.

② 蔡锷. 军国民篇（1902 年 2 月）[G]// 毛注青，等. 蔡锷集. 长沙：湖南人民出版社，1983：21.

③ 百里. 军国民之教育[J]. 新民丛报，1902（22）：12.

④ 梁启超. 论尚武[J]. 新民丛报，1903（28）：1.

以兵式体操严整其纪律”。[①] 随即，各地学堂按照学部要求开设体操课程。1907 年，直隶省视学查视天津各学堂情形报告指出，“高等班均娴兵式体操，军乐洋洋，饶有尚武精神”。[②]1910 年 6 月，刚从宏道高等学堂毕业的吴宓暑假在家，带着几位表妹“在院中派对，学习兵操”，“习行军”。[③] 长期任中国童子军总会干事的杨克敬称，“清末时候，学校中注重军事体操，而‘学生军’之名为中学生所专有。至小学的学生，则称为‘童子军’，以示区别”。[④]

1911 年 5 月，各省教育总会联合会议决《请定军国民教育主义案》指出，“近奉谕旨，缩改召集国会年限，实行立宪，为期至迫。欲使全国人民克尽当兵义务，必先于学校教育趋重尚武主义”“奏请特颁谕旨，宣布军国民教育主义”；“通饬各种学堂，体操科一律列为主课”。[⑤] 然而，军国民教育议题在随后召开的中央教育会议引发激烈争论。[⑥] 内阁总理大臣对于中央教育会提倡军国民教育的主张“甚不谓然”，要求学部和陆军部“务须设法谛禁”。[⑦] 清廷之所以反对实现军国民教育，其表面以“糜费过钜”为由，实际上乃是担心军国民教育可能造成危及统治的负面效果。学部左丞乔树枏道出了其中原委：“现在学生程度不齐，倘此举实行后，施之于一堂，则该堂监督即是靶；行之于一省，则本省督抚即是靶；全国一律照办，则学务大臣即是靶，流弊所及，不可不防。”[⑧]

（二）学校外的公民实践：从学堂风潮到学生运动

晚清兴学以来，学生群体规模迅速扩大，辛亥时国内学生约 300 万人左右，几乎是 1905 年的 12 倍。北京、直隶、南京、武汉、成都等地学堂众多，学生相对聚集。这些因素为学生运动从校内走向校外，最终形成全国联合的学生运动创

---

① 奏陈教育宗旨折（1906 年 3 月）[G]// 璩鑫圭，等. 中国近代教育史资料汇编（学制演变）. 上海：上海教育出版社，2007：545—546.

② 省视学高奎照、张良弼、陈恩荣、焦焕桐等查视天津各学堂情形报告[J]. 直隶教育杂志，1907（4）：39.

③ 吴宓. 吴宓自编年谱 1894—1925[M]. 北京：生活·读书·新知三联书店，1995：92.

④ 杨克敬. 中国童子军之滥觞[J]. 教育通讯，1948（4）：27.

⑤ 各省教育总会联合会会议议决案（1911 年 5 月）[G]// 朱有瓛，等. 中国近代教育史资料汇编（教育行政机构及教育团体）. 上海：上海教育出版社，2007：193，194.

⑥ 陆费逵. 论中央教育会[J]. 教育杂志，1911（8）：72.

⑦ 密交学务大臣之述闻[N]. 大公报，1911 年 8 月 4 日，第 2 版.

⑧ 乔壳子反对军国民教育[N]. 申报，1911 年 7 月 24 日，第 4 页.

造了条件。据桑兵统计,从 1902 年到 1911 年,全国共发生学潮 502 堂次,波及京师等二十个省份的各级各类学堂。学潮促成学生与学生、学生与教师、学生与社会各界的联合,最终汇聚成大规模的社会运动。[①]

在学堂风潮的发展过程中,学生逐渐认识到组织在运动中的重要作用。“革命之不成,无团也”,必特结一大团体,“革命始成”。[②]1902 年秋,常熟学生尝试“组织学界同盟,以立国民同盟之基础”。[③]1903 年 5 月,邹容发起创立中国学生同盟会,“其目的在于学界成一绝大法团体,以鏖战于中国前途竞争逼拶之中者也”。[④]

学生初步形成的联合体在 1903 年拒俄运动、1905 年抵制美货以及 1905 年和 1909 年的国民捐等运动中发挥了积极作用,学生群体参与政治日趋活跃。1907 年,蒋观云详细阐述学生参政的必要性:“夫学生之所以不得与闻政治者,则以一国之政治权不可不归于有智识之人为原则。而学生者,于国人求智识,而非能以智识予国人者也。然中国今日之学生,于一方当求智识于人,而于一方又不能不以智识予人。使准据一国之政治权必归于有智识之人为原则,则今日学生之得与闻政治为理之当然,而执政诸人实不当握政治之权,而不可不去位。”[⑤]然而,学生的参政热情在 1908 年遭到沉重的打击。是年 7 月,清廷颁布《各省谘议局章程及议员选举章程》,剥夺了学生的选举权和被选举权,学生群体与清政府的离心倾向加剧,并在 1910 年到 1911 年的四次国会请愿运动中普遍革命化。

为了防止“育才之举转为酿乱之阶”,在兴学之初,学部制定《各学堂管理通则》[⑥],对学生的日常行为进行严格的管理。此外,清廷还试图通过繁重的考试负担达到约束学生的目的。面对日益高涨的学堂风潮及学生运动,清廷予以严

① 桑兵. 晚清学堂学生与社会变迁[M]. 桂林:广西师范大学出版社,2007:5.

② 爱国青年. 教育界之风潮[M]. 上海,1903:第一章.

③ 常熟教学同盟分会章程[N]. 苏报,1903 年 4 月 6 日.

④ 论中国学生同盟会之发起[J]. 经世文潮,1903(3):30.

⑤ 观云. 今日中国之学生宜与闻政治之事者也[J]. 政论,1907(2):10.

⑥ 奏定各学堂管理通则(1904 年 1 月 13 日)[G]// 璩鑫圭,等. 中国近代教育史资料汇编(学制演变). 上海:上海教育出版社,2007:487—488.

厉的压制。1907年12月，慈禧下诏“整顿士风”，严惩闹事师生。[①] 1908年，清政府《集会结社律》规定，严禁学堂教习、学生参加政治结社。1910年，清政府制定《学生罢课善后办法》，对学生群体予以分化处置。办法规定，对“始终不受煽惑、照常上课者”加分给奖；“事出后曾敢言不应为者”分别奖励；参加过运动而“先归以避纷者”，记过一次，准予回堂；凡“出头滋事”、出堂不考试者，斥退；阻挠他人上课者，斥退赔款；任纠察者，除斥退赔款外，通告各学堂不得收录，亦不得担任教职。[②] 可以说，正是清廷应对学堂风潮及社会运动的方式将依附于清廷的学生逐渐转变为反抗清廷专制统治的革命力量，学生从反对学堂的专制管理走向反抗清廷的专制统治。

学生从发起学堂风潮到参与社会运动，产生了重要的社会影响：首先，学生在一系列的公民实践中，迫使清廷暴露其保守专制本质，使得学生群体以及社会各界力量逐渐与清廷分裂、对立。其次，学生通过参与校内外公民实践，认识到自己的力量，认识到他们可以通过社会运动来改造国家，摆脱对于政府的依赖，逐渐成为影响社会进程的重要群体。再次，学生力量在社会运动中的彰显使得其他社会团体发现学生群体的价值。各社会团体，不论是立宪派还是革命派都积极动员学生，争取学生群体对其社会改造方案的支持。

---

① 为奉学部钦遵办理学堂管理禁令事饬南部县(光绪三十四年二月二十九日)，南充市档案馆藏，档号：Q1-18-01200-01.

② 国会热之断根方[N]. 蜀报，1910(7). 为通饬各属即便转饬各学堂员绅一体钦遵学生罢学办理情形事饬南部县(光绪三十二年四月十九日)，南充市档案馆藏，档号：Q1-17-00807-01.

第三章 共和困境与公民教育的兴盛

教育有二大别：曰隶属于政治者，曰超轶乎政治者。专制时代（兼立宪而含专制性质者言之），教育家循政府之方针，以标准教育，常为纯粹之隶属政治者。共和时代，教育家得立于人民之地位，以定标准，乃得有超轶政治之教育。

——蔡元培

危机四伏的晚清帝国在辛亥革命的冲击下迅速瓦解崩溃，以孙中山为首的革命党人建立了中华民国。为培养共和国公民，北京政府确立教育宗旨并推行强迫教育[①]。新生的共和国无力解决晚清遗留的军事、财政及正当性危机。政局更迭频繁，国家无力掌控教育机制，使得社会力量获得较大的自主空间，在教育发展中的话语权日益增加。在全国教育会联合会等团体的推动下，公民教育得以成为学校的正式课程，学校外的公民教育实践也得到蓬勃发展。

第一节 民国初年的法统接续与国家整合

延续了两千余年的儒法帝国在辛亥革命的冲击下迅速崩溃。1912年3月，南京临时政府颁布《中华民国临时约法》，宣告中国在形式上已从传统帝国转型为现代民族国家。中华民国的正当性基础也由帝制时期的儒家伦理转向宪政制度下的民主选举。然而，限于军事强制能力和财政汲取能力，国家建构需要实现的由间接统治到直接统治的转变进展甚缓。为限制地方势力，实现中央集权，历届政府都将实现国家实质统一作为国家建构的首要任务。

① 强迫教育是近代教育对义务教育的一种表达。

一、民国初年的法统接续困境

1911年12月，袁世凯在攻克汉口、汉阳后下令停止攻打武昌，在占据军事优势的情况下提出议和。1912年1月1日，中华民国宣告成立。2月12日，清帝逊位。南北议和的表象背后隐含着新生共和国的困境。辛亥革命中宣布独立的各省各自为政，中央政府失去海关关税以及地方上缴的税收，总统制到内阁制的转型迫使袁世凯重释法统。这些问题使得晚清所遗留的军事、财政及正当性危机在政局的频繁更迭下日趋严重，建设共和国的努力归于失败。

首先是军事危机。革命党人接受袁世凯议和的根本原因在于，革命党人军事力量过于弱小。革命党不仅军费匮乏，临时招募的士兵缺乏战斗力，更为重要的是，参加辛亥革命的各种力量（革命党人、地方士绅、反清势力）只是在推翻清朝专制统治的共同目标下暂时联合战斗。相比之下，袁世凯掌握着当时最具实力的北洋军队。民国成立之后，依靠北洋军事力量，袁世凯通过地方分权、军民分治等措施，削弱地方势力，较好地维持了全国的统一，但北京政府始终无力合法垄断暴力。1916年，袁世凯复辟失败后暴毙，北洋集团分裂为皖系、直系和奉系等军事集团，各军事集团为了争夺中央政府的控制权及实现武力统一全国，相互征战不断，使民国陷入长达十余年的军阀混战。孙中山对军人政治十分担忧，“文则以为会议之能收效与否，全视实力派能听命于会议与否为断”。[①] 长期的军阀混战，削弱了彼此的军事实力，加剧了北京政府的财政危机，同时，军人把持政局又使得社会缺乏与之相抗衡的组织力量，这成为此后由政党组织民众以社会革命的方式实现国家建构任务的根源。

其次是财政危机。战争需要耗费大量的人员和物资，且民国政府须偿还晚清政府赔款。“革命以前，清政府所借之外债及所承认之赔款，民国亦承认偿还之责，不变更其条件。”[②] 然而，辛亥革命之后，由于中央无法垄断暴力，地方军事实力派拥兵自重，不论是南京临时政府还是北京政府，都无法要求地方按中央规定上缴税收，这种情况在1916年之后更加严重。北京政府为维持政府日常运

---

① 孙中山. 复段祺瑞电（1925年1月17日）[M]// 广东省社会科学院历史研究室，等. 孙中山全集（第十一卷）. 北京：中华书局，1986：561.

② 孙中山. 对外宣言书（1912年1月5日）[M]// 中国社会科学院近代史研究所中华民国史研究室，等. 孙中山全集（第二卷）. 北京：中华书局，1982：10.

转,不得不依靠向列强举借外债。曹汝霖在解释借债原因时指出,“其时财政困难已达极点,各省应解之款,都为督军扣留;发行内国公债,则旧公债尚未整理,续募为难”。[①]北京政府因借债给予列强在华采矿、修建铁路等特权,进而日益依附于列强而无法保障国家利益和国民权利,最终在“二十一条”、五四运动、五卅运动等民族主义民众运动中逐渐丧失民意。

与此同时,各地方军阀为维持自身地位,不得不扩充军队规模,加强军事实力。为筹措军费,各军阀只得增加田赋杂税,截留上缴的中央税收,甚至发行货币。地方军阀的这些举措不仅造成底层民众日益贫苦,而且导致通货膨胀,加剧了北京政府的财政危机。严重的财政危机不仅影响北京政府兴办教育、实业,更为直接的影响在于,北京政府无力建立和维持一支强大且忠于中央政府的军队,从而以武力解决国家统一问题。

再次是正当性危机。辛亥革命后,国家权力的正当性基础由帝制时期的儒家伦理转向民主选举制度。中央政府面临的首要任务是实现国家政治、军事和财政的统一。1912 年的南北议和使得民国实现形式统一。然而,南北议和的“大妥协”却埋下了民初宪政失败的种子。南北议和并未就民国政府的法理基础达成一致,孙中山在将权力移交给袁世凯时,为保存革命成果,将总统制改为内阁制,引发了中华民国的法统之争。袁世凯声称,中华民国的正当性源于清帝逊位;而在革命党人看来,中华民国是在辛亥革命的基础上建立的,时间上早于清帝逊位。[②]为了实现中央集权,袁世凯废止临时约法,不仅使民国建立的法理基础受到破坏,更使其后的军政府肆意以个人利益玩弄法统。1917 年,段祺瑞为争夺中央政权,宣布“一不要约法,二不要国会,三不要旧总统”[③],再次否定临时约法。1922 年,曹锟为当选总统,宣布按照临时约法恢复旧国会,并收买议员,“贿选”总统。法统的频繁变更使得新旧士绅对共和失望,感慨“民国不如清”。

值得注意的是,1914 年,袁世凯为寻求复辟的正当性资源,重新转向儒家发掘道统。正是为了重塑国家权力的正当性,袁世凯政府在学校中推行复古教

---

① 曹汝霖. 西原借款之原委(1918 年)[G]// 中国社会科学院近代史研究所近代史资料编辑组. 近代史资料(第 38 号). 北京:中华书局,1979:174.

② 章永乐. 旧邦新造(1911—1917)[M]. 北京:北京大学出版社,2011:49—81.

③ 觉民. 天津通讯[N]. 民国大新闻报,1917—07—22.

育。然而，虽然不能说共和观念深入人心，但对于反对复辟帝制，不同的社会力量还是拥有共识的。袁世凯及其后张勋的复辟帝制行为，都遭到各界力量的坚决反对，最终二人身败名裂。这表明，儒家传统的正当性基础已经解体，但共和国所依赖的法理型正当性并没有真正扎根。

国家权力正当性基础的转变使得北京政府在处理统一政治、军事、财政权力和集权中央等问题时进退维谷。民国政权的正当性来源于国民选举，北京政府需要获得地方代表尤其是地方政府的支持。然而，增强国家能力，实现国家统一是民国初年国家建构的首要任务。国家建构需要将国家权力渗透到基层社会，削弱地方势力，在整合社会的同时汲取税收，以建立强大的军事力量，垄断暴力，从而实现国家统一。

二、民国初年国家与社会关系的变化

1912 年 1 月 1 日，孙中山在《中华民国临时大总统宣言书》中提出，政务方针是要实现“民族之统一”“领土之统一”“军政之统一”“内治之统一”“财政之统一”。[①] 要实现这一目标就需要重构中央与地方的关系。南京临时政府没有机会也没有能力实现这一目标。北京政府成立后，袁世凯通过颁布新约法、以总统制取代内阁制、废国务院设政事堂和陆海军大元帅办事处、取消议会等措施，加强中央集权。与此同时，袁世凯通过简任省长、存省分道、军民分治等措施，削弱地方实力派，加强对地方的控制。国家权力范围一度得以扩张，民初短暂的政党政治走向边缘，地方势力也得到遏制。然而，民国初年，由于国家权力的正当性源于地方的支持，在与中央的博弈中，地方仍保持一定的自主权。

袁世凯暴毙后，分裂内斗的北洋集团无暇也无力完成国家建构的任务。中央政府软弱无力，地方实力派伺机从中央政府分权。1920 年 7 月，湖南军阀谭延闿、赵恒惕率先提出“联省自治”，各地纷纷响应。联省自治的主要主张是省议会制定省宪法、民选省长，实质是分权中央，扩大地方权力。[②]《湖南省宪法》

---

① 孙中山. 中华民国临时大总统宣言书（1912 年 1 月 1 日）[M]// 中国社会科学院近代史研究所中华民国史研究室，等. 孙中山全集（第二卷）. 北京：中华书局，1982：2.

② 胡春惠. 民初的地方主义与联省自治[M]. 北京：中国社会科学出版社，2011.

规定，省政府设立常备军，由省长统率，司法终审权归省等。[①] 可以说，不论是中央政府还是地方军阀，都未将实现社会整合作为国家建构的首要目标，反而为了争权夺利而玩弄法统，挑起内战。“军阀之大者，借口武力统一，把持中枢。其小者，借口联省自治，把持地方。其唯一目的，在掠夺国家及人民之利益。”[②]1916年到1928年，北京政府先后组织三十八任内阁，平均任期三个半月。在此期间，先后有三十二人次署理教育总长。

民初政局的混乱让时人感慨“民国不如清”，有识之士探索各种救国的主义与路径。社会主义、无政府主义以及公民教育思潮均是在这一背景下得到提倡和传播的。中央政府的式微客观上为社会力量推行公民教育提供了机会和空间。1915年成立的全国教育会联合会，1917年成立的中华职业教育社，1919年成立的中华教育改进社以及此前成立的江苏省教育会、中华基督教青年会等教育组织在全国和地方教育发展中的影响力逐渐提升，成为1922年制定壬戌学制以及开展公民教育运动的主导力量。然而，社会力量由于自身视野及能力的限制，只能弥补国家缺位留下的空间，而无法完全替代国家的作用，实现社会整合的目标。因而，历经新文化运动时期多元思潮的激荡，随着“主义时代的来临”，中国社会转向社会的组织化和思想的一元化。

1905年9月，科举制被废除，仕学合一的传统被中断，“学问的性质遂产生了根本的改变”。与传统知识分子经世致用的知识观不同，新知识阶层提倡“为学问而学问”的新知识观。新知识阶层直接或间接接受西方文化，凭借对西方的了解获得其社会地位，因而，他们对传统文化持疏远或决裂的态度，并刻意提倡“学术独立”与“教育独立”。是年10月，孙中山在《民报》发刊词中提出民族、民权、民生“三大主义”，标志着主义作为一种新的政治话语出现。传统的政治主张根据现状立论，孙中山领导的革命派则以“根本主义”立论。现代政治是“有主义的政治”。辛亥革命之所以成功，正是革命派“以有主义，胜无主义”。[③] 王汎森认为，“近代中国的思想世界，始终有两股巨大的力量在竞争，一股是倾

① 湖南省宪法[J]. 东方杂志，1922（22）.

② 胡梦华. 中国军阀之史的叙述[M]// 张玉法. 中国现代史论集（第五辑）. 台北：联经出版事业公司，1980：64.

③ 孟森. 现代化与先务急[J]. 独立评论，1933（77）：8.

向于自由、解放的思潮，另一股是信仰的、统制的、定一切于一途，希望建造一个强大国家的思潮”。王汎森将之称为“主义”与“学问”之争。①

新文化运动初期，“为主义而学问”倡导的政治救国路线与“为学问而学问”宣称的“道德学术可以救国”势均力敌。然而，历经民初议会政治的失望、巴黎和会的不满、五四运动学生力量的发现，特别是俄国十月革命创造“新的理想社会”的示范②，中国思想界进入了主义时代。1919年胡适与李大钊的问题与主义论战标志着改造个人的文化救国道路和改造社会的政治救国道路的最终决裂。同年的巴黎和会以及《加拉罕宣言》使得俄国在民族自决的话语竞争中胜出，成为中国探索救国道路的学习榜样。③1921年中国共产党的成立和1924年中国国民党的改组，使得主义在中国进入政治实践的新阶段。④随着北伐成功，主义借助军事和政治的力量获得支配地位，政党亦由此成为中国社会整合的主导力量。

第二节　从修身到公民：以何塑造共和国公民

南京临时政府颁布临时约法，国家权力的正当性实现由帝制时期的儒家伦

---

① 王汎森.“主义”与“学问”：1920年代中国思想界的分裂[M]// 许纪霖. 启蒙的遗产与反思. 南京：江苏人民出版社，2010：221—255.

② 当时青年广泛受马列主义影响。贺麟的观察可以佐证当时青年的心态及其选择。“辩证法唯物论盛行于九一八前后十年左右，当时有希望的青年几乎都曾受此思潮的影响。”“因为当时青年情志上需要一个信仰，以为精神的归宿，行为的指针。辩证法唯物论便恰好提供了一个主义的信仰，不能从实验主义那里得的。不但这样，这新思潮既有实际的方案，又有俄国革命成功为其模范，国内又有严密坚固的政治组织，凡此都是不能从实验主义那里得到的。”贺麟. 当代中国哲学[M]. 南京：胜利出版社，1945：72—73.

③ 清末新政以来，中国将日本定为学习榜样。随着1915年1月日本提出“二十一条”激起国人反日情绪，中国的学习榜样转向欧美。一战后，威尔逊和列宁均提出民族自决的国际秩序新观念，但威尔逊在巴黎和会的背弃与苏俄宣布放弃条约权利的《加拉罕宣言》形成对比，使得国人从“拿英美作榜样”转向“以俄为师”。参阅：罗志田. 西方的分裂：国际风云与五四前后中国思想的演变[M]// 罗志田. 权势转移：近代中国的思想、社会与学术（修订版）. 北京：北京师范大学出版社，2014：204—209.

④ 王汎森.“主义时代”的来临：中国近代思想史的一个关键发展[M]// 许纪霖，刘擎. 中国启蒙的自觉与焦虑：新文化运动百年省思. 上海：上海人民出版社，2016：129—201.

理向民主选举制度的转移。洛克指出,“固然,为了创建新的国家结构,往往要摧毁旧的,可是,如不取得人民的同意,决不能建立一个新的结构”。① 因而,新生的共和国需要通过教育塑造共和国公民,以立共和之基。

“国体既变,万事革新,教育宗旨自当以养成共和国民之人格为惟一目的。”②1912 年 12 月,《教育部中学校令施行规则》规定“法制经济要旨,在养成公民观念及生活上必需之知识”③,公民观念第一次合法地进入学校教育内容。此后虽经历袁世凯为复辟帝制而推行的复古教育,但教育界日益认识到培养共和国公民的重要性。“盖今日之国家,明明已由君主而易为共和,由专制而进于立宪,既为共和立宪之国家,则教育方针,自当以新国家之本质为主眼,而置重于共和立宪国民之养成,无待言也。”④ 此后,在社会力量尤其是全国教育会联合会的推动下,公民科于 1923 年正式取代修身科,成为中小学必修课程。

一、民国初年教育权力格局的演变

中华民国成立,政体由君主专制变为民主共和。政体既变,教育亦需随之转变。教育家及知识分子对教育与政治的关系有了新认识。他们不仅加深了对教育与政治密切关系的体悟,而且对教育受政治裹挟,丧失独立性的状况感到担忧,希望保障教育自主性。

鉴于教育对于稳固共和国的重要作用,民国政府采取多项措施干预教育发展,试图将教育全部纳入国家直接管控。首先是改良私塾。相比晚清对私塾的温和态度,教育部在京师借助警力配合,整顿改良私塾,以推动新式教育发展。⑤ 其次是推动强迫教育。1913 年 10 月,教育部在《强迫教育办法》的案由中指出,“共和政体,全赖教育,正式政府,已经成立,非实行强迫教育,不足以谋普及而固国体”。⑥ 再次,民初地方教育机关隶属于地方政府,且由各省自行任命,“对

① 洛克. 政府论(下篇)[M]. 叶启芳,等,译. 北京:商务印书馆,1996:107.

② 商务印书馆编辑小学教科书商榷书[N]. 申报,1913 年 7 月 12 日,第 10 版.

③ 教育部公布中学校令施行规则令[J]. 教育杂志,1913(11):54.

④ 朱元善. 今后之教育方针——实施公民教育[J]. 教育杂志,1916(4):5.

⑤ 左松涛. 近代中国的私塾与学堂之争[M]. 北京:生活·读书·新知三联书店,2017:302—312.

⑥ 强迫教育之规定[J]. 中华教育界,1913(10):72.

于中央教育部无直接关系,教育部对于各省教育科员之办理学务,势不能直接督责。微论各省地方教育行政,难谋全国统一之进行"[①],教育部先后推动在各省设教育厅,在各县设教育局,建立从中央到地方的教育行政体系。

由于军阀割据,北京政府无力实现国家统一,地方教育事务各自为政。各地"或则自谓洞明教育,不以中央公布之新令为然;或者以本省情形不同,特于中央新令之外,重发省令"[②]。北京政府无暇也无力在教育中渗透国家权力,被迫向民间放权,推动教育自治。1912年,临时教育会议确定"专门学校以上归中央直辖,为国立学校;中等学校以下,归地方管辖,为地方立学校"的管理原则。地方政府获得中等以下学校的管理权限,这是由于地方政府由晚清督抚及新式军阀掌控,中央无法直接干涉。1914年12月,教育部在《整理教育方案草案》提出"变通从前官治的教育,注重自治的教育"。教育部认为,"教育本为地方人民应尽之天职,国家不过督率或助长之地位"。教育部声称以往兴学不利是由于"民久不知兴学为何事","非赖国家之代为谋"。[③]究其实质,则是国家财政空虚,无力兴办学校,推行强迫教育。

民国初年,教育权力的下移固然是由于国家缺乏管控教育的能力,但民间教育力量的壮大也为争取教育机制提供有力的组织基础。民国时期,各地教育会在晚清的基础上继续发展,并联合成立区域性、全国性的教育组织。如1912年5月,章太炎等人发起通俗教育研究会,宗旨为"研究通俗教育设施办法,为普通人民灌输常识,培养公德,并发启有关社会教育之各事物"。[④]1919年7月,由江苏省教育会、中华职教社等13个团体联合设立国民教育促进会,宗旨为"从调查及演讲入手,促进国民教育"。[⑤]1921年12月,由实际教育调查社、新教育杂志社等发起成立中华教育改进社,并设立公民教育委员会。[⑥]而影响最大的则是

---

① 高丕基拟《各省教育行政宜设专管总机关》草案[G]// 朱有瓛,等. 中国近代教育史资料汇编(教育行政机构及教育团体). 上海:上海教育出版社,2007:128.

② 庄俞. 元年教育之回顾[J]. 教育杂志,1913(10):186.

③ 本部整理教育方案草案[J]. 教育公报,1915(8):1.

④ 汤志钧. 章太炎年谱长编(第四卷)[M]. 北京:中华书局,1979:402.

⑤ 朱有瓛,等. 中国近代教育史资料汇编(教育行政机构及教育团体)[G]. 上海:上海教育出版社,2007:605.

⑥ 中华教育改进社组织系统图[J]. 新教育,1923(1):105.

1914年江苏省教育会发起的由各省教育会成立的全国教育会联合会。

民初政局混乱，教育界逐渐对政府失去信心。教育界的主要诉求是教育经费独立和教育行政独立。因军阀混战，各地挪用本就有限的教育经费，导致教师罢教索薪。因财政困难，国务院通令精简机构，各省教育司裁撤，归并内务司，设教育科。相较于晚清，各省设提学使司，和各省藩臬同级，民初教育非独立机关，教育发展受到各方掣肘，加剧了教育经费困难的局面。教育界期望通过教育经费和教育行政的独立，最终实现教育救国。"政治易于变迁之国家，因恐其教育受政策更迭频繁之影响而根基不固，因此其教育对于政治常保持有相当之独立。"对于中国教育而言，"不但在理论上教育对于政治应保持相当之独立，而在事实上尤须有真正的独立"。①

教育独立的主张在新文化运动后渐成势力，形成颇具影响的教育独立运动。1921年10月，全国教育会联合会第七届会议提出《改革地方教育行政制度案》，主张将劝学所改为教育局，并将议案提交教育部。1923年3月，北京政府颁布《县教育局规程》，宣布废劝学所设教育局。县域内教育事务由教育局长"商承县知事主持全县教育行政事宜，并督促指导属于该县之市、乡教育事务"。②县教育局长并不隶属于县行政长官，只需就教育事务与其"商承"，在教育实施层面具有较大的自主权。1924年9月，为保障教育经费独立，中美双方联合成立中华教育文化基金会董事会，负责管理庚款兴学事宜。随后，社会各界督促段祺瑞政府于1925年通过《中华民国宪法草案》，设教育专章，明确保障教育经费和教育行政的相对独立性。③

五四运动让社会各界尤其是政党认识到学生的力量。"谁有青年，谁有将来。"国民党、共产党、青年党等政党开始积极争夺教育场域的领导权。"政治界既想利用教育界作武器，于是某党某系各谋所以把持学校的方法。不能利用政治势力而得到教育界的地盘的，就自己创办学校；所谓党化教育便勃然兴

---

① 周太玄. 我国教育之集中统一与独立[J]. 教育杂志，1923（11）：2—3.

② 大总统公布县教育局规程令（1923年3月）[G]// 中国第二历史档案馆. 中华民国史档案资料汇编（第三辑教育）. 南京：江苏古籍出版社，1991：12.

③ 邰爽秋. 教育宪法专章问题[J]. 中华教育界，1925（6）：2—3.

起。"[①]"为学问而学问"的教育独立主张与同期萌发并兴起的主义化趋势分裂。最终，主张社会整体改造的"为主义而学问"成为主义时代的主流。

二、公民科的设立

1912 年 7 月，临时教育会议在北京召开。蔡元培提出，"教育事业，当随时事为转移。专制国之教育，与共和国迥乎不同，故未有政体革命而教育不革命者。民国成立，教育宗旨为之大变"。[②]1914 年，教育部《整理教育方案草案》表达了同样的观点："凡一国政治之改革，不可不随以教育之革新，政治在于整理现在，教育在于整理未来，此定例也。"[③]政府及社会各界普遍认为，要"巩固教育之基础，即以发挥共和之精神"。[④]

蔡元培深受西方自由民主思想影响，他反对仅仅将教育作为政治的工具，认为教育既有隶属于政治的一面，也有超轶政治的一面。临时教育会议召开前，蔡元培发表《对于新教育之意见》。他认为，"教育有二大别：曰隶属于政治者，曰超轶乎政治者。专制时代（兼立宪而含专制性质者言之），教育家循政府之方针，以标准教育，常为纯粹之隶属政治者。共和时代，教育家得立于人民之地位，以定标准，乃得有超轶政治之教育"。公民道德教育、军国民教育以及实利教育为隶属于政治之教育，而世界观、美育主义二者，为超轶政治之教育。[⑤]隶属于政治之教育体现了蔡元培对教育与国家发展密切关系的认识。公民道德教育作为培养共和国公民的中坚，是维护共和国政治正当性的重要途径。超轶政治之教育体现了蔡元培对教育自主性的理解。此后，在《教育独立议》开篇，蔡元培提出，"教育是帮助被教育的人，给他能发展自己的能力，完成他的人格，于人类文化上能尽一分子的责任；不是把被教育的人，造成一种特别器具，给抱有他种目的的人去应用的。所以教育事业，当完全交与教育家，保有独立的资格，毫不受各派

① 刘薰宇. "五四"以来的教育[J]. 教育杂志，1926（5）：3.

② 我一. 临时教育会议日记[J]. 教育杂志，1912（6）：1.

③ 本部整理教育方案草案[J]. 教育公报，1915（8）：1.

④ 请将义务教育列入宪法案（1915 年 4 月）[G]// 李桂林，等. 中国近代教育史资料汇编（普通教育）. 上海：上海教育出版社，2007：518.

⑤ 蔡元培. 对于新教育之意见[J]. 东方杂志，1912（10）：7.

政党或各派教会的影响”。[①]

为培养共和国公民，蔡元培提出以“公民道德教育为中坚”，“世界观及美育皆所以完成道德”。蔡元培称，“何谓公民道德？曰法兰西之革命也，所标揭者，曰自由、平等、亲爱”，“自由、平等、亲爱”是“道德之要旨”，也是“一切道德之根源”。[②] 对于世界观教育，他认为，“无论何人，不可不有其一种之世界观及其与是相应之人生观，则教育之通则也”。[③] 在向参议院宣布政见的演说中，蔡元培指出，教育“务顺应时势，养成共和国民健全之人格”。[④] 然而，民国建立之初，各式人物跻身为共和国议员、会党领袖，通过报刊、演说等对教育问题发表意见。因立场各异，对教育及共和精神的理解不同，蔡元培提议的教育方针未能如愿通过。随后，教育部公布小学校令、中学校令施行规则以及师范学校规程，修身科得以保留。这是辛亥革命不彻底的表现和结果。然而，《教育部中学校令施行规则》第十条规定，“法制经济要旨，在养成公民观念及生活上必需之知”。[⑤] 这是国家教育政策首次提出养成公民观念。[⑥]

1914 年 9 月，从《祭孔告令》起，袁世凯开始在意识形态领域为复辟寻求正当性支持。教育部先后通过《整理教育方案》《特定教育纲要》等，推行复古教育。教育部颁布系列文件，要求在学校恢复读经讲经课程，然而，由于教育部中民主派力量对于教育本体价值的坚持，此次教育改革仍体现了个人主义的价值。教育部《整理教育方案草案》提出，“学生禀赋不同，个性各异，苟不审其短长，因材陶冶，则教育实效终不可期”。因而，“各学校宜注重学生之个性陶冶”，“个性陶冶要旨有二：一善导个性，应其禀赋而施以学术；二个性固重，亦宜采人

---

① 蔡元培. 教育独立议[J]. 新教育，1922（3）：317.

② 蔡元培. 对于新教育之意见[J]. 东方杂志，1912（10）：8.

③ 蔡元培. 一九〇〇年以来教育之进步（1915 年）[M]// 高平叔. 蔡元培全集（第二卷）. 北京：中华书局，1984：407.

④ 教育总长蔡元培莅参议院宣示政见之演说[J]. 教育杂志，1912（3）：17.

⑤ 教育部公布中学校令施行规则令[J]. 教育杂志，1913（11）：54.

⑥ 已有研究认为 1916 年教育部颁布《修正国民学校令施行细则》，规定各学校“自第三年起兼授公民须知，示以民国之组织及立法、行政、司法之大要”是公民知识正式进入学校课程之始。参阅：毕苑. 近代公民教育的兴起及转向——以公民教科书为中心[C]// 中国社会科学院近代史研究所. 中国社会科学院近代史研究所青年学术论坛（2010 年卷）. 北京：社会科学文献出版社，2011：300.

之长，补己之短，以期造就中和之人”。[①]《颁定教育要旨》虽强调“诚心爱国勿破坏”和“法孔孟”，但也提出“重自治”。“欲求人之能自治，必先求人人各有自治力。其力维何？一曰自营，一曰自助，要莫不皆由教育养成之。”教育部将“重自治”列为教育宗旨是由于国家缺乏兴学教育经费[②]，希望倡导地方自治以筹集教育经费。然而，这一宗旨的确在客观上推动了地方教育自治的发展，为学校内部的学生自治提供了空间。

经历晚清新政以至辛亥革命的洗礼，帝制失去正当性，袁世凯复辟行为遭到各界力量坚决反对。袁世凯复辟失败后，知识界反思帝制复辟的原因，认为共和精神并未深入人心，应以公民教育坚固共和之基础。朱元善提出，“既为共和立宪之国家”，“非实施公民教育不可”。[③]王炎认为，“今后教育方针，宜以人格为教育全体之中心，并须提倡公民教育，坚筑共和政体之基础”。[④]1916年7月，范源濂被任命为教育总长。10月，范源濂签发《修正国民学校令施行细则》，规定“自第三年起兼授公民须知，示以民国之组织及立法、行政、司法之大要”。[⑤]自此，公民教育思潮得到广泛传播，一些学校开始设置公民教育课程。

正当公民教育伴随新文化运动的展开而推行之时，杜威来华访问，直接推动了公民教育思潮和实践的倡行。杜威思想在中国得到广泛传播并产生重大影响，外部因素是“二十一条”事件后，晚清以来学习榜样由日本转向美国，加之此时大量留美学生陆续回国并发挥重要影响，客观上有利于杜威思想的传播；内部因素是晚清政府向“大政府”的民族国家转型及民初的政局乱象，使得民众反思国家主义，提出无政府主义、重建社会、公民自治等替代性救国方案，杜威的社会哲学和政治哲学观点契合了当时思想界的转向。

伴随杜威在华期间对民主主义教育的宣传以及新文化运动对个性解放的提倡，公民教育思潮日益兴盛。1918年10月，第四届全国教育会联合大会议决并

① 本部整理教育方案草案[J]. 教育公报，1915（8）：6.

② 全国教育费数，“要其五千六百余万磅中，其出于私费者盖已三千二百万有奇，不可不谓其地方自治力之雄厚而热心教育者之多也”。颁定教育要旨（1915年1月）[G]// 璩鑫圭，等. 中国近代教育史资料汇编（学制演变）. 上海：上海教育出版社，2007：776—777.

③ 朱元善. 今后之教育方针——实施公民教育[J]. 教育杂志，1916（4）：5—6.

④ 王炎. 今后教育改进之管见[J]. 教育杂志，1916（11）：170.

⑤ 修正国民学校令施行细则[J]. 教育公报，1916（11）：3.

呈教育部《今后我国教育之注重点案》。决案提出，在学校实施方面，要“注重发展个性，以养成健全之人格”，“注重公民训练，以养成平民政治之精神，为服务国家及社会之基础”。[①]1919年10月，第五届全国教育会联合大会指出，“政体已成民主，而民实无主之之智能，主之者既非民，即失却民主之精神，无民主精神，而民主危险孰甚。欲度此难关，惟有积极发达教育之一端耳”。[②]会议通过的《编订公民教材案》称，根据《修正国民学校令施行细则》“自第三年起兼授公民须知”之规定，提出在修身科中加授公民，“俾青年学子，得知公民应负之责任”。[③]

1922年7月，中华教育改进社首届年会议决《改中小学修身学科为公民学科》，对于改修身为公民学的理由有三：修身范围太狭，仅关注个人修养，“不适用于共和的社会”；修身注意道德之涵养，缺乏法律的观念，“法治国之人民，以富有法治精神为最要”；修身多从消极方面立言，“与公民积极图谋团体幸福相反”，“不适用于合作团体”。会议决议组织公民教育研究会，负责编查中小学公民科教材，推广公民教育。[④]同年11月，北京政府颁布由全国教育会联合会制定的新学制。1923年6月，全国教育会联合会新学制课程标准委员会发布《新学制课程纲要》，包括由杨贤江拟定的《公民科课程纲要》。[⑤]至此，公民科正式取代修身科，成为学校正式科目。

对于公民科正式取代修身科的原因，1934年，盛朗西在《小学课程沿革》中有系统总结，主要包括五个方面：范围太狭、标准太旧、太重学理、教材支配未能适当、不能造成法律的观念。[⑥]黄金麟认为，公民科取代修身科，“一是对于修身课的内容过于陈腐狭窄，不足以作为民国的根基的问题，有着愈益一致的看

① 今后我国教育之注重点案(1918年10月)[G]// 李桂林，等. 中国近代教育史资料汇编(普通教育). 上海：上海教育出版社，2007：522.

② 全国教育会联合会第五次开会志要[J]. 教育杂志，1919（12）：17.

③ 编订公民教材案[J]. 教育杂志，1919（12）：58.

④ 分组会议纪录：公民教育组[J]. 新教育，1922（3）：473，475.

⑤ 新学制小学学程纲要草案：公民科课程纲要[J]. 教育杂志，1923（4）.

⑥ 盛朗西. 小学课程沿革[M]. 福州：福建教育出版社，2007：6—8.

法；二是对于公民自治有必要在中小学中就加以培训的问题，有着高度认同”。①

学校外的公民教育实践在教育组织的推动下蓬勃开展。1923年10月，中华基督教青年会在总干事余日章领导下，决定开展公民教育运动。②同期，晏阳初与陶行知等人发起成立中华平民教育促进会总会。晏阳初将公民教育作为平民教育运动的三个阶段之一。1924年起，江苏省教育会和中华职业教育社等组织联合举行五届公民教育运动，以公民教育周的形式开展演讲、公民选举、公民测验、公民调查等活动。由此，公民教育进入全盛时期。然而，1925年5月，五卅惨案的发生让人们认识到世界大同远未到来。由此，社会思潮转向集体主义和激进化。公民教育这种温和、被动兼具防御性的社会改良运动，面对日益激进化的革命浪潮，逐渐消退。③

第三节　北京政府时期国家建构对公民教育发展的影响

北京政府时期，由于晚清以来地方军事实力派的崛起，中央政府未能垄断暴力机关，这一问题在袁世凯暴毙之后更显突出。国家力量的削弱为社会力量争夺教育机制提供了空间。北京政府继承了晚清建立的一套教育机制，努力掌控教育的整个环节。然而，因中央政权孱弱，国家无暇也无力过多干涉教育问题，社会力量在教育机制的争夺中获得了较大的空间和话语权。不论是教育价值分配、教科书编审、教员检定，还是学生管理与考核，社会力量都占据主动地位，教育自主性得到较为充分的发挥。

一、教育价值的分配：从公民观念到公民教育

1912年1月19日，民国甫一成立，教育部颁布《普通教育暂行办法》，规定

① 黄金麟. 历史、身体、国家：近代中国身体的形成（1895—1937）[M]. 北京：新星出版社，2006：73.

② Keller, Charles. *Making Model Citizens: The Chinese YMCA, Social Activism, and Internationalism in Republican China,1919—1937*[D]. Doctor Dissertation of University of Kansas, 1996:145—198.

③ 吕芳上. 从学生运动到运动学生：民国八年到十八年[M]. 台北："中央研究院"近代史研究所，1994：310.

“小学读经科一律废止”。同时颁布的《普通教育暂行课程标准》是我国中央教育行政机关第一次颁布课程标准,具体规定各级各类学校的教学科目及授课时数[①],对教育价值予以权威分配。尽管修身科被保留,但教学内容已经根据共和精神及教育宗旨予以修订,公民观念在学校教育中得以体现。此后,随着政权更迭,为了维护特定政权的正当性,教育宗旨及教育内容发生了三次重大变更,在教育价值的分配方面,实现从作为课程内容的公民观念到作为学科课程的公民科的转变。

1912 年 1 月,汪涛指出,“世界各国,政体不同,教育宗旨亦不得不各异。然其养成本国最适之国民则一也”。汪涛认为,“教育宗旨当与国是一致”。“所谓国是,政体、政策皆是也”。[②]4 月,庄俞提出教育宗旨应该广泛征集各界人士意见。“今日之中央教育部,当虚心下问,征集国民对于教育之意见,召集教育家商榷教育进行之方法,各省之教育司亦当如是。”[③]对此,教育总长蔡元培积极回应。他先于 2 月发表《对于新教育之意见》,详细阐述对教育宗旨的想法,邀请教育界人士沟通讨论。4 月,在与陆费逵等人交换意见后,又修改完善,发表《对于教育方针之意见》一文,进一步咨询各界意见。对于教育内容的分配,蔡元培认为,“军国民主义当占百分之十,实利主义当占其四十,德育当占其二十,美育当占其二十五,而世界观则占其五”。[④]

对蔡元培所提的世界观教育和美感教育,庄俞、陆费逵等人持反对意见。陆费逵认为,“夫既不能偏废而包含之矣,则兼采多数方针,实不啻无方针”。“此种思想讲学则可,定为全国教育方针似非所宜”,“不能再搞修心养性的教育,而应当代之以功利主义的实利教育”。庄俞认为,“欲以超轶政治之教育定为方针,必有徒劳无功之弊”。[⑤]不同人因其立场、视角所限,对教育宗旨的看法存在分歧,但正如陆费逵所言:“吾国教育方针,当采何种,固非一时所能决定,然养成共和国民,固无疑义。”[⑥]

---

① 教育部普通教育暂行办法及课程标准[J]. 临时政府公报,1912(4).
② 汪涛. 论民国当确定教育宗旨[J]. 中华教育界,1912(1):1—2.
③ 庄俞. 论教育方针[J]. 教育杂志,1912(1):1—2.
④ 蔡元培. 对于新教育之意见[J]. 东方杂志,1912(10):10.
⑤ 庄俞. 论教育方针[J]. 教育杂志,1912(1):10.
⑥ 陆费逵. 敬告民国教育总长[J]. 中华教育界,1912(1):10.

1912年5月,蔡元培在参议院宣布政见演说时提出,“普通教育,务顺应时势,养成共和公民健全之人格”。①7月,全国临时教育会议期间,五十四名代表就四份教育宗旨提案进行充分讨论。9月,教育部正式颁布教育宗旨:“注重道德教育,以实利教育、军国民教育辅之,更以美感教育完成其道德。”②与蔡元培最初的方案相比,“公民”二字未得到体现,世界观教育没有被采纳。9月至12月,为贯彻四项教育宗旨,教育部先后颁布各级学校令及施行规则,具体规定各级学校的课程设置及科目要旨。《教育部中学校令施行规则》不仅规定“修身要旨,在养成道德上之思想情操,并勉以躬行实践,完具国民之品格。修身宜授以道德要领,渐及对国家社会家族之责务,兼授伦理学大要,尤宜注意本国道德之特色”,而且规定“法制经济要旨,在养成公民观念及生活上必需之知识”。③公民观念第一次得以合法地进入学校教育内容。

课程安排方面,教育部规定,初等小学及高等小学第一学年均授以道德要旨,每周2小时。高等小学第二、三学年在道德要旨基础上增加民国法制大义,“俾具有国家观念”,每周2小时。④《教育部中学校课程标准》具体规定了中学修身科内容。四年依次学习“持躬处世,待人之道”、“对国家之责务,对社会之责务”、“对家族及自己之责务,对人类及万有之责务”及“伦理学大要,本国道德之特色”,每周1小时。⑤

袁世凯就任临时大总统后,随即对此前的教育价值分配予以修正。1912年9月,袁世凯发布整饬伦常令称:“中华立国,以孝悌忠信礼义廉耻为人道之大经,政体虽更,民彝无改。”⑥1913年9月,二次革命失败。袁世凯于10月就任正式大总统。1914年1月,教育部训令称,教科书叙述民国成立,“于孙黄颇有奖

① 蔡元培. 向参议院宣布政见之演说(1912年5月)[M]// 高平叔. 蔡元培全集(第二卷). 北京:中华书局,1984:164.

② 教育部公布教有宗旨令(1912年9月2日)[G]// 中国第二历史档案馆. 中华民国史档案资料汇编(第三辑教育). 南京:江苏古籍出版社,1991:22.

③ 教育部公布中学校令施行规则令[J]. 教育杂志,1913(11):53,54.

④ 教育部通咨各省订定小学校教则及课程表文[J]. 教育杂志,1913(10):50,46,51.

⑤ 中学校课程标准[J]. 教育杂志,1913(2):21.

⑥ 临时大总统令[J]. 政府公报,1912(144):1.

饰之词”,要求删除称扬孙黄之语及其肖像。[①] 此后,汤化龙凭借袁世凯的支持平步青云,于 1914 年 5 月出任教育总长。汤化龙深知袁世凯用意,积极推动复古教育,为袁世凯复辟塑造所谓的正当性。上任之初,汤化龙呈递《上大总统言教育书》,提出复古教育主张。他首先批判民初“少年徒逞义气,无以为之准绳”的“道德堕落”,提倡读经和尊孔,“以图补救”。“一中小学校课读全经,俾圣贤之微言大义,浸渍渐深,少成若性,此厚根柢之说也。一以孔子为国教,一切均以宗教仪式行之,俾国民居于教徒之列,守孔子之言行如守教诫,此崇信仰之说也。”[②] 在得到袁世凯肯定后,汤化龙于 6 月饬令“各学校中小学修身及国文教科书采取经训务以孔子之言为旨归”[③]。

1915 年初,袁世凯相继颁布《教育要旨》《特定教育纲要》。《特定教育纲要》指出复古教育的目的在于“发展固有文化,始足维持独立之精神,奠国基于不敝”。[④]《教育要旨》则提出爱国、尚武、崇实、法孔孟、重自治、戒贪争、戒躁进的教育宗旨。该教育宗旨将爱国置于首位,并强调“诚心爱国勿破坏”,“凡一切邪说暴行,足以启作乱之渐者,拒之勿听,避之若挽”。对于“法孔孟”,要旨指出,孔孟思想的核心是仁,“以不好犯上作乱为为仁之本”。[⑤] 袁世凯政府通过调整学校科目及课时分配,否定民初教育宗旨和教学内容,重新分配教育价值。1914 年 12 月,袁世凯要求教育部将《孟子》《论语》列入初等、高等小学科目。[⑥]1915 年 7 月颁行的《国民学校令》《高等小学校令》将读经列为小学科目。1916 年 1 月,教育部颁布《国民学校令施行细则》《高等小学校令施行细则》《修正师范学校规程》,对各级学校读经课程的内容和课时加以明确规定。国民学校后两年讲授《孟子》,高等小学修读《论语》,每周均为 3 课时,约占每周总课

---

① 教育部通令学校换用教科书[J]. 教育杂志,1914(12): 107.

② 汤化龙. 上大总统言教育书[J]. 庸言,1914(5): 1.

③ 教育总长汤化龙上大总统中小学修身国文教科书采取经训以孔子之言为旨归说帖并批[J]. 教育公报,1914(1): 1—2.

④ 国务卿公函请按照大总统特定教育纲要宗旨妥订细目呈明次第办理[J]. 教育公报,1915(9): 13.

⑤ 大总统颁定教育宗旨[J]. 中华教育界,1915(9).

⑥ 呈遵拟提倡忠孝节义施行方法候鉴核文并批令[J]. 教育公报,1915(9): 3.

时的 9.3%。[①]

知识界对复古教育逆流予以强烈批判。作为新文化运动的旗手,陈独秀以《新青年》为平台,发表系列檄文,揭露袁世凯推行复古教育的真实目的。陈独秀指出:“今乃专横跋扈,竟欲以四万万人各教信徒共有之国家,独尊祀孔氏;竟欲以四万万人各教信徒共有之宪法,独规定以孔子之道为修身大本。呜呼!以国家之力强迫信教,欧洲宗教战争,殷鉴不远。”他认为,袁世凯尊孔的实质在于维护“别尊卑明贵贱之阶级制度”,“乃宗法社会封建时代所同然”。[②]“孔教与帝制,有不可离散之因缘。”[③]“主张尊孔,势必立君;主张立君,势必复辟。”因此,“孔教与共和乃绝对两不相容之物”。[④]

复古教育伴随袁世凯的暴毙无疾而终。1916 年 7 月,范源濂复任教育总长,宣布废止袁世凯时期颁行的《颁定教育要旨》《特定教育纲要》,恢复 1912 年颁行的“四项教育宗旨”。10 月,教育部颁布《修正国民学校令施行细则》,宣布废止读经,并规定各学校“自第三年起兼授公民须知,示以民国之组织及立法、行政、司法之大要”。[⑤]

在批判复古教育的过程中,教育界开始探索更合乎共和精神的教育宗旨。此时政局更迭频繁,教育总长数易其人,自 1916 年 6 月至 1927 年 5 月,北京政府先后任命三十二位(兼署、代理)教育总长,客观上使得民间教育力量获得更大自主权。教育界对袁世凯复辟的反思亦促进了公民教育的发展。1916 年 4 月,朱元善明确提出共和国的教育方针“自当以新国家之本质为主眼,而置重于共和立宪国民之养成”。要培养共和立宪之国民,“非实施公民教育不可”。[⑥]王荽认为,“今后教育方针,宜以人格为教育全体之中心,并须提倡公民教育,坚筑共和政体之基础”。[⑦]1918 年 12 月,为调查审议教育上之重要事项,教育部成

---

① 国民学校令施行细则、高等小学校令施行细则、修正师范学校规程[J]. 教育公报,1915(12):26—52.

② 陈独秀. 宪法与孔教[J]. 新青年,1916(3):4.

③ 陈独秀. 驳康有为致总统总理书[J]. 新青年,1916(2):3.

④ 陈独秀. 复辟与尊孔[J]. 新青年,1917(6):4,1.

⑤ 修正国民学校令施行细则[J]. 教育公报,1916(11):3.

⑥ 朱元善. 今后之教育方针——实施公民教育[J]. 教育杂志,1916(4):5—6.

⑦ 王荽. 今后教育改进之管见[J]. 教育杂志,1916(11):170.

立由范源濂等人组成的教育调查会。次年4月,教育调查会通过民国教育应以"养成健全人格,发展共和精神"为主旨的报告,并呈报教育部公布。报告认为,"共和国民,必具健全之人格,方足以担负社会国家之义务,故养成健全人格,实为共和国之基础"。①1919年10月召开的第五届全国教育会联合大会认为,北京教育调查会所议定"养成健全人格,发展共和精神",适合教育本义,陈请教育部明令宣布。②由于正值五四运动高潮时期,北京政府无暇回应,此报告未被实行。

北京政府的无暇与无能为社会力量争取教育价值的分配提供了空间。第五届全国教育会联合大会通过的《编订公民教材案》提出,民国主权属于国民全体,因而,"凡属国民,自应具有公民知识,"苟非于公民知识教养有素,势必盲从轻举,易入歧途"。决议案根据《修正国民学校令施行细则》"自第三年起兼授公民须知"之规定,提出编订公民教材,在学校推行公民教育。"查五年十月修正国民学校令施行细则修身要旨有于修身科内兼授公民须知一语",鉴于学校现有教材"所含公民教材极为简略","关于公民常识者,尤为缺乏","宜编订公民教本,专为中小学校教授公民科之资料"。③

1921年10月,第七届全国教育会联合大会议决《学制系统草案》。次年11月,该学制经教育部略作修改后以大总统令颁布《学校系统改革案》,是为"壬戌学制"。学制确立了七项指导中国教育发展的标准:(1)适应社会进化之需要;(2)发挥平民教育精神;(3)谋个性之发展;(4)注意国民经济力;(5)注意生活教育;(6)使教育易于普及;(7)多留各地方伸缩余地。④这七项标准与1919年"养成健全人格,发展共和精神"的"教育本义"一脉相承,注重平民主义,注重个性发展,与新文化运动追求个性解放的主张相契合,也受到杜威民主主义教育思想的影响。

新学制颁布后,学界期待尽快确定课程标准,以推行新学制。1922年7月,

---

① 教育调查会第一次会议报告:教育宗旨研究案[J]. 教育杂志,1919(5):20—21.

② 请废止教育宗旨宣布教育本义案(1919年10月)[G]// 李桂林,等. 中国近代教育史资料汇编(普通教育). 上海:上海教育出版社,2007:523.

③ 编订公民教材案[[J]. 教育杂志,1919(12):57—58.

④ 学校系统改革案[J]. 政府公报,1922(2393):24.

成立不久的中华教育改进社呼吁中等学校公民科应速规定教材标准。[①]1923年6月，全国教育会联合会新学制课程标准委员会制定《新学制课程标准纲要》。纲要规定，小学一至四年级设社会科，由公民、历史、地理、卫生组合而成，授课时间占总课时的20%；五、六年级设公民科，占总课时的4%，历史、地理、卫生各占6%、6%、4%；在中学，初中阶段设公民科，记六学分等。[②]此时政局动荡，教育部影响力甚微，全国教育会联合会事实上成为教育主导组织，其制定的《新学制课程标准纲要》得到各学校的积极响应。1922年1月，舒新城考察发现，江苏省立第一中学、南京高等师范附属中学等已开设公民科。[③]上海市万竹小学校、东南大学南京高师附属中学、广州执信学校亦已开设公民科。[④]是年3月，吴俊升等人调查江浙两省后称，"修身已有以公民学科代之之趋势"。[⑤]

二、社会主导下的再情境化场域

北京政府和教育部继承并发展了晚清政府所草创的一套教育机制。由于北京政府国家能力急剧下降，社会力量在教育机制的争夺中逐渐掌控了话语权。在此，我们仍选取教科书编审及教员培养与检定两个侧面，反映国家及社会力量在再情境化场域中的角力过程。

（一）收放之间：教科书编审的权力转移

民国成立后，"国体既变，万事革新，教育宗旨自当以养成共和国民之人格为惟一目的"。[⑥]庄俞提出，"欲养成共和国民，必先普及教育；欲普及教育，必先有适当之教科用书"。[⑦]陆费逵在《中华书局宣言书》开篇指出，"立国根本在乎教育，教育根本实在教科书"。宣言书所附中华初等小学修身教科书编辑大意指出，教科书"以养成中华共和国完全国民为宗旨"，"以独立自尊自由平等

---

① 分组会议纪录：公民教育组[J]. 新教育，1922（3）：474.

② 郑航. 中国近代德育课程史[M]. 北京：人民教育出版社，2004：170—171.

③ 舒新城. 中学学制问题[J]. 教育杂志，1922（1）：6，9.

④ 李桂林，等. 中国近代教育史资料汇编（普通教育）[G]. 上海：上海教育出版社，2007：651，908，978，982.

⑤ 杨中明. 公民学课程大纲[M]. 上海：商务印书馆，1923：19.

⑥ 商务印书馆编辑小学教科书商榷书[N]. 申报，1913年7月12日，第10版.

⑦ 庄俞. 论审查教科用书[J]. 教育杂志，1912（4）：66.

为经,以公德私德国民科为纬”。[①]

陆费逵对教科书的主张因蔡元培征求教育界意见得以采纳。陆费逵认为,政体初更,即将春季开学,教科书为紧急工作。“前清学部教科书,内容不合共和政体处,较民间出版者尤多,改不胜改”,“不如通令各学校,仍用民间已出之教科书,其与共和政体不合者,列表删改可也”。蔡元培嘱托陆费逵起草文件。[②]1月19日,教育部颁布由陆费逵和蒋维乔拟定的《普通教育暂行办法》和《普通教育暂行课程标准》,对晚清部编与民间编纂教科书予以区别处理。“凡各种教科书,务合乎共和民国宗旨,清学部颁行之教科书,一律禁用。”“凡民间通行之教科书,其中如有尊崇清朝及旧时官制军制等课,并避讳抬头字样,应由各该书局自行修改,呈送样本于本部及本省民政司、教育总会存查。如学校教员遇有教科书中不合共和宗旨者,可随时删改,亦可指出呈请民政司或教育会通知该书局改正。”[③]《普通教育暂行课程标准》使得教科书的编纂和审定均有准绳可循。按此规定,大量晚清民间编撰的修身教科书略加修订后经审定可继续使用。如蔡元培于1908年出版的《中学修身教科书》经修订后于1912年再次出版。对此,毕苑将这一年称为“隐而不显”的1912年。[④]

教科书的编纂和审定是中小学教科书制度的核心问题。它不仅仅是客观知识的事实传递,也是围绕政治、经济、文化斗争与妥协而进行的社会建构。阿普尔对教科书的政治意涵予以深入的剖析。他指出,“课程从来都不仅仅是知识的不偏不倚的汇集,正如一个国家教科书里以及课堂中所显现的情形。它总是一种选择性传统的一部分,是某人的选择结果,是某个集团对合法性知识的见解”。“当某个集团的知识被定义为最为合法的、官方的知识,而其他集团的知识则几乎被视而不见时,这种决策本身就说明了关于谁在社会中拥有权力的重要事实。”[⑤]晚清教科书由学部及民间共同编撰,均须经学部审定合格方可使用。民国初年,随着政局更迭,围绕教科书编审权争论不断,相关政策多次变更。

---

① 陆费逵. 中华书局宣言书[J]. 中华教育界,1912(1):21.

② 陆费伯鸿. 我青年时代的自修[J]. 时代精神,1940(2):127.

③ 教育部普通教育暂行办法及课程标准[J]. 临时政府公报,1912(4):4.

④ 毕苑. 建造常识:教科书与近代中国文化转型[M]. 福州:福建教育出版社,2010:81.

⑤ 阿普尔. 文化政治与教育[M]. 曲囡囡,刘明堂,译. 上海:华东师范大学出版社,2005:24.

首先是教科书由谁编撰的问题。

1912年9月,经全国临时教育会议审议,教育部公布《审定教科用图书规程》。规程第一条规定,“小学校、高等小学校、中学校、师范学校教科用图书,任人自行编辑,惟须呈请教育部审定”。[①]这表明教育部决定实行审定制。是年4月,根据参议院议决官制方案,教育部在承政厅下设编纂处和审查处。编纂员四人,编纂处并非负责编纂教科书,而是负责编辑法令、辑译书报;审查员五人,负责审查教科图书。1913年11月,编纂、审查两处合并为编审处。

1914年1月,为配合推行复古教育,教育部颁布《修正审定教科用图书规程》。[②]与1912年9月的《审定教科用图书规程》相比,“任人自行编辑”的规定被删除。是年初,教育部设立教科书编纂处,负责订定教科书编纂纲要,并在此基础上编纂国定制教科书。[③]5月,教育部设立教科书编审处,成立教科书编纂纲要审查会、教授要目编纂会,拟定教科书编纂纲要及教授要目,“以示施教编书之准”[④]。教科书编审处“掌编纂审查教育图书事宜”。[⑤]教科书编纂纲要审查会负责审查教科书编纂处订定的教科书编纂大纲,审查标准“依部定各科教则及教育总长提出某科应采之方针”。[⑥]教授要目编纂会的职责是编纂中小学及师范学校各科教授要目,“以资编订教科书者之参考并示各学校以施教之正鹄”。[⑦]6月,教育总长汤化龙认为“编纂教科书及审查教科书为现在教育中最紧要事宜”,遂成立教科书编纂审查会。[⑧]8月,教科书编纂纲要审查会提出修身等科目编纂纲要,修身科“注重道德之实践,养成国民公共心及自治习惯”。[⑨]12月,教育部《整理教育方案草案》规定,除高等小学暨中学师范教科书仍专采审定制外,“初等小学校教科书,于一定期限内,国定制与审定制并行”,正式提出

---

① 审定教科用图书规程[J]. 政府公报,1912(138):1.
② 修正审定教科用图书规程[J]. 教育公报,1914(1).
③ 呈具报编纂初等小学教科书开办情形请训示文并批令[J]. 教育公报,1915(1):2.
④ 呈遵拟提倡忠孝节义施行方法候鉴核文并批令[J]. 教育公报,1915(9):3.
⑤ 教育部编审处规则[J]. 教育公报,1914(1):2.
⑥ 教科书编纂纲要审查会[J]. 教育公报,1914(1):4.
⑦ 教授要目编纂会规程[J]. 教育公报,1914(1):5.
⑧ 教科书编纂审查会成立[J]. 教育杂志,1914(5):41.
⑨ 饬教科书编纂纲要审查会[J]. 教育公报,1914(4):1.

编纂国定本教科书。此项工作“拟由部编定教授要目并教科书编纂纲要后,即行着手”。[①]

1915年1月,袁世凯在颁定“爱国、尚武、崇实、法孔孟、重自治、戒贪争、戒躁进”教育要旨的同时,规定“课本者各学校所通行,宜从速编订以画一学制”。[②] 为此,教育部同期颁布的《特定教育纲要》将国定本教科书编纂的范围从高等小学扩展至整个中小学。教育部声称:“教科书系达教育目的之要具,如与教育宗旨不相呼应,即不能达到目的。应就现在部设之编审处,按照学生迅速编辑中小学教科书。其教科书内容,务与国家教育宗旨相合。”教育部再次重申“国定制与审定制并行”。“由部编辑小学中学教科书,以确定全国教育之基础”,“纯用国定制,亦有流弊”。[③] 然而,《义务教育施行程序》以及《国民学校令》、《高等小学校令》和《预备学校令》仍把部编教科书的范围限定在小学阶段。《义务教育施行程序》提出于1916年12月前颁布部编教科书。[④]

为实现上述目标,教育部聘请严修、严复、梁启超等“于新旧学均有根底”的名儒编纂教科书。[⑤]1915年5月,教育部教科书编纂处完成订定小学校修身编纂商榷书、初等修身四学年目录以及国民学校修身教科书第一、二、三册草本。[⑥] 截至1916年秋,教科书编纂纲要审查会共审查完成初等小学修身教科书编纂纲要、高等小学修身教科书编纂纲要等八种;教授要目编纂会共审查完成初等小学修身教授要目、高等小学修身教授要目、中学师范修身教授要目等十七科五十六种;审查处(后改为编审处)共审查图书四十九次计四百九十五种,包括国民学校修身三十种、高等小学修身十五种、中学校修身四种。[⑦]

---

① 本部整理教育方案草案[J]. 教育公报,1915(8):9.

② 颁定教育要旨(1915年1月)[G]// 璩鑫圭,等. 中国近代教育史资料汇编(学制演变). 上海:上海教育出版社,2007:771.

③ 国务卿公函请按照大总统特定教育纲要宗旨妥订细目呈明次第办理[J]. 教育公报,1915(9):2,13.

④ 呈拟具义务教育施行程序呈请核示施行并批令[J]. 教育公报,1915(12):8.

⑤ 拟聘名儒编订教科书[J]. 教育周报,1915(70):17.

⑥ 教科书之发刊概况[M]// 中华民国教育部. 第一次中国教育年鉴(戊编). 上海:开明书店,1934:125.

⑦ 审定教科书事项,教科书编纂纲要审查会,教授要目审查会[M]// 国务院统计局. 民国行政统计汇报(第4编教育类). 北京:国务院印铸局,1917:9—21.

1916年6月，复古教育失败，教育部废止、修改了相应教育法规，但继续实行国定制与审定制并行的教科书政策。由于政局不稳，国定制形同具文。10月，教育部因经费不继，停办教科书编纂处。①1917年12月，教育部编纂完成修身教科书及教授书并交各地征求意见，以修正发行。②此后，北京政府更迭频繁，教科书编审机构也随之变动，但北京政府仍坚持推行国定制教科用书。1923年3月，教育部通令修正1914年颁布的《编审处规程》第四条，规定编审处处长由教育部次长兼任，编审员扩充为四十人。③教育部在提升编审处地位的同时扩充其人员。1925年，教育部编审处改为教育部编译馆。9月，教育部成立国立编译馆，负责编撰、翻译教科图书事宜，原编译馆改为图书审定委员会专掌教育图书审定事宜。④时至1927年10月13日，北伐节节胜利，宁汉合流，南京国民政府日益稳固，北京政府教育部将图书审查委员会改组为编审处，仍试图编纂国定制教科书。⑤10月27日，教育总长刘哲饬令编审处称，教科书虽经教育部审定，“然其中多文义蕉杂易滋流弊，应由本部自行编定”。⑥

1916年10月，教育部颁布《修正国民学校令施行细则》，宣布废止读经，并规定各学校“自第三年起兼授公民须知”。因政局不稳，教育部并未编定公民教材。在北京政府无力实际推动教科书编纂的背景下，全国教育会联合会积极关注教科书编纂问题，努力推动教科书编纂工作，尤其是在公民教材编纂方面起到主导作用，有力地促进了公民教育在二十年代的发展。1919年10月，第五届全国教育会联合会议决通过《中小学校教科书应即改编案》及《编订公民教材案》。《中小学校教科书应即改编案》提出拟订教科书办法。“各省区教育会或教育厅应依据前届议案，从速组织教材调查会。各省区教育会得设教科书编纂会，编纂完竣呈请教育部审定施行。”⑦《编订公民教材案》提出于修身科中加授公民科，“俾青年学子，得知公民应负之责任”。公民教材由各省区教育会选聘

---

① 教育部令第二三号[J]. 政府公报，1916（298）: 10.

② 咨各省省长送修身国文教科书稿本文[J]. 教育公报，1918（3）.

③ 修正本部编审处规程第四条条文[J]. 教育公报，1923（3）: 40.

④ 教育部图书审定委员会之组织[J]. 中华教育界，1926（7）.

⑤ 修正教育部编审处规程[J]. 政府公报，1923（4125）.

⑥ 郑鹤声. 三十年来中央政府对于编审教科图书之检讨[J]. 教育杂志，1935（7）: 17.

⑦ 中小学校教科书应即改编案[J]. 教育杂志，1919（12）: 57.

教育专家编写。[①] 由此，教科书编纂权力再次下移。1923 年 10 月，为编纂适应新学制要求的教科用书，第九届全国教育会联合会通过《分别调查小学教材以资编订案》，提出“小学教材宜按照各科性质，酌分地方及全国两项”，由商务印书馆、中华书局分别编辑全国部分，各地方自行编辑补充地方教材部分。[②]

其次是教科书由谁审定的问题。

为确保教科书符合“共和民国宗旨”，1912 年 1 月 19 日，教育部颁布的《普通教育暂行办法》规定，教科书“呈送样本于本部及本省民政司、教育总会存查”。因而，教育部、地方政府及教育组织均享有教科书审定权限。这体现了新生共和国的民主精神，也反映了教育部对解决民间亟须教科书问题的变通。

5 月 9 日，教育部饬令各书局将出版的教科书送部审查。5 月 25 日，教育部颁布《审定教科图书暂行章程》。该章程是民国第一部审定教科图书法令。章程规定教科书应呈请教育部审定，取消了地方政府及教育组织的教科书审定权。“图书发行人，应于图书出版前，将印本或稿本呈请教育部审定。”[③]9 月，教育部相继公布《审定教科用图书规程》和《各省图书审查会规程》。规程要求各省设立图书审查会，“就教育部审定图书内择定适宜之本，通告各校采用”。[④]《各省图书审查会规程》重申取消之前赋予地方的教科书审定权，仅给予择定权。然而，该规程仍体现一定的民主精神。首先，审查范围虽以经教育部审定者为限，但未经教育部审定图书，经审查呈教育部核定后，仍可择定。其次，省行政长官对审查择定图书有异议时，得声明理由，令其复审，但经图书审查会复审后仍主张择定者，省行政长官应即宣布。[⑤]9 月 28 日，教育部颁布的《小学校令》规定，“小学校所用教科图书，由各省图书审查会择定之”。[⑥] 由此确认各省图书审查会仅有择定权。

---

① 编订公民教材案[J]. 教育杂志，1919（12）：57—58.

② 分别调查小学教材以资编订案[G]// 李桂林，等. 中国近代教育史资料汇编（普通教育）. 上海：上海教育出版社，2007：529.

③ 教育部审定教科图书暂行章程[J]. 教育杂志，1912（4）：1.

④ 审定教科用图书规程[J]. 政府公报，1912（138）：1—2.

⑤ 兹订定各省图书审查会规程十八条特公布之此令[J]. 教育部编纂处月刊，1913（6）：34—36.

⑥ 教育部公布小学校令[J]. 教育杂志，1912（8）：17.

此时,教育部设审查处,审查员五人,负责审查教科书。教科书审查任务繁重,教育部人手紧缺,教科书审定工作实际由教育部和地方共同实施。1912 年 6 月,江苏省都督委托江苏教育总会成立图书审查会,并制定《江苏暂行图书审查会规则》。"本会专事审查各种教科用图书,公决择定之。"[①]10 月出版的《教育杂志》刊载广东教育司、湖南教育司、北京督学局、皖军都督、江苏都督等地方教育行政机构、行政长官对商务印书馆呈请审定的教科书的批示。[②]次年 3 月,《图书汇报》刊载北京、江苏、湖南等省图书审查会拟采定初等、高等小学教科书目录。[③]1913 年 1 月,教育部连续三次公布审定教科图书三十余种。[④]

与清政府迫于无奈而实行审定制教科书不同,此时北京政府是主动选择审定制。这符合新生共和国的民主化潮流。审定制教科书在保障全国教科书规范统一的前提下,给予地方教科书选择权和修改建议权。随着"二次革命"失败,袁世凯就任正式大总统,教育部为配合推行复古教育,教科书审定政策随之收紧。

1914 年 1 月,教育部通令各省停止图书审查会[⑤],并修订审定教科用书规程[⑥],进一步削弱教育组织的教科书审定职权。与 1912 年 9 月的《审定教科用图书规程》相比,教科书择定权由学校校长在各省行政长官的监督下自行选用,加强地方行政长官择定教科书的权力,并明确审定合格教科书有效期为 5 年。1914 年 4 月,教育部声称此前审定的教科书"失于宽滥,于教育前途大有妨害",要求 1913 年之前审定的教科书须"按切时势,妥为修改",并于三个月内送部复审。[⑦]5 月,教育部先后颁布《编审处规则》《教科书编纂纲要审查会规程》,并成

---

① 都督程照会委托组织图书审查会文[J]. 教育研究,1913(1):95.

② 京外教育行政官厅批上海商务印书馆请审定各种教科书呈[J]. 教育杂志,1912(7).

③ 北京图书审查会采定商务印书馆教科书目录(上、下)[J]. 图书汇报,1913(27);江苏图书审查会采定商务印书馆初等、高等小学教科书目录[J]. 图书汇报,1913(27);湖南图书审查会采用商务印书馆初等小学、高等小学教科书目录(上、下)[J]. 图书汇报,1913(27).

④ 教育部连续三次公布审定教科图书三十余种[G]// 李桂林,等. 中国近代教育史资料汇编(普通教育). 上海:上海教育出版社,2007:680.

⑤ 教育部部令第七号[J]. 政府公报,1914(617):8.

⑥ 修正审定教科用图书规程[J]. 教育公报,1914(1).

⑦ 教育部复审教科书之布告[J]. 教育杂志,1914(2):13.

立教科书编纂纲要审查会。① 此举表明政府意图确定教科书审定的标准,加强对教科书的审查。

1915年12月,教育部《整理教育方案草案》对比了国定制与审定制的优劣后,规定"除高等小学暨中学师范教科书仍专采审定制外,初等小学校教科书,于一定期限内,国定制与审定制并行"。"国定教科书利在整齐统一,而弊在杜绝竞争,进步迟缓。审定之制,民间按法编辑,国家居于监督指导之地位,固属弊少利多,然书肆印行,往往居奇,价难从廉,文化幼稚之国民转因此而阻向学之志"。②1916年元旦,袁世凯登基称帝。教育部随即要求各书局将教科书中涉及国体及标明"共和"等问题予以删改。③4月28日,教育部颁布《修正审查教科书规程草案》。与以往规定变动最大之处在于,对于已审定教科书,遇有事项变更,教育部认为"其内容有不适宜之处",可以饬令修改。此规定使得教育部可随时对教科书加以控制。④

袁世凯复辟失败后,政局日趋动乱。尽管北京政府无力推动教科书编纂工作,但它保留了此前国定制与审定制并行的教科书政策。1916年10月,教育部因经费不继停办教科书编纂处,教科书实行审定制。之后,新文化运动蓬勃开展,杜威访华,民主主义教育思潮广泛传播。然而,民主之风似乎并未影响到教科书审定政策,政策反而有收紧之势。1923年3月,教育部修正《编审处规程》,扩充编审员。12月,教育部裁撤编审处,改设图书审定处。1925年2月,教育部改图书审定处为编审处,调派沈步洲等二十六人为编审员。8月,教育部颁布新的《审定图书规程》。与此前的教科书审定规程相比,审查图书的范围扩大,规定各级各类学校教科图书用书"须经教育部审定",且"幼稚玩具、教科用教具、专门以上学校课本或讲义⑤、平民教育书报或教具,以及一切关于学艺之著作或

① 教科书编纂纲要审查会规程[J]. 教育公报,1914(1).

② 本部整理教育方案草案[J]. 教育公报,1915(8):9.

③ 教育部通告各书局修改教科书办法[J]. 教育杂志,1916(2):11.

④ 修正审查教科书规程草案[J]. 京师教育报,1916(29):9.

⑤ 1915年,任斌略请教育部厘定专门学校教科书,教育部批复称,为尊重学术独立,"凡关于专门以上之著述均不列入审定范围"。批任斌略所请厘定专门教科书一节应毋庸议[J]. 教育公报,1915(3):117.

发明物等”均属审定范围。①

对于北京政府试图推行国定制教科书,并将教科书审定权集中于教育部的做法,教育界予以批评。1912 年 5 月,庄俞建言教育部由各地教育会审定教科书:“教育部为政府之一种机关,由职官主持之。教育会为人民之一种机关,由教育家组织之。审查教科用书,与其委权于政府机关之教育部,毋宁委权于人民机关之教育会。”② 全国教育会联合会在推动教科书编纂的同时,也试图与教育部争夺教科书审定权。1924 年 10 月,第十届全国教育会联合会议决通过《改革教科书审定制度案》。该案认为“现行教科书审定制度,不合于吾国现状”,因而提出,全国公共之教科书由全国教育会联合会另组教科书审查委员会审定,各省区之补充教材,得由各省区组织编审委员会编审之。③ 该决议案试图将教育部掌控的教科书审查权再次下移至全国教育会联合会及各省区教育会组织的教科书审查委员会。

（二）革命的火种:教员的培养与检定

从小平指出,近代学校对于灌输国民意识、塑造民族身份认同的功能,使得晚清政府、北京政府、南京国民政府为建构近代民族国家而采取不同的师范教育政策,试图利用师范学校控制和改造教育体系,为地方社会提供教学和教育管理人才。可以说,师范教育自诞生之日起便与中国现代国家建构的进程紧密联系在一起。北京政府时期,由于历届政府的不同考量,师范教育发展缓慢,甚至一度出现倒退,严重影响教员的数量及质量。1914 年,袁世凯为加强中央权力,决定收回教育权,由中央统一规划,并通过高等师范教育来统摄全国教育。政府下令将前清十四所优级师范或两级师范学堂减少为六所,形成六大师范区,其他转为省立中等师范,县一级不设师范。全国师范学校数量从 1912 年的 253 所减少到 1917 年的 148 所。经历短暂复苏后, 1922 年,学习美国教育制度的新学制颁布,师范教育再遭削弱。新学制下,普通中学开设师范科,综合大学建立教育学院,最终引发中学与中等师范学校合并,高等师范学校改组为综合大学,全国中等师范学校从 1922 年的 385 所减少到 1928 年的 236 所,在校生人数从

① 舒新城. 民国十四年中国教育指南[M]. 上海：商务印书馆，1926：301—304.

② 庄俞. 论审查教科用书[J]. 教育杂志，1912（4）：68.

③ 改革教科书审定制度案[J]. 中华教育界，1924（5）：13.

43846 名降为 29470 名。[①]

学校教员尤其是小学教员的匮乏成为制约教育普及的重要因素。小学教员待遇低，难以吸引优秀教员。1913 年 8 月，教育部视察各学区学务总报告指出，“担任修身、国文、算术正教员，每周二十余钟功课，薪俸仅十二元，宜人之有去志也”。[②] 俞子夷指出，“照生活状况说，家用和自用合计起来，非有三百元以上的收入不可。单身的小学教员，也非一百八九十元，难以维持生活”。[③] 王任才也质问：“吾浙师范学校之设立盖亦有年矣，毕业之人才，亦不为少矣。然试问今日既毕业诸生果尽供小学校之教师否乎？今日师范毕业诸生果尽效力于教育否乎？”[④]

对此，戴克敦指出，“欲求国民智识之进步，必以教育普及为前提。小学教员者，国民教育之母也”。因而，他建议教育部仿照前清先例，优待小学教员，并对教员加以检定，以保障教员质量。[⑤] 王任才认为，“将欲巩固国民基础，首须增进国民智识。欲增进国民智识，当急筹普及教育。小学教员，普及教育之母也”。他提出，“小学教员养成所，每县之必须举办，且万难延缓”。[⑥]1914 年 12 月，教育部整理教育方案草案也指出，“盖国民教育，小学教员尸之，实无异一国命脉操于小学教员之手”。[⑦]

事实上，民国成立之初就对检定、优待教员予以规定。1912 年 9 月，教育部《小学校令》规定，“凡充小学校教员者，须受有许可状”，“受许可状者，必须在师范学校或教育总长指定之学校毕业，或经小学教员检定委员会检定合格者”。[⑧] 由于政局动荡、财政匮乏，北京政府无力实行教员检定、提高教员待遇，造成教员教学水平较低。1914 年 10 月，教育部总长汤化龙视察京师各公立中

---

① 从小平. 师范学校与中国的现代化：民族国家的形成与社会转型（1897—1937）[M]. 北京：商务印书馆，2014：92—199.

② 视察第七区学务总报告[J]. 教育公报，1914（6）：10.

③ 俞子夷. 一个小学十年努力记[M]. 上海：中华书局，1930：365.

④ 王任才. 论浙江今日急须养成小学教员[J]. 教育周报（杭州），1913 年（4）：7.

⑤ 戴克敦. 小学教员优待及检定法[J]. 教育杂志，1912（5）：97.

⑥ 王任才. 论浙江今日急须养成小学教员[J]. 教育周报（杭州），1913 年（4）：6，7.

⑦ 本部整理教育方案草案[J]. 教育公报，1915（8）：11.

⑧ 教育部公布小学校令[J]. 教育杂志，1912（8）：18.

学校发现，“修身系讲德论，主讲员之态度言语均不合法。至关于本论之私德公德，仅就讲义直述，未能引证古今事实，分别辩明，撮厥纲领书于黑板，诱其注意，以为各生躬行实践之助，是其最大阙憾”。[①]

教员检定在袁世凯复辟失败后得以缓慢启动。1916 年 4 月，教育部《检定小学教员规程》规定，检定教员分无试验检定与试验检定，其中试验检定每年举行一次，无试验检定得随时行之。此外，规程规定，“凡受正教员或助教员试验检定者，以各科目平均分数满六十分以上者为及格，但修身、国文、算术三科目之试验分数，非各满六十分者，仍作不及格论”。[②] 这是第一次对教员修身科成绩做出规定。1917 年 1 月，教育部颁布《检定小学教员办法》，明确规定各省区须于 1918 年 7 月以前“一律办竣”第一次小学教员检定。[③]

对于教育部的规定，江苏省最先响应。1917 年 8 月，江苏省长公署发布《检定小学教员规程及办法》，规定 1918 年 4 月开始第一次教员检定，并于 7 月公布检定结果。[④] 据笔者查阅史料，江苏省是唯一按教育部规定时间完成第一次小学教员检定工作的省份。1918 年 8 月，浙江省启动第一次教员检定。[⑤]1920 年 11 月，山东省启动第一次小学教员检定工作。按照教育部“试验检定，每年举行一次”的规定，1920 至 1926 年，山东省共举行七次小学教员检定。报名人数超过四万人，有 27008 人获得教员许可状。[⑥]

针对教员待遇问题，1914 年 12 月，教育部整理教育方案草案指出：“教员牺牲精神以教育国民，语其功效无可轩轾；惟小学教员位置甚低，禄入又微，不惟社会所轻视，亦易为政府所淡忘。夫以责任之重而待之也薄，视之也轻，人谁思奋？”教育部认为：“虽教员乐育为怀，本无求于外；而为国家计，岂宜无所报酬”。教育部提出，要设法优待小学教员，“使各尽心于职务”。[⑦]1916 年 11 月，

---

① 视察京师各公立中学校通知书[J]. 京师教育报，1914（12）：2—3.

② 检定小学教员规程[J]. 东方杂志，1916（6）：6.

③ 教育部订定施行检定小学教员办法[J]. 教育杂志，1917（3）：2.

④ 公布各县小学教员无试验与受试验检定合格者之姓名一体知照[J]. 江苏省公报，1918（1643）.

⑤ 为据检定小学教员会呈拟定试验检定开始日期由[J]. 浙江教育，1918（4）：2—3.

⑥ 孟令棠. 民国时期山东省的初等教育[J]. 山东教育史志资料，1986（2）：25.

⑦ 本部整理教育方案草案[J]. 教育公报，1915（8）：11.

全国教育行政会议议决《小学教员俸给咨询案》,对各职级教员待遇予以规定。[①]次年2月,教育部颁布《小学教员褒奖规程》,第一次以单行法规的形式规定奖励小学教员办法,奠定近代小学教师激励制度中以奖励为主的制度框架。[②]然而,限于财政窘困,北京政府并未制定有效的措施筹措教育经费,各地教员待遇唯视当地经济发展水平而参差不齐。

随着二十年代中国社会进入主义时代,中国共产党、中国国民党、中国青年党等政党团体均注重借助学校教育宣传主义。在此,我们以上海大学的改组、发展和封校为例,说明此时社会力量主导的教员在再情境化场域中如何传播与官方不同的价值观。[③]

1922年10月,私立东南高等专科师范学校学生以校长王理堂等人借办学敛财为由,发起学潮,呼吁改组校务。此时,国共开始第一次合作。经中共推荐,国民党元老于右任受邀担任校长,将学校改名为上海大学,着手整顿校务。1923年春,经李大钊推荐,于右任聘请邓中夏为总务长,瞿秋白为教务长兼社会学系首任系主任。李大钊从"社会科学"是救国之学的理念出发[④],提出上海大学应办好社会学系。社会学系以学习马克思主义基本理论为主,着力研究劳动、农民、妇女等问题。

国民党在重用中共人士的同时,也注重将上海大学办成"以贯彻吾党之主张,而尽言论之职责"的革命学校。[⑤]1924年1月,国民党第一次全国代表大会(以下简称"一大",历次全国代表大会亦用简称)议决上海大学经费补助问

① 小学教员俸给咨询案[M]// 卢殿虎,臧祜辑述. 全国教育行政会议纪略. 上海:商务印书馆,1916:6.

② 教育部公布小学教员褒奖规程令(1917年2月)[G]// 中国第二历史档案馆编. 中华民国史档案资料汇编(第三辑教育). 南京:江苏古籍出版社,1991:495—496.

③ 党史资料丛刊(1980年第2辑)[M]. 上海:上海人民出版社,1980:72—88,152—174.

④ 此时左翼知识分子认为,救国"特别需要社会科学的根本智识,方能明察现实的社会现象,求得解决社会问题的方法"。萧楚女认为,"在人世间,只有社会学是唯一的,根本的,究竟的真实学问"。参阅:王汎森."主义"与"学问":1920年代中国思想界的分裂[M]// 许纪霖. 启蒙的遗产与反思. 南京:江苏人民出版社,2010:240—246.

⑤ 王家贵,蔡锡瑶. 上海大学1922—1927[M]. 上海:上海社会科学院出版社,1986:3.

题。[①] 是年春季明确改为“党办”大学[②],从组织和思想两方面掌控上海大学。

组织方面,国民党先后安排叶楚伧、何世桢、陈德征等人在学校任职。上海大学成立不久,程永言等参与改组校务的学生就加入国民党。[③]1924 年 3 月,国民党上海执行部成立,并设立区党部、区分部,在上海大学建立国民党基层组织。7 月,于右任致函中执会称:“此半年内先后加入本党者已有一百四十余名之多,占全校三分之一以上。”“且此等党员,因熏陶渍渐之功,类能充分明了党义,热心为党服务。于党务之发展上,皆可为主动而有力之分子。”[④]

思想方面,国民党积极在学校宣传三民主义。1923 年起,孙中山、廖仲恺、胡汉民、戴季陶等均到校演讲。“本校教授完全以宣传主义为中心,故所设科系虽杂,在在留意以党义导掖学生。社会学系固勿论矣,即中国文学系所授之国文一门,亦曾采本党此次大会宣言为教材。英国文学系之散文一门,亦曾采本党总理所著之发展实业计划英文原著为读本。此外并添现代政治一门,为全校共同之选科。半年来由本党同志胡展堂、汪精卫诸先生担任讲演、宣传党义,其效果益甚佳也。”基于上述成效, 1924 年 7 月,于右任致函中执会,提请中央加强对上海大学的支持。“苟假以时日,使本校完全党化。”“得数千明了主义之党员及热心党务之青年生力军,深入民众,鼓吹革命,使吾党二三十年来未竟之功旦夕立现。”[⑤]

在国共合作的大背景下,两党在上海大学校内,既合作又斗争。[⑥] 整体而言,虽然在人事安排上,两党势均力敌,且由国民党领导,但在具体活动,尤其是社会学系活动中,中共更为活跃。相较而言,国民党组织涣散。时任上海大学中学部

① 1926 年 5 月 7 日,中常会第 26 次会议,中央秘书处提出上海大学要求发给经常费按月支领案,会议决议令财政部“无论财政如何困难,须依照第一次全国代表大会决议,每月给津贴千元。在财政部未给领以前,暂由中央宣传费项下挪借”。第二届中常会第二十六次会议(1926 年 5 月 7 日)[G]// 中国第二历史档案馆. 中国国民党中央执行委员会常务委员会会议录(二). 桂林:广西师范大学出版社,2000:145.

② 于右任致中执会函(1924 年 7 月),党史馆藏,档号:汉 7499.1.

③ 程永言. 回忆上海大学[M]// 党史资料丛刊(1980 年第 2 辑). 上海:上海人民出版社,1980:80—88.

④ 于右任致中执会函(1924 年 7 月),党史馆藏,档号:汉 7499.1.

⑤ 于右任致中执会函(1924 年 7 月),党史馆藏,档号:汉 7499.1.

⑥ 彭素民致上海执行部函(1925 年),党史馆藏,档号:环 09931.

主任侯绍裘称，“因无绝对对校负责之人，故除已入党之同志尚有训练外，对于一般同学，绝少训练，故我党中坚分子，不能十分推广”。①

1923年11月7日，正值十月革命六周年，上海大学成立社会问题研究会，李大钊应邀作“社会主义释疑”的演说，鼓励青年学生改造中国社会，致力于实现“社会主义制度”。1924年年初，中共上海大学支部组建，瞿秋白为支部书记。当时，在沪共产党员50人，上海大学以18位居首。上海大学举办平民学校，联系工人群众，发展党的组织，宣传党的主义，积极参与反对北洋军阀、声援学生运动、欢迎孙中山北上等活动。对此，上海公共租界当局的《警务日报》称：“最近几个月来，中国布尔什维克之活动有显著复活，颇堪注意。这些过激分子的总机关设在西摩路一三二号上海大学内，彼等在该处出版排外之报纸——《向导》，贮藏社会主义之书籍以供出售，如《中国青年》《前锋》。该大学之大部分教授均系公开的共产党人，彼等正逐渐引导学生走向该政治信仰。”②

上海大学虽为国民党党办大学，但日益受中共影响。四一二政变后，国民党下令关闭作为国共合作典范的上海大学。

三、评估机制的形式化

为避免晚清时期新式教育的“育才之举转为酿乱之阶”，北京政府在晚清政府的基础上建立了更为严格的评估机制。自治的训育在学校得到推广，学生操行和学业成绩考查规程颁布，视学制度得以延续。然而，北京政府时期，国家能力急剧下降，国家无力严格执行相关制度，评估机制形同虚设。

首先是对学生的日常管理。

北京政府时期，国家控制能力较弱，无力掌控教育，教育权力被迫下移。中央政府虽然于1912年9月相继颁布《学校管理规程令》《学校制服规程令》《学校仪式规程令》等规定，系统规定学生的日常学习和生活。但各学校由校长根据学校情况斟酌制定和执行，并未严格遵守中央规定。教育权力的下移，加之新文化运动提倡个性解放、民主自治，此一时期，学校日常管理的重要特色是将训育与自治结合，形成自治的训育。

---

① 上海大学中学部主任侯绍裘上中执会呈（1925年7月），党史馆藏，档号：汉14971.

② 上海大学瞿秋白等活动[J]. 警务日报，1924（12）.

自治的训育反映了民国成立后学校教育观念的更新。不少教育界人士批评晚清学校对学生的严格管理。“严重主义之施行,固在振起学生之服从心,然学生之真能服从,非在弱其抵抗力,而在以亲爱之游艺涵泳其性情,以良好之规律养成其习惯。”[①] 王蒇基于对两种极端理念的反思,提出宽严并用的自治训育。“今之从事于教育者,或主张放任主义,或主张严厉主义,二者趋于极端,各有流弊,均不足以达到真正教育之目的。”通过自治的训育,学生“既有自知之明,因得应于其自己之性分,向于目的而决定意志,又得抵抗自性,而生自裁的能力”,“此为教育之最高意义”。[②] 杨贤江亦认为,学生自治,“这是跟着五四运动而产生的。学生觉得旧式学监、舍监制度不能培养自治的能力,故中等以上的学生都要起来做自治的运动”。[③]1919 年,陶行知在《学生自治问题之研究》开篇指出:“近世所倡的自动主义有三部分:一、智育注重自学;二、体育注重自强;三、德育注重自治。所以学生自治这个问题,是自动主义贯彻德育的结果,是我们数千年来保育主义干涉主义严格主义的反应。”更为关键的是,“修身伦理一类的学问,最应注意的,在乎实行;但是现今学校中所通行的修身伦理,很少实行的机会”,学生自治“是真正的修身伦理”。[④]

1912 年 12 月,教育部《师范学校规程》提出,“独立博爱为充任教员者之要务,故宜使学生尊品性而重自治,爱人道而尚大公”。这一规定将学生的品性与自治并重,推动学校训育从此前重管理转向重自治,形成自治的训育模式。万竹小学校比较管理和训育各自的特点,认为管理偏于形式,训练注于精神;管理强制使服从,训练自然就范围;管理近于法律,训练根于道德;管理效在一时,训练效在永久。因而,万竹小学校“抱定此旨,少设规则,不加以逾分之干涉”,“提倡自治团体之时,多令学生办事”。[⑤] 北京高等师范附属中学校设管理训育课,由学级主任分任各级训育。训育标准有三条:“曰取严(肃)主义不失其活泼精神,曰发达

---

① 觉民. 民国教育前途之希望[J]. 中华教育界,1914(19):4.

② 王蒇. 自治的训育[J]. 教育杂志,1914(9):195—196,197.

③ 杨贤江. 十年来的中国与学生[J]. 学生,1923(1):39.

④ 陶行知. 学生自治问题之研究[J]. 新教育,1919(2):193,195—196.

⑤ 李桂林,等. 中国近代教育史资料汇编(普通教育)[G]. 上海:上海教育出版社,2007:652.

身体作其刚健笃实气象，曰守规律重公德，养成独立自治能力。”[①]

五四运动使得此前“为读书而读书”、学生不应干涉政治的社会舆论发生变化。[②]“读书不忘救国”“读书不忘革命”逐渐成为学生的思想倾向。1919年浙江学生群体创办的《浙江新潮》发刊词称：“我们要谋‘生活的幸福和进步’，不可不破坏束缚的，竞争的，掠夺的东西，建设自由的，互助的，劳动的社会。这建设和破坏，就是改造社会。”[③]师生之间价值观的差异因学生自治而被加剧放大。杨贤江在回顾学潮时指出，“当时一班‘老师宿儒’及政府人员，都以为这样‘习气嚣张’是‘不可为训’的。所以先后发出训令，禁止闹学”。[④]学生思想倾向的转变使得教育与政治的关系日趋紧密。随着学生思想日益激进化，学生自主的能动性日益超出学校的边界。

相较于因师生价值观念引发的学潮，北京政府对学生干政行为更为恐慌，屡次下令禁止学生干预国政。北京政府成立之初，1913年8月，教育部饬令学生不得加入政党。教育部认为，“学生在校，正当修业时期，自应以学业为重，如有投身政党，因党务而荒废学课，非特一己操业，难望成就，且于全校规律，妨害实多”。为此，教育部制定严格的应对措施，规定“嗣后各校职教员遇有此等学生，务宜切实告诫，使之专心向学。如屡戒不悛，应即按照学校管理规程，予以惩戒，或径令其退学，毋稍姑宽，以重教育”。[⑤]1917年2月，教育部发布训令，重申禁止学生加入政党。“学生在校，立于受教育之地位，自应以教科与学术为致力之范围，对于政治事业初无责任。”“今以高尚纯洁之学生加入繁变复难之政党，岂惟妨害学业，抑且贬损地位”。[⑥]五四运动刚爆发，5月14日，徐世昌发布大总统令，指出学生运动“名为爱国，适以误国”，训令教育部及各地教育厅将“纠众

---

① 北京高等师范附属中学校概况（1918年）[M]// 北京师大附中. 北京师大附中. 北京：人民教育出版社，2000：20—21.

② 马骅. 十年来学生活动之回顾[J]. 学生杂志，1923（1）：1.

③ 浙江新潮发刊词（1919年11月1日）[M]// 中共中央马克思、恩格斯、列宁、斯大林著作编译局研究室. 五四时期期刊介绍（第2集）. 北京：人民出版社，1959：587.

④ 杨贤江. 十年来的中国与学生[J]. 学生，1923（1）：31.

⑤ 纪事：教育部训令学生不得投身政党[J]. 教育杂志，1913（7）：54.

⑥ 教育部禁止学生入党[J]. 申报，1917年2月12日，第6页.

滋事者,查明斥退”。[①]

五四运动后,学潮风起云涌。由于时人对学生参与政事的立场存在分歧,加之政党的组织动员,尽管如何应对学潮对学校秩序和社会秩序带来的冲击日益成为面临的焦点问题,学校却无法劝阻学生陷入日益激进的政治旋涡。[②]对此,周予同称,学校的训育在五四以前是“教师压制”,五四以后是“学生放纵”。[③]

其次是作为约束手段的考试。

1912 年 1 月,教育部颁发《普通教育暂行办法》,宣布“旧时奖励出身一律废止”。[④]废除奖励出身对于国家掌控的评估原则有两方面的影响。首先,废除奖励出身使得学生不受功名的诱惑和束缚,自废科举以来学问的性质日益改变,学生成为“为读书而读书”的“新学生”。“在求学目的上,新学生是为造成健全人格,促进社会进化,做个更有效能更享幸福的人。而旧学生则为‘显亲扬名’,终身做个家庭的奴隶。”[⑤]读书目的的变化使得学生对政府的态度日渐疏离。其次,学校考试与文官选拔分离,使得学校考试的重要性降低,加之北京政府财力和控制力下降,学校教育的考试管理权下移。北京政府仅制定学生操行和学业成绩考查规程,各级各类学校自行负责具体的招生考试和校内学业成绩考试。

北京政府时期,学业成绩和操行成绩共同作为考核学生的重要依据。1912 年 10 月,教育部颁布的《学生学业成绩考查规程令》规定,学生学业成绩分为平时成绩和试验成绩。试验成绩又包括学期试验、学年试验和毕业试验三种。规程对三种试验都制定具体的评定方法及评定等级,并规定,“及格者毕业或升级,不及格者留级;留级两次仍不及格者,命其退学”。[⑥]1920 年 3 月,教育部颁布《修正学生学业成绩考查规程》,对平时成绩的考查、学生留级等问题予以修正和补充。如平时成绩,之前规定“由教员查察学生勤惰与其学业之优劣,随时判定”,未考虑不同学科的差异,现被修正为“由教员参照学科性质,酌行临时试

---

① 教育部照录大总统关于各校学生不得干预政治的训令及京师学务局给各校的训令(1919 年 5 月),北京市档案馆藏,档号:J004-001-00189.

② 刘薰宇.“五四”以来的教育[J]. 教育杂志,1926(5):2—3.

③ 周予同. 中国学校的训育呢?压制与放纵[J]. 教育杂志,1922(1):5.

④ 教育部普通教育暂行办法及课程标准[J]. 临时政府公报,1912(4):5.

⑤ 新学生与旧学生[J]. 学生杂志,1925(3):5.

⑥ 教育部公布学生学业成绩考查规程令[J]. 教育杂志,1912(9):29—30.

验或另定考查方法”。[1]教育部同期公布的《学生操行成绩考查规程令》要求各学校校长、教员或学监“应随时审察学生之操行,默记于册”。操行包括两部分:关于心性者,为气质、智力、感情、意志等项;关于行为者,为容仪、动作、言语等项。学生操行分为甲乙丙丁四等。“学生每学年之操行成绩列丙等以上者为及格,列甲等者,校长得给以褒奖状。”规程将操行成绩与学业成绩一起作为学生升级及毕业的标准。“凡学业成绩未及格,其分数相差不及十分之一,而操行成绩列乙等以上者,得升级或毕业。学业成绩仅能及格而操行成绩列丁等者,得停止其升级或毕业。”[2]该规程过于强调学生的操行成绩,“曾经导致一些学生只重视操行成绩而忽视学业成绩的倾向”。[3]

经历新文化运动的洗礼,壬戌学制[4]更具民主精神,加之北京政府控制力日益衰弱,使得学校管理及考试更为宽松,以至“凡在1922年前入学的旧制学生,对新旧管理制度的转变都有深刻的感受,1925年以后入学者,则多不知过去的严格情形。但有些学生反倒怀念旧制,觉得过度放任,校园扰攘不安,无法安心读书”。[5]“放任”的学生日益卷入国内政治的洪流,北京政府在最后时刻决定推行毕业生复试制度[6],试图以严格的考试约束学生。这标志着北京政府试图收回民国成立以来下移的考试管理权。

第三是视学制度的完善与局限。

北京政府时期的视学制度多承袭清制。因政局更迭频繁,虽自1912年开始重建视学制度,但直至1918年,才确立中央、省、县三级视学体系。

1912年8月,参议院议决修正教育部官制,设立“视学十六人,承长官之命,掌学事之视察”。[7]视学人数仅比晚清多四人。然而,晚清时,仅安排临时视学,

---

① 修正学生学业成绩考查规程[J]. 教育杂志,1920(5):1.

② 教育部公布学生操行成绩考查规程令(1912年10月25日)[G]// 中国第二历史档案馆. 中华民国史档案资料汇编(第三辑教育). 南京:江苏古籍出版社,1991:66.

③ 房列曙,等. 中国近现代文化史专题研究[M]. 芜湖:安徽师范大学出版社,2012:280.

④ 壬戌学制是教育史研究中对1922年学制的别称。

⑤ 苏云峰. 从清华学堂到清华大学(1911—1927)[M]. 北京:生活·读书·新知三联书店,2001:222,225.

⑥ 国内外专门以上学校毕业生覆试条例[J]. 政府公报,1928(4229);各省区中等学校毕业覆试规程[J]. 政府公报,1928(4259).

⑦ 参议院议决修正教育部官制[J]. 教育杂志,1912(6):3.

北京政府时期视学分为定期和临时两种。“定期视察，每年自八月下旬起至次年六月上旬止；临时视察，依教育总长特别命令行之。”[①]1913 年相继颁布的《视学规程》《视学支费暂行规则》《视学处务细则》《视学留部办事规程》，1914 年颁布的《视学室办事细则》，1915 年颁布的《修正视学公费规程》，以及 1917 年颁布的《修正视学公费规程》等文件，表明教育部试图建立一个比较完善的视学制度。

1916 年 11 月，全国教育行政会议议决《厘定视学制度案》，“其要旨在固定地位，增进效力”，对省县视学的设置提出具体设想。[②]其后，教育部于 1917 年 9 月颁布《教育厅暂行条例》，1918 年 4 月颁布《省视学规程》和《县视学规程》，从而确立三级视学体系。《教育厅暂行条例》规定，“教育厅设省视学四人至六人，由厅长委任，掌管视察全省教育事宜”。[③]以教育厅条例规定设立省视学，确定省视学的地方官员身份。《县视学规程》规定，“每县一人至三人，秉承县知事，视察全县教育事宜”。[④]规程规定，学校训育、学风及操行成绩之状况等问题是视学的重要职责。民初政局更迭频繁，加之各省、县行政制度紊乱，省、县两级视学建立滞后，尽管颁布了具体的视学办法并设视学[⑤]，但大多徒有其表，实行效果乏善可陈。

已有视学体系的视察范围是初等教育、中等教育和社会教育，因学识、经验等条件限制，已有规程对于专门以上学校未予关注。1920 年 12 月，教育部颁布《专门以上学校视察委员会规程》[⑥]，次年 2 月颁布《专门以上学校视察委员会视察细则》[⑦]，并成立直属于教育总长的专门以上学校视察委员会。规程提出注意学校所设科目及学科分配状况、教员之资格等方面。

---

① 教育部公布视学规程[J]. 教育杂志，1913（3）：33.

② 教育部公布全国教育行政会议记略（1916 年 11 月 20 日）[G]// 中国第二历史档案馆. 中华民国史档案资料汇编（第三辑教育）. 南京：江苏古籍出版社，1991：666.

③ 教育部公布教育厅暂行条例[J]. 教育公报，1917（13）：1—2.

④ 省视学规程·县视学规程[J]. 教育公报，1918（8）：2—5.

⑤ 安徽暂行视学规程[J]. 安徽教育月刊，1918（3）；咨奉天省长省视学处务细则准暂备案文[J]. 教育公报，1918（10）.

⑥ 专门以上学校视察委员会规程[J]. 教育杂志，1921（2）.

⑦ 专门以上学校视察委员会视察细则[J]. 教育杂志，1921（3）.

无论是中央还是地方,财政匮乏,加之视学人数过少,视学制度难以实现其预期效果。虞箴指出:“欲收完全之教育效果,而于教员之勤惰善恶,必不可不监视而督励之也。今各省各县,虽皆有视学员之设,而以艰于经费故,或员数过少,或难庆得人,即教育部之视学官亦然。是以每当视察学校之际,辄草率将事,聊以塞责,或学识不足,妄事挑剔,徒贻笑柄,而实能尽监视督励之责者,果能有几人乎?今欲弥此缺点,非增设人员,又慎选通晓各种教育之人材不可,此亦国家经费之问题矣。”① 对此,1922 年,教育部召集学制会议时,提出扩充省视学员建议案。建议案指出,“查教育行政,视学职务最为重要”,且“视学职务独不止于消极方而之视察报告已也”,视学还应指导“各校中各科教学能否运用新法”。现有制度设置的视学职数甚少,难以实现上述效果。因而,教育部提议省视学员额为八人至十人。②

第四节　公民教育在北京政府时期国家建构中的作用

民国初年,国家能力孱弱,社会力量获得较大自主空间。随着公共空间和公共舆论的拓展,社会思潮对学校的影响较其他时期变得更大。学校公民教育在新文化运动的洗礼下,注重培养学生的公民人格以及权利观念。对一战德国国家主义的反思不仅强化了对学生个体价值的肯定,而且使得学生反思国民与国家的关系。学校自治的广泛开展不仅锻炼了学生的公共参与能力,也为此时高涨的学生运动提供了组织基础。五四运动中学生的力量得到社会各界的关注,并逐渐被各政党所重视,学生运动由此转变为政党运动学生。

一、公民身份地位:个体价值的肯认

1912 年中华民国的成立为公民教育发展提供了有益的需求和空间。临时约法不仅明确规定中华民国之主权属于国民全体,而且规定了国民所享有的公民权利和义务。经历新文化运动的洗礼,学校教育中权利与义务观念发生转变,个体的价值得到肯认,公民道德观念受到学校教育的日益重视。

---

① 虞箴. 小学教育之紧要问题[J]. 教育杂志，1919（5）: 83.

② 教育部召集之学制会议及其议决案[J]. 教育杂志，1922（10）: 6.

（一）权利与义务观念的延续与重构

《中华民国临时约法》第二章明确规定了国民享有的各项公民权利。如前所述，1912 年对于修身教科书而言是一个不显的界线，虽然教育部饬令删改“不合共和宗旨者”，个人、社会及国家等各方面德目的比例也有一定的变化，但修身教科书基本延续晚清的编撰思路和基本观点。1912 年，蔡元培于 1908 年出版的《中学修身教科书》仅将“不合共和宗旨者”删改后即予再版。[①]对于权利与义务的关系，书中也保持了义务优先于权利的观点。对此，蔡元培在全国临时教育会议开会词中称：

至于人之恒言，辄曰权利义务。而鄙人所言责任，似偏于义务一方面。则以鄙人对于权利义务之观念，并非相对的。盖人类上有究竟之义务，所以克尽义务者，是谓权利；或受外界之阻力，而使不克尽其义务，是谓权利之丧失。是权利由义务而生，并非对待关系。而人类所最需要者，即在克尽其种种责任之能力无可疑。由是教育家之任务，即在为受教育者养成此种能力，使能尽完全责任，亦无可疑也。[②]

这种状况在新文化运动时期得以转变。新文化运动中，知识分子认为袁世凯复辟的根源在于儒家伦理，所以他们提出要彻底批判儒家伦理。钱玄同指出：“自洪宪纪元，始如一个响霹雳震醒迷梦，始知国粹之万不可保存。”[③]知识分子以个人独立、个人权利等观念作为批判儒家伦理的理论资源，从而使得权利和个体观念倡行，权利与义务关系得以重构。权责统一被反复强调，不少人甚至认为权利优先于义务。高一涵提出，“盖先有小己后有国家，非先有国家后有小己”[④]，“夫国为人而设者也，国家权利，即以人民权利为根基”。[⑤]

1923 年，周鲠生在其编的《新学制公民教科书》中提出，“个人对于国家有服从权力的义务，国家对于个人也要尊重他的生命和活动”。该书用三个章节（占全书 30%）详细阐述权力与自由、权利与自由、个人权利自由的保护以及个

---

① 该书删改后于 1912 年 5 月初版，至 1919 年 8 月出第 12 版。

② 我一. 临时教育会议日记[J]. 教育杂志，1912（6）：2.

③ 钱玄同. 保护眼珠与换回人眼[J]. 新青年，1918（6）：627.

④ 高一涵. 共和国家与青年之自觉[J]. 青年杂志，1915（2）：2.

⑤ 高一涵. 近世国家观念与古相异之概略[J]. 青年杂志，1915（2）：2.

人权利自由的停止等问题。

国家虽承认个人的权利自由，然若无积极的保护方法，权利自由也不免侵害。侵害个人权利自由的不一定是私人，有时政府官吏之行动对于个人的权利自由更为危险；并且就是立法部自身也常可以侵害个人的权利自由。所以讲到权利自由的保护，不单对于私人对于官吏之侵害要有保护，并且要能防立法部方面的侵害。[①]

（二）从新民到新人：个体价值的肯认

王汎森认为，从晚清到民国初年再到新文化运动时期，知识分子对于个体的自我塑造经历了从新民到新人的转变。[②] 梁启超提出新民是为国家而造国民，“苟有新民，何患无新制度，无新政府，无新国家”。[③] 民国初年以共和精神为特色的教育宗旨也是为了培养共和国公民。然而，自蔡元培阐发其教育宗旨起，发展个性、健全人格就开始被关注。经历新文化运动的洗礼，对自我的塑造最终由群体、国家转向个体。新“人”的心理特质形成巨大的驱动力量，促使一代青年自问理想上的“我”应该如何认知这个世界，理想上的“我”应该追求何种价值。

民国成立后，面对严峻的国内国际形势，教育界承继晚清以来的国家主义思潮，寄望通过教育培养共和国公民。1912 年 2 月，蔡元培在《对于新教育之意见》中阐述了其将军国民教育作为教育宗旨之一的缘由：“夫军国民教育者，与社会主义僢驰，在他国已有道消之兆。然在我国，则强邻逼处，亟图自卫，而历年丧失之国权，非凭借武力，势难恢复。且军人革命以后，不保无军人执政之一时期，非行举国皆兵之制，将使军人社会，永为全国中特别之阶级，而无以平均其势力。则如所谓军国民教育者，诚今日所不能不采者也。”[④]1915 年，袁世凯为推行复古教育，授意教育部颁布《初等小学修身教授要目草案》。草案规定，在关于国家之德目中，须说明人民与国家之关系，如报国、爱国、急国难等。[⑤] 为国家而修身的方针继续在教育中推行。

---

① 周鲠生. 新学制公民教科书（上卷）[M]. 上海：商务印书馆，1923：50—80.

② 王汎森. 从新民到新人——近代思想中的“自我”与“政治”[C]// 王汎森，等. 中国近代思想史的转型时代——张灏院士七秩祝寿论文集. 台北：联经出版事业公司，2007：171—201.

③ 梁启超. 新民说[J]. 新民丛报，1902（1）：3.

④ 蔡元培. 对于新教育之意见[J]. 东方杂志，1912（10）：7.

⑤ 初等小学修身教授要目草案[J]. 教育周报（杭州），1915（94）：32—35.

然而，在这种国家主义的潮流中，蔡元培同时表达了对个体人格的关注。蔡元培指出，“民国教育方针，应从受教育者本体上着想”[①]，“教育是帮助被教育的人，给他能发展自己的能力，完成他的人格，于人类文化上能尽一分子的责任；不是把被教育的人，造成一种特别器具，给抱有他种目的的人去应用的。”[②]他提出，教育“务顺应时势，养成共和国民健全之人格”。[③]晚清知识分子是以国家主义、工具主义的立场接受个人观念，以及与之相关的权利观念，他们认为强大的民族国家建基于独立、自主的个体。这种个人观念及权利观念与现代西方意义上的个人观念及权利观念有显著差异。[④]因而，蔡元培基于现代西方意义上的个人本位的教育立场难以被时人所接受。

这种对个体个性发展、人格完善的倡导历经新文化运动对儒家伦理的彻底批判得到发扬。新文化运动提倡个性解放，提出要培养有意识的、独立自主的、向上的“新人”。“新人”是人类中的一个人，而不仅仅是国家中的一个民。[⑤]1919年，教育调查会提出要变革教育宗旨，“养成健全人格，发展共和精神”。[⑥]1922年，南开学校提出，“盖学校最终之目的，不在造就有职业之人才，而在造就有完全人格之人才。从事职业者，对于国家，亦负公民之义务，对于人群，宜尽个人之天职”。[⑦]按照新学制编撰的《新撰公民教科书》也体现了这一变化。“自助者，谓能自主自立，不倚赖他人也。凡倚赖他人，虽侥幸于一时，终不能久，且倚赖恶习最易消灭个性，日久月深，将振作无由矣。”在阐述“服从”时也对有意识之服从与无意识之服从加以区分。“虽然，服从有有意识与无意识二种：理由正当者，服从之，是为有意识之服从；其理由不正当者，亦贸然服从之，

---

① 我一. 临时教育会议日记[J]. 教育杂志，1912（6）：1.

② 蔡元培. 教育独立议[J]. 新教育，1922（3）：317.

③ 教育总长蔡元培莅参议院宣示政见之演说[J]. 教育杂志，1912（3）：17.

④ 晚清以来，由于救亡图存需要独立自主的国民，知识分子接受了个人观念、权利观念，但仅仅是在建立现代民族国家的前提下而予以肯认。与此同时，他们对于个人主义却持负面评价。金观涛，刘青峰. 中国个人观念的起源、演变及其形态初探[M]// 金观涛，刘青峰. 观念史研究：中国现代重要政治术语的形成. 北京：法律出版社，2009：161—168.

⑤ 王汎森. 从新民到新人——近代思想中的“自我”与“政治”[C]// 王汎森，等. 中国近代思想史的转型时代——张灏院士七秩祝寿论文集. 台北：联经出版事业公司，2007：171—201.

⑥ 教育调查会第一次会议报告[J]. 教育杂志，1919（5）：20—21.

⑦ 喻鉴. 南开学校之三三课程[J]. 新教育，1922（5）：870.

即为无意识之服从。有意识之服从固可贵，无意识之服从，则宜避免；此则吾人不可不辨者。”①

（三）公民道德与共和理想

1912年2月，蔡元培提出以“公民道德教育为中坚”，“世界观及美育皆所以完成道德”的教育宗旨。蔡元培说：“何谓公民道德？曰法兰西之革命也，所标揭者，曰自由、平等、亲爱。”相对于梁启超认为的“人人相善其群者谓之公德”，公民道德更为关注公民在政治生活领域以及与政治生活领域相关的公共事务中表现出来的品质、能力和行动。对此，剑桥学派思想史专家斯金纳（Skinner）认为，公民道德“用以指称我们每一个人作为公民最需要拥有的一系列能力，这些能力能够使我们自觉地服务于公共利益（common good），从而自觉地捍卫我们共同体的自由，并最终确保共同体的强大和我们自己的个人自由”。②按照这一区分，晚清修身科教材中更多关注的是个体在社会、国家等公共领域中的德性与德行，是公德观念，而并非严格意义的公民道德观念。与晚清修身科教材相比，北京政府时期，教科书在己身、家庭、他人与社会、国家、世界与万物之外，还增加了学校领域的道德。此外，学校、他人与社会、国家、世界与万物等代表公共领域的德目比例较晚清有明显的提升。③

民国建立后，尽管蔡元培所提倡“公民道德教育为中坚”的教育宗旨并未获得认可，但随着公民观念正式进入教科书，尤其是在共和精神的指导下，公民道德观念在教科书中开始占据一席之地。沈颐等编《新编中华修身教科书》对“自由”的论述为：

法国大革命宣布之词曰，不侵犯他人权利，而为己所欲为者，是为自由。天然者，自由之根本也。正义者，自由之标准也。法律者，自由之保障也。己所不欲勿施于人者，自由之界限也。

卢梭曰，无自由，则国不能存。无德行，则自由不能存。④

① 万良濬，魏屏三. 新撰公民教科书（1册）[M]. 上海：商务印书馆，1924：6—7，13.

② 昆廷·斯金纳. 政治自由的悖论[M]// 许纪霖主编. 共和、社群与公民. 南京：江苏人民出版社，2004：74—75.

③ 吴科达. 臣民还是公民——教科书审定制度和思想道德教科书（1902—1949）[M]. 北京：中国社会科学出版社，2013：158.

④ 沈颐，等. 新编中华修身教科书（第8册）[M]. 上海：中华书局，1914：第八课.

随着1922年公民科取代修身科成为正式科目，公民道德观念逐渐成为教科书的主体部分。以商务印书馆1924年出版新学制小学校高级用书《新撰公民教科书》为例：该书第一、二分册侧重公德教育，包括爱惜公共财物、会场规则、公众卫生、社会公益、公共心等主题；第三、四分册侧重公民道德教育，包括小公民会、乡自治、市自治、县自治、省议会、国会、选举、选举权、代议制、平民政治等相关议题。[①]

二、公民身份归属感：个人主义立场的国家观

民国成立后，国民与国家之间的关系再次发生变化。如果说晚清的新民是从国家主义的立场培养国民的爱国主义，那么民国初年的新人则是从个人主义立场，教育学生珍视个体的价值、个人的权利，并在此基础上，反思国家认同感的基础和前提问题。

（一）以个人价值重构国家观念

《中华民国临时约法》第一章第二条规定，“中华民国之主权属于国民全体”。这一主权在民的观点源自卢梭的《社会契约论》。然而，民国初年政局的乱象使得知识分子对由国权而民权的逻辑产生质疑。1913年5月，康有为指出：“夫名为共和，而实则共争共乱；号为共和，而必至分争分裂；号为博爱，而惨杀日加酷烈；号为自由，而困苦日不聊生；号为平等，则大将中将勋位金章，多如鲫焉。”[②]

袁世凯复辟使知识分子深刻认识到儒家伦理与帝制之间的密切关联，陈独秀在《新青年》杂志发表系列文章，批判儒家伦理。他认为，“吾国欲图世界的生存，必弃数千年相传之官僚的专制的个人政治，而易以自由的自治的国民政治”。[③]陈独秀认为，国民没有认识到个人与国家的关系是民国乱象的重要原因。“吾国之维新也，复古也，共和也，帝政也，皆政府党与在野党之所主张抗斗，而国民若观对岸之火，熟视而无所容心。”在此基础上，他提出个人权利与国家强盛的关系。“集人成国，个人之人格高，斯国家之人格亦高；个人之权巩固，斯国

① 万良濬，魏屏三. 新撰公民教科书（1—4册）[M]. 上海：商务印书馆，1924.

② 康有为. 蓄乱[J]. 不忍，1913（4）：4.

③ 陈独秀. 吾人最后之觉悟[J]. 青年杂志，1916（6）：3.

家之权亦巩固。”[①] 正是认识到这一点，在提出“国家主义，实为吾人目前自救之良方”的同时，他警醒世人，“第国家主义既盛，渐趋过当，遂不免侵害人民之权利。是以英法革命以还，惟民主义，已为政治之原则。美法等共和国家无论矣，即君主国，若英吉利，若比利时，亦称主权在民，实行共和政治”。[②]

1918 年至 1919 年，随着对一战德国国家主义及巴黎和会列强瓜分世界的反思，知识分子开始反思国家主义。陈独秀指出：“国家也不过是一种骗人的偶像。”[③] 在此，我们看到，以陈独秀为代表的知识分子，开始肯认个人价值的自足性，而非从国家的立场推演个人权利。这一思想反映在教育上，即为变更教育宗旨及颁布新学制。新学制规定以公民科取代修身科。教育家相信，要“依靠公民的力量”建设现代国家。[④]

在此，我们对比修身科与公民科教科书编辑的内在逻辑，以展示个体与国家关系的变化。从教科书的编排来看，修身科与公民科都是按照个人、家庭、社会、国家、世界的顺序编排。然而，修身科是在儒家伦理的逻辑下，通过家国同构来确立国民与国家的关系，塑造儒法帝国的正当性；公民科则是以学生生活领域的扩展来建立认同的差序格局。如 1924 年，唐湛声在《小学公民科教学法》中指出，公民科教材的排列标准要根据儿童的经验。唐湛声受到杜威经验课程的影响，认为教材要成为儿童新经验的一部分，“教材的排列必须与儿童的经验十分联络”。[⑤]

（二）何种爱国

随着现代国家建构进程的开启，国家日益将权力触角伸向基层社会，国家与国民在税收、兵役、教育等领域直接交涉，国民也日益感受到日常生活中国家的在场，国家认同问题逐渐引起人们的注意。民国初年的混乱局势使得民众生活日趋贫苦。当时的社会现状是“人已汲新泉，尝新饮，而我犹卧榻横陈，荒娱于

---

① 陈独秀. 一九一六年[J]. 青年杂志，1916（5）：4，3.

② 陈独秀. 今日之教育方针[J]. 青年杂志，1915（2）：4.

③ 陈独秀. 偶像破坏论[J]. 新青年，1918（2）：90.

④ 基南. 新教育改革运动的发生及其在 1922 年前的发展[G]// 璩鑫圭，等. 中国近代教育史资料汇编（学制演变）. 上海：上海教育出版社，2007：1081.

⑤ 唐湛声. 小学公民科教学法[M]. 上海：中华书局，1924：22—24.

白发中华、残年风烛之中，沉鼾于睡眠中华、黄粱酣梦之里”。[①] 梁启超亦指出，“共和宣布亘一年，政象不加善，而泯棼反远过于其旧”。[②] 面对这种现状，1914 年 11 月，陈独秀在《甲寅》杂志发表题为“爱国心与自觉心”的文章[③]，提出关于国家观与爱国的理论问题。

此时的陈独秀坚持“以民主公民国家为民族认同的政治基础，主张理性的、自觉的、民主的爱国主义”。[④] 陈独秀认为：“国人无爱国心者，其国恒亡；国人无自觉心者，其国亦殆。二者俱无，国必不国。”陈独秀指出，“爱国心为立国之要素”，但他认为爱国必须要有条件。国家是“为国人共谋安宁幸福之团体”，“其目的在于保障权利，共谋幸福”。以此为标准，他认为：“保民之国家，爱之宜也，残民之国家，爱之也何居”，“不知国家之目的而爱之则罔，不知国家之情势而爱之则殆。”对不能“为国人共谋安宁幸福”的国家，他认为“国家者，保障人民之权利，谋益人民之幸福者也。不此之务，其国也存之无所荣，亡之无所惜”，“其爱之也愈殷，其愚也愈甚”，结果反而是“爱国适以误国”。[⑤]

针对陈独秀文中流露出的消极悲观思想，李大钊于 1915 年 8 月发表《厌世心与自觉心》。他指出陈独秀的文章“厌世之辞，嫌其泰多；自觉之义，嫌其泰少”，以致使人“欲寻自觉之关头，辄为厌世之云雾所迷，此际最为可怖”。在李大钊看来，陈独秀所谓的“自觉心”实际上就是一种悲观的“厌世心”。他认为，“自觉之义，即在改进立国之精神，求一可爱之国家而爱之，不宜因其国家之不足爱，遂致断念于国家而不爱，更不宜以吾民从未享有可爱之国家，遂乃自暴自弃”。可以说李大钊对于爱国自觉心的概括抓住了陈独秀消极厌世心的问题所在，体现了积极爱国主义的基本精神。针对陈独秀指出的国家“情势”，李大钊认为不能将国家和政府混同，而且国民“一面宜自觉近世国家之真意义，而改进其本质，使之确足福民而不损民。民之于国，斯为甘心之爱，不为违情之爱。一

---

① 李大钊.《晨钟》之使命——青春中华之创造[M]// 中国李大钊研究会. 李大钊全集(第一卷). 北京：人民出版社，2006：166.

② 梁启超. 宪法之三大精神[J]. 庸言，1913(4)：3.

③ 陈独秀发表《爱国心与自觉心》一文的原因分析，参见朱成甲. 李大钊传(上)[M]. 北京：中国社会科学出版社，2009：321—324.

④ 高力克. 陈独秀的国家观[J]. 二十一世纪，2006(94)：66.

⑤ 陈独秀. 爱国心与自觉心[J]. 甲寅，1914(4)：1—6.

面宜自觉近世公民之新精神，勿谓所逢情势，绝无可为”。①

李大钊指出，要改变国家与民族的现状，必须建立在培养出有能力且有爱国心的公民的基础上，因而他提出对民众进行爱国主义教育。李大钊认为，进行爱国主义教育，首先应该让民众了解国家的历史，增强国民对于中华民族和国家的认同感。历史教育是增进国家认同的重要手段。李大钊指出，民众不了解国家的历史，就不可能正确理解和谈论今日的国情。他说：“言国情者，必与历史并举，抑知国情与历史之本质无殊，所异者，时间之今昔耳。昔日之国情，即今日之历史；来日之历史，尤今日之国情。”② 其次要教育民众认清时局，将爱国主义情感化为反帝反封建的实际斗争。通过历史教育，用中华民族的辉煌历史激励民众，树立民族自豪感和国家认同感，同时也让民众认识到近代中国贫穷落后的原因，深入地认识国情，从而激起民众的爱国自觉心。“自觉之义，即在改进立国之精神，求一可爱之国家而爱之。”③ 面对帝国主义的侵略下国家危亡的局势日益严重，社会黑暗的状况日盛一日，整个中国犹如“敝舟深泛溟洋，上有风雨之摧淋，下有狂涛之荡激”④，李大钊指出，“现在的时代是解放的时代，现代的文明是解放的文明”，“现代政治或社会里边所起的运动，都是解放的运动”⑤。他号召民众“智者竭其智，勇者奋其勇，富者输其财，举国一致，众志成城”，从而求得国家独立和人民解放。⑥

三、公民身份实践：公民训练与学生运动的激进

经历晚清学生运动的历练，学生日益认识到公民参与对于变革社会的重要性。学生积极参与学校学生自治、军国民教育以及校外学生运动。五四运动的洗礼使得学生运动达到高潮。鉴于学生运动对于社会变革的重要作用，不同社会力量尤其是政党日益重视学生运动，最终学生运动转变为运动学生，学生运动

① 李大钊. 厌世心与自觉心[J]. 甲寅，1915（8）：7—8，10.

② 李大钊. 国情[J]. 甲寅，1914（4）：9.

③ 李大钊. 厌世心与自觉心[J]. 甲寅，1915（8）：8.

④ 李钊. 隐忧篇[J]. 言志，1913（3）：25.

⑤ 李大钊. 联治主义与世界组织[J]. 新潮，1919（2）：151.

⑥ 李大钊. 警告全国父老书[M]// 中国李大钊研究会. 李大钊全集（第一卷）. 北京：人民出版社，2006：119.

也因之跨越边界,重心从校内转向校外。

（一）学校中的公民实践:社会力量推动的公民训练

民国初年政局动荡,国家无力管控教育,社会力量获得较大的自主权,学校的学生自治和童子军教育等活动获得较大的发展空间。不论是学生自治还是童子军教育,相比晚清政府为维护其专制统治而严厉压制,北京政府均持积极的支持态度。

1. 学生自治:走向联合与任意性

民国初年学生自治的蓬勃发展,除了弱势政府客观上提供了教育发展的空间外,也得益于教育管理部门的政策鼓励。正所谓“国体既变,万事革新”,新的教育理念也反映在各项教育政策中。1914 年 8 月,教科书编纂纲要审查会提出修身等科目编纂纲要,修身科应“注重道德之实践,养成国民公共心及自治习惯”。12 月,教育部《整理教育方案草案》提出要“变通从前官治的教育,注重自治的教育”。[①]1915 年 1 月,《颁定教育要旨》进一步提出“重自治”,“欲求人之能自治,必先求人人各有自治力。其力维何?一曰自营,一曰自助,要莫不皆由教育养成之”。[②] 教育部对自治的鼓励为学校开展学生自治提供了空间与动力。

教育界人士也尝试用自治的理念变革以往对学生管理的“严格主义”。1914 年,王荄针对严格主义和放任主义两种极端理念的反思,提出的宽严并用的自治训育,成为此一时期训育的特色,也为学生自治奠定了基础。1915 年,江苏省立第五中学在阐述发起自治会的原因时,首先指出国民自治力对国家的重要性。“国者,民之积也。有良国民,而后有贤政府。”继而,在对比放任主义和严格主义的教育管理方式后,认为学生自治宽严相济,通过自治“发达其智力,锻炼其意志,而使其效力之出于自动”,“循此以往,既可以养成治事之干才,又可以断绝依赖之根性”。如是,“可以为健全之学子,可以为强毅之国民”。[③]

经历新文化运动的洗礼,自我的塑造最终由群体、国家转向个体。新“人”

---

① 本部整理教育方案草案[J]. 教育公报,1915(8):1.

② 颁定教育要旨(1915 年 1 月)[G]// 璩鑫圭,等. 中国近代教育史资料汇编(学制演变). 上海:上海教育出版社,2007:775.

③ 述本校自治会之大旨[J]. 江苏省立第五中学校杂志,1915(2):5—7.

的心理特质形成巨大的驱动力量，促使一代青年们自问理想上的“我”应该如何认知这个世界，理想上的“我”应该追求何种价值。陈独秀认为近代中国国民政治觉悟大体分三个阶段：首先是国民必须有“国家为人民公产，人类为政治动物”之意识，此为觉醒的第一步；“弃数千年相传之官僚的专制的个人政治，而易以自由的自治的国民政治也”，此为觉醒的第二步；“自觉其居于主人的主动的地位”为觉醒的第三步。①

新文化运动对自我、主动等个体价值的提倡极大地影响了学生的价值观念。当时发行量最大的学生刊物之一《学生》杂志亦顺应潮流，于1919年改版，以传播新思潮。“本志以辅助学生学业、濬发学生知识、绍介新学说、灌输新思潮，使学生思想适合世界趋势为宗旨。”② 对学生而言，要成为“新人”“新学生”，“一曰自由研究，二曰共同生活”。“欲达自由研究之目的，莫如组织各种学会，为自动的研究，互相讨论辩难”；“欲达共同活动之目的，则莫如服务社会与练习自治”。③

五四前夕到访中国的杜威，对于中国思想界、教育界产生了关键影响。杜威在全国各地讲学，传播其民主与教育的新观念，成为学生自治重要的思想来源。艾思奇评述中国哲学思潮时指出：“新的思想方法之出现，是在五四的炮声发出以后，实验主义的治学方法在某种意义上可以说是与传统迷信针锋相对，因此也就成为五四文化中的天之骄子。”④ 杜威将民主理解为一种联合生活的方式，一种共同交流经验的方式。因而，学生自治是实践民主教育的重要途径。1919年11月，杜威出席北高师学生自治会成立大会，发表题为“学生自治”的演讲。杜威高度肯定学生自治会的意义。“诸君在学校的自治，实在是养成将来国家自治的预备。诸君今日是在这里做民治的学徒（apprentice），将来就是一个大民主国里能自治的国民。”⑤1921年5月，杜威在福州作题为“自动与自治”的演讲亦称，“自治不能凭空而至，须从经验中来，学生在学校的自治实在是养成将来国

① 陈独秀. 吾人最后之觉悟[J]. 新青年，1916（6）：3.

② 学生杂志六卷预告[J]. 学生，1918（12）：扉页.

③ 杨贤江. 学生与新思潮[J]. 学生，1919（10）：62，65.

④ 艾思奇. 二十二年来之中国哲学思潮[M]// 艾思奇文集（第1卷）. 北京：人民出版社，1981：59.

⑤ 杜威. 学生自治[J]. 新教育，1919（2）：166.

家自治的预备”。[①]1922年12月，湖南学生联合会引用杜威“教育即生活”的观点，要求各校组织学生会，以营团体生活。[②]

杜威从民主政治的角度对学生自治的提倡得到教育界积极响应。1919年10月，陶行知指出，“共同自治，是共和国立国的根本”，“学生自治，是共和国学校里一件重要的事情”。他说：“中国既号称共和国，当然要有能够共同自治的公民。想有能够共同自治的公民，必先有能够共同自治的学生。”[③]时为学生的杨贤江认为，“做共和国民和专制国民最不同的地方，就是共和国民要有自治的能力，而专制国民可以不要”。实行学生自治，“自治的能力，必可因此培养成功；而共和的精神，也就因此发挥广大”。[④]倡导儒学的张君劢亦认为，学生自治是“以宪政精神推及于学校管理与教课而已”。张君劢细致介绍了模仿立法、司法、行政三权分立的国家组织形式的学生自治。“学生管理校具、图书及全校建筑，是参与行政也；为兴利除弊计，学生得立种种法规，是参与立法也；学生之犯规则者，由学生法庭判决之，是参与司法也。以学校之三权分之于学生，故不谓为学校之宪法化或民主化。”[⑤]

1920年8月，第六届全国教育会联合会通过《学生自治纲要案》。决案从养成共和国国民之资格的角度强调了实施学生自治的意义。“共和国之教育，以全国学生人人有共和国国民之资格为基本。欲期全国学生人人有共和国民之资格，以各学校实施学生自治为基本。”决案提出学生自治纲要的五项原则，具体规定了学生自治的定位与权限等问题。“学生自治，系教育陶冶，与实施政治有别”；“学生自治权限，视学校之性质及学生之年龄与程度，由校长酌定之”。[⑥]

随着舆论的提倡和全国教育会联合会的政策推动，学生自治得到广泛开展。北京师范大学附中以学生共同生活及环境整理之练习为核心，力倡学生自治。学校各班组织自治会，全部成员选举产生本班自治执事，各班自治会推定代表一

---

① 杜威. 自动与自治[M]// 袁刚，等. 民治主义与现代社会——杜威在华讲演集. 北京：北京大学出版社，2004：130—131.

② 湖南学联会对会务进行的方针和计划[J]. 湖南学生联合会周刊，1922（28）.

③ 陶行知. 学生自治问题之研究[J]. 新教育，1919（2）：199，201，194.

④ 杨贤江. 学生自治何以必要[J]. 学生，1920（2）：3，4.

⑤ 张君劢. 学生自治：北京平民中学演讲稿[J]. 教育杂志，1923（9）：2，4.

⑥ 学生自治纲要案[J]. 教育杂志，1920（12）：9.

人组成全校自治委员会，共同协商校风之维持与发展。[①] 厦门大学亦极力提倡学生自治。“学监之职务，不过指导学生之自治及各种学生会社之组织而已。故本校许学生自行组织学生会，掌理学生一切自治事宜。”[②]1922 年，江苏一中校长陆殿扬对京师、江苏、安徽等二十个省份的 69 所学校进行调查，其中 62 所学校成立了学生自治会。[③]

学生自治会的成立提升了学生地位，加剧了与保守教员及管理人员的冲突。[④] 舒新城指出，“学生自治最易引出风潮”。“学校以学生为尊，教师地位下落，学生甚至操持教职员、校长去留之权”，“学生自治会成为议会，把学校当行政部门，不是对垒，便是干涉”。[⑤] 更为重要的是，随着社会思潮的激进化以及政党对学生的动员，学生自治逐渐跨越边界，走向联合，从干预学校行政事务，到干预国家政治，学生自治所体现出的任意性问题引起社会各界的反思。

陶行知 1919 年即明确提出学生自治的边界问题。“学生自治，不是自由行动，乃是共同治理；不是打消规则，乃是大家立法守法；不是放任，不是和学校宣布独立，乃是练习自治的道理。”陶行知指出，平民主义潮流的危险在于，“束缚既然解脱，未必人人能够约束自己的欲望，操纵自己的举止”。他提醒，不要把学生自治当作争权的器具，“学生自治应以学生应该负责的事体为限”。[⑥] 对于陶行知的持平之论，北京大学学生缪金源予以反驳。针对陶行知“学生自治之权，出自学校”的观点，缪金源指出，自治之权，凡不曾丧失自由的人“都是应有的”，“并且是与生俱来的”。针对陶行知“学生自治的时候，要教员的指导”的观点，缪金源认为，“既曰‘学生自治’，根本用不了什么职员的参与，弄成个半身不遂的自治”。“至于有不到的地方，我们当然欢迎教职员的‘忠告’”，“若是这‘指

① 北京师范大学附属中学学生自治会章程[M]// 北京师大附中. 北京师大附中. 北京：人民教育出版社，2000：89—90.

② 厦门大学校史编委会. 厦门大学校史资料(第一辑)[M]. 厦门：厦门大学出版社，1987：228.

③ 王伦信. 清末民国时期中学教育研究[M]. 上海：华东师范大学出版社，2002：188.

④ 娄岙菲.“五四”后学生自治与校园学潮[J]. 四川师范大学学报：社会科学版，2013(6)：115.

⑤ 舒新城. 一个改革中学学生自治的具体方案[J]. 新教育，1923 (5)：353.

⑥ 陶行知. 学生自治问题之研究[J]. 新教育，1919 (2)：194，198.

导’两个字,我们是万万不敢领情的!”[①]

作为学生自治的提倡者,杜威亦对学生自治的边界多有提醒。1920年5月,在“‘自动’的真义”讲演中,杜威明确指出,“自动,不是任性去做”,“以为我自由行动,别人不能干涉我”。[②]9月,杜威在题为“学生自治的组织”讲演开篇指出,“许多的学生,都把自治的意义误会,只顾了自己的‘自’字,忘却了还有管束自己的‘治’字。自治的意义是,‘不是绝对的不许外界插入干涉,乃自己练习管束自己的意思’”。真正的学生自治,“实际上讲来,仍是被治在团体的理想的目的之下。个人一分子,所做的,不过是依着团体的章程、方法,向所定的目的进行罢了”。[③]1921年5月,杜威在福州作题为“自动与自治”的演讲再次提醒学生自治的误区。“每以为借自治之名,可以避教职员之督责,或取得教职员之职权而反以治教职员”;“以为所有自治规约,均应由学生自决,不许教职员参与”。[④]

学生在校内的自治活动为校外的学生运动奠定了组织基础和实践经验。五四运动爆发后,各校内自治会相继联合为校际的学生联合会,以至地方学联会及全国学生联合会,成为动员学生和联合社会各界力量的中坚。五四运动爆发第三天,南昌学生倡议成立南昌学生联合会;5月11日,复旦大学、南洋中学等校学生发起成立上海学生联合会;5月15日,天津学生联合会正式成立;6月1日,全国学生联合会正式成立。对此,杨贤江指出,“此全国学生联合会之职务,将为代表真正民意,提倡爱国思想,并以改善学风、振作士气、商议进行、互通消息。今此会业经成立,则自动事业,必有可观”。[⑤]蒋梦麟评价学生在五四运动中的表现时亦称,“学生们因为有较好的组织,比较敢言,比较冲动,顾虑比较少,所以打了头阵,并且因此拨动了全国人民的心弦”。[⑥]

---

① 缪金源.读陶行知先生的“学生自治问题之研究”[J].北京大学学生周刊,1920(6):5.

② 杜威.“自动”的真义[M]// 袁刚,等.民治主义与现代社会——杜威在华讲演集.北京:北京大学出版社,2004:107.

③ 学生自治的组织(杜威博士讲演)[J].教育公报,1920(10):51,53.

④ 杜威.自动与自治[M]// 袁刚,等.民治主义与现代社会——杜威在华讲演集.北京:北京大学出版社,2004:130—131.

⑤ 杨贤江.新教训[J].学生,1919(7):44.

⑥ 蒋梦麟.西潮·新潮[M].长沙:岳麓书社,2000:125.

2. 从民间出发：童子军运动的兴起与发展

童子军由英国陆军中将贝登堡（Baden—Powell）于1907年创立，“是一套透过游戏方式，对男女孩子们所实施的公民训练”。① 在晚清“尚武”的教育宗旨下，童子军在1909年前后被介绍到国内。② 民国初年，随着军国民教育被确定为教育宗旨，童子军在学校得到快速发展。童子军被视为训练国民的重要途径。“今欲位中国于健全富强之境，必自教育童子始。诚以童子者，英雄之出产地，国家之基础也。”③

1912年，武昌文华书院成立“童子义勇队”，是为中国童子军之发端。④ 此后，武汉、上海等地教会学校相继组建童子军。鉴于全国各地童子军组织分散，没有统一领导机构，时任上海格致公学校长的康普于1915年邀集各省热心童子军教育人士共建“中华全国童子军协会”：

本协会之宗旨，在训练儿童视察、服从及恃己等习惯，教以忠恕待人，并授以一切利人益己之艺术，使成为良善有为之国民。

各国会社，凡与本协会同一宗旨者，本协会愿竭诚与之联络，互换意见，藉谋国际和平。

本协会与军政两界，绝无关系。⑤

1915年4月，无锡第三师范附属小学组建童子军，是为中国公办学校第一支童子军。1916年2月，无锡十余所学校童子军组成无锡童子军联合会。童子军联合会统一各队编制，编订各级课程，规定各种徽章并定期开会研究童子军发展。至1916年7月，共有成员二百九十人。⑥1917年3月，江苏省立第二师范学校以加入中华童子军总会“性质微嫌不合”为由，致函江苏省教育会筹设全省

---

① 贝登堡. 童子军训练原理[M]. 谢又华，等，译. 台北：“中华书局”，1965：1.

② 1909年起，《北华捷报》及《字林西报》先后登载多篇关于国外童子军的消息，由此引起国人关注。The Boy Scouts[N]. *The North—China Daily News*，1909年9月29日，第8版. 1911年，颐谷在《进步》杂志发表《童子军之生活与编制》，详细译介美国童子军的发展概况。颐谷. 童子军之生活与编制[J]. 进步，1911（2）：1—14.

③ 焕堂. 为中国童子军进行敬告同学[J]. 约翰声，1914（2）：9.

④ 吴耀麟. 青年训练之理论与实际[M]. 上海：商务印书馆，1947：25.

⑤ 中华全国童了军协会. 童子军规律[M]. 上海：商务印书馆，1919：序1，1.

⑥ 唐昌言. 中华江苏无锡童子军联合会报告书[J]. 江苏省立第三师范学校校友会杂志，1915（下）：1—5.

童子军联合会。[①]江苏省教育会随即于6月发起成立江苏省童子军联合会。无锡童子军联合会亦于是年9月加入。

1917年,教育部派视学调查上海、无锡两地童子军发展状况,认为童子军“陶成其服从规律之习惯,涵养其坚韧勇武之德性,而发达其公忠爱国之精神,实为辅助青年教育之良法”。然而,教育部无力普及,也自知“未可专恃文诰为督促”,遂建议各地设立讲习会,并饬令各省视学相机倡导,俟各地童子军有所发展时再设总会联络。[②]是年5月,京师学务局在调查清华学校童子军开展情况后,要求各学校予以推广。11月,京师学务局颁布《京师童军办法》,对童子军的编制、资格等十四项内容加以规定,并提出童子军的宗旨为“养成儿童独立自治之精神以及优美之道德”。[③]1918年8月,京师学务局颁发《京师童子军联合会章程》,提出“童子军事业须有统一之编制而后收效可以宏大”,设立童子军联合会“以为统一之机关”。1919年2月,教育部发布训令指出,“童子军之组织风行于欧美各邦,其主旨在依据青年心理实施道德的训练,以期培养公忠爱国之精神,陶成服从规律之习惯”,要求各省区学校“如有组织童子军者,迅将办法汇报备核”。[④]1928年,北平童子军负责人夏云浦回顾北平地区童子军发展时指出,京师学务局通过制定规章,组织教练班,设指导专员等措施,使“童子军教育成绩颇有可观”。此后因政局变动,“局内专员被裁,联合会取消,各校仅存虚名而已”。[⑤]

童子军一般以学校为单位,是为童子军团,团以下设大队、中队和小队,小队由六至九名学生组成,形成科层式的等级结构。此时的童子军仅有区域联合组织,尚未逐级联合为全国性组织。童子军训练以培养学生的团体情感与精神为

---

① 省立第二师范学校请筹设一全省童子军联合会书[J]. 江苏省教育会月报, 1917(3): 4.

② 教育部注意童子军[J]. 教育杂志, 1917(7): 52.

③ 京师学务局为颁发京师童子军办法给各公立小学校的训令(1917年11月20日),北京市档案馆藏,档号: J004-003-00050, J004-001-00192.

④ 京师学务局关于颁发童子军办法修正事项的训令及东郊二闸村国民学校等关于组织童子军和召开联合运动会的呈文,北京市档案馆藏,档号: J004-001-00192.

⑤ 公立第十五、二十六等小学校报送童子军调查表及夏云浦呈述北平童子军之历史和普及计划的呈及教育局的批和聘夏云浦任童子军指导委员会主席的函,北京市档案馆藏,档号: J004-001-00271.

重要目标。通过日常团体的操练和竞赛,学生必须按照严格的规范协调自己的行为,从而达至团体秩序和团体利益的实现。这种团体的秩序对于学校而言不仅意味着学生公民精神的养成,也意味着良好学校秩序的实现。

北京政府时期童子军教育的发展历程表明,民间力量是推动童子军教育发展的主导力量。民间力量在推动童子军教育时,亦注重与政府保持距离,强调"与军政两界,绝无关系"。童子军运动在各地广泛开展后,童子军对于学生人格训练和服从规范的作用引起官方的注意。教育部试图通过童子军教育规范和约束日趋自由散漫的学生,然而因政局变动,无力普及,只得发布训令,倡导各地自行推广。在北京政府可有效控制的京师地区,童子军运动短暂兴盛后,也因政局变动、专员裁撤而消退。

(二)学校外的公民实践:从学生运动到运动学生

民国成立后,北京政府禁止学生干政,学界亦反思学生运动的弊病①,学生运动归于沉寂。随着拒绝日本提出侵犯山东权益的"二十一条",学生运动又逐渐活跃,并于五四运动走向高潮。五四运动之后,新成立的共产党、青年党以及改组后的国民党等政党开始有意识地组织学生运动,学生运动逐渐演变为政党运动学生。② 二十年代学生运动频繁,其原因包括政治、经济及文化多方面。

第一,北京政府对外软弱、对内镇压的腐败政治是学生运动愈演愈烈的首要原因。对于五四时期学生运动频发,胡适在1928年五四纪念演说时曾有公允评论:"在变态的社会国家里,政治腐败,没有代表民意的机关,干涉政治的责任,一定落在少年的身上。""现在很多人觉得学生干涉政治而牺牲的实在不少,于是想设法禁止,第四次中央会议宣言里,也说到学生体力不强,智识不广,经验不丰,不应常干涉政治。但是这是在变态的国家里的必然趋势,禁止是不可能的。" ③ 有意思的是,北京政府的腐败、镇压导致学生运动,而各政党又竞相动员学生,是五卅运动后学生运动日益激进化的关键。

第二,教育经费短缺引发教师索薪、罢教的教潮,与学潮互为激荡。北京政

---

① 觉圆. 论今日学生之通弊[J]. 学生,1914(5).

② 吕芳上. 从学生运动到运动学生:民国八年到十八年[M]. 台北:"中央研究院"近代史研究所,1994:247—418.

③ 曹伯言. 胡适日记全编(五)[M]. 合肥:安徽教育出版社,2001:73,74.

府时期，政府无法有效获得财政收入，且军阀混战耗费支出巨大，因而投入教育的经费极低，最高时亦未超过3%。即便如此，教育经费仍频繁被各级政府、军阀挪用，从而由索薪引发教潮，教潮又与学潮交织呼应。1921年6月，为增加教育预算，安庆各校学生至省议会请愿，与卫队发生冲突，是为“六二事件”[①]。最终在全国各地学生的声援下，安庆各校的经费得以增加，但学生却从中觉悟教训：“自由之城，建筑在革命流血之上；不是和平的手段所能造成的。为请愿而死，何若为革命而死？”[②]

第三，由于经济落后，且身处乱世，大量学生毕业没有出路，最终转向革命。五四运动前夕，全国共有公立学校52650所，学生约450万人，学生数量比1910年增加了3倍，其中北京的大学从1916年的17所发展到41所，上海的大学从12所增加到20所，在校大学生数量翻倍。[③]北京政府推行义务教育及壬戌学制改革亦造成非预期后果。学制改革极大扩大了中学规模。然而，时局动荡，经济及社会发展无法吸纳毕业生，大量毕业生“欲求学不可得，欲作事不可能，生机断绝，路路不通”。[④]北京青年会留学部唐悦良1916年对旅京的1655名归国留学生就业情况的调查表明，无业赋闲者达399人。[⑤]缺乏出路、丧失阶层流动乃至养家糊口希望的学生，在失望和焦虑中鼓动和参与学潮，进而被政党动员而加入国民革命。杨贤江在讨论学潮结果时指出：“在现在的军阀官僚、资本主义压迫之下，是没有什么方法可想，要想改良是做不到的。那么，我们只有一条路好走，大家向这一条大路——革命——前进。”[⑥]对此，时人指出，“每年加增数万智识阶级之失业者，即无异每年加增数万智识阶级之革命者”。[⑦]

第四，新文化运动倡导的新思潮与学校、政府保守势力的冲突。经历新文化

① 安庆姜高琦事件[G]// 中国第二历史档案馆. 中华民国史档案资料汇编（第三辑民众运动）. 南京：江苏古籍出版社，1994：562—567.

② 老决. 六二的安庆[N]. 民国日报（上海），1921年6月24日.

③ 吕芳上. 从学生运动到运动学生：民国八年到十八年[M]. 台北：“中央研究院”近代史研究所，1994：5—6.

④ 前溪. 智识阶级与革命[J]. 国闻周报，1926（44）：2.

⑤ 唐悦良. 青年会与留学生之关系[J]. 青年进步，1917（4）：5.

⑥ 杨贤江. 教育问题（三）[J]. 民国日报•觉悟，1924（17）：4.

⑦ 前溪. 智识阶级与革命[J]. 国闻周报，1926（44）：2.

运动的洗礼，实验主义、社会主义、无政府主义等“改造社会”的新思潮传入国内，受到学生推崇。学生受到杜威实验主义和学校自治的鼓励，尝试通过学生自治，改造保守落后的学校管理制度和教学方式，进而引发两方面的冲突。一是旧式学校培养的教员仍占相当比例，这些教员思想相对保守，而学生深受新文化运动新思潮的影响，注重民主权利，师生因价值观念的分歧产生矛盾。据吕芳上研究，1919 年至 1927 年，全国 57% 的学生运动发生在中学（包括师范学校），38% 在大专，5% 在小学；学校因校长而起的风潮，以师范学校最多。[①] 师范生学习现代教育理念，对保守的学校管理不满。浙六师学生对因学潮而选任的新校长称：“我所希望他的，就是改造学校。”而改造学校的想法即是受到托尔斯泰的“自由学校”、杜威的“明日之学校”等思想影响[②]。壬戌学制在扩张中学规模的同时，缩减师范教育规模，师资匮乏，学堂教员仍大多出自旧式私塾。在学潮频发的安徽，1922 年冬季，安徽省教育厅对芜湖、贵池、婺源等六县小学教师进行的调查显示，六县教师总计 4500 人，其中私塾塾师出身 2978 人，占比高达 66.18%。[③] 二是学生自治加剧了师生的矛盾。按照学生自治章程，教师对学生自治负有指导责任，学生则在章程范围内实行自治。然而，教师认为学生过于放纵，学生则以为教师干预过度。“教育者和学生对于自治的问题，往往立于相对的地位”，谁是学校的主体“成了一个很混沌的问题”。[④]

面对高涨的学生运动，政府不理解学生的心理，只是一味地压制学生，反而使得学生对政府失去信心，日趋激进。然而，学生缺乏经济基础和社会基础，单独的学生运动不能取得实质性成果。为扩大学生运动的影响力，学生也积极引导工人罢工、商人罢市予以支持。由于缺乏组织和共同的目标，学、工、商的联合并未形成，反而发生学生强迫商人罢市焚毁货物引发学商反目的情况。[⑤] 因而，学生需要借助新势力来扩充自己的力量。与此同时，五四运动让社会各界尤其是政党认识到学生的力量。“谁有青年，谁有将来。”国民党、共产党、青年党等

---

① 吕芳上. 从学生运动到运动学生：民国八年到十八年[M]. 台北：“中央研究院”近代史研究所，1994：18，75.

② 浙六师对于新校长的希望[J]. 民国日报·觉悟，1922（16）：4.

③ 程湘帆. 中国教育行政[M]. 上海：商务印书馆，1926：138.

④ 俞子夷. 学生自治[J]. 新教育，1923（3）：355.

⑤ 张维周. 救国欤？亡国欤？[J]. 晨报副镌，1926（4）：2.

政党开始积极组织和动员学生。1922年，共产党成立社会主义青年团。1924年，国民党改组时设立青年部。同年，青年党在国内立足。“各党各派都想在青年群众中插足，占些地位——用各种方法夺取群众以增厚其力量。”① 在各政党的组织和宣传引导下，学生纷纷加入政党，并在五卅运动后普遍革命化。② 学生运动与政党结合，学生运动性质发生变化，由学生运动转为政党运动学生。1928年8月，蔡元培在国民党二届五中全会回顾青年运动政策时坦承，“本党之青年运动，则在运动学生，使牺牲其光阴，牺牲其课业，牺牲其学校之秩序，以专一从事于激动之工作”。③

1919年6月，戴季陶评论正在发生的五四运动称，五四运动与此前社会运动的最大区别在于学生的“组织能力”。戴季陶称，“如果没有这‘组织能力’，便不能成一个东西，不但是不能够救国，不但是不能够做人”。④ 然而，此时国民党并不重视学生运动，直至学生在五四运动中的表现及苏俄重视群众运动的反复建议最终使国民党转变态度。1923年8月，国民党筹备改组时，中华民国学生联合会总会第五届全国代表会得到国民党襄助，在广州召开。会议提出“与主张三民主义者携手合作”，通过《敦请孙中山先生重组政府之宣言》。⑤ 至此，学生运动与政党正式结盟。

1924年1月，国民党改组为列宁式政党⑥，动员群众成为完成国民革命的必

---

① 团上海地委关于青年运动与今后团的工作方针（1927年1月）[M]// 中央档案馆，上海市档案馆. 上海革命历史文件汇集（青年团上海地委文件1925年—1927年）. 上海市档案局印刷厂，1986：397.

② 以五卅运动为标志是因为，在五卅运动中政党的组织动员、主义宣传和政治行动成功结合。王汎森. “主义时代”的来临：中国近代思想史的一个关键发展[M]// 许纪霖，刘擎. 中国启蒙的自觉与焦虑：新文化运动百年省思. 上海：上海人民出版社，2016：130.

③ 取消青年运动之论争：（一）蔡元培提议取消青年运动[J]. 教育杂志，1928（9）：4.

④ 季陶. 中国人的组织能力[J]. 星期评论，1919（1）：2.

⑤ 翟作君，蒋志彦. 中国学生运动史[M]. 上海：学林出版社，1996：100—102.

⑥ 列宁式政党是政治学、历史学等学科讨论政党政治的学术概念。列宁式政党是指根据俄国革命家列宁的理念建设，具有高度统一的意识形态信仰和完整严密的组织结构和纪律的政党。参阅：刘志明，朱思远. 列宁社会主义革命策略思想及现实意义[J]. 马克思主义研究，2020（6）：112—123；肖存良，林尚立. 中国共产党与国家建设——以统一战线为视角[M]. 上海：复旦大学出版社，2013：6—7；许纪霖. 五四知识分子通向列宁主义之路（1919—1921）[J]. 清华大学出版社（哲学社会科学版）2020（5）：130—151.

要手段。国民党改组时设立中央青年部等五部，“计划指挥全国青年运动”[①]，逐渐由一个封闭的精英政党转变为具有广泛群众基础和较强政治动员能力的革命政党。[②]3月，国民党中执会议决《青年运动政策提案》《广州市学生统一运动提案》《学生运动计划案》等议案。《青年运动政策提案》指出，学生在五四运动中的作用表明，“学生是国民革命的重要分子，而且已在国民革命进行中占得位置”。因而，“我们要学生们归到我党旗帜之下，但更要尽力维护学生的利益；对所有的学生运动（校内与校外）都要尽力指导他们，帮助他们，要使学生在国民革命当中多尽一点责任，必须把他们组织起来。所以我们要尽力去组织学生团体”。[③]4月，中央青年部部长邹鲁提出学生运动计划。“先使一般学生有政治运动的兴趣，及知道政党之作用，其次使他们知道中国国民革命的需要，再其次使他们信仰国民党，然后吸收之。”[④]

青年学生积极响应国民党的组织动员。1924年6月，上海学生成立国民党上海学生同志会，并发表宣言称：“学生不得预闻政治，在学言学，这些乡愿的话，是隔离我们与国家的关系的，是侮辱我们国民资格的……我们已陆续受了三民主义五权宪法的洗礼了。我们已将未来的岁月交付给中国国民党了。”[⑤]8月，广州学生青年大会发表宣言称：“无青年不能成国民党之大计，无国民党也不能成青年之志愿，两者相需之殷，相求之切，是有如此，所以我们盼望自今以后，要使吾国青年与国民党打为一气。”[⑥]

1925年4月，广东省党部青年部《青年学生运动决议案》指出，一方面，学生有智识基础，容易觉悟；另一方面，学生无经济基础，且受政治上经济上压迫，具有革命性。基于此，青年部提出，学生运动的目的是“吸收较进步的学生为本

---

① 中央青年部致各省党部青年部函稿（1926年8月30日），党史馆藏，档号：部1516.

② 王奇生. 党员、党权与党争：1924—1949年中国国民党的组织形态（修订增补本）[M]. 北京：华文出版社，2010：23—25.

③ 冯双. 邹鲁年谱（上）[M]. 广州：中山大学出版社，2010：185—186.

④ 团粤区委报告（第十五号）——关于广州学联改组和国民党青年召开学生党员大会的情况（1924年4月9日）[Z]// 广东省档案馆，广东青运史研究委员会. 广东青年运动历史资料（第1册）. 内部资料，1986：243.

⑤ 国民党上海学生同志会宣言[N]. 申报，1924年6月23日，第13页.

⑥ 广州青年党员大会宣言[N]. 广州国民日报，1924年8月7日，第8版.

党党员”，“使全部的学生都能起来参加国民革命运动，并领导群众向革命的路上走”。为此，青年部首先明确提出“统一青年运动”的主张，并于1925年7月成立全省学生联合会；其次，通过介绍三民主义及国民党刊物、鼓励研究政治问题、鼓励参加实际工作等方式宣传动员学生；再次，通过青年训育员养成所、夏令讲习班等方式，召集各地进步青年，培养学生运动人才。[①]广东省党部的主张很快反映在国民党中央的政策中。1926年1月，国民党“二大”议决《青年运动报告决议案》指出，“关于青年宣传刊物绝少，教育方面亦没有顾及”，提出“在教育方面应使其革命化与平民化，并注意于平民学校的扩充”。[②]4月，中常会第21次会议议决由中央青年部和组织部提出的统一学生运动办法。[③]8月，中常会第52次会议议决《学生会党团组织修正案》和《全国学联总会工作计划案》，规定“全国及各省县市学生联合会及各校学生会职员中本党党员得组织党团”。据此，国民党在全国学生联合会设立党团，并对全国学联总会给予经费资助。[④]由此，国民党“以党团之组织，为有系统的联络”，“俟学生运动有了相当之统一计划，然后注意由学生团体去领导民众，而使民众革命化”。[⑤]

中共在成立之前就高度重视学生运动。陈独秀在1915年创办《青年杂志》，宣传民主主义思想，倡导新文化运动。陈独秀和李大钊于1918年创办《每周评论》，宣传俄国革命，认为十月革命的胜利是“庶民的胜利”。1918年4月，毛泽东和蔡和森在长沙发起新民学会，寻求改造中国的出路。6月，李大钊等人筹建少年中国学会，学会宗旨为“振作少年精神，研究真实学问，发展社会事业，转移末世风气”。五四运动中，李大钊等人通过《新青年》《湘江评论》等杂志支持学生诉求，宣传马克思主义。

1920年，筹建共产党之时，上海、北京等地成立社会主义青年团，学生运动是其主要任务。1921年7月，中国共产党成立，学生运动进入新阶段。中共“一

---

① 广东省党部青年部一年来的工作报告（1926年1月）[Z]// 广东省档案馆，广东青运史研究委员会. 广东青年运动历史资料（第3册）. 内部资料，1989：63—65，53—54.

② 青年运动报告决议案[J]. 政治周报，1926（6/7）：64，65.

③ 中常会致青年部函（1926年4月20日），党史馆藏，档号：部10346.

④ 学生会党团组织修正案（1926年8月），党史馆藏，档号：部1518；中央青年部对全国学联总会工作计划案（1926年8月），党史馆藏，档号：部10455.

⑤ 中央青年部致赵文涛函（1926年9月25），党史馆藏，档号：部10459.

大”提出加强党对青年团的领导，议决吸收优秀团员入党办法。[①]次年5月，在中共主导下，中国社会主义青年团在广州召开第一次全国代表大会，正式重组。会议通过的《关于政治宣传运动的议决案》提出，青年团的生命“在不停的实际活动上面，而不在坐以论道或空谈主义的上面”。因而，“每个重大的政治问题——无论是国内的或国际的——发生，中央执行委员会和中央机关报编辑部即须详细加以分析，议决对付和宣传的方针，通知本团全国各机关一律执行”。《关于教育运动的议决案》对青年工人、农人教育，学生参加校务运动，非基督教学生平等待遇运动等均提出具体的运动策略。[②]可以看出，中共自建立伊始，对于学生运动不仅在组织建设层面实现统一领导，在思想建设层面，针对学生关心的重大政治议题和教育议题亦制定具体的运动策略。

国共合作时期，因中共有细致的群众运动策略，加之国民党不愿做基层工作，中共掌握了民众运动主导权。1923年8月，参与国民党改组的谭平山对全国学联会代表称：“诸君既参加国民革命，应明白有政党方能革命，否则仍属空谈。”[③]1924年4月，中国社会主义青年团粤区执委会书记阮啸仙总结国共合作以来国民运动工作经验时指出，广东国民运动能取得成效，“最主要之点，就是国委会时常劝诫同志，不要和国民党争无谓的风头和用不着的权力，吃苦的工作我们自己拿到来做，占小便宜的事情让给他们，至对于政策上，我们决不稍让，以保存我们的固有精神”。针对国民党对共产党的警觉，劝诫党员不要骄傲，“成则客观条件适合的功劳，败则归咎于自己之不努力”。广东学生运动的工作思路是，“以各校支部会议决定为系统，以谋学生群众利益为口号，拿学生政党的精神，不露政党的色彩，冀得群众，并收实效”。[④]

吕芳上指出，五四以后的学生运动经历了从学生干政、学生加入政党到学生

① 李达.七一回忆[J].七一，1958（1）.

② 中国社会主义青年团第一次全国代表大会文件[Z]//中国新民主主义青年团中央委员会办公厅.中国青年运动历史资料（第一册 1915—1924）.内部资料，1957：136—139.

③ 宣传委员会谯学生代表情形[N].广州国民日报，1923年8月22日.

④ 阮啸仙关于团粤区一年来的工作概况和经验（1924年4月4日）[Z]//广东省档案馆，广东青运史研究委员会.广东青年运动历史资料（第1册）.内部资料，1986：237—239.

投入国民革命运动的过程。[①] 此时，学生运动政治化、激进化的现象引发各界关注。丁子昂指出五四之后学风转向，“每假爱国之名，参加政治活动。换言之，学生每以入党为荣”。[②] 盛振声批评各政党竞相动员学生使得“教育为宣传之工具，学校成结党场所，学生充战地之先锋”。基于此，他呼吁教育独立。“所谓教育独立者，即使教育超脱政潮政党一切恶势力之影响也。”[③]

此时关于学生是否应该参与政治运动的争论实际是主义与学问之争的再现。新文化运动初期并行文化救国与政治救国两条路线，因为对民初议会政治乱象的失望，对北京政府的不满，以及对俄国十月革命创造“新的理想社会”的欣喜，学生最终选择政治救国。由此，教育与政治的关系更趋紧密，教育也因日益被卷入政治的洪流而逐渐丧失其自主性。政治立场分歧使得全国学联总会发生分裂。1927 年，国民党右派和国民党左派及中共支持的全国学联总会分别在南京和武汉两地召开第九届全国大会。随着国共合作的破裂，全国学联总会最终在 1929 年被国民党取缔。

对此，舒新城评论称，等到五四运动成功，教育者旧日的威信全失，青年自身，因无适当的指导者，对于五四运动的前因后果少分析的观察，大多数以为五四的成功完全是学生的力量，社会上一般人随声附和，也以为学生的势力最大，黠者利用之为政争之工具，怯者则诸事惟学生之意是从。[④] 刘薰宇也称，从此教育界和政治界都同时醒悟而知道教育界有相当的力量可以使用。于是教育界对于政治便不肯放松，一有机会就起而活动；政治界也不肯放松这种可以利用的势力而急欲伸脚进去，教育界和政治界的纠纷就越演越复杂。[⑤]

---

① 吕芳上. 从学生运动到运动学生：民国八年到十八年[M]. 台北：“中央研究院”近代史研究所，1994：9.

② 丁子昂. 学生与政党[N]. 时事新报，1925 年 5 月 6 日.

③ 盛振声. 教育独立问题[J]. 东南论衡，1927（13）.

④ 舒新城. 一个改革中学学生自治的具体方案[J]. 新教育，1923（5）：353.

⑤ 刘薰宇. “五四”以来的教育[J]. 教育杂志，1926（5）：3.

第四章　党治国家与公民教育的主义化

首要的问题不是自由，而是建立一个合法的公共秩序。人当然可以有秩序而没有自由，但不能有自由而没有秩序。必须先存在权威，而后才谈得上限制权威。在那些处于现代化之中的国家里，恰恰缺少了权威，那里的政府不得不听任离心离德的知识分子、刚愎自用的军官和闹事的学生的摆布。

——亨廷顿

1924年，国民党经改组成为列宁式政党。[①] 党治模式下，国家权力的正当性应建基于三民主义以及经军政、训政到宪政的"革命程序"理论。南京国民政府成立后，蒋介石为实现独裁统治，对三民主义做了道德化阐释，并拖延召开国民大会，努力将正当性建基于传统儒家伦理和领袖个人魅力。与此同时，南京国民政府凭借较强的军事力量和从中央到地方的各级党组织，建立了更为完善和严格的教育机制。尽管再情境化空间被严重挤压，但社会各界对主义教育的持续批评及政治局势，迫使国民政府恢复公民科。限于国家能力的不足、限度与悖论，南京国民政府无法实现其建立教育机制的目的。

第一节　国民党的转型与弱势独裁

国家建构的两个基本议题存在着张力关系：要实现直接统治的目标，就必须不断集权和渗透，以形成强大的国家能力；然而，政治转型引发的民众对于正

① 孙中山领导的同盟会在辛亥革命成功后，名称发生了多次变更：同盟会（1905—1912）、国民党（1912—1914）、中华革命党（1914—1919）、中国国民党（1919—　）。为方便论述，泛称为国民党。

当性的诉求约束着国家集权与渗透的努力。对于后发国家而言,国家建构的这种张力相对更难以得到平衡。

民国初年,历届政府无法合法垄断暴力,法统争议不断,导致军阀混战,政局更迭频繁。增强国家能力,推动社会整合成为国家建构的首要问题。当时的局势正如亨廷顿（Huntington）所言,对于许多现代化之中的国家来说,“首要的问题不是自由,而是建立一个合法的公共秩序。人当然可以有秩序而无自由,但不能有自由而无秩序。必须先存在权威,而后才谈得上限制权威。在那些处于现代化之中的国家里,恰恰缺少了权威,那里的政府不得不听任离心离德的知识分子、刚愎自用的军官和闹事的学生的摆布”。[①] 孙中山提出“以党建国”“以党治国”的党治模式在这一背景下形成。民国初年的议会政治最终转向党治模式。可以说,党治模式在当时特定的国家与社会关系下有其合理性。

邹谠指出:“中国的社会革命与全能主义政治的共同渊源是20世纪初期面临的全面危机,社会革命是克服全面危机的方案,全能主义政治是应付全面危机的一种对策,并且从事社会革命就必须用全能主义政治为手段。因此社会革命与全能主义既有共同历史渊源又有内在的关系。……只有先建立一个强有力的政治机构或政党,然后用它的政治力量、组织方法,深入和控制每一个阶层和每一个领域,才能改造或重建社会国家和各个领域的组织与制度,才能解决新问题,克服全面危机,因此社会革命一开始就蕴藏着全能主义政治的因素。”[②]20年代党治模式的形成对于近代中国政治及整个社会的发展具有重要影响。[③]

一、南京国民政府国家治理模式的形成与蜕变

1913年,国民党在国会选举取得绝对优势,即将组阁以制衡袁世凯之际,宋教仁被刺身亡。此后,袁世凯为实现中央集权,先后改内阁制为总统制,解散国会,由此议会政治宣告失败。为维护革命成果,孙中山领导国民党先后发起二次

---

① 塞缪尔·P. 亨廷顿. 变化社会中的政治秩序[M]. 王冠华,等,译. 上海：上海人民出版社,2008：6.

② 邹谠. 二十世纪中国政治：从宏观历史与微观行动的角度看[M]. 香港：牛津大学出版社,1994：3—4.

③ 王奇生. 党员、党权与党争：1924—1949年中国国民党的组织形态（修订增补本）[M]. 北京：华文出版社,2010：180.

革命、护国运动及护法运动。然而，军事力量的弱小尤其是地方军事力量的倒戈使得上述运动先后失败。孙中山被迫反思革命路线问题。1914 年 7 月，孙中山认为二次革命失败的原因“非袁氏兵力之强，乃同党人心涣散”，他提出由军政而训政，最终实现宪政的“革命程序”理论，并指出，在宪政实现之前，“一切军国庶政，悉由本党党员负完全责任”。① 这表明“以党建国”“以党治国”的思想已初步形成。1917 年，西南军阀为抵制北京政府干预地方军务，拥护孙中山，支持护法运动。然而在巩固其地方利益之后，西南军阀倒戈与北京政府议和，导致护法运动失败。对此，孙中山痛苦地指出，他领导的政府“尽属文人，只可名为文政府”，实际上因有政府无军队而被南方军阀操纵。“无一军队以武力维持，空空组织政府”。②

正当孙中山思索如何实现“以党建国”时，俄国十月革命的胜利使得他对苏俄红军的组织形式产生浓厚兴趣。1921 年 6 月，广东军政府所属北伐军总司令部规定军人一律入国民党。“凡军官、军佐以至军士皆须一律入国民党，若非国民党，即不得列名军籍。”③1923 年 12 月，廖仲恺在国民党中央干部会议上指出：“此次之所以必改组者，本有极大的原因。广州政治起伏之经过有三度……三次失败，皆因军人持权，党员无力，故党之主张无力。”④ 国民党改组时，孙中山指出，“没有革命军，中国的革命永远还是要失败”。⑤

孙中山决定中国革命“应效法俄人”的原因在于，俄国革命“其能成功，即因其将党放在国上”，“可为我们模范”。然而，“我们现在并无国可治，只可说以党建国。待国建好，再去治他”。⑥ 在对比和反思中国革命失败与苏俄十月革命成功的经验和教训后，孙中山逐渐明确“以党建国”和“以党治国”的主张，

---

① 邹鲁. 中国国民党史稿（上）[M]. 上海：东方出版中心，2011：622.

② 在援闽粤军官佐欢宴会上的讲话（1918 年 1 月 15 日）[M]// 中国社会科学院近代史研究所中华民国史研究室，等. 孙中山全集（第四卷）. 北京：中华书局，1985：293—294.

③ 军人一律要入党[N]. 华字日报，1921 年 6 月 24 日.

④ 廖仲恺. 中央干部会议第十次会议记录（1923 年 12 月 9 日）[M]// 广东省社会科学院历史研究室. 廖仲恺集（增订本）. 北京：中华书局，1983：138.

⑤ 孙中山. 在陆军军官学校开学典礼的演说（1924 年 6 月 16 日）[M].// 广东省社会科学院历史研究室，等. 孙中山全集（第十卷）北京：中华书局，1986：292.

⑥ 孙中山. 关于组织国民政府案之说明（1924 年 1 月 20 日）[M]// 广东省社会科学院历史研究室，等. 孙中山全集（第九卷）. 北京：中华书局，1986：103—104.

列宁式政党成为实现社会整合的组织机制和观念机制。因而,孙中山“效法俄人”主要体现在两方面:首先,学习列宁式政党的组织纪律。为此,孙中山聘请鲍罗廷为国民党组织教练员,策划改组国民党。其次,重视主义宣传。孙中山自1923年起通过系列演说阐发三民主义,将其作为民国革命的指导思想。此后,国民党决定接受苏俄和中共的帮助,确定“联俄、联共、扶助农工”的政策,改组国民党。可以说,正是民国初年特定的国家结构、社会结构以及国家与社会关系促使孙中山领导的国民党逐渐开始效仿俄国,实行“以主义治国”,“将党放在国上”,最终放弃议会政治而转向党治模式。

1924年1月,国民党“一大”议决国民党改组问题。孙中山指出,“此次国民党改组,有两件事:第一件是改组国民党,要把国民党再来组织成一个有力量有具体的政党。第二件就是用政党的力量去改造国家”。①1925年7月,中国国民党政治委员会② 议决《中华民国国民政府组织法》。该法第一条规定,“国民政府受中国国民党之指导及监督,掌理全国政务”,正式确定其“以党建国”和“以党治国”的主张,党治模式得以确立。

经改组,国民党在军事、财政及正当性方面都有显著变化,有力地促进其国家建构进程。在1927年之前,党治模式取得巨大成功。北伐迅速推进,南京国民政府成立,并在形式上统一全国。然而,南京国民政府成立后,蒋介石逐渐背离孙中山的革命路线,使得南京国民政府在军事、财政以及正当性方面面临新的危机。

首先是军事危机。

革命的屡次失败使得孙中山意识到他所面临的首要问题是,“建立一支能够保卫和扩大南方根据地的军事力量”。③ 孙中山在最初决定“效法俄人”时,也只是对苏俄红军的组织制度感兴趣。在与苏俄代表鲍罗廷第一次会谈时,孙中

---

① 孙中山.中国国民党第一次全国代表大会开幕词(1924年1月20日)[M]// 广东省社会科学院历史研究室,等.孙中山全集(第九卷).北京:中华书局,1986:97.

② 国民党中央执行委员会设有军事委员会、政治委员会(以下简称中政会)、常务委员会(以下简称中常会)三个特别委员会,分别主管军事、政治和党务。

③ 费正清,等.剑桥中华民国史:1912—1949(上卷)[M].杨品泉,等,译.北京:中国社会科学出版社,1994:520.

山指出，苏俄红军的政治工作“我们没有，我们应该有”。[①] 在派代表团考察红军的建军经验后，他向苏俄革命军事委员会副主席斯克良斯基（Sklyansky）明确提出要“按红军的模式训练中国军队”。[②] 苏俄红军模式主要特色在于重视军队的组织纪律和宣传教育，确保军队忠于党的领导。国民党主要实行以下措施：一是“支部建在连上”，即在各级军队中建立相应层级的党组织；二是在军队连以上各级组织设置党代表，负责军队的政治教育工作，且军事长官发布的命令须由同级党代表副署才能生效；三是建立黄埔军校，培养接受三民主义的党军军官。国民党以严格的组织纪律和三民主义意识形态建立一支忠于党的党军，成为其“以党建国”的强有力军事保障。南京国民政府成立后，蒋介石因在党内的地位受到西山会议派、改组派牵制，日益将军事力量作为维护其独裁统治的关键力量，孙中山最初设想的“党指挥军”的党军关系嬗变为“军控制党”。

1928 年 12 月，东北易帜后，国民党形式上统一中国，但各地军事实力派仍拥兵自重，对南京政府形成军事威胁。南京政府虽然凭借中央军的军事优势掌控全国政权，但仍无力垄断暴力。特别是九一八事变后，南京政府的“攘外必先安内”政策使其在军事上逐渐变得被动。地方军事实力派以抗日名义反对南京政府整合全国军事力量的企图，如 1933 年的福建事变、1935 年的两广事变等。而南京政府则以“剿共”、抗日的名义削弱地方军事实力派。[③]

其次是财政危机。

1927 年，南京国民政府成立之初，财政收入 7,730 万元，支出 15,080 万元，财政赤字高达 7,350 万元。为解决中央财政困难，国民政府借助军事力量，采取了一系列措施。首先，国民政府强制金融界认购政府公债。1927 年到 1931 年，

---

① 鲍罗廷关于华南形势的札记（1923 年 12 月 10 日）[G]// 中共中央党史研究室第一研究部. 联共（布）、共产国际与中国国民革命运动（1920—1925）. 北京：北京图书馆出版社，1997：365.

② 巴拉诺夫斯基关于国民党代表团拜会斯克良斯基和加米涅夫情况的书面报告（1923 年 9 月 10 日于莫斯科）[G]// 中共中央党史研究室第一研究部. 联共（布）、共产国际与中国国民革命运动（1920—1925）. 北京：北京图书馆出版社，1997：284.

③ 罗敏. 从对立走向交涉：福建事变前后的西南与中央[J]. 历史研究，2006（2）：41—61；邓正兵. 广东地方实力派和地方主义研究（1927—1936）[M]. 武汉：武汉出版社，2001.

政府公债收入达5.38亿元。[①] 其次,国民政府于1928年召开全国财政会议,建立中央和地方两级财政体制,加强中央对财政的控制力。再次,1933年,政府为统一全国货币,推行"废两改元",并于1935年11月停止使用银元,改用法币。改用法币便利了政府大量印发纸币,以弥补财政赤字。最后,政府增强中央银行等官办银行的实力,并在1935年银行挤兑风波中接管改组商办银行,形成强大的国家金融资本。南京十年,政局相对稳定,这些举措使得国民政府的支出,尤其是庞大的军事支出得以维持。[②]

由于实业经济落后,军费、外债支出过多,南京政府始终未能实现收支平衡。而且,南京政府的上述措施也存在不少隐患。首先,政府公债的利息过高,在平衡财政收支的同时,埋下了财政危机的祸根。1935年5月,上海各商办银行发生挤兑风波,中国通商银行等商办银行陷入困境。其次,在中央和地方两级财政体制中,中央财政占比过高,导致地方财政困难。地方政府只得加重对农民的盘剥,由此社会矛盾加剧。1934年,国联代表团在考察浙江后指出,"虽然建设方面取得相当成就,但是至少就短期来说是会发生严重困难的,土地税尤其是土地附加税急剧提高,成为最穷的地区中农业人口几近难以忍受的负担"。[③]

再次是正当性危机。

1924年1月,国民党"一大"通过《中国国民党第一次全国代表大会宣言》,提出新三民主义的政治纲领。新三民主义的反帝主张契合了当时争取民族独立的诉求;"为一般平民所共有"的直接民权主张不仅契合新文化运动以来高涨的大众民主诉求,而且吸引了反对北京政府军人政治的各种力量;而从占中国社会最大数量的农民群体的角度来说,满足其最基本的经济和社会要求是政治动

---

① 杨荫蒲.民国财政史[M].北京:中国财政经济出版社,1985:43,62.

② 南京政府十年,军费支出是国民政府的最大开支项目,占财政支出的30%—40%,其次是债务支出,占财政支出的20%—30%。参阅:杨荫蒲.民国财政史[M].北京:中国财政经济出版社,1985:70.

③ 阿瑟·恩·杨格.一九二七至一九三七年中国财政经济情况[M].陈泽宪,等,译.北京:中国社会科学出版社,1981:86.

员成功的关键。[①] 可以说，新三民主义具备极强的政治动员效果，成为塑造国民党政权正当性基础的理论资源。此外，长期的时局动荡使得统一国家成为国家建构的首要任务。[②] 因而，北伐时期“全国多数人心的倾向中国国民党”。[③] 自1912年7月因不满袁世凯政府而辞职教育部长并与政府保持距离的蔡元培，回归国民党担任中央监察委员会会议主席、大学院院长等职。曾经反对国民党的胡适、陶行知等人也加入国民政府任职。[④] 然而，南京政府成立后，北伐时期累积的国民认同迅速消逝。

第一，孙中山去世后，国民党内部出现了党统之争。蒋介石虽手握军权，但在党内资历尚浅，党权掌握在胡汉民和汪精卫手中，胡、汪二人利用党权制衡蒋介石的军权。于是，蒋介石不断弱化党权，强化军权，国民党也逐渐从主义治国蜕变为军人治国。蒋介石“重军轻党”[⑤] 的做法一方面造成国民党内部派系的纷争（如改组派与西山会议派、CC 派与力行社），进而导致国民党组织和宣传领域的混乱；另一方面，蒋介石日益依赖以军事力量维持统治的军事独裁遭到党内外的一致批判，使其面临正当性危机，导致其多次下野。

---

① 1926年，国民党“二大”《农民运动决议案》中明确提出通过减租减息、废除苛捐杂税等措施动员农民参加国民革命。农民运动决议案（1926年1月19日）[G]// 荣孟源. 中国国民党历次代表大会及中央全会资料（上册）. 北京：光明日报出版社，1985：133—135.

② 1927年，时人评论北伐结束了民国十余年的纷争局势时称，“统一的中国是‘千呼万唤始出来，犹抱琵琶半遮面’”。无名. 从南北到东西[J]. 现代评论，1927（131）：5. 胡适在1932年反思晚清以来国势时指出，“然而每一次反响都不曾达到挽救危亡的目标，都不曾做到建设一个有力的统一国家的目标”。胡适. 惨痛的回忆与反省[J]. 独立评论，1932（18）：9. 蒋廷黻称，北伐时期“我们对国家的统一抱无穷的希望”。蒋廷黻. 南京的机会[J]. 独立评论，1932（31）：2.

③ 胡适. 惨痛的回忆与反省[J]. 独立评论，1932（18）：11；蒋梦麟等人记录了当时国人对于北伐的支持及心态。蒋梦麟. 西潮·新潮[M]. 长沙：岳麓书社，2000：147—150.

④ 胡适1927年致信蔡元培称：“所谓‘党化教育’，我自问决不能附和。”罗志田. 个人与国家：北伐前后胡适政治态度之转变[M]// 罗志田. 乱世潜流：民族主义与民国政治. 北京：中国人民大学出版社，2013：197—236。1925年1月，陶行知发表《国家教育与党化教育》，反对在学校教育中推行党化教育。1928年，陶行知担任全国教育会议提案预备委员会委员、普通教育组成委员会委员等职。王文岭. 陶行知年谱长编[M]. 成都：四川教育出版社，2012：225.

⑤ 国民党中央执行委员会秘书、中央监察委员会秘书长王子壮在其日记中多次指出蒋介石等南京政府高层领导不热心党务、重军政轻党务的问题。关于蒋介石对国民党组织和宣传工作的认识以及对于党务的态度，参阅：王奇生. 党员、党权与党争：1924—1949年中国国民党的组织形态（修订增补本）[M]. 北京：华文出版社，2010：51—93，195—225.

第二，“清党”不仅在思想上造成党内意识形态混乱，导致三民主义本身的蜕化，也在组织上造成党内的逆淘汰。“清党”运动中，国民党将三民主义中一切带有社会改革色彩的因素武断剥离，一大批具有革命理想的国民党党员被清洗，大批投机分子乘机涌入国民党。“清党”动摇了民众及国民党党员对主义的信仰，国民党自身的组织机构尤其是地方组织遭到严重破坏。① 此外，“清党”让民众痛感失望，认为国民党与此前的北洋军阀无异，“因为它所问的不是行为罪而是思想罪”②，国民党因“以思想杀人”而“失去一般青年的同情”③。

第三，晚清萌发的法理型正当性在中华民国成立后成为国家权力的正当性基础，尽管民初政局的频繁更迭使民众对法理型正当性产生质疑，但法理型正当性仍然是国家权力的正当性基础，对国民党的党治模式形成正当性限制。国民党的各项政策与行动必须遵循规章制度。为塑造党治模式的正当性基础，1928年10月，国民党中常会议决《训政纲领》，借由孙中山“革命程序”理论，在法理上确立了国民党党权的至高地位。基于此，在南京国民政府实际运行过程中，执政党并未将统治正当性奠基于法理型正当性，而是努力塑造执政党及领袖的卡理斯玛型权威。韦伯指出，卡理斯玛型权威通过不断地创造“奇迹”来显示其超凡禀赋，塑造其正当性基础。改组完成后的国民党，经历北伐、宁汉合流、东北易帜等事件后迅速统一全国，结束了军阀混战的局面。然而，南京国民政府成立后，蒋介石在宣称继承孙中山革命遗嘱的同时，逐渐背离了三民主义。在放弃“联俄、联共、扶助农工”三大政策的同时，南京政府在内政外交方面，实行“攘外必先安内”政策；在民权方面，以“训政”为借口，提出牺牲个人的自由和权利，争取国家的自由；在民生方面，坚决拒绝在农村开展土地改革。这些举措不仅使得三民主义丧失了社会动员的能力，蜕变为空洞的政治口号，而且将民众日益推向南京政府的对立面，埋下国民党在不久的将来失败的种子。

---

① 关于“清党”运动对国民党自身的影响，参阅：王奇生. 党员、党权与党争：1924—1949年中国国民党的组织形态（修订增补本）[M]. 北京：华文出版社，2010：141—151.

② 周作人. 谈虎集·偶感四则[M]// 周作人. 周作人全集（第3册）. 台北：蓝灯文化公司，1992：212.

③ 英子. 不要杀了[J]. 现代评论，1927（128）：4.

二、南京国民政府时期国家与社会关系的变化

罗兹曼（Rozman）认为，“1927 年的重新统一尝试对中国的政治现代化具有极大的重要性：它是在现代化基础上再造国家政治一统局面的首次认真的尝试”。[①] 南京政府采取一系列措施，推进国家的直接统治，将国家权力渗透到基层社会。在这一过程中，借助国民党的军事优势和各级党组织，国家与社会关系得以重构。可以说，党治模式是在晚清以来地方社会碎片化、国家尝试寻找实现社会整合有效途径的时代背景下形成的。如果说党治模式是国民党顺利完成北伐、实现以党建国的关键，那么，南京国民政府成立后，党治模式则成为国民党以党治国诸多困境的根源所在。由于国民党的军事和政治统治遭遇地方实力派的挑战，以及党政关系、国民党内部的派系斗争、地方党组织力量虚弱等因素，南京国民政府形成了悬浮政权下的“弱势独裁”局面。[②] 因而，南京国民政府时期，社会力量仍享有较大的自主空间。

首先，蒋介石依靠军事实力日益集权，领袖权威造成非正式关系、非正式制度盛行。国民党借由孙中山“革命程序”理论，将国家政权转托国民党中央执行委员会（以下简称中执会）执行，治权付托于国民政府，由中执会指导监督国民政府重大国务之施行。蒋介石依靠其军事领导权逐步将党、政、军权力集于一身。随后，蒋介石通过军事和财政等手段，削弱地方军事实力派的力量，努力调整中央和地方关系。然而，国民党组织内部的显著特征是“党的派系化”和“派系的党化”，改组派与西山会议派、CC 派与力行社等派系之间内耗不断。[③] 国民党外部的反对派和内部的派系分化严重限制了其实现中央集权的努力。

韦伯指出，卡理斯玛权威不是基于民众的授权，而是民众追随具有超凡禀赋的领袖，因而卡理斯玛权威具有不受民众制约的专断权力。然而，南京国民政府颁布的各项规章制度在实现科层统治的同时，成为各级官僚行动的准则。官僚

---

① 吉尔伯特·罗兹曼. 中国的现代化[M]. 国家社会科学基金“比较现代化”课题组，译. 南京：江苏人民出版社，1998：344.

② 王奇生. 党员、党权与党争：1924—1949 年中国国民党的组织形态（修订增补本）[M]. 北京：华文出版社，2010：404—409.

③ 王奇生. 党员、党权与党争：1924—1949 年中国国民党的组织形态（修订增补本）[M]. 北京：华文出版社，2010：261—292.

体制的约束限制了卡理斯玛的专断权力。卡理斯玛权威为保障最高权力，不得不弱化正式的规则制度，从而导致非正式关系、非正式制度盛行。行政院政务处处长何廉曾评论国民政府人事制度，“院中大小官员的任免几乎都是通过个人关系来解决的。尽管在考试院的督导下，实行着一种考试制度，但大小官职都不是通过这种制度来替补的，要有也只限于那些比较低微的职衔”。① 随着陈立夫、朱家骅先后接掌教育部，教育部主要职官也悉数更替。

其次，国民党通过地方自治及保甲制度，加强国家权力对基层社会的渗透。根据“以党治国”的方针，《训政纲领》规定要“以党来管理一切”。国民党在各级行政机构建立从中央到省、市、县各级党组织。国民政府规定在党的指导下实施县自治，实质是在基层寻找代理人以将国家权力渗透至基层社会。同时，国民政府推行保甲制度，并实行新县制，建立县级以下的区、乡（镇）、保、甲四级行政组织体系。这是国家权力首次下渗到乡村。此外，为加强对社会的渗透和控制，国民党要求在各类产业、社会团体及海外华侨集中地建立党组织。然而，由于在省级以下实行党政分开，国民党地方党部力量严重不足，形成上层有党、下层无党的局面。尤其是在县以下的农村地区，基本没有党组织和党员的踪迹。② 由于基层力量不足，国民党无法监控地方代理人，造成代理人掠夺乡民的问题。杜赞奇称之为国家政权的内卷化。③

再次，主义时代，三民主义观念借助国家权力定于一尊。面对救亡图存的危机，北京政府软弱无能，而当时的国人也是“一盘散沙”，无法“御外侮”、“复兴中华民族”。经历重重运动与反思，社会各界认识到，中国社会需要“一个有重

---

① 何廉. 何廉回忆录[M]. 朱佑慈，等，译. 北京：中国文史出版社，1988：97.

② 王奇生. 党员、党权与党争：1924—1949 年中国国民党的组织形态（修订增补本）[M]. 北京：华文出版社，2010：293—306.

③ 杜赞奇所称 20 世纪以来中国国家政权的内卷化是指，国家不是依靠提高财政汲取能力来增加财政收入，而是依靠地方代理人代为征缴，随着地方代理人成为“赢利型经纪人”，国家政权逐渐内卷化。杜赞奇. 文化、权力与国家：1900—1942 年的华北农村[M]. 王福明，译. 南京：江苏人民出版社，1995：65.

心的政治组织”[①]。因而,新文化运动时期高扬的个体价值开始逐渐回落,中国思想界进入主义时代,各政党积极争夺民众支持。随着北伐成功,主义借助军事和政治的力量获得支配地位,中国思想界进入主义的排他性和信仰化阶段。蒋介石提出“三民主义为中国唯一的思想”。国民党通过制定各项政策法规将三民主义制度化、经典化。国民党强制推行以党治国遭到其他社会力量的批评和反抗,然而九一八事变及七七事变加剧的存亡危机,使得社会各界最终在共赴国难的共识下不得不接受国民党的统治。

第二节　主义时代的主义教育

中华民国成立后,法理型正当性成为国家权力的正当性基础。然而,由于国民党改组,在南京国民政府实际运行过程中,执政党并未将其执政正当性奠基于法理型正当性,而是努力塑造执政党及领袖的卡理斯玛型权威。国民党借助国家权力及党的组织系统,不断完善三民主义的理论体系,并通过包括学校教育在内的多种方式在全社会宣传三民主义,试图让全体国民相信三民主义所勾画的国家建构目标,服从并追随国民党特别是党的领袖蒋介石,以共同实现这一目标。中央训练部曾指出主义教育之意义“在以党义教育国民,以党德陶冶国民,务使全国国民皆能深切了解本党主义,成为三民主义之忠实信徒”,“务使各校学生全国民众,在智识方面能深刻了解本党主义之真体,在思想方面,能切实体会本党主义之精神,而为三民主义之笃信与力行者,则党义教育之基础始为确立”。[②] 这表明,国民党政府实行主义教育的根本原因在于,通过定于一尊的三民主义,塑造国民党统治的正当性。

---

① 胡适. 惨痛的回忆与反省[J]. 独立评论,1932(18): 9. 北伐时,沈刚伯曾询问胡适在英国宣传三民主义的意图,胡适认为,“目前中国所急需的是一个近代化的政府,国民党总比北洋军阀有现代知识,只要他们真能实行三民主义,便可有利于国,一般知识分子是应该加以支持的”。沈刚伯. 我所认识到的胡适之先生[M]// 冯爱群. 胡适之先生纪念集. 台北: 学生书局, 1973: 9.

② 中央训练部工作报告(1931 年 10 月)[G]// 中国第二历史档案馆,海峡两岸出版交流中心. 中国国民党历次全国代表大会暨中央全会文献汇编(第 10 册). 南京: 江苏古籍出版社, 2012: 335.

一、南京国民政府时期教育权力格局的演变

北京政府无力掌控教育,教育领导权下移民间。五四运动后,学校受政治运动的影响,日益陷入失序状态。随着东北易帜,南京国民政府形式上统一中国。在完成组织、政治统一的基础上,国民党试图实现思想统一,即蒋介石 1928 年 7 月在北京大学所言的“希望国家健全思想统一”①。为实现“实行三民主义化,树立教育之精神,以固党国百年之基础”的目的②,国民党借助其组织和宣传力量,推行一系列措施,逐渐将国家权力渗透到教育中,把此前下移到民间的教育领导权收归中央。

第一,确保党部对主义教育的主导权。国民党主义教育的主导权经历了从党部到大学院,再回归党部的转变。广州国民政府时期,国民党在政治教育层面推动主义教育,由党部指导学校政治训育部实施。1926 年 5 月,广东省第六次教育大会通过《党化教育决议案》。议案要求各学校增设“政治训育部”,并规定由国民党党部介绍训育人员。③南京国民政府成立后,蔡元培主导的大学院获得教育的主导权。1927 年 6 月,为推行主义教育,大学院设立“政治教育委员会”。随着 1928 年 2 月二届四中全会通过《改组中央党部案》,据此成立的中央训练部随即与大学院争夺主义教育的主导权。④经中常会第 131 次会议议决,国民党中执会成为各项重大教育问题的最高决策机构。

第二,通过各级党组织对教育组织加以控制。1924 年 8 月,广州特别市党部令教育局并转饬所属各校,要求“所有市立学校职教员,均须加入本党”。⑤1926 年 7 月,广州国民政府中央教育行政大会通过议决案,规定“凡学校及私塾员生

---

① 蒋介石在北大演说欲国家健全思想统一[N]. 京报,1928 年 7 月 18 日.

② 国民党北平政治分会关于白崇禧提议实行三民主义化教化案致国民政府代电(1928 年 7 月 28 日)[G]// 中国第二历史档案馆. 中华民国史档案资料汇编(第五辑第一编教育). 南京:江苏古籍出版社,1994:1010.

③ 全省教育大会通过党化教育决议案[N]. 广州民国日报,1926 年 5 月 10 日,第 3 版.

④ 国民党中央民众训练机关多次变更,为简化起见,全文统称中央训练部。具体变更为:中央训练部(1928.2—1931.12,同时成立的中央民众训练委员会于 1929 年 3 月并入),中央民众运动指导委员会(1931.12—1935.12),中央民众训练部(1935.12—1938.2)。

⑤ 市教育机关职员须一律入党[N]. 广州民国日报,1924 年 8 月 1 日,第 7 版.

须全体加入国民党”。[①]1928年7月,中执会颁布《取缔各种社会教育机关违背党义教育精神通则》。通则规定,“凡公私团体或私人所举办之社会教育机关或其负责人员,而有违背党义教育精神之设施或言行者,由国民政府遵照本通则,分饬所属各级教育行政机关及民政机关严格取缔之”。[②]1931年2月,中常会第127次会议议决由各级党部指导教育会改组,将“各地旧有教育会、教育协会、教职员联合会、教育筹备会等一律撤销”,经改组将教育组织纳入党部管控。[③]

第三,教育行政机构职权上移。南京国民政府政权稳固后,将民国初年下移到民间的教育权逐级上收。首先,教育部将分散于各机构的教育权予以统一。1929年1月,行政院颁布《统一教育管辖》训令,规定全国学校及有关文化之事业统一受教育部监督指导,“以一事权而重责任”。[④]其次,通过裁局设科,将相对独立建制的教育行政权力收归上级政府。南京国民政府成立之初,各地在县级层面的自治使得县政府与县教育局系统分立。1929年10月,国民政府颁布《县政府办事通则》。通则规定县政府内设立专办或兼办教育事务的科,与教育局建制平行,负责对教育局的规划和考核。[⑤]1935年2月,国民政府命令在“剿匪”省份裁撤包括教育局在内的县内各局,将其职责并入县政府各科。1937年6月,国民政府制定《县政府裁局改科暂行规程》,裁局设科举措在全国推广。[⑥]

第四,推行义务教育,并借机渗透主义教育。国民党宣称,“训政之目的,即以保养、教育此主人成年而还之政,为其全部之根本精神”。[⑦]为兑现其实施训政目的的承诺,国民党必须推行义务教育,以提升国民智识。1929年3月,“三大”政治报告决议案指出,“教育乃国家建设永久之任务”,要改变数十年来教育的

---

① 中华民国教育部. 第一次中国教育年鉴(戊编)[M]. 上海:开明书店,1934:142.

② 取缔各种社会教育机关违背党义教育精神通则(1928年7月16日)[G]// 中国第二历史档案馆. 中华民国档案资料汇编(第五辑第一编教育). 南京:江苏古籍出版社,1994:691.

③ 省党部特别市党部及县市党部指导教育会改组及组织办法[J]. 中央训练部公报,1931(9):3.

④ 令发统一教育管辖提案由[J]. 行政院公报,1929(10):37—38.

⑤ 魏光奇. 官治与自治:20世纪上半期的中国县制[M]. 北京:商务印书馆,2004:150—151.

⑥ 教育部教育年鉴编纂委员会. 第二次中国教育年鉴[M]. 上海:商务印书馆,1948:188.

⑦ 确定训政时期党、政府、人民行使政权治权之分际及方略案(1929年3月21日)[G]// 荣孟源. 中国国民党历次代表大会及中央全会资料(上册). 北京:光明日报出版社,1985:658.

病理状态，“必矫正从前教育上放任主义之失，而代之以国家教育之政策”。[①]为此，1928年5月，第一次全国教育会议议决《厉行全国义务教育案》。[②]1930年4月，第二次全国教育会议议决《实施义务教育初步计划草案》，提出在1931年年底实现“全国一律实施四年之义务教育”。[③]12月，中常委议决中央训练部提出的《县、市党部设立民众学校办法大纲》。大纲指出，“本党训政时期，已逾二年，地方自治，实施伊始，应急扫除文盲，训练人民行使四权，而推广民众学校，乃为刻不容缓之举”，因而规定“各级党部设立民众学校，以辅助政府教育之不足，而促进党义教育之普及”。[④]中央训练部以普及教育名义，规定各级党部直接设立学校。

在推行义务教育过程中，国民政府要求各级各类学校开设党义课程。1928年7月，中常会第160次会议颁布《各级学校增加党义课程暂行通则》。通则规定：“为使本党主义普及全国，并促进青年正确认识起见，各级学校除在各种课程内融会党义精神外，须一律按本条例之规定增加党义课程。”通则对各级学校之党义课程设置做了详细规定。[⑤]1929年8月，教育部颁布《小学课程暂行标准》和《中学课程暂行标准》，正式以党义科代替公民科。[⑥]此外，在改良私塾、推行国民教育时，国民党也要求必须开设党义课程。[⑦]

罗兹（Lutz）认为，对于当时亟须建构现代国家的中国来说，“即使自由主

---

① 对于政治报告决议案（民国十八年三月二十七日第三次全国代表大会通过）[G]// 荣孟源. 中国国民党历次代表大会及中央全会资料（上册）. 北京：光明日报出版社，1985：645.

② 该决议案制定的实施程序不切实际，如规定“各地方失学儿童数，每两年应减少20%”，于第二次全国教育会议期间修订。厉行全国义务教育案[R]// 中华民国大学院. 全国教育会议报告（乙编）. 上海：商务印书馆，1928：293—294.

③ 实施义务教育初步计划草案[J]. 教育部公报，1930（5）：42.

④ 县、市党部设立民众学校各项规程要点说明[J]. 中央训练部公报，1931（8）：73.

⑤ 南京国民政府公布各级学校增加党义课程暂行条例（1928年7月30日）[G]// 中国第二历史档案馆. 中华民国史档案资料汇编（第五辑第一编教育）. 南京：江苏古籍出版社，1994：1075.

⑥ 教育部中小学课程标准起草委员会. 中小学课程暂行标准（共5册）[M]. 上海：卿云图书公司，1929.

⑦ 教育部公布一年制短期小学暂行课程标准令（1935年7月31日）；国民党中央训练部拟订的《三民主义民众教育具备的目标》（1931年）[G]// 中国第二历史档案馆编. 中华民国史档案资料汇编（第五辑第一编教育）. 南京：江苏古籍出版社，1994：633—634，701.

义者也要根据国家和个人的需求来确定教育目标。由于家族主义和儒家伦理被认为是创建‘现代人’和现代国家的主要障碍,因此,可以用民族主义的教育体系来解放个人,并使国家强大”。[①] 然而,教育救国的努力最终脱离教育的边界,被政治反噬。“本来应以教育化政治者,终乃使政治化教育。”[②] 陈翊林指出,民国成立以来教育思潮与教育实践的一个趋势是,“要求教育的政治化,即是要求以教育改造政治,使学生均受政治教育,增进政治意识。这个趋势,走到极点,成了党化”。[③]

二、主义教育的兴起与演变[④]

南京国民政府时期教育发展的基本特征是教育的主义化。主义教育的形成主要有两方面原因。首先是由国民党的政党性质所决定的。经改组,国民党有两个突出的特点:一是重视党的组织建设,建立从中央到地方与国家行政机构并行的党组织,将全体党员纳入纪律严明的组织机构;二是重视党的思想建设,以党的主义统一国民思想,维护政党统治的正当性。其次是与共产党等团体争取学生的需要。国民党对学生在五四运动与国民革命中的作用有充分的认识,而且对共产党的宣传工作非常忌惮,因而要通过主义教育使学生“信奉孙逸仙的三民主义,希望借以阻止心怀不满的青年转向共产党”。[⑤]

国民党主义教育的发展可以以 1927 年定都南京和 1931 年九一八事变为界分为三个阶段。在南京国民政府成立之前,主义教育的主要目的是动员民众,完成国民革命。此时虽有反对意见,但社会各界整体支持主义教育。南京国民政府成立后,随着主义教育在全国的强制推行,主义教育的目的也从动员民众转为

---

① Lutz, Jessie. Chinese Nationalism and the Anti-Christian Campaigns of the 1920s[J]. *Modern Asian Studies*, 1976(3): 414.

② 取缔私学与整顿官学[N]. 大公报, 1930 年 2 月 21 日,第 2 版.

③ 陈翊林. 最近三十年中国教育史[M]. 上海: 太平洋书店, 1930: 373.

④ 由于国民党围绕主义教育的名称产生过争论,包括党化教育、党义教育、三民主义教育等,加之 1932 年恢复公民科,因而,本研究根据“主义时代”的逻辑,全文除根据史实和引用原文外,统称为主义教育。

⑤ 费正清,等. 剑桥中华民国史: 1912—1949(下卷)[M]. 刘敬坤,等,译. 北京: 中国社会科学出版社, 1994: 473.

宣灌党义，以塑造国民党统治的正当性。这一做法引发党内外的争议。九一八事变后，共赴国难成为共识。社会各界对主义教育的批评减少，国民党也调整教育重心，更多关注民族精神恢复，而非党义宣灌。

（一）广州国民政府时期主义教育的探索

在改组前，国民党“完全为一议会政治下的一个政党，对于教育亦不甚重视”。①主义教育的提出受到苏俄的直接影响。1923 年 1 月，在上海国民党改进大会上，孙中山指出，“俄国五六年来，革命成功，也就是宣传得力”。因而，“党的进行，当以宣传为重。宣传的结果，便是要招致许多好人来和本党做事。宣传的效力，大抵比军队还大”。②10 月，孙中山在国民党恳亲大会上阐述了他重视主义宣传的原因。首先，建设民国不成功的原因在于“大多数人民不了解本党的主义”；其次，要巩固革命成果、保守地盘的根本在于“得人心”，宣传主义是得人心的重要方法。他提出，“用这个主义去统一全国人民的心理。到了全国人民的心理都被本党统一了，本党自然可以统一全国”。③为此，1924 年 1 月至 8 月，孙中山以每周在广东高等师范学校讲演的方式阐述三民主义，内容经整理修改后出版。

1924 年 1 月 23 日，国民党第一届中央执行委员叶楚伧在“一大”作“出版及宣传问题”提案说明时提出，要创办本党的学校以宣传三民主义，并要“将本党编定的教科书扩充于其他学校，则将来其他学校皆变成本党的学校”。④1 月 25 日，会议议决《宣传事业及宣传组织案》。决案指出：“盖本党之思想和知识的干部，非赖教育，不能造成；而人格之养成，活动能力的训练，亦非教育不为功。故组织以党义宣传、党德养成为中心之学校，亦为今后重要之事业。”会

① 舒新城. 近代中国教育思想史[M]. 福州：福建教育出版社，2007：262.

② 孙中山. 在上海国民党改进大会的演说（1923 年 1 月 2 日）[M]// 中山大学历史系孙中山研究室，等. 孙中山全集（第七卷）. 北京：中华书局，1985：6—7.

③ 孙中山. 在广州中国国民党恳亲大会上的演说（1923 年 10 月 15 日）[M]// 中山大学历史系孙中山研究室，等. 孙中山全集（第八卷）. 北京：中华书局，1986：279—286.

④ 中国国民党全国代表大会会议录·出版及宣传问题（1924 年 1 月 23 日）[G]// 中国第二历史档案馆、海峡两岸出版交流中心. 中国国民党历次全国代表大会暨中央全会文献汇编（第 1 册）. 南京：江苏古籍出版社，2012：45—46.

议“决办一党立大学校”。[①] 此次会议应是国民党中央最早讨论主义教育问题的会议。

“一大”之后,国民党旋即在各级各类学校推行主义教育。此时,国民党推行主义教育的目的在于用党的组织纪律和思想信仰将国民整合起来,完成国民革命。为将党的势力渗透到学校,“一大”前夕,广东高等师范学校于 1924 年 1 月 9 日成立党团,设第一、第二区分部,并参与学校校务。[②] 此后,国民党在广东大学设立特别党部,直属国民党中央,“实行以党治校”。[③] 周鼎培在筹备改办中山大学时提议设党代表、政治训练部等方式,以“达到党化教育的主旨”。[④]12 月,中执会致函青年部在私立岭南大学成立党团。[⑤] 为组织动员各学校推行主义教育,中央青年部发起国民党籍校长联合会。[⑥] 此外,是年 8 月 1 日,广州特别市党部令教育局并转饬所属各校:“(一)所有该局职员,均须令于一个月内加入本党,逾期不入者,须提出正当理由。如有决意反对本党主义者,应分别撤换停职。(二)暑假后,所有市立学校职教员,均须加入本党。”[⑦] 截至 8 月 6 日,已有五百余教职员加入国民党。[⑧]

为统一学生思想,1924 年 2 月,广东高等师范学校党团最高执委会决定成立出版委员会和教材委员会,编辑出版三民主义教科书。[⑨]7 月,中央青年部提出

---

① 中华民国史事纪要编辑委员会. 中华民国史事纪要(初稿)中华民国十三年(1924 年)一至六月份[M]. 台北:“国史馆”,1983:202—203.

② 中央青年部长邹鲁上中执会函:高师党团半年来经过情形报告(1927 年 7 月 2 日),党史馆藏,档号:汉 12822。广东高等师范学校党团应为国民党在学校最早设立的党组织。

③ 广大执委上青年部邹部长函:函知查存广大职员特别区分部成立经过报告表(1924 年),党史馆藏,档号:部 0066.

④ 周鼎培. 到中山大学之路[J]. 国立中山大学讨论号,1926(讨论号):13—20.

⑤ 中执会致青年部函:组织岭南大学党团办法(1924 年 12 月 30 日),党史馆藏,档号:汉 1239.

⑥ 广州一年来教育及学生运动状况(1925 年 1 月)[Z]// 广东省档案馆,广东青运史研究委员会. 广东青年运动历史资料(第 1 册). 内部资料,1986:373.

⑦ 市厅特令:市教育机关职员须一律入党[N]. 广州民国日报,1924 年 8 月 1 日,第 7 版.

⑧ 本市教职员之入党声[N]. 广州民国日报,1924 年 8 月 6 日,第 8 版.

⑨ 中央青年部长邹鲁上中执会函:高师党团半年来经过情形报告(1924 年 7 月 2 日),党史馆藏,档号:汉 12822.

利用暑期开设国民党主义研究所，“以党义国是灌输于青年学子脑中”。①8月，广州特别市党部宣传部拟定宣传计划，提出编纂“宣传党义之教科书”，拟具中国国民党教科书目录、编纂大意及统系表，“以为着手编纂之规范”；“将三民主义、五权宪法，及本党之宣传政纲等，编成课本交党立各校教授”，其宗旨是“灌输本党主义于一般国民”。②1925年10月，广东大学规定，所有专业必修“中山主义”课程，每周三小时。③ 与此同时，国民党籍校长联合会召开会议，会议通过国民党青年部的提案，接受国民政府和国民党党部的“指挥”；在国民党掌控的学校增设“孙文主义”科；党籍校长应参加中央党部总理纪念周，并即日回校传达。④1926年1月，广州国民政府规定，广东全省初等和中等学校必须开设三民主义课程。⑤4月，广州市教育局规定私塾必须教授三民主义与公民常识，每周两小时。⑥7月，成立不久的国民政府教育行政委员会召开中央教育行政会议，会议决议案多与党化教育相关，如规定在农村教育计划中增加“三民主义浅说”等科目。⑦ 此时，虽无党化教育之名，但在国民党所辖地区，党化教育从党的组织和思想两方面得到广泛推行。

党化教育作为一个概念并非由国民党提出。1928年5月，第一次全国教育会议“中华民国教育宗旨说明书”指出，党化教育“这个名词最初出于反对本党者之口”。⑧ 党化教育在党内外被广泛使用，源于1925年1月东南大学易长风波。其时，北京政府教育部突然解除东南大学校长郭秉文职务，遭到校董事会、

① 中央青年部致各同志函：为举办国民党主义研究所（1924年7月19日），党史馆藏，档号：部12551.

② 宣传部报告宣传计划大纲[N]. 广州民国日报，1924年8月6日，第8版；宣传部提议编纂教科书案[N]. 广州民国日报，1924年8月22日，第8版.

③ 广大增设孙文主义科目[N]. 广州民国日报，1925年10月17日，第10版.

④ 党籍校长会开全体大会[N]. 广州民国日报，1925年10月31日，第11版.

⑤ 小学三民主义课请党部决定[N]. 广州民国日报，1926年1月7日，第3版.

⑥ 教育局局务会议决议案[N]. 广州民国日报，1926年4月22日，第5版. 1926年12月，广州市教育局颁布《厉行私塾党化教育办法》，进一步强化了私塾的“党化教育”。教育局对私塾党化教育之通令[N]. 广州民国日报，1927年1月7日，第9版.

⑦ 国民政府下之教育行政会议[J]. 教育杂志，1926（8）：5.

⑧ 中华民国教育宗旨说明书[R]// 中华民国大学院. 全国教育会议报告（乙编）. 上海：商务印书馆，1928：2.

校学生自治会及部分师生的抗议。东南大学教授发表挺郭宣言指出，“传闻此次郭校长免职之举，确为所谓‘党化教育’之一幕”。因此，“这方面有人著论以党化教育为恶名，那方面便有人说明教育党化的必需”，党化教育概念也随之被广泛使用。[①] 需要说明的是，时人如张溪若、邵力子等都认为，东南大学教授们在使用“党化教育”一词时，党化并不涉及党的意识形态，而是指易长风波中的政治干预。[②]

据陈钊考证，国民党正式文件较早[③] 出现“党化教育”这一概念是 1926 年 1 月，广东省党部青年部在其“一年来工作报告”之第十七项中题有“党化教育及党团”。[④] 实际上，此时国民党内部对于“党化教育”的提法存在分歧。1926 年 1 月，国民党“二大”期间，与会代表在表决《青年运动决议案》时围绕是否使用“党化”一词存在分歧。支持者与反对者共提出三个修正案，但第一轮表决均未获得通过。反对者认为，“‘党化’二字是不好的名词”，“在宣传方面易于引起误会”，因而提议用革命化代替党化的表述。[⑤] 这说明此时党化教育并未成为国民党政府的官方表述。

对此，舒新城在 1927 年指出，“党化教育在十四年尚是一种思潮，至十五年凡在国民政府势力下的各省，均以教育行政力实施之”。[⑥]1926 年 5 月，广东省

① 舒新城. 近代中国教育思想史[M]. 福州：福建教育出版社，2007：264.

② 张奚若. 党化教育与东南大学[J]. 现代评论，1925(17)：7；邵力子. 论党化大学(1925 年 2 月 12 日)[M]// 邵力子文集. 北京：中华书局，1985：1016.

③ 有研究者认为国民党第一次明确提出“党化教育”概念是 1925 年。其根据为陈进金在《抗战前教育政策之研究》第 116 页指出：“国民政府于十四年七月在广州成立后，即注意于教育的发展，一切教育措施悉依三民主义之精神，对于各级教育尽量灌输以党义，称之为‘党化教育’。”然而，陈进金对该观点的注释刊载于 1928 年《大学院公报》第九期七至九页，即 1928 年 7 月国民政府发布的《各级学校增加党义课程暂行通则》，由此可知，此处实为陈进金对广州国民政府教育政策的概括表达。参阅：陈进金. 抗战前教育政策之研究[M]. 台北：近代中国出版社，1997：116，153；各级学校增加党义课程暂行通则[J]. 大学院公报，1928(9)：7—9.

④ 陈钊. 国民党党化教育制度研究：1924—1937[M]. 杨凌：西北农林科技大学出版社，2014：4.

⑤ 中国国民党第二次全国代表大会会议记录(1926 年 1 月 16 日)[G]// 中国第二历史档案馆，海峡两岸出版交流中心. 中国国民党历次全国代表大会暨中央全会文献汇编（第 2 册）. 南京：江苏古籍出版社，2012：18—20.

⑥ 舒新城. 民国十五年中国教育指南[M]. 上海：商务印书馆，1928：5.

第六次教育大会通过《党化教育决议案》。议案要求各学校增设政治训育部，定三民主义为必修科，并对教材编审等问题予以详细规定。[①]9月，国民党广东省执委会请中央秘书处呈函中政会，提请中政会转饬国民政府教育行政委员会，通令各校“由下学期起一律实施党化教育”。[②]这表明至1926年秋，国民党高层已接受党化教育概念作为官方话语。[③]此时，国民党已于是年7月誓师北伐。据此可以推论，党化教育概念是随着北伐的快速推进而在全国推广并流行的。

此时主义教育虽已广泛推行，但还不成体系。不论是教育行政机关还是学校，对主义教育的内涵并无深入的认识，“以为只消在各级教育行政机关中，各职员读一点关于三民主义的书，贴几张关于三民主义的标语，发几道关于三民主义的命令文告，或是在各种教育机关中，教授或讲演若干小时的三民主义，或是在各种教科目中，搀入一点关于三民主义的话，就是三民主义的教育”。[④]因而，亟须对主义教育的内涵进行解释说明。

1926年3月，广州国民政府成立国民政府教育行政委员会。8月，教育行政委员会委员兼广东省教育厅厅长许崇清拟定《教育方针草案》，提出十四条党化教育纲领。[⑤]《教育方针草案》从民生主义和民权主义的角度阐述对国民的政治教育，最早给予党化教育以具体内涵。舒新城在比较当时国民党党内对于党化教育的不同阐释后认为，“许崇清所提出的实业教育政治教育的方针，既不背国民党底三民主义，也很适合中国现社会的要求”。[⑥]

从国民党改组到南京国民政府成立这段期间，是主义教育的兴起和探索

---

① 全省教育大会通过党化教育决议案[N]. 广州民国日报，1926年5月10日，第3版.

② 中秘处致政治会议函：实施党化教育等事（1926年9月9日），党史馆藏，档号：汉14939.

③ 1926年11月，教育行政委员会“再议实施党化教育案”，议决教育行政委员会委员甘乃光拟定党化教育实施大纲二十条，包括各校加授三民主义；审查各校教科书，以不违背党义为原则；举办总理纪念周；各校应设立学生军、党童军；学校应设训育部；特设专校培养党义师资；制定党的教育宗旨、教育方针等。教育行政委员会决议案；实施党化教育之大纲[N]. 广州民国日报，1926年11月3日，第5版.

④ 中华民国教育宗旨说明书[R]// 中华民国大学院. 全国教育会议报告（乙编）. 上海：商务印书馆，1928：2.

⑤ 教育方针草案（1926年8月）[G]// 舒新城. 近代中国教育史料. 北京：中国人民大学出版社，2012：603—607.

⑥ 舒新城. 近代中国教育思想史[M]. 福州：福建教育出版社，2007：276.

时期。这一时期主义教育的主要目的是希望用党的组织和思想将国民整合起来,动员民众,完成国民革命,与此后的党义灌输有明显的区别。许崇清明确指出,“这个要求当然不是要将治者的政治意识硬灌注到一般民众去”,“若必以治者的政治意识强加灌注,必至窒息民众的创造力。不特于教育为无功,反而有害”。[①]1927 年 7 月,教育行政委员会通过的《国民政府教育方针草案》也指出,“革命化的教育是完成政治革命和社会革命的工具”。[②]

此时,鉴于长期的时局动乱,教育遭受政治、生活压迫,处于崩溃边缘[③],教育界认为需要“建设一个有力的统一国家”,才能解决问题。北伐快速取得成功,国家实现统一,加之此时处于主义时代,尽管有反对声音(来自自由主义者和国家主义者),但教育界大多接受主义教育。

陈进金指出,“党化教育”被视为救国救民的教育,深为各地学生所接受。[④]1926 年 7 月,北伐军攻克湖南后,国民党整饬湖南教育。由长老会所办成智学校学生向校方提出“不读《圣经》,改授三民主义,改聘国民党员为教授”等要求,限学校二十四小时答复。当学校拒绝时,学生发起罢课,迫使学校妥协。[⑤]1927 年 7 月,南京国民政府成立不久,上海学生联合会致函上海特别市党部,主动提出“实行党化教育”。[⑥]整体而言,北伐时期全国多数人心的倾向中国国民党,曾经反对国民党的胡适、陶行知等人也到国民政府任职。处于国共合作的中共亦对党化教育持支持态度。如时为中共党员的邵力子认为,“国民党既主张以党治国,则虽未明白主张以党办大学,而希望大学学生皆能接受国民党的党纲,自属当然的事”。[⑦]

---

① 教育方针草案(1926 年 8 月)[G]// 舒新城. 近代中国教育史料. 北京:中国人民大学出版社,2012:603—607.

② 国民政府教育方针草案[G]// 舒新城. 近代中国教育史料. 北京:中国人民大学出版社,2012:607—611.

③ 刘薰宇. 中国教育的危机[J]. 教育杂志,1927(1):2.

④ 陈进金. 抗战前教育政策之研究[M]. 台北:近代中国出版社,1997:116.

⑤ 革命军势力下之湘鄂赣教育[J]. 教育杂志,1927(1):5.

⑥ 国民政府教育行政会议对于上海学联会总要求之答复[G]// 舒新城. 近代中国教育史料. 北京:中国人民大学出版社,2012:614.

⑦ 邵力子. 论党化大学(1925 年 2 月 12 日)[M]// 傅学文. 邵力子文集. 北京:中华书局,1985:1016.

此时，也有不少人对主义教育提出批评。国民党在广东的主义教育甫一兴起，陶行知即于1925年1月发表《国家教育与党化教育》，反对在学校推行党化教育。"中小学教育的内容，会因教育党化而丧失一些良善课程，只用某党党纲化作教材，必定造成理性不足、成见有余的狭窄国民；大学教育的目的，在于用科学方法去发现新知，与党化根本抵触。"①之后，李璜等国家主义者在《国家与教育》发表系列文章，反对国民党党化教育。其基本观点是：教育是为国家培养国民，而不是为一党培养"党才"，民主国家不能推行党化教育。②

（二）南京国民政府成立初期主义教育的制度化

南京国民政府成立后，国民党由革命党转型为执政党，加上需要与共产党划清界限，国民党的民众运动政策发生重大转向，从此前的动员转变为控制。③蒋介石不认同基于阶级斗争的群众运动革命道路，而是在优先发展生产力的同时重视军事行动与道德改变。④民众运动政策的转向对主义教育的影响主要有两方面：一是主义教育的目标从动员民众、完成国民革命转向塑造国民党统治的正当性，即通过三民主义的话语，让国民接受、相信国民党"以党治国"的正当性。二是国民党为控制学生运动，决定限制在学校发展党组织⑤，直接影响了主义教育的定位和实施效果。

---

① 陶行知. 国家教育与党化教育[N]. 时事新报，1925年1月19日.

② 李璜. 国家教育与党化教育[J]. 国家与教育，1926（7）；李璜. 教育独立与党化教育[J]. 国家与教育，1926（12）；常乃惪. 论党化教育[J]. 国家与教育，1926（6）；常乃惪. 再论党化教育[J]. 国家与教育，1926（12）.

③ 黄坚立细致梳理了国民党"清党"后民众运动政策的转变和博弈过程，本章第四节将简述这一过程的关键环节。参阅：黄坚立. 难展的双翼：中国国民党面对学生运动的困境与决策：1927—1949年[M]. 北京：商务印书馆，2010：25—81.

④ 施纯纯. 革命抑或反革命：蒋中正革命道路的起源[M]. 台北：中正纪念堂管理处出版，2017：312—322.

⑤ 随着"清党"后国民党民众运动政策的转变，1928年5月，全国教育会议议决的《学生自治条例案》删除此前由大学院起草的《学生团体组织大纲草案》中有关国民党可在学校设置区分部的规定。这一立场最终于1930年1月由中常会第67次会议议决《学生团体组织原则》等文件予以确定。由此，国民党限制在学校设立党组织并停止吸收学生入党。直至1938年3月，国民党组建三民主义青年团。是年底，开始在中央大学等学校筹设党组织，恢复在学校发展党组织。参阅：王奇生. 大学校园中的国民党[M]// 王奇生. 革命与反革命：社会文化视野下的民国政治. 北京：社会科学文献出版社，2010：227—268.

面对党内外对主义教育的质疑和误解，国民党一方面通过阐释训政与主义教育的关系，论证主义教育的正当性①；另一方面则通过制定各项政策法规将主义教育制度化。在主义教育制度化的过程中，围绕主义教育的名称和主导权，大学院和中央训练部展开了反复的博弈。最终，代表国民党意志的中央训练部获得主导权，但从党化教育到三民主义教育名称的变更，使得中央训练部未能实现“党的组织与教育机关的组织有实际的联络”的意图，这也成为三民主义教育仪式化的重要原因。

对于党化教育的名称问题，1927 年 6 月，大学院在确定组织系统时设立政治教育委员会，并未采用党化教育的提法，且明确指出政治教育委员会设立的目的在于“为研究全国各级学校及各教育学术机关之政治教育”②。这表明蔡元培执掌的大学院试图在政治教育的意义上推行主义教育。1928 年 2 月，大学院大学委员会及政治教育委员会会议议决由戴季陶拟订的《维持教育救济青年案》。该案指出：“党化教育之一名词，不知从何而起。吾党主张以党建国，以三民主义化民，故吾党之教育方针，为‘三民主义之国民教育’，似无疑义。党化二字，内容既不确定，出处亦不明了，总理著作，大会决议，均无此名，其为世俗习用无疑。正名定义宜直称‘三民主义教育’，为正式公用名词，不用世俗用语，以杜流弊。”③与此同时，国民党元老吴稚晖也认为：“党化教育四字，说来太觉广泛，共产党也是党，国民党也是党，未免弄不清此党化之党，应为共产党或为国民党也。依余之意，最好改为‘三民教育’乃能妥切明显，而不致为人所假借利用。”④

于是，1928 年 5 月，大学院组织召开的第一次全国教育会议通过《废止党化教育名称代以三民主义教育案》，决定以“三民主义教育”代替“党化教育”。会议讨论废止党化教育名称的理由与前述《维持教育救济青年案》理由基本一致，并进而申论“所谓真正之三民主义教育，必须将三民主义之精神，融化于一切教科教材之中，无一处一时不具三民主义之功用而后可。既非仅标三民主义之名所可收功，更非食古不化所能为用。犹之真正之三民主义的政治，不在于仅

---

① 本书第五章将以三民主义教育为例讨论国家实施公民教育的正当性与有效性问题，在此存而不论。

② 大学院政治教育委员会组织条例[J]. 大学院公报，1928（1）：68.

③ 维持教育救济青年案[J]. 第四中山大学教育行政周刊，1928（29）：27—28.

④ 舒新城. 近代中国教育思想史[M]. 福州：福建教育出版社，2007：273—274.

标其特异之名，而在事事时时，求达民族独立，民权普遍，民生发展之实际也”。①这次会议“确定”②中华民国教育宗旨为“三民主义的教育”。

从全国教育会议蔡元培的开会辞③、中央党部代表训辞、国民政府代表训辞、九项确定教育宗旨的提案，以及会议闭幕时发表的《全国教育会议宣言》可以看出，实施主义教育已是会议各方的共识④，关键在于在何种层面上理解主义教育，如何实现主义教育，以及如何解决由此引发的主义教育解释权和主导权之争。⑤

---

① 废止党化教育名称代以三民主义教育案[R]// 中华民国大学院. 全国教育会议报告（乙编）. 上海：商务印书馆，1928：29.

② 陈钊注意到，全国教育会议在《中华民国教育宗旨说明书》及《全国教育会议宣言》中均使用“确定”一词，是要强调全国教育会议制订的教育宗旨的权威性。陈钊. 国民党党化教育制度研究：1924—1937[M]. 杨凌：西北农林科技大学出版社，2014：31—32. 我们认为，此处用“确定”并非意味着全国教育会议的决议为最终决议。根据1927年6月27日国民政府公布《中华民国大学院组织法》第一条、第三条，大学院大学委员会是全国教育问题的最高决策机关。全国教育会议之后，大学院大学委员会讨论该教育宗旨，并决议送中政会核定公布。参阅：大学院院务会议录第十次至十三次[J]. 大学院公报，1928（9）：77，79.

③ 陈钊认为蔡元培在全国教育会议开会辞中对于教育方针的理解与此前大学院成立时的表述相比，“已发生重大变化”。不确。经比较，两处表述一致。参阅：陈钊. 国民党党化教育制度研究：1924—1937[M]. 杨凌：西北农林科技大学出版社，2014：30.

④ 蔡元培在全国教育会议开会辞中指出，“三民主义为今日教育上训育之标准”。国民党中常委、国民政府主席谭延闿代表国民党中央党部发言时指出，“训练时期最重要的工作是教育，我们所谓以党治国，乃是以党义治国”。国民政府委员宋渊源代表国民政府发言指出，“‘党化教育’实在就是‘党义教育’”。开会辞、中央党部代表训辞、国民政府代表训辞[R]// 中华民国大学院. 全国教育会议报告（丁编）. 上海：商务印书馆，1928：1—6. 全国教育会议宣言称：“我们深信一国的教育，必有个一贯的宗旨，才可以确立国家生存的基础，而筑成国民文化向上的轨道。……此后中华民国的教育宗旨，就是三民主义的教育，已丝毫不容怀疑。”全国教育会议宣言[R]// 中华民国大学院. 全国教育会议报告（甲编）. 上海：商务印书馆，1928：1.

⑤ 根据本研究设计，关于主义教育解释权的博弈将在本章第三节“教育价值的分配”部分予以讨论。大学院（教育部）与中央训练部围绕确立教育宗旨主导权博弈过程的仅有研究参阅：陈钊. 国民党党化教育制度研究：1924—1937[M]. 杨凌：西北农林科技大学出版社，2014：29—34. 比较而言，陈钊忽视了在确立教育宗旨主导权的博弈过程中，蔡元培在中政会与中常委之间内部博弈中的抉择。此外，陈钊对各方关于党化教育名称及其解释权的争论未予以关注。本研究将论证，党化教育与三民主义教育并非仅仅是名称的变更，更是各方对于党化教育内涵理解的本质差异，正是名称中隐含的主义教育范围及方式的差异使得主义教育在执行中更关注其仪式性，从而导致缺乏实际效果。

早在蔡元培提出设立大学院，实践教育独立的主张之前，国民党在广州时期即已施行主义教育，确立党对教育的领导权。蒋介石拉拢蔡元培加入其掌控的中政会并在之后支持大学院制改革，一方面是希望利用蔡元培等人在国民党内部[①]、知识界和舆论界的影响力；另一方面则是顺应当时社会各界对于教育独立的呼吁。对蔡元培等人的教育独立主张，国民党中央并不支持，而是主张根据“以党治国”的原则，将教育置于国民党的领导和指挥下。

1926 年 12 月，国民革命军攻克武汉三镇后，广州国民政府迁都武汉。以国民党政治顾问鲍罗廷、国民党左派汪精卫等人为中心的“中国国民党中央执行委员会暨国民政府委员临时联席会议”宣称，“中央执行委员会政治会议未在鄂开会以前，执行最高职权”，试图削弱、制衡蒋介石。蒋介石则于 1927 年 1 月趁张静江、谭延闿等第二批由粤迁汉的中央委员途经南昌之际，在南昌召开中央政治会议，以中政会名义与武汉国民政府形成对峙。此时，虽然蒋介石手握军权，但在“以党治国”的原则下，蒋介石派属于党统之争的少数派，因而需要包括中央监察委员会委员蔡元培在内的其他中央委员（包括中央执行委员会委员和中央监察委员会委员）的支持。

此时的蔡元培应北京大学及北京政府教育部电促，结束近三年欧洲游学回国抵达上海。因平津交通断绝，蔡元培无法北上，遂参与安徽、江苏、浙江三省自治，策应国民革命。1926 年 12 月，蔡元培受蒋介石委托主持浙江省临时政府工作。[②] 自南昌起掌控中政会的蒋介石于 4 月 17 日中政会第 73 次会议加推蔡元

---

① 蔡元培于 1904 年在上海组建光复会。1905 年同盟会成立，光复会并入，孙中山委任蔡元培为同盟会上海分会负责人。1912 年 1 月，中华民国南京临时政府成立，蔡元培被委任为首任教育总长。1924 年 1 月在国民党“一大”经孙中山提名，蔡元培当选候补中央监察委员。1926 年 1 月，蔡元培在国民党“二大”当选为中央监察委员。1927 年 4 月 2 日，蔡元培出席在上海举行的国民党中央监察委员会会议，被推举为主席。4 月 27 日，蔡元培被任命为教育行政委员会委员。6 月，蔡元培出任大学院首任院长。1928 年 6 月，出任中央研究院首任院长，直至 1940 年逝世。蔡元培和张静江、吴稚晖、李石曾并称为“国民党四大元老”。1927 年，四大元老的共同支持使得大学院制得以实践。其后，蔡元培与李石曾的分歧也加速了废除大学院制的进程。

② 1926 年 12 月 19 日，蒋介石致函蔡元培称：“政治会议，张静江先生一时恐不能到会，特请先生为该会代理主席，以是会关系重大，非请先生出而主持不可，务乞俯允为祷。”蔡元培复蒋介石函称：“两奉手书，并委任状，承委以浙江政治会议委员及政务委员之职，并于张静江先生回浙以前，代理政治会议主席，为国为党，义不容辞。”蔡元培. 复蒋介石函（1926 年 12 月）[M]// 高平叔. 蔡元培全集（第五卷）. 北京：中华书局，1988：103，102.

培等九人为中政会委员，并以中政会名义宣布成立南京国民政府。在南京国民政府成立仪式上，蔡元培代表中央党部将印信授予国民政府主席胡汉民。4月27日，蔡元培被任命为教育行政委员会委员。随后，与之对峙的武汉国民政府于5月6日中执会、国民政府委员第十次扩大会议决议开除蔡元培、吴稚晖、胡汉民等七位拥立蒋介石南京政府的中央委员党籍。①

蔡元培之所以在宁汉对峙期间坚定支持蒋介石，其心态与当时知识分子大致相同，都希望一个强有力的政府可以实现国家统一。② 对于蔡元培的支持，蒋介石亦积极回应其教育独立主张。1927年6月，中政会两次讨论由蔡元培提出的大学院组织法草案。6月27日中政会第109次会议议决并由国民政府公布《中华民国大学院组织法》，任命蔡元培为大学院首任院长。中华民国大学院组织法第一条规定"中华民国大学院为全国最高学术教育机关，承国民政府之命，管理全国学术及教育行政事宜"；第三条规定"本院设大学委员会，议决全国学术上教育上一切重要问题"。③ 两个条款表明，大学院组织机构相对国民政府保持独立，大学院大学委员会是全国教育问题的最高决策机关。由此，蔡元培倡导的教育行政独立得以实现。④9月，宁汉合流后召开的国民党中央特别委员会选举蔡元培为中常会委员。至此，蔡元培同时位列中政会和中常委委员，进入国民党中央最高决策层。⑤

宁汉合流之后，国民党于1928年2月召开二届四中全会。蒋介石任总司令

---

① 刘维开. 中国国民党职名录（1894—1994）[M]. 北京：中华书局，2014：46.

② 罗志田以胡适为中心，具体讨论了当时知识分子的心态及其随时势的转变。参阅：罗志田. 个人与国家：北伐前后胡适政治态度之转变[M]// 罗志田. 乱世潜流：民族主义与民国政治. 北京：中国人民大学出版社，2013：197—236.

③ 中国国民党中央执行委员会政治会议函国民政府为中华民国大学院组织法请查照公布（1927年6月29日），台湾地区"国史馆"藏，档号：001-012071-00216-018：5.

④ 蔡元培自述设立大学院的动机："当时国民政府方以全力应付军事，对于教育事业，尚无具体计划，余与李、张、吴诸先生以教育不可无主管机关，又不愿重蹈北京教育部以官僚支配教育之覆辙，因有设立大学院之主张。"蔡元培. 关于大学院组织之谈话（1928年4月12日）[M]// 高平叔. 蔡元培全集（第五卷）. 北京：中华书局，1988：216.

⑤ 关于蔡元培在国民党改组后党内职务变动情况，参阅：刘维开. 中国国民党职名录（1894—1994）[M]. 北京：中华书局，2014：16—49；刘寿林，等. 民国职官年表[M]. 北京：中华书局，1995：605—611.

兼军委会主席、中政会主席和中央组织部部长，由此基本确立领袖地位。蔡元培则未能连任中常会委员。会议通过《改组中央党部案》，撤销农民部、工人部、商人部、青年部、妇女部等五部，成立中央民众训练委员会及中央训练部。此次会议“标志着国民党从思想理论和政策制度层面完成了从革命党向执政党的转型”。① 民众运动到民众训练表述的变化标志着国民党民众政策由动员转变为控制。时任候补中委缪斌在关于民众运动的提案中提出，“教育运动，旧有无谓举动，一概禁除。另由党部择专材，指导组织教育协会，联合教员学生，从事发展教育学术的运动”。②

在这种背景下，国民党对于主义教育的定位已经从南京国民政府成立之前的动员民众，完成国民革命，转变为宣灌党义，以塑造国民党统治的正当性。为此，国民党需要掌握教育的主导权和解释权。因而，在大学院提出将确定教育宗旨作为全国教育会议的核心议题后③，中央训练部从一开始就保持高度警惕，试图与大学院争夺确定教育宗旨的主导权。

根据 1928 年 2 月 17 日经国府会议修正通过的《全国教育会议规程》第 2 条第 3 款规定，中央党部须选派代表五人参加会议。2 月 25 日，大学院致函中执会及国民政府各部选派代表参加全国教育会议。4 月 26 日，中央训练部联合中央组织部致函中常会提出，全国教育会议“中央党部无选派代表之必要”。“中央党部，系党治下全国最高机关，立于指导者之地位，如所选派之代表，仅以

① 王奇生. 党员、党权与党争：1924—1949 年中国国民党的组织形态（修订增补本）[M]. 北京：华文出版社，2010：112.

② 缪斌的提案[G]// 中国第二历史档案馆、海峡两岸出版交流中心. 中国国民党历次全国代表大会暨中央全会文献汇编（第 4 册）. 南京：江苏古籍出版社，2012：59.

③ 大学院在说明召集全国教育会议筹备时，将“谋三民主义教育之实施”放在首位。“教育为立国命脉，尤应特别注意，大学院为谋三民主义教育之实施，教育行政之统一，学制系统之整理，教育经费之保障，教育效率之增进，拟于最近期间，召集全国教育会议，以解决上列种种问题。”大学院召集全国教育会议筹备之情形[J]. 大学院公报，1928（3）：75. 4 月 26 日，中央训练部联合中央组织部致函中执会也称，“会议如有关于教育宗旨，及与党有关之各种教育问题议决案”，“须呈由国民政府转呈中央执行委员会核准后，始得颁布施行”。中国国民党中央执行委员会函国民政府有关组织训练两部关于全国教育会议之提案中央无送派代表之必要经议决照办请转饬大学院知照（1928 年 4 月 28 日），台湾地区“国史馆”藏，档号：001-090041-00001-009.

普通会员之资格出席，是只有表决权而失去其指导之地位。”公函明确提出确定教育宗旨的主导权问题。“会议如有关于教育宗旨，及与党有关之各种教育问题议决案，关系党国前途至巨”，“须呈由国民政府转呈中央执行委员会核准后，始得颁布施行”。中常会第131次会议议决通过，并于4月28日致函国民政府，“转令大学院知照”。[①] 由此，国民党中执会成为各项重大教育问题的最高决策机构，蔡元培尚未及施行的教育行政独立理想已丧失可能性。当然，为维护教育独立，围绕确定教育宗旨的主导权，大学院与中央训练部之间展开多轮博弈，最终中央党部占据主导，蔡元培辞任大学院院长，随即象征教育独立的大学院制遭废止。

尽管4月26日的中常会否决了此前大学院组织法所确立的大学院大学委员会作为全国教育问题的最高决策机关，但5月28日，蔡元培在全国教育会议闭会词中悉数会议议决提案，仅提及学生自治会条例和学生参加民众运动标准两案“须经中央党部之核准”。[②] 此举表明，蔡元培坚定捍卫大学院独立拥有包括确定教育宗旨在内的重大教育问题的决策权。值得注意的是，大学院副院长杨杏佛在会议闭幕前进行总结时明确指出，“教育是实现三民主义的惟一工具，完成国民革命的基本工作”，因而，“什么‘为教育而教育’的玄话，教育神圣与教育独立的高调，都应该搁起”。[③]

全国教育会议议决《废止党化教育名称代以三民主义教育案》及《中华民国教育宗旨说明书》，并确定教育宗旨后，中央训练部随即于6月28日将全国教育会议之前就已拟订的《党义教育大纲提案》（内含教育宗旨）提请中常会第150次会议审议。会议议决交丁惟汾召集蔡元培、陈果夫、经亨颐、朱霁青五委

① 中国国民党中央执行委员会函国民政府有关组织训练两部关于全国教育会议之提案中央无送派代表之必要经议决照办请转饬大学院知照（1928年4月28日），台湾地区“国史馆”藏，档号：001-090041-00001-009.

② 闭会词[R]// 中华民国大学院. 全国教育会议报告（丁编）. 上海：商务印书馆，1928：7.

③ 杨杏佛在本会日刊所发表的“教育会议以后”[R]// 中华民国大学院. 全国教育会议报告（丁编）. 上海：商务印书馆，1928：10—11.

员审查。[①] 该提案是当时最完备的主义教育方案。提案对党义教育的意义、必要性与合理性进行说明，对各种反对观点逐一批驳，并将党义教育与三民主义教育进行比较，论证不同名称所指涉内涵的差异。[②]

此时，中央训练部对于主义教育的认识，除了党的主义外，还特别强调“党的组织与教育机关的组织有实际的联络”，目的在于通过主义教育，使学生不仅在思想上信仰三民主义，而且服从于党的组织训练和纪律。[③] 中央训练部从方法、范围和目的三方面将党化教育、三民主义教育概念进行比较时，认为三民主义教育仅限于思想方面“使国民信仰三民主义”。中央训练部之所以强调“党的组织与教育机关的组织有实际的联络”，是因为认同思想和组织两个层面对于党的建设同等重要。因而，从党化教育到三民主义教育名称的变更代表了主义教育的不同内涵。[④]

基于此，中央训练部提出党义教育的宗旨、标准和实施方案，提请中常会议决。[⑤] 未及审查会反馈，中央训练部为确定教育宗旨再次致函中常会，并提醒中央注意审查大学院提交的教育宗旨。[⑥]7 月 2 日，中常会第 151 次会议讨论教育

---

① 第二届中常会第一百五十次会议（1928 年 6 月 28 日）[G]// 中国第二历史档案馆. 中国国民党中央执行委员会常务委员会会议录（五）. 桂林：广西师范大学出版社，2000：148—149. 此时，丁惟汾为中常会委员、中央训练部部长，陈果夫、经亨颐、朱霁青均为中央民众训练委员会常务委员。亦即，在审查委员会五人中，除蔡元培代表大学院外，其余四人均来自国民党中央民众训练委员会或中央训练部。参阅：刘维开. 中国国民党职名录（1894—1994）[M]. 北京：中华书局，2014：52.

② 党义教育大纲提案[J]. 中央训练部部务汇刊，1928（1）.

③ 1928 年 7 月，中央训练部提出《确定中华民国教育宗旨及标准提案》，提案在解释党化教育时指出，党化教育的范围“除以本党主义，政纲，政策，党史，及党的组织原理教育国民之外，并要求党的组织与教育机关的组织有实际的联络”。目的是“使一切教育机关与党同化，俾受教育者，不惟信赖本党，并以本党之组织，训练，及纪律，为其生活之规范，便于从事国民革命，从而实现三民主义”。确定中华民国教育宗旨及标准提案[J]. 中央训练部部务汇刊，1928（1）：14.

④ 1929 年 3 月，浙江全省代表会在国民党“三大”期间提交的提案亦明确指出“名称不同，内容斯异”。参阅：从速确定党化教育之宗旨并厘订实施方案（1929 年 3 月），党史馆藏，档号：会 3.1/33.51.10.

⑤ 中央训练部在提案中解释之所以在全国教育会议之后才提交中常会审议，“恐虑有未周，故欲待全国教育会议之意见，以收广益集思之效”。党义教育大纲提案[J]. 中央训练部部务汇刊，1928（1）：3.

⑥ 函中央常务会议为确定党义教育宗旨及目标请公决由[J]. 中央训练部部务汇刊，1928（1）：6.

宗旨案时，于右任临时提出新版本。中常会议决将两案合并交党义教育大纲审查会审查。审查会经数次讨论，“对于教育宗旨，无一致之意见”。蔡元培、经亨颐、陈果夫又提出三个版本。中央训练部汇总上述五个版本，加上审查委员会的版本，以及中央训练部、大学院分别向二届五中全会提交的修正案，共八个版本教育宗旨形成《确定中华民国教育宗旨及标准提案》。该提案指出：“惟关于党治下之教育，究以何命名，迄无定论。”对于党内存在的党化教育、党义教育、党治教育、三民主义教育等不同称谓，中央训练部认为“应先确定吾党统治下之教育名称，以崇观听”。为此，中央训练部细致将党化教育与三民主义教育、党义教育、党办教育等称谓进行比较，专节对《全国教育会议宣言》及《中华民国教育宗旨说明书》予以批评。认为《中华民国教育宗旨说明书》“虽标榜教育与政治互为因果，而实际上完全舍却党的立场以谈教育，实有背于本党以党治国之主旨”。① 中央训练部将该案提请8月8日召开的二届五中全会讨论，会议议决交中常会议决。②

实际上，《中华民国教育宗旨说明书》在解释为何要实施三民主义的教育时对教育与政治的关系给予了较为完备的阐释：

政治和教育是互为因果的：从政治方面讲，有怎么的政治需要，才有怎么的教育设施；从教育的方面讲，有怎么的教育培植，才有怎么的政治收获：所以教育必须适应政治方面的要求，而政治必须仰仗教育方面的播种。现在本党的三民主义：是最适切于中国现势，能完成国民革命，能实现中国自由平等的要求的主义；是唯一的救国主义；是唯一的建国主义；而且已经为全国大多数人所接受。但是虽然为全国大多数人民所接受，还不是为全国大多数人民所能实行，要使全国人民对三民主义不但接受而且实行，从政治上实现三民主义，便非有以实现三民主义为目的的教育不可。③

正如中央训练部所批判的，大学院议决的教育宗旨“完全舍却党的立场以

---

① 确定中华民国教育宗旨及标准提案[J]. 中央训练部部务汇刊，1928（1）：14.

② 中国国民党中央执行委员会训练部. 教育宗旨标准及实施方案（草案）[R]. 中华民国十七年九月初版，1928：弁言2.

③ 中华民国教育宗旨说明书[R]// 中华民国大学院. 全国教育会议报告（乙编）. 上海：商务印书馆，1928：3.

谈教育”。中央训练部早在6月28日提交的《党义教育大纲提案》中就批评道:“关于三民主义教育宗旨说明书及大会宣言,于三民主义教育之真谛既无所阐明,而于教育与党之关系尤乏实际联络。”[①]1929年3月,“三大”期间,中央训练部提交《全国教育会议擅改党化教育为三民主义教育案》,对大学院决议以三民主义教育代替党化教育再次提出批评。中央训练部指出:“本党向来即主张以党治国,质言之,即本党实赋有统治全国一切之最高权能,则教育之必须党化。”改党化教育为三民主义教育,“一若本党之外尚有其他党派之存在,一若本党不足以代表三民主义,一若教育为一种特殊事业,除灌输三民主义外即不必再受党之拘束。斯不特失却党治之意义,亦不仅违反党化教育之愿意”,“结果将使一般受教育者只知有三民主义而不知有党”。[②] 这一批评也反证了大学院是在政治教育的层面讨论三民主义教育,“完全舍却党的立场以谈教育”。

在和大学院争夺确定教育宗旨主导权的同时,中央训练部多次抨击大学院保持教育独立的意图,提请中央废除大学院制。1928年2月,经亨颐、丁惟汾等人在二届四中全会上提请设立教育部以取代大学院,与会的蔡元培、李石曾予以反对。最终,主席谭延闿主张暂用大学院名称,待“三大”议决。[③] 尽管大学院暂得保留,但大学院组织法短期内一再修改,最终取消了大学院的独立地位,使之隶属于国民政府。[④]8月,二届五中全会期间,经亨颐、丁惟汾等人再次提请设立教育部,废止大学院制。理由为:“大学院的机关明明列在国民政府组织案中,当然在国民政府之下,和其他部院同一性质,何以大学门口所悬的招牌,不称国民政府大学院,大书特书而曰中华民国大学院?是否表示教育独立,大学院和国

---

① 党义教育大纲提案[J]. 中央训练部部务汇刊,1928(1):3.

② 全国教育会议擅改党化教育为三民主义教育案(1929年3月),党史馆藏,档号:会3.1/20.41.3.

③ 改组国民政府案(1928年2月4日)[G]// 中国第二历史档案馆,海峡两岸出版交流中心. 中国国民党历次全国代表大会暨中央全会文献汇编(第4册). 南京:江苏古籍出版社,2012:93—94.

④ 南京国民政府公布修正中华民国大学院组织法(1928年6月13日)[G]// 中国第二历史档案馆编. 中华民国史档案资料汇编(第五辑第一编教育). 南京:江苏古籍出版社,1994:33—34.

民政府并列？”[①] 此时，由于蔡元培与李石曾因北平大学区事宜产生分歧，支持大学院制的中政会委员李石曾、吴稚晖均未出席是次会议。蔡元培孤身奋战，最终未能挽救大学院制的命运。[②]8 月 14 日，会议议决《政治问题案》，决定在行政院下设教育部。[③] 这意味着大学院制已近末路，教育独立也行将失败。

面对这一情势，8 月 17 日，蔡元培利用其中政会委员身份，呈请中政会“鉴核”由大学院大学委员会议决的新版教育宗旨。该版本由大学院参酌全国教育会议议决的教育宗旨拟订。[④] 同日，蔡元培呈请中政会、国民政府，辞去其中政会委员、国民政府委员、大学院院长、代理司法部长等职务。在辞呈中，蔡元培自称“一介书生，畏涉政治”，“老病之身，不宜再妨贤路”。[⑤]8 月 22 日，中政会第 151 次会议议决通过大学院呈请的教育宗旨，并送中执会核议。[⑥] 对于中政会通过的教育宗旨，各地教育行政部门、教育报刊均发布公告，称“国府通过中华民

---

① 经亨颐等在国民党二届五中全会上提请设立教育部案（1928 年 8 月）；郭春涛、刘守中等在国民党二届五次全会上提议撤销大学院改设教育部案（1928 年 8 月 14 日）[G]// 中国第二历史档案馆. 中华民国史档案资料汇编（第五辑第一编教育）. 南京：江苏古籍出版社，1994：44—49.

② 学界多有认为因蔡元培与李石曾就设立北平大学区一事发生分歧并失意，使其于 8 月 17 日提出辞职。参阅：赵峻岩. 民国时期大学区制的历史进程及其命运研究[D]. 南京师范大学博士学位论文，2010：79—80. 田子俊引用并认可这一观点。参阅：田子俊. 南京国民政府初期大学院改制失败原因又解[J]. 史学月刊，2015（3）. 蔡元培主政大学院期间，正值南京政府各项教育政策的制定或调整。此时，蔡元培与国民党内左派围绕民众运动政策调整，大学院和中央训练部围绕确定教育宗旨、主义教科书编审、童子军等教育事务的主导权展开博弈。二届五中全会时，蔡元培同时就民众运动政策、大学院存废、教育宗旨确定三个具有紧密关系的议题与政敌孤身博弈。最终，二届五中全会在民众运动政策和教育宗旨确定两议题未给出明确立场的情况下，通过《政治问题案》，决定在行政院下设教育部，等于宣告大学区制失败。相较而言，这是蔡元培三天之后提交辞呈的关键原因。

③ 政治问题案（1928 年 8 月 14 日）[G]// 荣孟源. 中国国民党历次代表大会及中央全会资料（上册）. 北京：光明日报出版社，1985：535—537.

④ 呈中央政治会议：为拟定教育宗旨呈请鉴核示遵由[J]. 大学院公报，1928（9）. 全国教育会议议决的教育宗旨参阅：全国教育会议宣言[R]// 中华民国大学院. 全国教育会议报告（甲编）. 上海：商务印书馆，1928：1—2.

⑤ 院长呈辞本兼各职由[J]. 大学院公报，1928（9）：51—52.

⑥ 中国国民党中央政治会议（第一百五十一次）[J]. 中央周报，1928（12）：12.

国教育宗旨”。[①] 8月27日，中常会第162次会议决议将中政会议决大学院版教育宗旨和中央训练部8月8日所提教育宗旨案合并，“交书记长及各部秘书，研究后提出意见”。[②] 这一决定使得大学院在教育宗旨的政策制定中彻底丧失话语权。同日，国民政府指令慰留[③]，蔡元培于9月1日再交辞呈。此后国民政府虽再三慰留，蔡元培最终于10月6日离职。10月23日，大学院被裁撤，大学区制被废止。

在此，同期召开的二届五中全会（1928年8月8日至15日）的两个议题值得关注。首先，二届五中全会通过《各级党部与同级政府关系临时办法案》，对党政关系进行调整，实行党政分开。[④] 以党治国仅在中央层面，在地方一级，实行党政分治。[⑤] 在这一背景下，蔡元培执掌的大学院从政治教育的层面，将主义教育视为政府行政事务[⑥]；而中央训练部则从“以主义治国”的立场，将主义教育视为党部党务。因而，中央训练部不仅坚持争夺确定教育宗旨的主导权，而且最终经中常会“否决”此前由中政会议决通过的大学院版教育宗旨，都充分说明了教育宗旨的重要性，以及中央训练部对于主义教育为“立国之本”特殊性的认识。然而，地方层面党政分开使得党的主义无法借助党的组织力量贯彻落实，加剧了主义教育的仪式化。

其次，8月14日，二届五中全会议决《中央政治会议案》，中政会再度被确

---

① 国府通过中华民国教育宗旨[J]. 广西教育，1928（2）：6；今后中华民国之教育宗旨[J]. 教育杂志，1928（10）：1。相关报道言之凿凿，但经核实此时期《国民政府公报》，暂未见相关记录。

② 第二届中常会第一百六十二次会议（1928年8月27日）[G]// 中国第二历史档案馆. 中国国民党中央执行委员会常务委员会会议录（六）. 桂林：广西师范大学出版社，2000：78.

③ 呈请辞大学院院长及其他各项兼职由[J]. 国民政府公报，1928（87）：21.

④ 值得注意的是，蔡元培为“党部与政府之关系及其权责组”审查委员。各级党部与同级政府关系临时办法案（1928年8月11日）[G]// 荣孟源. 中国国民党历次代表大会及中央全会资料（上册）. 北京：光明日报出版社，1985：543，549.

⑤ 关于国民党党政关系，特别是为何实行党政分开的讨论，参阅王奇生. 党员、党权与党争：1924—1949年中国国民党的组织形态（修订增补本）[M]. 北京：华文出版社，2010：226—245.

⑥ 胡汉民在二届五中全会《训政大纲提案说明书》明确指出，中政会“为全国训政之发动与指导机关”，“非处理党务之机关”。胡汉民. 训政大纲提案说明书[J]. 中央周报，1928（16）：11。蔡元培在中政会提出教育宗旨案，且中政会接收提案并议决也表明教育宗旨为政府行政事务的立场。

定为国民党最高政治指导机构。“凡政治会议议决案，应由中央执行委员会交国民政府执行”[①]，且中政会“为党与政府间惟一之连锁”[②]。据此，8月22日，中政会第151次会议议决通过大学院呈请的教育宗旨后，本无必要再送中执会核议。9月27日，此次会议一个月后的中常会第170次会议曾讨论，根据二届五中全会决议，中政会之决案应由中执会交国民政府执行，“应否再提常会复议或迳行交办”。会议议决，中政会议决案应“迳由中央秘书处分别交办”。[③]此亦表明，在蔡元培未出席中政会第151次会议的情况下，与会委员虽议决大学院版教育宗旨，但仍存有分歧，决案留待中常会最终议决。

事实上，在中政会8月22日议决通过大学院版教育宗旨后，中央训练部颇为紧张。中央训练部所提《确定中华民国教育宗旨及标准提案》，经二届五中全会议决交中常会决议后，直至8月27日，中常会始有决议。此后，根据中常会决议，由中央秘书处书记长王陆一与组织部秘书余井塘、宣传部秘书朱云光、训练部秘书廖维藩组成的审查组向中常委提交了《审查中华民国教育宗旨报告书》。审查组认为大学院及中央训练部方案均有不足，但明确指出“佥议仍用中央训练部最初提出之原案”加以修改。报告书不仅明确表达了支持中央训练部版教育宗旨，而且在最后，审查组提请中常会速行确定“党治下之教育”的名称。[④]随后，中央训练部于9月18日向中常会提交《党治教育实施方案提案》，提案提出“根据本党主义，确定教育宗旨”。公函声称，二届五中全会后，“中央委员纷纷离京，审查委员会无从召集”。[⑤]此处提及的审查会应指6月28日中常会第150次会议议决的由蔡元培等五人组成的审查会。事实上此时中常会照常召开。9

① 中央政治会议案（1928年8月14日）[G]// 中国国民党历次代表大会及中央全会资料（上册）. 北京：光明日报出版社，1985：543.

② 胡汉民. 训政大纲提案说明书[J]. 中央周报，1928（16）：11.

③ 第二届中常会第一百七十次会议（1928年9月27日）[G]// 中国第二历史档案馆. 中国国民党中央执行委员会常务委员会会议录（六）. 桂林：广西师范大学出版社，2000：199.

④《审查中华民国教育宗旨报告书》的完成时间无法确认。根据9月20日中央训练部汇总出版的《教育宗旨标准及实施方案（草案）》，可确定至少在1928年9月20日之前。中国国民党中央执行委员会训练部. 教育宗旨标准及实施方案（草案）[R]. 1928：62—64.

⑤ 党治教育实施方案提案[J]. 中央训练部部务汇刊，1928（1）：17.

月 20 日，中常会第 168 次会议议决交蔡元培、李石曾、戴季陶三委员审查。[①] 然而，此时蔡元培已于 8 月 17 日第一次提交辞职后于 9 月 1 日再交辞呈。或许正因如此，中常会第 168 次会议的决议未有下文。[②] 此时的中央训练部将《党义教育大纲提案》《确定中华民国教育宗旨及标准提案》《党治教育实施方案》《审查中华民国教育宗旨报告书》四个提案结集出版，公开且系统地批驳大学院废止党化教育名称和确定教育宗旨的决议。[③]

10 月 13 日，《审查中华民国教育宗旨报告书》经中常会第 175 次会议决议，推戴季陶、胡汉民、缪斌三人再行审查，由戴季陶召集。[④] 三位审查委员仍全为党部人员，因戴季陶时任中执会常委兼中央宣传部部长，此后确定教育宗旨的责任部门转归中央宣传部。[⑤]1928 年底，由戴季陶审查并形成《确定教育方针及其实施原则案》。中央宣传部于次年 3 月 20 日在“三大”提交审查并通过。

“三大”期间，浙江全省代表会提交《从速确定党化教育之宗旨并厘订实施方案》。案由指出：“党化教育，喧腾久矣，惟因宗旨尚未确定，实施方案更无论已，驯至各方标准异趋，步骤不一，党政间尤多扞格，实施后之效率极低。”[⑥] 提案直接点明一年来大学院与中央党部争夺确定教育宗旨主导权。

“三大”对于政治报告决议案指出，“教育乃国家建设永久之任务”，要改变

① 第二届中常会第一百六十八次会议（1928 年 9 月 20 日）[G]// 中国第二历史档案馆. 中国国民党中央执行委员会常务委员会会议录（六）. 桂林：广西师范大学出版社，2000：180.

② 根据中常会第 169—174 次会议记录，中常会未对第 168 次会议的决议进行讨论。中国第二历史档案馆. 中国国民党中央执行委员会常务委员会会议录（六）[G]. 桂林：广西师范大学出版社，2000：185—256.

③ 中国国民党中央执行委员会训练部. 教育宗旨标准及实施方案（草案）[R]. 1928.

④ 第二届中常会第一百七十五次会议（1928 年 10 月 13 日）[G]// 中国第二历史档案馆. 中国国民党中央执行委员会常务委员会会议录（六）. 桂林：广西师范大学出版社，2000：262.

⑤ 此时将确定教育宗旨的责任部门交由中央宣传部值得注意。1928 年 10 月，中央民众训练委员会发生人事变动。一是主持委员会的陈果夫离职，由立场保守的胡汉民接任。二是原有两位左派常委（何香凝、朱霁青）的常委会被解散，而支持限制学生运动、立场保守的戴季陶升任常委。由此，中央民众训练委员会的整体立场转向保守。1929 年 3 月，戴季陶接替丁惟汾出任中央训练部部长。这一调整符合“清党”后蒋介石逐步取消民众运动的设想。综上，可以推断，此时国民党中央对于主义教育的主导权以及此后的人事安排已基本拟订。

⑥ 从速确定党化教育之宗旨并厘订实施方案（1929 年 3 月），党史馆藏，档号：会 3.1/33.51.10.

数十年来教育的病理状态，“必矫正从前教育上放任主义之失，而代之以国家教育之政策。言其要点，则必确定国家由训政时代以至宪政时代所要求于国民之知识能力、品格道德究为如何之标准，从而改善教育制度，提高教育内容，以期养成国家所需要之国民及人材，而发展时代所需要之科学与文化”。[①] 决议案明确提出根据“国家由训政时代以至宪政时代”的任务来确定教育的目标。是次会议通过《确定教育宗旨及其实施方针案》，确定教育宗旨为：

中华民国之教育，根据三民主义，以充实人民生活，扶植社会生存，发展国民生计，延续民族生命为目的；务期民族独立，民权普遍，民生发展，以促进世界大同。

4 月 26 日，国民政府通令公布中华民国教育宗旨及其实施方针，通令曰：“中国国民党第三次全国代表大会第十一次会议通过，确定教育宗旨及其实施方针，饬即照办。”“著行政院令饬教育部转饬遵照，切实施行。”[②] 至此，在教育宗旨主导权的博弈中，中央党部胜出。教育宗旨由国民党中央议决，国民政府公布，教育部负责施行。蔡元培所推行的教育独立实践最终宣告失败。1931 年 6 月，国民政府颁布经国民会议议决的《中华民国训政时期约法》。约法第四十七条规定“三民主义为中华民国教育的根本原则”。至此，三民主义教育宗旨在宪法层次得以确认，三民主义教育的制度化由此实现。

蔡元培执掌大学院促成以三民主义教育代替党化教育，固然是顺应党内外对党化教育的不满与批评，蔡元培自身对教育独立的追求也是关键因素。基于上述背景，我们可以澄清学术界对于蔡元培从教育独立捍卫者到主义教育实施者的转变议题。袁征认为蔡元培不彻底的自由主义和科学万能观念是其转向的关键。[③] 陈钊则认为蔡元培 1922 年主张教育独立是因为当时的北京政府无法保障“稳定的政治社会秩序”，当国民党能实现政治社会稳定时，蔡元培则不再要求教育独立。陈钊认为大学院制并未摆脱党的领导，因而并非教育独立的

---

① 对于政治报告决议案[G]// 荣孟源. 中国国民党历次代表大会及中央全会资料（上册）. 北京：光明日报出版社，1985：645.

② 国民政府明令公布中国国民党第三次全国代表大会函为检送确定教育宗旨及其实施方针（1929 年 4 月 26 日），台湾地区“国史馆”藏，档号：001-090001-00002-005：2.

③ 袁征. 孔子·蔡元培·西南联大——中国教育的发展和转折[M]. 北京：人民日报出版社，2007：283—304.

"样板"。[①]

诚然,蔡元培在南京国民政府时期的作为值得商榷,甚至有需要批判反思之处,但蔡元培教育独立的主张并未转变。首先,推行主义教育是他作为国民党元老的职责所在。1927 年 3 月,蔡元培自述对于浙江革新计划(包含教育上"养成党化教育之材"),"其中有本诸孙先生遗著者,有本诸国民党政策者,有闻诸朋友者,有出诸我个人之推想者"。[②] 此时,主义教育已作为国民党政策在其控制区域推行。

其次,蔡元培认为三民主义是科学,是解决中国现实的"政治道理",作为科学的三民主义可以教授学习。蔡元培信奉科学主义,认为科学绝对正确。当他认识到三民主义是科学时,便认可在学校教授三民主义。1927 年 10 月,蔡元培在南京特别市教育局演说时称,"总理所著《三民主义》《建国大纲》等,皆依社会现象与国家环境,本科学手腕与各方法而著成。诸位信任三民主义,亦非强迫的与盲从的,盖凭科学方法观察之结果而信任之,服从之"。[③]1928 年 9 月 16 日,在实践教育行政独立的大学院制已确定失败,与中央训练部争夺教育宗旨的主导权也基本无望,并提交两次辞呈的情况下,蔡元培发表《三民主义的中和性》一文,从中和的角度分析三民主义的科学性,称"到底那个能想通政治道理、并且能解决根本办法,只有我们孙先生。他的办法,就是三民主义"。[④]

最后,蔡元培在大学院时期言行与其前后保持一致。蔡元培在 1912 年《对于新教育之意见》中指出,公民道德教育隶属政治。[⑤] 这与他主政大学院期间力图在政治教育层面推行主义教育的主张是一致的。蔡元培在最初拟定大学院组

---

① 陈钊. 国民党党化教育制度研究:1924—1937[M]. 杨凌:西北农林科技大学出版社,2014:41—44.

② 蔡元培. 新浙江之第一步(1927 年 3 月)[M]// 高平叔. 蔡元培全集(第五卷). 北京:中华书局,1988:126,124.

③ 蔡元培. 在南京特别市教育局演说词(1927 年 10 月 30 日)[M]// 高平叔. 蔡元培全集(第五卷). 北京:中华书局,1988:167.

④ 蔡元培. 三民主义的中和性(1928 年 9 月 16 日)[M]// 高平叔. 蔡元培全集(第五卷). 北京:中华书局,1988:283.

⑤ 蔡元培. 对于新教育之意见[J]. 东方杂志,1912(10):8.

织法时强调大学院不在国民政府序列之内正是实践其教育独立思想。[①]他主导的大学院和中央训练部关于教育宗旨主导权的反复博弈也佐证这一点。在辞任大学院院长后，他与蒋介石的专制行为保持距离。1932年，蔡元培与宋庆龄等人发起成立中国民权保障同盟，营救遭国民党迫害的革命者。

蔡元培提议废止教育部而改设大学院的初衷即在于保障教育独立。主政大学院期间，蔡元培提倡“行政学术化，学术研究化”，以坚守“思想自由”“兼容并包”的办学方针。蔡元培对教育的立场和做法引发胡汉民、蒋介石等人的不满。1929年10月，立法院院长胡汉民针对教育应该“兼容并包”的观点，提出：“教育不可无主义，主义只能宗于一。我们现在既以惟一的三民主义救国，建国，治国，教育是不能跳到国家范围以外去的，当然也只能宗于这惟一的三民主义，而不能兼容其他主义，否则还是等于无主义。我国教育界中，向有认为教育不应该拘执一端，故步自封，而当包罗万象，以见其博者，直到现在，还有一班人如此主张，细为设想，流弊实大！”[②]蒋介石也批评蔡元培所倡导的自由思想导致青年的思想混乱，对三民主义缺乏信仰。[③]

南京政府成立后，主义教育开始在全国范围推行。1927年5月，国民政府在南京五四纪念会上提出要实施党化教育。[④]随即，各省市相继成立“党化教育委员会”，拟定“党化教育大纲”。4月20日，上海特别市成立上海党化教育委员会，其目的在于：消极方面，肃清学阀及余孽，除尽反动势力；积极方面，实施党化教育以培养革命青年。[⑤]7月，浙江省教育厅通过《浙江实施党化教育大纲》，具体规定实施党化教育的方法，包括以本党训练党员之方法训练学生、以国民党的纪律为学校的规约、依训政时期的国家组织作为学生的自治组织等五个方

---

① 叶隽指出，蔡元培设计大学院组织制度时，强调大学院独立于国民政府序列并非源自法国大学区制，而是受德国教育独立思想的影响。参阅：叶隽.蔡元培的法国情结及大学区制移植的制度史意义[J].教育学报，2010（4）：81—82.

② 胡汉民.建设与教育[J].中央周报，1929（70）：30.

③ 郑天挺.蔡先生在北大二三事[G]//文史资料选辑（第八十三辑）.北京：文史资料出版社，1982：88.

④ 宁汉广之五四纪念[J].教育杂志，1927（6）：8.

⑤ 上海党化教育委员会宣言[J].上海革命青年，1927（5）：16.

面。[①]1928年7月,第二届中常会第160次会议颁布《各级学校增加党义课程暂行通则》。通则规定:“为使本党主义普及全国,并促进青年正确认识起见,各级学校除在各种课程内融会党义精神外,须一律按本条例之规定增加党义课程。”通则对各级学校之党义课程设置做了详细规定。[②]1929年8月,教育部颁布《小学课程暂行标准》和《中学课程暂行标准》,正式以党义科代替公民科。[③]1931年9月,第三届中常会第157次会议通过《三民主义教育实施原则》。该方案是国民党制定的最详尽的三民主义教育实施方案。方案细致、完备地阐明各学段三民主义教育的具体目标和实施纲要。[④]

南京政府成立之前,主义教育的实施范围有限,且不少学校因受国民革命形势影响,主动为之。在主义时代,三民主义只是多元思潮之一种。其时,共产主义、自由主义、国家主义、无政府主义等思潮均有相当之影响力,也都通过多种途径争取师生支持。然而,南京国民政府强制推行主义教育,并以党义科取代公民科的决定,引发了社会各界激烈反对。党外人士认为用一党的主义压制多元的竞争是钳制思想;党内人士对于主义教育的解释众说纷纭,造成误解。梳理时人对主义教育的态度可知,支持抑或反对主义教育,并非纯粹的教育问题、思想问题,而是政治问题。国家主义者和共产党人因其政治立场,固然反对国民党的主义教育,而知识分子则根据其与国民党的关系距离,或支持,或默许,或反对。

此时,国共合作已经破裂,中共明确批判国民党的党化教育。1927年3月,陈独秀批判徐志摩等人所持的党化教育源自苏俄的观点,指出:“苏俄共产党,只有在党内对所有党员的教育与训练,厉行布尔什维克化;对于党外一般教育,并没有什么‘党化教育’这样丑陋的计划和这样丑陋的名词。至于党员在学校

---

① 南京国民政府公布各级学校增加党义课程暂行条例(1928年7月30日)[G]// 中国第二历史档案馆. 中华民国史档案资料汇编(第五辑第一编教育). 南京:江苏古籍出版社,1994:1075.

② 浙江实施党化教育大纲[G]// 舒新城. 近代中国教育史料. 北京:中国人民大学出版社,2012:615—617.

③ 教育部中小学课程标准起草委员会. 中小学课程暂行标准(共5册)[M]. 上海:卿云图书公司,1929.

④ 中国国民党中央执行委员会常务委员蒋中正等函国民政府为送三民主义教育实施原则请各级教育行政机关遵行(1931年9月),台湾地区“国史馆”藏,档号:001-090011-00001-004:5-35.

中，在一切民众中，为党努力宣传，和苏维埃国家教育设施乃是两件事。”[①]1929年8月，中共中央在《为全国学生总会开会事》的通告中明确提出，“争求研究思想学术的自由，反对愚民政策的党化教育，并且要尽可能地指出三民主义的反动理论根据”。[②]

国家主义者以《醒狮》等平台，对国民党的党化教育进行系统批判。邱椿的观点较为全面。他从对国家与世界、对教育本身、对教员与学生、对施行党化教育的党团及其主义而言的四个方面阐述了反对党化教育的理由，具体（标题）包括：违反平民精神，破坏国家统一，阻止教育的自由试验，并非真正的教育，剥夺教员的教学自由权和学生的学习自由权，破坏教员与学生的人格，党化教育使一党主义硬化而不能随时修正等。邱椿认为，“依照平民主义，学校应该是‘民有，民治，民享’的学校，但是在党化教育之下，学校便变成了‘党有，党治，党享’的学校了”；“人类教育是养成独立思想发展自由人格的教育，所以儿童对于各种政治上的主张应该有自由选择自由裁判的权力而不受任何外力的束缚”；“在中国的党化教育制度之下，教员都要入党，不入党的便不能当教员。假使为谋位置或保全饭碗而入党，稍能洁身自好的人都不屑为。但教育界一定有大部分意志不坚定的人，因为经不起经济压迫，而牺牲自己的主义去投降执政的政党”；“一种主义没有他种主义与竞争时必定硬化，失掉生活的原动力而成毫无意义的口头禅”。[③]

知识分子群体中，蔡元培、胡适对主义教育的态度具有典型性。北伐时期，出于对国家统一的期盼，“全国多数人心的倾向中国国民党”。蔡元培、胡适二人均支持国民党，因而支持、默认国民党的主义教育。“清党”之后，蔡元培虽因教育独立等问题与国民党高层产生分歧，但仍担任国民党要职，且认为三民主义是科学，因而支持主义教育。胡适在目睹“清党”的残酷现实后，由支持转向明确反对主义教育。胡适等人在自由主义的言论阵地《新月》《独立评论》发表系列文章，批判国民党的主义教育。胡适认为，国民党“能破坏而不能建设，能钳

---

① 实.苏俄何尝有什么“党化教育”！[J].向导，1927（190）：9.

② 中央通告第四十三号——为全国学生总会开会事（1929年6月8日）[G]//中央档案馆.中共中央文件选集（第5册）.北京：中共中央党校出版社，1990：401.

③ 邱椿.反对党化教育的理由[J].醒狮，1927（134）：6—11.

制人民而不能收拾人心，这四五年来，又渐渐失去做社会重心的资格了”。[①] 时至 1937 年 7 月，胡适在参与战时教育问题讨论时仍坚称教育应该独立，“政治的势力（党的势力）不得侵入教育”。[②]

任鸿隽的态度则属于消极应对。作为资深国民党党员和在职人员[③]，他坚持反对主义教育，最终离职。任鸿隽指出，“教育的目的与党的目的完全不同。大概说来，教育的目的，在一个全人的发展，党的目的，则在信徒的造成。教育是以人为本位的，党是以组织为本位的。在党的场合，设如人与组织的利益有冲突的时候，自然要牺牲人的利益以顾全组织的利益”。“党义不为学生所欢迎，也不是党义之过，而是凡挟贵得势的主义，所必得的结果”。“宣传党义的最好方法，是把党义放在一个自生自活的地位，而不要把他放在特殊阶级之上，使他失去了自由竞争的机会。”[④]1935 年 9 月，任鸿隽执掌四川大学后，并未按照国民党的意图推行主义教育。在任鸿隽因其妻陈衡哲批评四川政治社会现象而于 1937 年 6 月辞职后，陈立夫任命 CC 派程天放长校。程天放借助主义教育推动四川大学的国立化。[⑤]

（三）国难之后主义教育的机会与转变

由于“清党”、派系斗争、专制独裁等因素，国民党自北伐获得的民众支持短短两三年后急转直下。1929 年“三大”确定六年的训政期限也在 1935 年引发结束训政实行宪政的党内外争论，加之与中共对峙，蒋介石为首的南京政府腹背受敌。然而，九一八事变及七七事变引发日益严峻的国难促使各方势力达成共识，支持南京政府继续训政，以“强有力的”政府共赴国难。蒋介石因此于 1938 年 3 月国民党临时全国代表大会确立总裁地位，成为全党认可的法理权威领袖。

时任清华大学历史学教授蒋廷黻在 1932 年指出，当时“全国最普遍的政治意愿”是，“没有人说南京好或国民党好，但是人人都怕南京倒了以后的不

---

① 胡适. 惨痛的回忆与反省[J]. 独立评论，1932（18）：11.

② 曹伯言. 胡适日记全编（六）[M]. 合肥：安徽教育出版社，2001：694.

③ 任鸿隽 1909 年加入同盟会，1911 年曾任孙中山临时总统府秘书。1927 年 10 月大学院成立后，受邀担任大学院科学教育委员会委员。

④ 叔永. 党化教育是可能的吗[J]. 独立评论，1932（3）：13，14.

⑤ 王东杰. 国家与学术的地方互动：四川大学国立化进程（1925—1939）[M]. 北京：生活·读书·新知三联书店，2005：154—234，291—298.

可收拾。就是极不满意南京的人——这种人并不少——也不愿，且不敢冒天下之大不韪公开的来破坏南京的基础”。蒋廷黻认为，“这种意态是南京目前的大机会”。[①] 对此，傅斯年认为，面对国难，“此时中国政治若离了国民党便没有了政府”。[②] 翁文灏也提出，“在这个危急存亡的时候，我们更需要一个政府，而且要一个有力量能负责的政府。我们不应该破坏政府，只希望政府不要破坏自己”。[③] 随后，舆论界因福建事变而兴起的民主与独裁论战也表达了以不同方式建立“统一国家”的共识。[④] 对此，时任中执会秘书王子壮在日记中记载：“自福建叛变迅速解决以来，全国舆论颇有欣欣向荣之势，盖皆鉴于外侮之来国势之危，非有统一巩固之中央，实难应付未来世界之大难，故全国舆论颇有趋向中央集权之主张。”[⑤] 这种舆论因七七事变更趋一致。胡适在 1937 年 7 月参与战时教育问题讨论时指出：“如果真需要一个中心思想，那么，‘国家高于一切’可以作共同行动的目标。”[⑥]

可以说，主义教育是在探索救国道路、回应主义时代诉求的背景下兴起的。在全国强制推行遭遇困境时，又因日本入侵引发国难危机而得到社会各界的默许。这是知识界与教育界不得不接受主义教育的原因。当然，面对社会各界的批评，也为了回应国难引发的民族危机，国民党在名义上恢复公民科，并调整主义教育的重心，更多从民族主义的维度关注民族精神塑造和军事教育。

1931 年 11 月，“四大”[⑦] 专题讨论党义教育问题。董霖等人提出《改进党义教育之实施方法案》，对党义教育效果提出批评，建议“渗透党义于各种社会学书籍”中。

---

① 蒋廷黻. 南京的机会[J]. 独立评论，1932（31）：2，3.

② 傅斯年. 中国现在要有政府[J]. 独立评论，1932（5）：7.

③ 翁文灏. 我的意见不过如此[J]. 独立评论，1932（15）：4.

④ 张勇. 历史场景与言外之意：也说“民主与独裁”论战[J]. 清华大学学报：哲学社会科学版，2010（6）.

⑤ 王子壮. 王子壮日记（第 2 册）[M]. 台北：“中央研究院”近代史研究所，2001：16.

⑥ 曹伯言. 胡适日记全编（六）[M]. 合肥：安徽教育出版社，2001：694.

⑦ 因党内派系斗争，1931 年蒋介石、胡汉民、汪精卫分别在南京、广州和上海组织召开中国国民党第四次全国代表大会。具体参阅王奇生. 党员、党权与党争：1924—1949 年中国国民党的组织形态（修订增补本）[M]. 北京：华文出版社，2010：126—129. 此处是指由蒋介石在南京组织召开的中国国民党第四次全国代表大会。

中央年来厉行党义教育，国内大中小学均有党义课程之设置。惟综其结果，不但成效难收，反使一般学生感觉三民主义之空虚干燥与无意义。是固由于师资教育不当，但其实施之方法，自大有其未妥善处。盖将党义于一般社会科学之外特立课目，授者虽言之谆谆，听者以其为自作宣传，反觉藐然无味，而普通担任党义教师者，每对于社会科学根本无基础，以之而讲授宏博渊深之三民主义，自难能尽量发扬。

河北省党部亦提出《关于国民教育案》，建议“党义不宜立特科”，“拟并入社会常识科（公民科）而为中心，使社会常识党义化”。两案获议决通过，“交国民政府教育部妥拟办法”。[①]12月，中执会致函国民政府，令其转饬教育部根据“四大”决议提出改进意见。1932年2月，教育部借中央训练部之口，取消各级党义科。“佥以中央训练部小学课程标准草案中本规定初级小学不特设党义一科[②]，高级小学似可仿照办理，所有党义教材即分别纳入社会及其他各科，不另设一科，以归一致。初级中学及高级中学，除遵照参透党义教材案本旨，所有历史、地理及国文等科课程标准应分别酌量改订外，并应另设科目，包括公民生活及各科所不能容纳之党义教材，此科名称拟暂定为公民科。”5月，中央民众运动指导委员会将教育部所拟方案提交中常会第21次会议讨论。中央民众运动指导委员会认为教育部所拟方案“尚属妥善”。[③]7月，教育部所拟方案经中央民众运动指导委员会及中政会教育组审查后，经中常会第26次会议议决通过。中常会要求教育部按照原定计划从速召集中小学校课程标准编订委员会，由中央派员参加课程标准讨论，完成后呈中央核准，再行刊印公布。[④]10月，教育部

---

① 国民党第四届全国代表大会通过的党义教育案（1931年11月20日）[G]// 中国第二历史档案馆. 中华民国史档案资料汇编（第五辑第一编教育）. 南京：江苏古籍出版社，1994：1082—1084.

② 根据中央训练部通过的中小学课程标准草案，仅初级小学不设党义科，高级小学及中学均开设相应党义课程。参阅：中学党义课程标准草案[J]. 湖南教育，1932（25）：8；小学党义课程标准草案[J]. 湖南教育，1932（25）：22.

③ 国民教育及修改党义教育实施方法（1931年12月5日—1932年7月30日），台湾地区“国史馆”藏，档号：001-094000-0001.

④ 中国国民党中央执行委员会秘书长叶楚伧函国民政府文官处为准函为教育部拟具党义教育之实施方法及国民教育两案办法经中央常会决议特录案（1932年7月5日），台湾地区“国史馆”藏，档号：001-094000-00001-005：3-4.

颁布《中小学课程标准》，正式恢复公民科。

此时，中央训练部相继制定《中小学党义课程标准草案》（1931 年 2 月 3 日）、《审查党义教师资格条例》（1931 年 7 月 30 日）、《三民主义教育实施原则》（1931 年 9 月 5 日），正采取多种措施强化主义教育。可以说，九一八事变直接促成了主义教育政策的调整，特别是取消党义。随着公民科的恢复，教育部至少在名义上重新获得课程的主导权。1933 年 2 月的小学公民训练标准和 1934 年 8 月的高级中学及初级中学公民课程标准等政策，均由教育部制定，经中常会审定后颁行。①

九一八国难使得知识界与教育界不得不接受主义教育。虽然他们对强制灌输主义感到不满，但是长期的内外交困时局使他们相信，稳定的政局是解决问题的前提。由此，国家与社会对于国家建构的首要任务达成共识。社会各界对主义教育的批评和国民党自身对主义教育效果的反思使得南京国民政府取消党义，恢复公民科。然而，国民党试图改进主义教育效果的努力并未实现预期的效果。易社强（Israel）对南京十年学生组织及实践的研究指出，学生与国民党的关系日益疏远，直至七七事变，才得到改善。②

第三节　南京国民政府时期国家建构对公民教育主义化的影响

南京国民政府成立后，国民党凭借较强的军事力量和从中央到地方的各级党组织，建立更为完善和严密的教育机制。在教育价值的分配方面，国民党实行主义教育，将三民主义及党的政策文件作为教育内容在学校中强制教授。国民党制定严格的教科书审查制度，非经审核通过的教科书不仅不能在学校中使用，而且不能出版。与此同时，国民党开始自行编订国定本教科书，成立官方书局推广其编订的教科书。对于教员也制定严格的检定资格，首次对党义教员的检定做出单独规定，要求党义教员必须是党员。在评估机制方面，国民党建立“教训合一”制度，对学生日常生活进行严密监控，并通过严格的会考制度来保障党义

---

① 小学公民训练标准[J]. 教育部公报，1933（7/8）：30—34；为公布高级中学及初级中学公民课程标准由[J]. 教育部公报，1934（35/36）：5.

② Israel，John. *Student Nationalism in China, 1927—1937*[M]. Stanford University Press，1966:184—194.

教育的效果。

南京国民政府尽管形成了堪称完备的教育机制，但限于国家能力的不足、限度及其悖论，社会力量仍然享有一定的自主空间。社会各界或是反对国民党的主义教育，或是争夺对三民主义的解释权，迫使国民政府恢复公民科，放宽党义教员的检定标准。

一、教育价值的分配：党义与固有道德

南京政府时期教育价值的总体趋势是从新文化运动时期不同社会思潮的多元求索到主义时代借助国家权力定于一尊。国民党认识到主义教育对于动员民众和塑造统治正当性的重要性。因而，国民党利用党的组织及国家权力，逐渐将民国初年下移到民间的教育权力收归中央，并对教育价值予以重新分配，试图用一元的三民主义统一学校的教育观念。如前所述，国民党施行主义教育的原因包括外部和内部两方面。外部原因在于，在主义时代与其他主义（包括共产主义、国家主义等）竞争；内部原因在于，国民党改组后，需要用三民主义正当化其统治。

（一）三民主义解释权的政治博弈

孙中山是在决定接受苏俄和中共的帮助进行改组后，才开始重视主义宣传，系统阐发其三民主义理论的。一方面，孙中山突然逝世，三民主义理论化的任务并未完成，留下了诸多理论缺陷；另一方面，国共合作使得三民主义与共产主义的关系暧昧不明，“清党”后三民主义陷入混乱。因而，对主义解释权的争夺始终伴随国民党。国共合作时期，孙中山在系统化三民主义时，既将共产主义作为学习的范本，又把共产主义作为论战的对手。“清党”之后，在肃清共产主义影响的同时，国民党内部不同派系将解释三民主义作为党争的手段。九一八事变后，蒋介石的地位逐渐稳固，他借助国家权力对三民主义的解释定于一尊。

1923 年 10 月，在决定改组国民党后，孙中山提出，“以党治国并不是用本党的党员治国，是用本党的主义治国”。[①] 然而，孙中山虽早在 1905 年《民报》发刊词就提出三民主义，但更多停留在口号层面，并未形成系统的理论体系。此

① 孙中山. 在广州中国国民党恳亲大会上的演说（1923 年 10 月 15 日）[M]// 中山大学历史系孙中山研究室，等. 孙中山全集（第八卷）. 北京：中华书局，1986：282.

时，共产国际和中共都积极解释三民主义。

1923 年 11 月 26 日，共产国际执委会主席季诺维也夫（Zinoviev）在蒋介石亦参加的共产国际执委会会议上[①]，具体阐述了正在起草的关于国民党纲领的决议，其基本内容是关于重新解释三民主义的建议。按照季氏的说法，“应当使三民主义变得更具体、更明确”。[②]11 月 28 日，共产国际执委会主席团关于中国民族解放运动和国民党问题的决议中，明确了三民主义的含义。[③]对于共产国际提出“民生主义是通向共产主义的第一步”的观点，蒋介石当时即表示反对。[④]然而，“一大”期间，孙中山宣称，“本党既服从民生主义，则所谓社会主义、共产主义与集产主义均包括其中”。“一大”宣言阐述的三民主义与共产国际对三民主义的解释在表述上基本一致。[⑤]

因应改组对于主义宣传需要，1924 年 1 月至 8 月，孙中山通过每周讲演的方式阐述三民主义，内容经整理修改后出版。正如孙中山所言，由于是讲演，因而不够严谨、系统，在造成混乱的同时也留下了阐释空间。[⑥]此时，在青年中最

---

① 1923 年 9 月至 11 月，蒋介石率领孙逸仙博士考察团访问莫斯科。

② 中共中央党史研究室第一研究部. 联共（布）、共产国际与中国国民革命运动（1920—1925）[G]. 北京：北京图书馆出版社，1997：279.

③ 共产国际执行委员会主席团关于中国民族解放运动和国民党问题的决议（1923 年 11 月 28 日于莫斯科）[G]// 中共中央党史研究室第一研究部. 联共（布）、共产国际与中国国民革命运动（1920—1925）. 北京：北京图书馆出版社，1997：342—344.

④ 有国民党代表团参加的共产国际执行委员会会议速记记录（1923 年 11 月 26 日于莫斯科）[G]// 中共中央党史研究室第一研究部. 联共（布）、共产国际与中国国民革命运动（1920—1925）. 北京：北京图书馆出版社，1997：331—332.

⑤ 中国国民党全国代表大会会议录·第四号（1924 年 1 月 23 日）、中国国民党第一次全国代表大会宣言（1924 年 1 月）[G]// 中国第二历史档案馆，海峡两岸出版交流中心. 中国国民党历次全国代表大会暨中央全会文献汇编（第 1 册）. 南京：江苏古籍出版社，2012：35，109—114.

⑥ 孙中山在《民族主义》自序中说明，《三民主义》是以国家建设为主题的一整套写作计划，然而各册构思完成后遭遇 1922 年陈炯明事件，手稿及参考书籍“悉被毁去”。国民党改组后“亟需三民主义之奥义、五权宪法之要旨为宣传之资”，孙中山只能在没有草稿和参考书籍的情况下演讲。因而“本题之精义与叙论之条理及印证之事实，都觉远不如前”。孙中山也希望同仁阐释修正。“尚望同志读者，本此基础，触类引伸，匡补阙遗，更正条理。”参阅：孙中山.《民族主义》自序（1924 年 3 月 30 日）[M]// 广东省社会科学院历史研究室，等. 孙中山全集（第九卷）. 北京：中华书局，1986：183—184.

具影响的是社会主义和共产主义。[①] 有鉴于此,孙中山在系统建构三民主义时,既将共产主义作为学习的模板,又把共产主义作为论战的对手。对前述与共产国际发生分歧的民生主义,孙中山称:“共产主义是民生的理想,民生主义是共产的实行;所以两种主义没有什么分别,要分别的还是在方法。”[②] 在他看来,共产主义和三民主义都将民生视为革命目的,但共产主义的方法在于阶级斗争,而三民主义的方法在于带领所有信仰三民主义的各阶级共同革命。孙中山比附共产主义来解释三民主义的方式,造成日后三民主义自身的混乱。

国共合作时期,中共积极参与三民主义的解释。1925 年 2 月,孙中山逝世前夕,中共中央议定“孙中山逝世后之宣传问题”,规定“宣传中山的三民主义,应以一九二四年一月(国)民党大会的宣言、党纲、政纲为根据”,“切戒拿三民主义与共产主义或社会主义作比较,对于民主主义亦不可多作解释”。[③] 这表明蒋介石、孙中山以及中共中央对于三民主义尤其是其与共产主义的关系有不同的理解。

孙中山逝世后,中共开始有意识地“积极地解释三民主义”。1925 年 5 月,中共中央通令“扩大国民党左派的宣传和组织”,并提出宣传内容重点,包括引用孙中山民族主义、民权主义的内容,批判帝国主义、军阀及国家主义。[④]11 月,中共中央提出:“在宣传上,我们应该改变以前的态度,变消极的不谈三民主义而为积极的解释三民主义,各地可在国民党党员中组织三民主义学会,根据国民党第一次大会宣言,及我们的理论,解释三民主义。”[⑤] 此后,中共中央指出,“不

① 1924 年 3 月 6 日,《北京大学日刊》发表的一份调查表明,对“现在中国流行关于政治方面的各种主义,你相信哪一种”,选择为社会主义者最多,占 48.2%。朱务善. 本校二十五周年纪念日之“民意测量”(二续)[J]. 北京大学日刊,1924(1412).

② 孙中山. 民生主义第二讲(1924 年 8 月 10 日)[M]// 广东省社会科学院历史研究室,等. 孙中山全集(第九卷). 北京:中华书局,1986:381.

③ 中共中央通告第五号——关于孙中山逝世后之宣传问题(1925 年 2 月 5 日)[G]// 中央统战部,中央档案馆. 中共中央第一次国内革命战争时期统一战线文件选编. 北京:档案出版社,1991:91—92.

④ 中共中央、共青团中央通告第三十号——关于加强对国民党工作(1925 年 5 月 5 日)[G]// 中央档案馆编. 中共中央文件选集(第 1 册). 北京:中共中央党校出版社,1989:412—413.

⑤ 中共中央通告第六十五号——与国家主义派及国民党右派斗争问题(1925 年 11 月 25 日)[G]// 中央统战部,中央档案馆. 中共中央第一次国内革命战争时期统一战线文件选编. 北京:档案出版社,1991:151.

宜宣传空洞抽象的三民主义，更不要宣传说明建国方略和五权宪法”，“宜宣传孙中山的革命策略，如联俄、联共、拥护工农利益的民生主义”。[①] 在这种背景下，中共掌握了国民党主义教育的话语权。苏俄报告指出，国民革命军政治部批准并颁布由中共制定的军队政治课教学大纲，几十个课时中，“既有关于军阀制度、帝国主义的课程，也有关于马克思和列宁的课程，但只字未提孙文主义孙逸仙本人”。[②]

为宣传党义、统一国民思想，广州国民政府时期，国民党即开始推行主义教育。国民党要求各级各类学校必须开设三民主义课程，并统一课时要求。不同于此前多元社会思潮在学校的自由教授，改组后的国民党试图统一学生思想。1924 年 8 月，蒋介石在黄埔军校讲演时提出，学生“应绝对信仰三民主义”。“现在我们学校里面学生的思想很不统一，这实在是一个很不好的现象，我们应该干涉的。固然青年的思想活泼，是可以奖励的，但不可拿三民主义以外的主义来破坏我们的信仰。”[③] 国民党的主义宣传和教育在动员民众参加国民革命方面发挥了重要作用。北伐时期，“全国多数人心的倾向中国国民党”。有效的组织动员加上主义宣传，包括学生在内的社会各界被广泛动员起来。[④] 学生积极加入国民党，并成为北伐时期国民党最主要的构成群体。

北伐的胜利也让国民党认识到主义的力量，需要将主义视为唯一的、排他性的信仰。如果说“清党”是在组织上从国民党左派和共产党手中夺回主导权，那么，对三民主义进行系统阐释则是在思想上夺回主导权。为此，国民党首先肃清三民主义中“左”的因素；其次将三民主义经典制度化。在这个过程中，各方将三民主义解释权视为党统之争的博弈工具。

---

① 中央关于国民军中工作方针的决议（1926 年 11 月 3 日）[G]// 中央统战部，中央档案馆. 中共中央第一次国内革命战争时期统一战线文件选编. 北京：档案出版社，1991：280.

② 索洛维约夫向联共（布）中央政治局中国委员会提出的关于中国形势的书面报告（1926 年 7 月 7 日）[G]// 中共中央党史研究室第一研究部. 联共（布）、共产国际与中国国民革命运动（1926—1927）（第三卷上）. 北京：北京图书馆出版社，1998：332.

③ 蒋介石. 革命党员必须见义勇为（1924 年 8 月 2 日）[G]// 秦孝仪. 先“总统”蒋公思想言论总集（第 10 卷）. 台北：国民党中央党史委员会出版，1984：86—87.

④ 中央青年部与宣传部会稿函复政治会议秘书处：另拟全国学生总会领导全国学生参加北伐宣传工作之补助经费预算表（1926 年 8 月 23 日），党史馆藏，档号：部 5801.

“清党”之后，为与共产主义划清界限，国民党清除三民主义中“左”的因素，并明确三民主义与共产主义的区别。1928 年 2 月，蒋介石在二届四中全会上提出，“宜将从前混淆不清之口号，为共党所遗留而不适用者，概行撤废”。对于“民生主义即共产主义一语”，李宗仁称，“是容共时总理对共产党诱掖引导之言，与联段联奉时言共同救国同一用意”。①

为应对主义混乱的局面，国民党通过法律法规将三民主义经典制度化。1925 年 5 月，即在孙中山逝世两个月后，国民党议决《中国国民党接受总理遗嘱宣言》，确立三民主义为国民党的指导思想，强调对三民主义的绝对服从。“吾人今日唯一之责任，则在完全接受我总理之遗嘱”，“吾党同志惟有全体一致奉行总理之遗教，不得有所特创”。② 随后，国民党通过《关于接受总理遗嘱之训令决议案》，明确规定：“以后本党一切政治的主张，不得与总理所著建国方略、建国大纲、三民主义、第一次全国代表大会之宣言政纲及九月十三日宣言、十一月十三日宣言之主旨相违背；凡违背上述主旨之议案，无论何级党部，概不得议决。”③1926 年 5 月，二届二中全会通过《整理党务第二决议案》，议案规定“对于总理及三民主义不得加以怀疑或批评”。④1929 年 3 月，“三大”通过决议，对于今后党的宣传方针规定，“关于党的一切理论政纲之最高原则，应从总理遗教及本党最高权力机关之解释，各级党部及党员个人，不得妄出己见”。⑤

孙中山开启了主义理论化的篇章，但是三民主义本身的局限为后人留下了阐释空间。由于少有人做三民主义阐释工作，且内容“空虚薄弱得很”，使得三民主义“只在实际运动上发展，不在思想运动上发展”。⑥ 因此，中共的刊物占据了青年的思想。“放眼看各大书肆，陈列满架的，除了极少数极少数的本党书报

---

① 中国国民党第二届中央执行委员第四次全体会议纪[J]. 浙江民政月刊，1928(4)：26，35.

② 中国国民党接受总理遗嘱宣言[G]// 秦孝仪. 革命文献(第 69 册). 台北：“中央文物供应社”，1978：130—134.

③ 关于接受总理遗嘱之训令决议案(1925 年 5 月 25 日)[G]// 中国第二历史档案馆. 中国国民党第一、二次全国代表大会会议史料. 南京：江苏古籍出版社，1986：116.

④ 整理党务第二决议案[G]// 荣孟源. 中国国民党历次代表大会及中央全会资料(上册). 北京：光明日报出版社，1985：233.

⑤ 对于第二届中央执行委员会党务报告之决议案(1929 年 3 月)[G]// 中国第二历史档案馆. 中华民国史档案资料汇编(第五辑第一编政治二). 南京：江苏古籍出版社，1991：73.

⑥ 戴季陶. 青年之路[M]. 上海：民智书局，1928：105，131.

以外,实在百分之八九十,都是共产党的刊物或倾共准共的小册子,甚至于革命青年,革命民众,常常苦于本党的缺乏中心思想的指导。”①

党内首先对三民主义进行经典阐释的是戴季陶。孙中山逝世不久,戴季陶相继发表《孙文主义之哲学基础》《国民革命与中国国民党》两书。戴季陶的阐释有两个关键:一是将孙文学说的抽象层面视为“能作”,将其实践层面视为“所作”。前者是继承中国伦理思想的道德主张,后者是从世界各国制度发展出的政治主张。二是将民生主义视为三民主义的本体,以民生为基础和目标来阐释三民主义。基于以上两点,戴季陶将三民主义奠基于儒家传统,提出孙文主义是“继承尧舜以至孔孟而中绝的仁义道德的思想”,“中山先生的思想,完全是中国的正统思想”。② 此后戴季陶发表《青年之路》等著作,进一步理论化三民主义。

作为国民党内早期理论家,胡汉民对三民主义的阐释相对较晚。1927 年,胡汉民做了“三民主义与世界革命”“三民主义之认识”“三民主义的精神”等演讲,于 1928 年 2 月出版《三民主义的连环性》一书,从实践层面系统阐释三民主义。他认为,三民主义明确了施政的步骤,必须按照军政、训政和宪政三阶段进行。③ 因而,胡汉民积极推动国民政府实行训政。训政的正当性来源于三民主义,实行训政亦使三民主义成为全国唯一合法的主义。胡汉民也在推动训政的过程中掌握主义的解释权。④

胡汉民认为颁布约法等于实现宪政,不符合他的训政理念,他在推动训政的同时反对约法。为此,他忽视《建国大纲》中“立颁布约法,以之规定人民之权利义务与革命政府之统治权”的遗教,以及二届五中全会关于“训政时期,应遵

---

① 本刊的使命[J]. 新广西旬报,1927(1):3.

② 戴季陶. 孙文主义之哲学的基础[M]. 上海:民智书局,1925:1—35.

③ 胡汉民. 三民主义的连环性[M]. 上海:民智书局,1928.

④ 孙中山逝世后,由于蒋介石在党内资历尚浅,胡汉民和汪精卫成为党统合法性的象征人物。胡汉民自 1925 年受廖仲恺被刺事件的影响,赴苏俄“养病”。蒋介石则利用党统之争于 1927 年 11 月将汪精卫排挤出国。于是,蒋介石需要联合胡汉民来稳定政权。此时,为践行孙中山的三民主义理想,同时也试图通过实践“以党治国”构想限制蒋介石的军权,1928 年 6 月,胡汉民致电谭延闿在二届五中全会提交《训政大纲案》。10 月 3 日,国民党中常会议决《训政纲领》,宣布实行训政。

照总理遗教，颁布约法”的规定。胡汉民反对约法引发党内外批评，使以汪精卫为首的反对派借机挑战蒋介石。改组派与西山会议派联合地方实力派攻击蒋介石不遵照总理遗教颁布约法是“背叛党义，篡窃政权”，由此发动中原大战，制定《中华民国约法草案》与蒋介石争党统。由于中原大战使国民党自身深受打击，加之蒋介石对胡汉民以总理遗教唯一解释者自居的专断不满，蒋介石最终转向支持约法，扣押胡汉民，转而与汪精卫合作。

蒋介石在北伐时期较少主动阐释三民主义。此时，即便认识到社会思潮纷杂，“就是同在三民主义之下，还有许多理论，自己任意解释”，“使得我们四万万同胞无所适从”，蒋介石也只是依照总理学说，极少发挥，认为“只有依照总理的遗教，拿三民主义来做中心思想，才能统一中国”。[①] 九一八之后，为团结党内外力量，诉诸阐释三民主义以塑造其统治正当性，蒋介石开始借用王阳明的“致良知”“知行合一”来解释孙中山的“知难行易”学说。“惟有致‘知难行易’的良知，才能实现‘知难行易’的学说。”蒋介石如此解释“知难行易”的意思：“总理的意思，就是说：你们既知道三民主义和国民革命是好的，那你就只要照我的‘革命方略’去做，照我的三民主义去行，就一定能够完成革命了。”由此，他将孙中山“知难行易”学说的重点从“知”调整为“行”，强调“实行”。[②] 进而，蒋介石将三民主义解释为，“在伦理和政治方面讲，就是‘忠孝仁爱信义和平’来做基础；在方法实行上讲，就是‘知难行易’的革命哲学”。[③] 因蒋介石同样从儒家传统解释三民主义，所以戴季陶重视固有道德[④]、以发展生产力为优先、反对阶级斗争的观点得到蒋介石的认可。蒋介石在承接戴季陶儒家化三民主义的同时，通过引入“致良知”“知行合一”等理学思维，将三民主义推及日常实践，

---

① 蒋介石. 中国建设之途径（1928 年 7 月 18 日）[G]// 秦孝仪. 先“总统”蒋公思想言论总集（第 10 卷）. 台北：国民党中央党史委员会出版，1984：323，324.

② 蒋介石. 自述研究革命哲学经过的阶段（1932 年 5 月 16 日）[G]// 秦孝仪. 先“总统”蒋公思想言论总集（第 10 卷）. 台北：国民党中央党史委员会出版，1984：534—544.

③ 蒋介石. 革命哲学的重要（1932 年 5 月 23 日）[G]// 秦孝仪. 先“总统”蒋公思想言论总集（第 10 卷）. 台北：国民党中央党史委员会出版，1984：577—589.

④ 戴季陶从儒家道德的角度对三民主义予以解读，“民族主义的基础，就是在孝慈的道德，民权主义的基础，就是在信义的道德，民生主义的基础，就是在仁爱和平的道德”。告国民党的同志并告全国国民[J]. 中央周报，1927（7）：30.

其极致即其于1935年发起的新生活运动。“革命即生活形态之改进也。”[①]儒家化三民主义凭借蒋介石的支持，逐渐在三民主义的诸多解释中被定为一尊。[②]

为使三民主义成为其独裁统治的理论资源，蒋介石一面承继戴季陶对三民主义进行的道德化阐释，一面加强各级各类学校的三民主义教育。然而，蒋介石在宣称继承“总理遗教”以确立其统治正当性的同时，鼓吹“一个主义、一个政党、一个领袖”的独裁思想，致使主义教育逐渐沦为其独裁专制的规训工具。1929年7月，蒋介石在北平视察党务时声称，“只有用一个党一个主义来号召，来领导，才能挽救我们全国和全民族”，因而，“我们革命的时代不能不以党专政”。[③]

围绕各方对于三民主义的解释，可以看出，作为政府、政党方面的国民党和共产党，均是从各自的立场出发，选择性地截取三民主义的相关成分，以孙中山话语获得解释的正当性、权威性，这种解释可称之为主义化路径；知识界的国家主义者和自由主义者，则基于各自的理论资源，对三民主义理论中存在的逻辑缺陷进行批评、解释，[④]这种解释可称之为学理化路径。两种不同路径实际上是主义时代思想界主义与学问分歧在三民主义解释权之争的体现。

（二）三民主义教育的博弈

政治上对三民主义解释权的博弈也反映在教育中。国民党借助国家权力确立三民主义在教育中“宗于一”的地位，并通过主义教育的内涵与名称、教学内容与课时的分配“符应”权力博弈的变动。

“清党”之后，面对意识形态的混乱，国民党内外亟须统一对于三民主义的认识，教育领域更是如此。1928年7月，蒋介石在北京大学演讲称，“希望国家健全思想统一”。[⑤]1931年1月，蒋介石在教育部演讲称：“我们立国的基础，以后就在教育实施的方针，如果没有一个正确的主义观念，没有一个中心的信仰，

---

① 蒋介石. 新生活运动发凡（1934年2月17日）[G]// 秦孝仪. 先“总统”蒋公思想言论总集（第12卷）. 台北：国民党中央党史委员会出版，1984：69.

② 施纯纯. 革命抑或反革命：蒋中正革命道路的起源[M]. 台北：中正纪念堂管理处出版，2017：312—322.

③ 蒋介石. 为什么要有党[J]. 中央周报，1929（82）：21.

④ 潘公展. “行易知难”的解释：读胡适“知难行亦不易”论后的答辩[J]. 时代，1929（1）.

⑤ 蒋介石在北大演说欲国家健全思想统一[N]. 京报，1928年7月18日.

教育的效力是一定发生不出来的。”[①] 国民党逐渐将三民主义在学校教育中定于一尊。

1927年8月，《教育杂志》以“‘党化教育’之意义及其方案”为题将《国民政府教育方针草案》和《浙江实施党化教育大纲》同时刊发。按语称：“自国民革命军势力奄有东南之后，‘党化教育’一词甚嚣尘上。但党化教育真正的意义与其具体的方案，无论在教育学者及一般民众间，均未有一致之见解与明确之观念。”[②]

《国民政府教育方针草案》由教育行政委员会委员韦悫起草并经教育行政委员会通过，首次对“党化教育”予以解释。韦悫指出，“目前最急切的问题是党化教育”，“但可惜还有许多人不明白党化教育的意义，有些人以为党化教育就是把教育变成政党的作用，尤其是变成党争的工具，这是最大的误会”。韦悫认为，“所谓党化教育，就是在国民党指导之下，把教育变成革命化和民众化。换句话说，我们的教育方针要建筑在国民党的根本政策之上。国民党的根本政策是三民主义、建国方略、建国大纲和历次全国代表大会的宣言和决议案。我们的教育方针应该根据这几种材料而定，这是党化教育的具体意义”。[③] 同期，由浙江省教育厅厅长蒋梦麟主导通过的《浙江实施党化教育大纲》提出，“所谓党化教育就是以办党的精神去办教育”，以使学生“明了国民革命的意义”。大纲具体规定了实施党化教育的方法，包括以本党训练党员之方法训练学生、以国民党的纪律为学校的规约、依训政时期的国家组织作为学生的自治组织等五个方面。[④]

此时，国民党以革命化、民众化和科学化来解释党化教育。党化教育是革命化、民众化、科学化的教育，因而具有正当性。对于革命化，韦悫指出，“在不平等的社会，教育是统治阶级维持其统治权和压迫民众的工具”，“革命化的教

---

① 蒋介石. 中国教育的思想问题（1931年1月19日）[G]// 秦孝仪. 先“总统”蒋公思想言论总集（第10卷）. 台北：国民党中央党史委员会出版，1984：450.

② “党化教育”之意义及其方案[J]. 教育杂志，1927（8）：1.

③ 舒新城指出，该草案经教育行政委员会大致通过，但不曾由国民政府公布。参阅：舒新城. 近代中国教育思想史[M]. 福州：福建教育出版社，2007：267—268.

④ 浙江实施党化教育大纲[G]// 舒新城. 近代中国教育史料. 北京：中国人民大学出版社，2012：615—617.

育是推翻一切社会不平等的组织，而建设一个真正自由的平等的博爱的社会的原动力。换句话说，革命化的教育是完成政治革命和社会革命的工具”。[①] 这与1926年1月，“二大”关于是否使用“党化”二字的讨论意见保持一致。

明确主义教育的内涵亦成为1928年5月召开的全国教育会议的重要目的。会议关于确定教育宗旨的提案指出，“近年余来，颇有实行党化教育，而以方针不明之故，为异党所利用，致纠纷叠起”。[②] 姜琦在《解释党化教育案》中指出：“教育之道，贵乎统一，若不统一，即使国民思想容易发生摇动，其影响遂及于国本，所以关于教育上之旨趣及其一切办法，非先行明白规定或解释不可，但本党自提倡党化教育以来，国内人士，对于‘党化教育’一名词的解释，言人人殊，不甚一致，使一般办理实际教育的人，都莫知适从。”[③]

针对此前教育无主义的情况，全国教育会议议决三民主义的教育宗旨，并颁布《中华民国教育宗旨说明书》，结束了晚清以来，特别是新文化运动以来教育思想领域多元求索的局面。在会议闭幕当天发表的《全国教育会议宣言》指出：“我们深信一国的教育，必有个一贯的宗旨，才可以确立国家生存的基础，而筑成国民文化向上的轨道。中华民国成立十七年了，虽然也曾定过教育宗旨，但是很空泛很容易发生歧义；换句话说，就是没有主义，所以等于没有宗旨。……此后中华民国的教育宗旨，就是三民主义的教育，已丝毫不容怀疑。所谓三民主义的教育，就是以实现三民主义为鹄的的教育。”对于三民主义教育的具体内涵，宣言指出，三民主义教育“应当发扬民族精神，提高国民道德，锻炼国民体格，以达到民族的自由平等；应该养成服从法律的习惯，训练团体协作和使用政权的能力，以导入民权的正轨；应该提倡劳动，运用科学方法，增进生产的技能，采取艺术的陶镕，丰富生活的意义，以企图民生的实现”。[④]

如前所述，在大学院和中央训练部关于教育宗旨的博弈中，中央训练部取得

---

① “党化教育”之意义及其方案[J]. 教育杂志，1927（8）：1.

② 各级学校应一律实施三民主义教育以养成效忠党国人材案[R]// 中华民国大学院. 全国教育会议报告（乙编）. 上海：商务印书馆，1928：14.

③ 解释党化教育案[R]// 中华民国大学院. 全国教育会议报告（乙编）. 上海：商务印书馆，1928：30.

④ 全国教育会议宣言[R]// 中华民国大学院. 全国教育会议报告（甲编）. 上海：商务印书馆，1928：1—2.

了最终的胜利，蔡元培所倡导的教育行政独立最终失败。然而，蔡元培以“三民主义教育”取代“党化教育”客观上影响了主义教育的内涵与定位，使得中央训练部通过主义教育，使学生不仅在思想上信仰三民主义，而且服从于党的组织训练和纪律的目标最终落空。此外，因国民党调整民众运动政策时限制在学校设立党组织，主义教育最终陷入仪式化的境地。

1929 年 4 月，南京国民政府公布了由“三大”议决的《确定教育宗旨及其实施方针案》，确定了由中央党部主导的教育宗旨。国民政府在颁布教育宗旨的同时颁布八条实施方针，将“忠孝仁爱信义和平”作为实施教育宗旨应遵守的方针之一。由此，三民主义的“民族、民权、民生”已注入以“忠孝仁爱信义和平”为核心的“固有道德”，以让学生“养成国民之生活技能，增进国民生产之能力”。[①]8 月，教育部颁布《中小学课程暂行标准》，课程标准起草说明称：“根据三民主义，加入关于三民主义化的材料，删除违反三民主义的一切。”[②]至此，南京国民政府对教育宗旨内涵的阐述得以确定及落实。此后，国民政府及蒋介石个人多次对此加以强调。

1931 年 1 月，蒋介石在中央政治学校总理纪念周演讲中首次肯定了戴季陶对三民主义所做的道德化阐释。[③]7 月，行政院饬令各级学校将“忠孝仁爱信义和平”八字制匾悬挂。[④]1934 年 2 月，蒋介石发起新生活运动，在将“礼义廉耻”和“忠孝仁爱信义和平”列为新生活运动目标的同时，诉诸国家权力介入民众的日常生活，试图通过自上而下的国家性运动规训和动员民众，养成国民道德、培养民众良好的日常习惯、训练他们遵守秩序服从命令。[⑤]4 月，邵元冲提出恢复

---

① 为公布中华民国教育宗旨及其实施方针由[J]. 教育部公报，1929（5）：3.

② 教育部中小学课程标准起草委员会. 中小学课程暂行标准（第 1 册）[M]. 上海：卿云图书公司，1929：27.

③ 蒋介石. 为政与求学（1931 年 1 月 12 日）[G]// 秦孝仪. 先“总统”蒋公思想言论总集（第 10 卷）. 台北：国民党中央党史委员会出版，1984：443—448.

④ 为奉令关于提倡道德制匾悬挂一案经核定匾额文字通饬遵照办理等因转令遵办由[J]. 教育部公报，1931（28）.

⑤ 刘文楠. 规训日常生活：新生活运动与现代国家的治理[J]. 南京大学学报：哲学·人文科学·社会科学，2013（5）.

学校伦理科，“发挥礼义廉耻精义”。[①]6月，中常会议决8月27日为先师孔子诞辰纪念日，并公布祀孔办法。[②]

国民党对儒家的态度经历了从废止读经到提倡固有道德的转变。中华民国成立不久，教育部就颁布《普通教育暂行办法》，规定“小学读经科一律废止”。[③]1928年2月，大学院颁发废止春秋祀孔旧典的通令，认为这些做法“与现代思想自由原则及本党主义，大相悖谬”。[④]国民党复归传统，对三民主义进行道德化解释有着复杂的政治和文化考量。国民党希望通过中国固有道德凝聚人心，“重建民族文化重心”。但国民党提倡传统文化的首要目的是政治方面的考量。[⑤]

首先，由于中国的教化传统，儒家与统治正当性有着密切的亲缘关系。对此，陈独秀在批判袁世凯复辟帝制提倡读经时已明确指出。列文森（Levenson）认为，国民党提出固有道德是出于民族主义的政治需要。[⑥]国民党在复归传统时，也将固有道德与奠定国家基础相联系。1928年4月，国民政府指出，恢复忠孝仁爱信义和平七端，“此实抉出吾民族文化之重心，示党国以唯一正轨”。[⑦]1932年5月，蒋介石提出，“要恢复民族精神，就先要恢复中国固有的民

① 邵元冲电蒋中正建议恢复大中小学之伦理教育以振社会风气而新民族生命之意见请鼎力主持并请行政院饬教育部切实施行（1934年4月20日），台湾地区“国史馆”藏，档号：002-080200-00161-075：2.

② 国民党中央执行委员会转请国民政府明令公布祀孔办法函（1934年8月）[G]// 中国第二历史档案馆. 中华民国史档案资料汇编（第五辑第一编文化二）. 南京：江苏古籍出版社，1994：530—531.

③ 教育部普通教育暂行办法及课程标准[J]. 临时政府公报，1912（4）：4.

④ 为废止春秋祀孔旧典由[J]. 大学院公报，1928（3）：22.

⑤ Bowles, David. *Finding the Way: Guomindang Discourse, Confucius, and the Challenges of Revolutionary Traditionalism in China, 1919—1934*[D]. Doctor Dissertation of Oxford University, 2016.

⑥ 列文森. 儒教中国及其现代命运[M]. 郑大华，等，译. 桂林：广西师范大学出版社，2009：95—97.

⑦ 抄内政部提议遵照总理遗训发扬中国固有文化重心以端趋向而奠国基案（1928年4月）[G]// 中国第二历史档案馆. 中华民国史档案资料汇编（第五辑第一编文化二）. 南京：江苏古籍出版社，1994：12.

族道德；尤其要实行总理知难行易的革命哲学”。①

对于国民党的转向，知识阶层明确点明提倡固有道德与塑造统治正当性的关系。1935 年 5 月，《教育杂志》策划的“全国专家对于读经问题的意见”专刊中，周予同刊文指出，民国以来袁世凯、段祺瑞、孙传芳等人提倡读经，都是为了“镇压这由国民党所领导的革命群众的热情”。国民党提倡读经也是要“将大多数的国民变成‘阿斗’，预先替帝国主义者制造顺民”。② 同年，艾思奇等 148 人联署的《我们对于文化运动的意见》，针对提倡读经救国论观点，直言“我们相信救国不必读经，读经和救国没有关系”。《意见》指出，主张读经者“虽然未必是‘王道’政治论者的同群，而其结果却是一致的”。③

其次，与共产主义竞争。因中共对儒家持批判立场，所以国民党提倡儒家。戴季陶以仁爱作为民生主义的基础，以此消解阶级斗争。④ 国民党批评共产主义是从国外传来的主义，三民主义“完全是中国的正统思想”。1928 年 7 月，蒋介石提出：“我们现在只有研究总理的三民主义，拿来作建设的方针。至于共产主义、国家主义与无政府主义等等都是外国的宣传，不适合中国的需要，我们决不能盲从附和。”⑤

需要指出的是，国民党对三民主义进行道德化的阐释，与当时的读经运动形成呼应，吸纳了读经运动对于恢复民族精神、救亡图存的诉求。因而，在学校课程中党义内容比重日增的同时，传统道德的比重也明显增加。

南京政府成立后，“三民主义为中国唯一的思想”，学校教学内容与课时的分配亦随之变动。1928 年 2 月，大学院颁布《小学暂行条例》，三民主义、党童子军被正式列为小学课程科目。⑥5 月，全国教育会议认为北京政府时期的中小学课程标准“已不适用”，“亟须重行厘订，以期切合党义，为实现三民主义之准

---

① 蒋介石. 革命哲学的重要（1932 年 5 月 23 日）[G]// 秦孝仪. 先“总统”蒋公思想言论总集（第 10 卷）. 台北：国民党中央党史委员会出版，1984：577—589.

② 周予同先生的意见[J]. 教育杂志，1935（5）：117.

③ 我们对于文化运动的意见[J]. 新生周刊，1935（21）：26—27.

④ 戴季陶. 孙文主义之哲学的基础[M]. 上海：民智书局，1925：1—35.

⑤ 蒋介石. 中国建设之途径（1928 年 7 月 18 日）[G]// 秦孝仪. 先“总统”蒋公思想言论总集（第 10 卷）. 台北：国民党中央党史委员会出版，1984：322.

⑥ 小学暂行条例[J]. 大学院公报，1928（3）：14.

备”，议决由大学院组织中小学课程标准起草委员会。8月，大学院成立中小学课程标准起草委员会，聘请委员订定课程标准。委员会职责包括：规定中小学必修及选修各项科目、制定中小学各科教授时间分配等。[①] 中央训练部指派邱景尼、徐逸樵为委员，参加起草事宜，后声明退出。[②]

此时正值中央训练部与大学院争夺主义教育的主导权。1928年7月，中央训练部提请中常会第160次会议议决《各级学校增加党义课程暂行通则》。通则规定，各级学校“须一律按本条例之规定增加党义课程”，授课内容为，小学校：民权初步、孙文学说浅释、三民主义浅说；中等学校：建国方略概要、建国大纲浅释、五权宪法浅释；专门大学：建国方略、建国大纲、三民主义、本党重要宣言、五权宪法之原理运用。[③] 通则要求党义课程总教授时间“每周至少以两小时为限”。[④] 但对于各科目教授时间及教材分配，并未明确规定。为此，中央训练部函请大学院“妥为规划”。[⑤]

1928年10月，大学院被裁撤，中央训练部获得主义教育的主导权。12月，中央训练部设立党义课程编订委员会，负责制定党义课程标准。[⑥]1929年4月，中央训练部在回复吴县咨询党义课程教学时间及学分分配问题时称，“本部正在从事规定”，要求暂按1928年7月颁布的《各级学校增加党义课程暂行通则》办理。[⑦] 其实，是年初，中央训练部已拟定《小学高年级三民主义浅说课程标准纲要》和中学、大学及专门学校党义课程之学分及教学顺序。中央训练部大幅

---

① 大学院中小课程标准起草委员会组织大纲[J]. 大学院公报，1928（9）：45.

② 为小学及初中党义课程标准请早日订颁以便各校遵循由[J]. 教育部公报，1929（10）：38.

③ 南京国民政府公布各级学校增加党义课程暂行条例（1928年7月30日）[G]// 中国第二历史档案馆. 中华民国史档案资料汇编（第五辑第一编教育）. 南京：江苏古籍出版社，1994：1073—1075.

④ 第二届中常会第一百六十次会议（1928年7月30日）[G]// 中国第二历史档案馆. 中国国民党中央执行委员会常务委员会会议录（六）. 桂林：广西师范大学出版社，2000：5—6，35—38.

⑤ 规定中小学党义课程教授时间[J]. 安徽教育行政周刊，1928（27）：10.

⑥ 中央训练部党义课程编订委员会组织规则[J]. 中央训练部部务汇刊，1929（2）：52—53.

⑦ 函复吴县党义教师联合会为党义课程之教学时间及学分支配已由党义课程编订委员会编订在本部未公布前可遵照各级学校增加党义课程暂行通则办理至党义教师必经检定合格人员充任每周授党义两小时由[J]. 中央训练部部务汇刊，1930（4）：33.

增加了党义课程的学分，如初中为二十二学分、高中为三十学分、大学为二十四学分（每周教学一小时，则一学期为一学分）。[①]

1929 年 8 月，教育部颁布《中小学课程暂行标准》，正式以党义科取代公民科。教学时间依据学段分低、中、高三级，分别为 30 分钟、60 分钟和 90 分钟。但标准明确注明“党义名称和时间都是假定的”。[②] 该规定低于 1928 年 7 月颁布的《各级学校增加党义课程暂行通则》的要求。此后，教育部规定，高、初中党义科每周仍为两小时，计一学分，三年共计六学分。据此，初中党义占总学分数三十分之一（6/180），高中党义占总学分数二十五分之一（6/150）。9 月 19 日，教育部致函中央训练部，督促“早日订定颁布”小学及初中党义课程标准，“以便各校有所遵循”。[③]

因江苏各校“误认一学分为一小时”，党义课程“每周只一小时”。1930 年 7 月，中央训练部致函教育部要求解释为何减少党义课程时间。[④] 教育部称，制定中学课程暂行标准时，中央训练部负责的党义课程标准尚未颁定，“究竟党义一学分应占时间若干，无以依据决定，故暂定中学党义一学分为一学期，每周教学二小时”。[⑤] 于是，7 月 23 日，教育部训令各学校在不增加授课时间的情况下增

---

① 中央训练部将三个文件列在“计划方案”栏目刊发，且各地政府及报刊均未报道，应属内部决议。小学高年级三民主义浅说课程标准纲要[J]. 中央训练部部务汇刊，1929（2）；中学党义课程之学分及教学顺序[J]. 中央训练部部务汇刊，1929（2）；大学及专门学校党义课程之学分及教学之顺序[J]. 中央训练部部务汇刊，1929（2）.

② 教育部中小学课程标准起草委员会. 中小学课程暂行标准（第 1 册）[M]. 上海：卿云图书公司，1929：27。标准明确注明“党义名称和时间都是假定的”的原因在于中央训练部尚未颁布党义课程标准。

③ 为小学及初中党义课程标准请早日订颁以便各校遵循由[J]. 教育部公报，1929（10）：38—39.

④ 中央训练部七月份工作报告[J]. 中央训练部公报，1930（2）：37. 中央训练部致函教育部，要求解释减少中学党义课程时间四小时为二小时原因。此处应为中央训练部理解有误，也说明成立不久的中央训练部对于教育事务认知有限。另一例证为，中央训练部制定《中学党义课程之学分及教学顺序》称“假定一学年为四十周，一学期即二十周，每周教学一小时，满一学年作为一学分计算”。此处应为“满一学期作为一学分计算”。中学党义课程之学分及教学顺序[J]. 中央训练部部务汇刊，1929（2）：58.

⑤ 为函复中学党义一学分为一学期每周教学二小时三学年共六学分函请查照由[J]. 教育部公报，1930（28）：9—10.

加高初中党义科学分，由六学分增至十二学分，学分数增加一倍。[①]

1930 年 12 月，中央训练部将拟订的中小学党义课程标准草案分发各地中小学党义教师征集意见[②]，于次年 2 月经中央训练部党义课程编订委员会议决通过[③]。该草案对中小学党义课程的各科目教学时间及学分都做了细致规定，试图加强主义教育。[④]然而，草案颁布不久，九一八事变爆发，出于维护统治的需要，加之社会各界强烈批评以党义科代替公民科，“四大”专题讨论党义教育问题，于 1932 年恢复公民科并调整主义教育的重心，更多从民族主义的维度关注民族精神塑造和军事教育。

此时，教育部致函中执会秘书处，“依据各方试验中学各科课程暂行标准报告”，提议在党义课程中融合公民科内容。公函所附八条融合建议具体将三民主义与公民科内容结合，成为后期主义化公民科的指导原则。[⑤]对比此时公民科与北京政府时期公民科以及之前三民主义科的课程内容，可以发现主义化色彩明显。我们以 1933 年中华书局发行的一套《小学公民课本》为例，除少量的公民观念，如人民权利与义务外，基本为三民主义教育的核心内容：第一册主要是党治的意义、建国三时期、忠孝仁爱信义和平；第二册主要是民族主义；第三册主要是民权初步与地方自治；第四册主要是民生主义与职业问题。[⑥]中华书局同年出版的《初级公民课本》更是明确指出，“教科书不是传之万世的著作，其内容应以时代精神为转移”，“三民主义的新时代精神降临了，三民主义公民

---

① 为据中小学课程标准起草委员会议决修改高初中党义科学分及高初中学分总数一案应准即日照改施行令仰遵照由[J]. 教育部公报，1930（30）：14—15.

② 令发中小学党义课程标准草案並征集关于党义课程意见[J]. 安徽教育行政周刊，1931（49）.

③ 小学党义课标准草案[J]. 安徽教育行政周刊，1931（49）：8.

④ 同期，中央训练部颁布的《三民主义民众教育具备的目标》规定，民众学校每周总理纪念周及三民主义千字课共计七小时，占总课时的 58.3%。国民党中央训练部拟订的《三民主义民众教育具备的目标》（1931 年）[G]// 中国第二历史档案馆. 中华民国史档案资料汇编（第五辑第一编教育）. 南京：江苏古籍出版社，1994：701.

⑤ 为函送中学党义课程中融合各项公民教材之意见应否转送中央常会指定之党义课程审查委员会以供审查党义课程标准时之参考请查照转陈并见复由[J]. 教育部公报，1931（29）：32—34.

⑥ 赵侣青，等. 小学公民课本（高级 1—4 册）[M]. 上海：中华书局，1933 年初版，1934 年 24 版。

学已为普遍的需要”。[①] 尽管如此，课程设置的变更使得与公民相关的知识与价值通过学校教育制度化地教授给学生。我们以孙伯謇编复兴初级中学公民课本为例，五册课本依次为《公民生活与公民道德》《公民与政治生活》《地方自治》《法律大意》《公民与经济生活》。[②] 这与三民主义科仅将民族、民权和民生作为教授内容有实质性差异。

费约翰（John Fitzgerald）指出，国民党重视民族主义在动员民众参与革命中所扮演的角色。[③]1928 年 5 月 3 日的济南事件是中国近代外交史的重要分水岭。在此之前，虽有 1915 年因“二十一条”而引发的冲突，但整体上历届政府倾向于与日本建立外交关系。济南事件后，南京国民政府的外交战略转向英美，且有意激起排日的民族主义情绪。[④]5 月 10 日，中常会第 136 次会议议决《“五三”惨案宣传大纲》，提出“全国民众及本党党员应集中于中国国民党指导之下，作有组织、有计划、有目的反日运动”。[⑤]6 月 21 日，中常会第 148 次会议议决《民族独立运动的教育计划》，规定“本计划应严守秘密不得洩漏”[⑥]，“由大学院密令各种教育行政机关切实施行”。[⑦]7 月 30 日，中常会第 160 次会议议决的《各级学校增加党义课程暂行通则》即提出“党义课程须与中央颁行之民族独立运动教育课程联络之”。九一八事变后，国民党将唤醒民族精神作为主义教育的重点。“在此国难严重期间，本党训练民众之最高鹄的，在于提高民众对国民民族

---

① 冯顺伯. 重编者言[M]// 舒新城，冯顺伯. 新中学公民课本. 上海：中华书局，1933：1.

② 孙伯謇. 复兴初级中学公民课本[M]. 上海：商务印书馆，1934.

③ 费约翰. 唤醒中国：国民革命中的政治、文化与阶级[M]. 李霞，等，译. 北京：生活·读书·新知三联书店，2004：453—502.

④ 罗志田. 济南事件与中美关系的转折[M]// 罗志田. 乱世潜流：民族主义与民国政治. 北京：中国人民大学出版社，2013：289—314.

⑤ 是项宣传大纲标注“绝对秘密禁止登载报纸”。第二届中常会第一百三十六次会议（1928 年 5 月 10 日）[G]// 中国第二历史档案馆. 中国国民党中央执行委员会常务委员会会议录（五）. 桂林：广西师范大学出版社，2000：234.

⑥ 第二届中常会第一百四十八次会议（1928 年 6 月 21 日）[G]// 中国第二历史档案馆. 中国国民党中央执行委员会常务委员会会议录（五）. 桂林：广西师范大学出版社，2000：63—77.

⑦ 函中央执行委员会请通令各级党部颁发民族独立运动的教育计划由[J]. 中央训练部部务汇刊，1928（1）：11.

之意识。”[①]

为此，国民党一是将民族精神与恢复固有道德结合。1932年5月，蒋介石提出，“要恢复民族精神，就先要恢复中国固有的民族道德；尤其要实行总理知难行易的革命哲学”。[②]二是承继了晚清以来的军国民教育传统，将民族精神与军事教育结合。1927年7月，教育行政委员会通过《国民政府教育方针草案》，规定“各学校应增设军事训练”。[③]1929年1月，教育部即要求高中以上学校，“除女生外，均应以军事教育为必修科目，其修习期间均定二年”。军事教育之目的在锻炼学生心身涵养，培育纪律、服从、负责、耐劳诸观念，提高国民献身殉国之精神，以增进国防之能力。[④]九一八事变后，国民党中执会随即要求全国各级学校一律组织学生义勇军，“实施军事训练，宣誓信奉三民主义，振兴中国民族，矢忠矢信，雪耻救国”。[⑤]11月，教育部要求各级学校每周加临时课外讲演数小时，专讲日本帝国主义侵略中国史。[⑥]由此，军事教育与民族精神结合，得到广泛施行。

此时国民党内政与外交政策的调整使民族主义教育方面处于矛盾状态。首先，国民政府因反日外交政策而推动的民族主义教育引起日本政府的抗议。1931年10月，日本政府要求国民政府停止排日活动，并威胁称：“或竟至发生中日两国间最重大的不幸结果亦未可知。”[⑦]此后，日本借助国际联盟九一八事变

---

① 关于今后党务工作纲领案（1935年12月7日）[G]// 荣孟源. 中国国民党历次代表大会及中央全会资料（下册）. 北京：光明日报出版社，1985：381.

② 蒋介石. 革命哲学的重要（1932年5月23日）[G]// 秦孝仪. 先“总统”蒋公思想言论总集（第10卷）. 台北：国民党中央党史委员会出版，1984：577—589.

③ 国民政府教育方针草案[G]// 舒新城. 近代中国教育史料. 北京：中国人民大学出版社，2012：607—611.

④ 教育部与训练总监部会定修正高中以上学校军事教育方案（1929年1月15日）[G]// 中国第二历史档案馆. 中华民国史档案资料汇编（第五辑第一编教育）. 南京：江苏古籍出版社，1994：1241.

⑤ 中国国民党中央执行委员会函国民政府为检送学生义勇军教育纲领请通令施行（1931年9月26日），台湾地区“国史馆”藏，档号：001-012350-00002-011：8.

⑥ 为奉部令转饬各级学校每周加临时课外讲演数小时专讲日本帝国主义侵略中国史仰即遵办由[J]. 上海市教育局教育周报，1931（131）：8.

⑦ 日政府抗议反日运动，向国府提出警告[N]. 申报，1931年10月6日，第3页.

调查团向国民政府施压，要求国民政府修改教科书中的排日内容。[①] 最终，国民政府迫于外交压力做出妥协。“以后审查中小学教科书时，对于国耻教材应注意正确事实之叙述，与健全的民族意识之培养，勿使有不翔实之记载，谩骂之字句，或单纯的鼓煽仇恨之言辞。”[②]“只许陈述事实，不得有煽动及谩骂等之言词”成为审查教科书方针的同时，民族主义教育的相关政策亦只得以密令的方式施行。[③]

其次，与民族独立运动教育伴生的民族主义情绪诱发学生运动，有悖于国民党的学生运动政策。“清党”后，国民党逐渐转变其学生运动政策，最终确立将学生自治仅限于校内的学生运动政策。国民党消极的学生运动政策存在内在困境。一方面，九一八之后，主义教育日益重视培育民族精神；另一方面，学生因列强尤其是日本侵略产生的民族主义情绪不断引发学生运动。1928 年 5 月济南事件就曾影响国民党暂停民众运动的政策。九一八后，各地学生突破学生运动的政策限制，在县、省、全国层面组织抗日救国会。[④] 这表明，当学生公开表达具有明显社会正义性质的诉求时，国民党无法强制执行其学生运动政策。事实表明，因不满国民党“攘外必先安内”的对外政策及其对学生民族情绪的压制，学生不断质疑国民党统治的正当性，并逐渐在共产党统一战线口号的积极支持下，反对国民党的专制统治。[⑤]

---

① 日方宣传中国施行排外教育教育部特编制“对日交涉关于教育之事项”一文，对日交涉关于教育之事项再续交件（1932 年 3 月—6 月），台湾地区“国史馆”藏，档号：020-990600-1700.

② 教育部关于我国中小学教科图书编审情形节略（1936 年 9 月 7 日）[G]// 中国第二历史档案馆. 中华民国史档案资料汇编（第五辑第二编教育一）. 南京：江苏古籍出版社，1994：287.

③ 这种矛盾不限于排日教育。1930 年 9 月，纽约美亚协会致函中国驻美公使称，经大学院审定已发行 490 版的《新时代三民主义教科书》“颇有排外观念，于青年心理不宜”。教育部审查后认为“均系激发青年爱国心之语，无可非议”。经两部沟通多次，中央训练部仍下令“书店停止发售，并禁止学校采用”。国民党中央训练部查禁商务印书馆出版《新时代三民主义教科书》的有关文件（1930 年 9 月—1931 年 8 月）[G]// 中国第二历史档案馆. 中华民国史档案资料汇编（第五辑第一编教育）. 南京：江苏古籍出版社，1994：1114—1118.

④ 张群电蒋中正学生运动不受约束之原因（1931 年 11 月），台湾地区“国史馆”藏，档号：002-090200-00006-025.

⑤ 黄坚立. 难展的双翼：中国国民党面对学生运动的困境与决策：1927—1949 年[M]. 北京：商务印书馆，2010：231—241.

日本入侵引发的外交政策的调整推动了国民政府的民族主义教育。与民族主义教育伴生的民族主义情绪激起了学生对日本入侵的抗议。政府的教育政策和学生的抵制又引发日本的抗议和施压,进一步强化学生的民族主义情绪和学生运动。国民党施行民族主义教育的外交和内政相互影响、激荡,最终使得南京国民政府面临的国际国内形势日益严峻。

对于主义教育的要求,“各学校遵照中央规定切实办理者固多,而玩忽敷衍妄自减少者亦复不少”。1931 年 1 月,国民党中央宣传部副部长刘芦隐反思三民主义教育时称,“章程上标明的教育宗旨,与事实上所授的功课互相违背的,亦往往而有”。[①]1933 年,浙江省执委会调查全省二十六县党义科实施情况,发现各校教科书和教学时间均未按照部颁课程标准执行。教学内容也未按学段由易及难予以安排。“各年级自三十分四十分而至一百二十分,无一不有,且有低年级九十分,而高年级三十分者,其分配可谓紊乱已极。教学时间较多,教者尚可利用较充裕之时间,作更详细之教学,而少者则规定一学期之教材,不能如期教授完毕,以致小学规定年限完满后,而所学习者或仅为全课程之一部,或全课程因各级阶段间无联带之故,而无良好之成绩。”[②] 何廉回忆称,“在南开,学生们勉勉强强听党义课,教授们则漠不关心”。[③] 竺可桢日记对主义教育的效果也多有记载。1936 年 4 月,日记曰:“回寓后党义教员朱叔青来,谈及学生给分事,因党义半年未上课,而学生需学分也。”此后,竺可桢又记载曰:“补学分者计三民主义一学程已七十一人之多。”[④] 更关键的是,国民党无法采取有效措施实现以三民主义引领学生思想、使学生信仰三民主义的目的,只能借助国家权力以消极方式压制和围堵学生的“不良思想”。“‘三民主义’在党治下,本为无疑义之思想标准,然其不能范围青年思想,已成事实。应如何确立之,用完密有力之方法推行,未解决之大问题也。”[⑤]

---

① 刘芦隐. 今后国民革命进展的路线[J]. 中央半月刊, 1931(4): 7.

② 准省执委会函为据调查结果各县市小学对于党义教科书与教学时间二项颇多出入仰令饬各小学遵照办理[J]. 浙江教育行政周刊, 1933(24): 7.

③ 何廉. 何廉回忆录[M]. 朱佑慈,等,译. 北京: 中国文史出版社, 1988: 197.

④ 竺可桢. 竺可桢日记[M]. 北京: 人民出版社, 1984: 34, 76.

⑤ 薄毓相. 苏浙湘赣鲁鄂冀教育考察报告(1933 年)[G]// 张研,等编. 民国史料丛刊(第1106 册). 郑州: 大象出版社, 2009: 252.

二、政党主导下的再情境化场域

随着国民党形式上统一全国,南京政府在继承此前历届政府所建立的教育机制的基础上,借助强大的军事力量和党组织,将国家权力渗透到教育领域的各个方面。尽管如此,地方军阀的存在、外敌入侵的压力以及意识形态的制约也透露出南京政府国家能力的不足、限度及内在张力,社会力量在教育机制的争夺中仍保有一定的话语权。

(一)经典与学理:主义化教科书的编审困境

前述教育价值分配部分已简述三民主义经典化过程。为实现经典化,南京国民政府时期,国民党对教科书政策进行两方面调整:一是与教育部门争夺党义教科书的终审权,二是努力完成国定制教科书。

与宣传、教育类似,国民党改组前对教科书关注有限。1918 年,孙中山在上海倡办《建设》杂志时曾命令戴季陶和胡汉民等人草拟编撰教科书计划。[①] 国民党改组后日益重视通过教育来宣传主义。1924 年 1 月,“一大”《出版及宣传问题》指出,“教科书编撰非常重要”,将来在国民党的中学和大学里要用“党内编定教科书”,“不仅党内的学校如此,还应该将本党编定的教科书扩充于其他学校。则将来其他学校皆变成本党的学校”。[②]8 月,广州市党部宣传部提出编纂“宣传党义之教科书”,其宗旨是“灌输本党党义于一般国民”。编纂主要根据总理的各种著作及历次演说。教科书为便于学生记忆,“纲中有目,干中有枝,分之则为各课,合之则为一篇”,共分为二十课,每周授课一小时,正好为一学期使用。教科书先在广州市各级学校使用,然后依次推广到其他学校。[③]

1926 年 3 月 1 日,广州国民政府教育行政委员会举行成立仪式。委员陈公博致答词时指出,教育行政委员会将致力于“编纂适当的教科书”等事务。[④]3 月 19 日,教育行政委员会议决《教科书编审委员会章程》。国民政府根据章程

---

① 郑鹤声. 三十年来中央政府对于编审教科图书之检讨[J]. 教育杂志, 1935(7): 17.

② 中国国民党全国代表大会会议录·出版及宣传问题(1924 年 1 月 23 日)[G]// 中国第二历史档案馆,海峡两岸出版交流中心. 中国国民党历次全国代表大会暨中央全会文献汇编(第 1 册). 南京: 江苏古籍出版社, 2012: 45—46.

③ 宣传部提议编纂教科书案[N]. 广州民国日报, 1924 年 8 月 22 日,第 8 版.

④ 教育行政委员昨日就职[N]. 广州民国日报, 1926 年 3 月 2 日,第 3 版.

设立教科书编审委员会。[①]"嗣以战时突起,时局变化,此事遂因之搁置。"[②]10月,教育行政委员会颁布《教科书审查规程》和《教科书审查标准》。相较于以往的教科书审查制度,《教科书审查规程》更为严格。规程规定,"各校现在所采用之教科图书,如经教育行政委员会审定,认为不当时,不准各校采用,并得禁止发行"。《教科书审查标准》从教材的实质内容、组织形式等方面制定详细的审查标准。审定教科书的首要标准在于"革命化","不违背党义"。[③]同期,教育行政委员会议决成立三民主义教科书编审委员会,并颁行《三民主义教科书审查规程》。[④]这是中国历史上第一个单一门类教科书编审委员会及教科书审查规章。

南京政府成立后,国民党积极推进主义教育,教科书编审制度日趋完备。1927年6月,教育行政委员会第81次会议议决重组因战事搁置的教科书编审机构。[⑤]7月,教育行政委员会第92次会议议决《教科书审查委员会规程》。[⑥]8月,教育行政委员会议决《国民政府教育方针草案》,提出重新改组学校的课程,"使与党义不违背","应赶速审查和编著"各学校教科书,"使与党义及教育宗旨适合"。[⑦]10月,大学院成立。大学院教育行政处设书报编审组,分为编译和

---

① 教育行政委员会第三次会议[N].广州民国日报,1926年3月20日,第2,3版。亦参考:教科书编审委员会章程[M]// 中央图书局编辑.教育辑要(第1辑).中央书局,1927:86—87.

② 国民政府教育行政委员会设立教科书编审处[J].厦大周刊,1927(173):7.

③ 教科书审查规程、教科书审查标准[J].教育杂志,1927(10):5—6;教科书审查规程之公布[N].广州民国日报,1926年10月2日,第5版.

④ 教育行政委员许崇清等呈国民政府为呈报组织三民主义教科书编审委员会并委员会规程及审查规程请鉴核备案(1926年10月26日),台湾地区"国史馆"藏,档号:001-090002-00006-003。已查阅史料关于"三民主义教科书编审委员会"的甚少,对其确切更替时间及名称也语焉不详,甚或有混淆。如1927年11月出版的《厦大周刊》载《国民政府教育行政委员会设立教科书编审处》,内称"教育行政委员会议决重新组织,定名为'三民主义教科书编审委员会'"。国民政府教育行政委员会设立教科书编审处[J].厦大周刊,1927(173):7。值得注意的是,"三民主义教科书编审委员会"此后或撤销。1929年6月,中央训练部在中常会第15次会议提议会同教育部组织专门的党义教科用书审查委员会,但中常会议决,"不必另行组织"。直至1930年6月,中央训练部掌握党义教科用书的终审权。随即,中央训练部设立党义教科用书审查委员会。

⑤ 丁致聘.中国近七十年来教育记事[M].南京:国立编译馆,1935:141.

⑥ 教科书审查委员会之章程[J].教育杂志,1927(9).

⑦ "党化教育"之意义及其方案[J].教育杂志,1927(8):3.

审查两股。编译股负责“教科书及其他教育上必要图书之编纂事项”,审查股负责“关于教科用图书之审查事项”。[①]12月,大学院颁布《教科图书审查条例》,重申广州国民政府制定《教科书审查规程》的要求。[②]

对比广州国民政府时期和南京国民政府初期教科书政策,可以发现,国民政府的教科书政策日益精细严格。一是颁布法令细化、重申此前的教科书审查政策。如《教科图书审查条例》规定,各级学校所用之教科图书,非经大学院审定者,“不得发行或采用”。晚清和北京政府时期的审定制度仅规定教科书未经审定不得使用,因而出版社仍可发行以作为学校教学的参考用书。对此,陆费逵以上海书业同业公会主席的身份致函国民政府提出,著作“即偶有瑕疵,未必全无心得,若与部颁标准不合,只须无反动文字,部中不予审定,各校自不采用。如概予以停止发行处分,不惟发行者损失巨大,著作者亦将灰心,殊非奖励学术、提倡文化之道。况参考用书无标准可循,在此学子读物贫乏时代,提倡奖励之不暇,安可以停止发行摧残之”。[③]然而,民间的质疑并未产生实际效果,这一严格的审查规定在南京国民政府时期得以延续。二是大学院颁布《新出图书呈缴条例》,规定凡新出图书时须自发行之日起两个月内呈送大学院,“出版者如不遵缴所出图书时,大学院得禁止该图书之发行”。[④]

1928年2月,二届四中全会议决成立中央训练部,标志着国民党民众政策由动员转变为控制,实施主义教育成为中央训练部的关键职能。中央训练部成立伊始,即设立党务教育、党义教育、测验、编审等六科。中央训练部直接干预教育事务,而蔡元培则捍卫教育独立,随之中央训练部与大学院产生冲突。

1926年10月,由广州国民政府教育行政委员会拟定的《三民主义教科书编审委员会规程》第六条规定:“三民主义教科书编审委员会编纂或审查之各级三

---

① 大学院教育行政处组织条例[J]. 大学院公报,1928(1):55.

② 教科图书审查条例[J]. 大学院公报,1928(1).

③ 上海书业同业公会主席陆费伯鸿请放宽教科参考图书审查处分致国民政府呈(1931年4月)[G]// 中国第二历史档案馆. 中华民国史档案资料汇编(第五辑第一编教育). 南京:江苏古籍出版社,1994:97.

④ 大学院长蔡元培呈国民政府为订定图书馆条例新出图书呈缴条例请查核备案(1927年12月22日),台湾地区“国史馆”藏,档号:001-090002-00006-007:10.

民主义教科书经教育行政委员会、中央党部会同核定后，方得出版。”[①] 然而，根据1927年6月颁布的《中华民国大学院组织法》，大学院大学委员会是全国教育问题的最高决策机关。此时，大学院尚未正式成立。7月，由蔡元培主导的教育行政委员会第93次会议议决修订《三民主义教科书编审委员会章程》，由教育行政委员会独立管辖教科书审查。原规程第六条被修改为“三民主义教科书编审委员会编定或审定之三民主义教科书，须经教育行政委员会核定”。[②]

二届四中全会后，国民政府日渐稳固，各项政策开始调整，中央训练部开始积极与大学院争夺主义教育的主导权。1928年4月26日，中央训练部联合中央组织部致函中执会，明确提出确定主义教育的主导权问题。经中常会第131次会议议决，国民党中执会成为各项重大教育问题的最高决策机构。同日，中央训练部致函各书坊称，“坊间所出各种三民主义书籍，并其他关于党义诸书，言杂说庞，殊属有碍本党理论之统一”，要求各书局“速将所有关于本党党义之出版物，各检一份送部”。[③] 中央训练部和大学院教科书审定权之争由此开始。

1928年2月，蔡元培提出教科图书应统一由大学院审查，“以一事权”，国民政府照准。[④]5月，大学院通令各省区教育行政长官称，各省审查教科图书与《教科图书审查条例》规定不合，“教科图书之审查，事权必须集中，办法乃能一致”。[⑤]5月26日，全国教育会议议决由王云五提出的《出版物之审定机关应集中于大学院案》。提案办法曰：“凡国内一切出版物之应经审定者，除关于乡土

---

① 教育行政委员许崇清等呈国民政府为呈报组织三民主义教科书编审委员会并委员会规程及审查规程请鉴核备案（1926年10月26日），台湾地区“国史馆”藏，档号：001-090002-00006-003：6-7.

② 根据《中华教育界》载《三民主义教科书编审委员会章程》，称“业经第九十三次会议议决修正”，结合《中国近七十年来教育记事》第143页关于1927年7月28日国民政府教育行政委员会第九十三次会议记载，应为是次会议议决。三民主义教科书编审委员会章程[J]. 中华教育界，1928（2）：3；丁致聘. 中国近七十年来教育记事[M]. 南京：国立编译馆，1935：143.

③ 中央训练部致国内各大小书坊函（1928年4月26日）[G]// 中国第二历史档案馆. 中华民国史档案资料汇编（第五辑第一编教育）. 南京：江苏古籍出版社，1994：1110.

④ 大学院院长蔡元培呈国民政府关于教科图书之审查及著作权之注册暨发给证书或护照等项请准迳由该院核办以一事权而免混乱一事仰希鉴核示遵（1928年2月），台湾地区“国史馆”藏，档号：001-050110-00001-001：4.

⑤ 为教科图书之审查概由本院办理以一事权由[J]. 大学院公报，1928（6）：19.

教材应并由各地方教育机关审定外，概由大学院主持之。出版物既经审定之后，即得通行全国，不再受其他地方机关之拘束。”[①]7月，中央训练部提请中常会第160次会议议决颁布《各级学校增加党义课程暂行通则》。通则明确规定“各种党义课程之教本，均由最高教育行政机关编审颁行之”。[②]这表明，此时大学院仍掌握教科书编审的主导权。值得注意的是，此次中常会蔡元培亦列席会议，此时大学院正与中央训练部就包括确定教育宗旨、童子军等教育事务的主导权进行博弈。然而，随着象征教育行政独立的大学区制被废止，“三大”颁布了中央党部主导的教育宗旨，中央训练部于两年后获得审查党义教科用书的终审权。

1929年初，针对中央训练部插手党义教科书审查事宜，教育部致函中央训练部，“提商嗣后关于审查党义教科书办法”。4月，中央训练部复函教育部，提出今后党义教科书，由教育部初审，中央训练部复审。“至终审手续，则由本部与贵部共同组织一党义教科书审查委员会，负责办理，以昭慎重。”[③]中央训练部再次提出党义教科书的终审权问题。6月，中央训练部在中常会第15次会议提议会同教育部组织专门的党义教科用书审查委员会，但中常会议决“不必另行组织，仍由教育部审查后再由训练部复审，如发现教育部有审查不妥之处，中央训练部得交回教育部再复审”。[④]这表明教育部仍掌握终审权。[⑤]

时隔一年，中央训练部以教科书审定“无一定程式，以致办理手续及审定格式，往往多生周折，互有出入”为由，拟定《中央训练部审查党义教科用书暂行办法》，于1930年6月中常会第96次会议通过。办法规定，“各级学校党义教科

---

① 出版物之审定机关应集中于大学院案[R]// 中华民国大学院. 全国教育会议报告(乙编). 上海：商务印书馆，1928：602.

② 第二届中常会第一百六十次会议(1928年7月30日)[G]// 中国第二历史档案馆. 中国国民党中央执行委员会常务委员会会议录（六）. 桂林：广西师范大学出版社，2000：5，35—38.

③ 函复教育部为审查党义教科书拟请由该部初审本部覆审至终审则由两部组织审查委员会仍烦察核见复由[J]. 中央训练部部务汇刊，1930（4）：34—35.

④ 第三届中常会第十五次会议(1929年6月3日)[G]// 中国第二历史档案馆. 中国国民党中央执行委员会常务委员会会议录（八）. 桂林：广西师范大学出版社，2000：240.

⑤ 陈钊认为中常会第15次会议的决议表明中央训练部对党义教科用书拥有终审权，不确。参阅：陈钊. 国民党党化教育制度研究：1924—1937[M]. 杨凌：西北农林科技大学出版社，2014：63.

用书，自国民政府教育部初审后，送本部终审”。[①] 由此，中央训练部掌握党义教科用书的终审权。随即，中央训练部设立党义教科用书审查委员会[②]，并致函教育部饬令各省市教育厅局，要求各地书局将未送审之党义教科书，“一律送部审查”。[③] 教科书审查标准“以党义为主，其他各项次之”，而且，“若党义方面‘不及格’，其他各项不论有无错误，皆认为不及格，不准发行”。至次年 6 月，一年时间，中央训练部累计收到教育部转送复审党义教科书 22 件。在已审查完毕的 15 件教科书中，准予修正后发行者 2 件、修正呈核者 9 件、暂停发行改编后呈核者 2 件、停止发行者 2 件。这表明中央训练部的复审非常严格，复审通过率仅 13.3%。[④]

根据吴科达的研究，自 1927 年大学院成立起，南京国民政府共审定教科书约 1922 册，其中 263 册未能通过审定。263 册审定不合格的教科书中有签注审查意见的 193 册。根据签注意见，有 18 册教科书因不符合党义而未能通过审查，占 193 册有签注意见教科书的 9.3%，显著高于晚清的 5% 和民国初年的 4.4%。这表明，南京国民政府加强了对教科书的意识形态控制。[⑤] 此外，国民党还通过各级党组织、公安、交通等部门对各类书刊予以审查。[⑥]

为加强主义教育，在制定严格的教科书审查制度的同时，南京国民政府多次尝试推行国定制教科书。1928 年 5 月 23 日，全国教育会议议决通过范寿康提

---

① 中国国民党中央执行委员会函国民政府为通过中央训练部审查党义教科用书暂行办法请查照转行知照（1930 年 6 月），台湾地区“国史馆”藏，档号：001-014001-00003-001：3.

② 中央训练部七月份工作报告[J]. 中央训练部公报，1930（2）：36.

③ 为准函令转饬各书坊将未送审之党义教科书一律于本年九月十日前送部审由[J]. 教育部公报，1930（32）：10.

④ 中央执行委员会训练部报告（1931 年 6 月）[G]// 中国第二历史档案馆，海峡两岸出版交流中心. 中国国民党历次全国代表大会暨中央全会文献汇编（第 9 册）. 南京：江苏古籍出版社，2012：25—28.

⑤ 吴科达. 臣民还是公民——教科书审定制度和思想道德教科书（1902—1949）[M]. 北京：中国社会科学出版社，2013：114.

⑥ 国民党南京市党部检查市区学校与书店有关三民主义教科用书经过的文件（1931 年 11 月）[G]// 中国第二历史档案馆. 中华民国史档案资料汇编（第五辑第一编教育）. 南京：江苏古籍出版社，1994：1119—1123；令严密查禁反动书籍[J]. 公安旬报，1929（11）；为奉令严禁上海晓山书店所发行之“我们月刊”一书由[J]. 交通公报，1929（19）.

案。范寿康认为以往的教科书审定制，无论编印还是审定环节，均“其弊甚大”，提议由大学院设立国立编辑馆，组织编撰教科书。[①] 会议将此案与另两案合并，议决通过《改善中小学教科书案》，提出在有特殊需要时，直接委托专家编辑教科书。[②]5 月 25 日，蒋介石在北伐途中致电蔡元培，称“小学与中学教科书，拟请从速订定，强迫各书坊发行，凡其从前编辑之教科书，均应严禁”。[③]6 月，大学院拟定训政时期施政大纲，提出在取缔不良教科图书之后编辑学校缺乏的中小学教科图书。[④]8 月，大学院根据全国教育会议决议成立中小学课程标准起草委员会，并聘请委员订定课程标准。10 月，大学院改组为教育部后，下设编审处，负责编译教育图书及审查教科书事宜，编审处每月召开编审会一次。[⑤]1929 年 1 月，教育部编审处第一次编审会议决定自行编撰中小学教科书，并于 8 月拟定《教科图书编辑大纲》《中等教育股编辑教科用书进行方法》《初等教育股编辑计划大纲》。[⑥] 由于课程标准尚待修订[⑦]，至 1930 年 1 月，仅编成《三民主义千字课》等几种教科书。[⑧]

获得党义教科用书终审权后，中央训练部于 1930 年 12 月拟订《中小学党义课程标准草案》，分发各地中小学党义教师征集意见，并于次年 2 月议决通过。这使得党义教科书编著者有确切之范围，中央训练部审定党义教科书“亦较有准绳可循”。[⑨] 正当中央训练部掌握党义教科书编纂标准制定权和教科书终审权

---

① 全国教育会议概况一览表[R]// 中华民国大学院. 全国教育会议报告（甲编）. 上海：商务印书馆，1928：37；全国教育会议议决案总目[J]. 大学院公报，1928（7）：117.

② 范寿康. 请大学院设立国立编辑馆从事编辑初等及中等学校教科书以昭郑重而谋教材之完善案[R]// 中华民国大学院. 全国教育会议报告（乙编）. 上海：商务印书馆，1928：581—585.

③ 蒋介石. 致大学院蔡元培院长告以救国之道电（1928 年 5 月 25 日）[G]// 秦孝仪. 先“总统”蒋公思想言论总集（第 36 卷）. 台北：国民党中央党史委员会出版，1984：429.

④ 大学院拟定训政时期施政大纲[J]. 大学院公报，1928（8）：98.

⑤ 教育部编审处分组规程[J]. 教育部公报，1929（2）：91—92.

⑥ 郑鹤声. 三十年来中央政府对于编审教科图书之检讨[J]. 教育杂志，1935（7）：17—19.

⑦ 编订中小学课程标准的缘起[M]// 教育部中小学课程标准起草委员会. 中小学课程暂行标准（第 1 册）. 上海：卿云图书公司，1929：1—3.

⑧ 教育部编审处第二次谈话会记录，中国第二历史档案馆. 南京国民政府教育部全宗，档号：五-1211；教育部过去一年工作之回顾[J]. 教育部公报，1931（51/52）：24，38.

⑨ 教育部关于我国中小学教科图书编审情形节略（1936 年 9 月 7 日）[G]// 中国第二历史档案馆. 中华民国史档案资料汇编（第五辑第一编教育）. 南京：江苏古籍出版社，1994：94.

时，因主义教育效果不佳，加之九一八事变的冲击，1931年11月，“四大”专题讨论党义教育问题，并于1932年恢复公民科。教育部由此在形式上获得教科书的编纂和审定主导权。

九一八事变前夕，国民党再次推动编纂国定本教科书。首先，设立国立编译馆，编纂国定本教科书。1931年5月，刘宗向等在国民会议期间提议设立国立编译馆，编纂国定本教科书。称各书局商人追逐利益，“遗误定多”，“今者实施党义教育，励行三民主义，以培植学生”，教科书“亟应由国家收回，归编译馆编定”。[①]11月，“四大”议决“中小学之教科书，应完全由教育部编印，中小学校应采用此项教科书，同时对于坊间所售之教本，中小学教育自编之讲义，一律禁止或取缔”。[②]1932年6月，教育部裁撤编审处，设立国立编译馆，负责编审教科书。[③]1933年10月，教育部颁布《国立编译馆办事细则》。与大学院颁布的《暂行教科图书审查办法》相比，细则的审查程序更为规范。[④]其次，1932年10月，教育部正式颁布中小学课程标准后，朱家骅推动教育部启动分期编纂部编本教科书计划。第一期“为目前中小学最需要之教科书”，包括国文、公民、历史、地理等科目。[⑤]为推动部编教科书，1933年5月，教育部设立中小学教科书编审委员会。[⑥]此时已转任中央组织部部长的朱家骅推动国立编译馆与教育部普通司共同编撰中小学教科书。截至1934年7月，共编辑《国语》等教科书40余册。[⑦]但由于各书局不配合，“各学校采用的很少”，直至全面抗战爆发前，教科

---

① 国民会议秘书长叶楚伧函国民政府文官处关于彭大铨等请设立编译馆以促进科学教育两案经决议原则通过交国府（1931年5月），台湾地区“国史馆”藏，档号：001-011110-00014-011：10.

② 教育部关于国民党历届会议对于教育决议案及其实施情形之检讨总述（1942年8月）[G]// 中国第二历史档案馆. 中华民国史档案资料汇编（第五辑第一编教育）. 南京：江苏古籍出版社，1994：94—96.

③ 行政院长汪兆铭呈国民政府主席林森为请明令废止教育部编审处组织条例另拟国立编译馆组织规程（1932年6月），台湾地区“国史馆”藏，档号：001-012071-00298-014.

④ 国立编译馆办事细则[J]. 教育部公报，1933（41/42）.

⑤ 政府应编纂中小学教科书提案（1933年4月），近史所档案馆藏，档号：301-01-09-230.

⑥ 教部设立部编中小教科书编审会[J]. 时事月报，1933（1）：46.

⑦ 郑鹤声. 三十年来中央政府对于编审教科图书之检讨[J]. 教育杂志，1935（7）：5—6，19—21.

书仍实行审定制。[①] 再次，成立官办书局编撰出版党义教科书。1931 年 10 月，时任中央组织部部长陈立夫创办正中书局，此后于 1933 年将所有权转交南京国民政府。陈立夫任董事长，并主编初高级中学《公民》等教科书。

与九一八事变一样，七七事变亦是“南京的机会”。国民党借机推行教科书国定制。1937 年 10 月后，国民政府开始由南京西迁重庆，大量学校、师生也随之迁往大后方。但各大书局除正中书局外，均未西迁。加之战争造成的物资匮乏、运输困难等，在全国范围内造成教科书荒。1938 年 1 月，教育部改组，由陈立夫长部。3 月，教育部召开第三次全国教育会议，议决《统一课本案》《各级学校教材应由教育部统一编纂及分配案》。4 月，国民党临时全国代表大会通过陈立夫提出的《战时各级教育实施方案纲要》。“对于各级学校各科教材，应彻底加以整理，使之成为一贯之体系，而应抗战与建国之需要。尤宜尽先编辑中小学公民、国文、史、地等教科书及各地乡土教材，以坚定爱国爱乡之观念。”[②] 此后，教育部分别扩充国立编译馆和教科用书编辑委员会，并于 1942 年 1 月将教科用书编辑委员会并入国立编译馆。至 1942 年，经审定的部编小学各科教科书及中学公民、国文、历史、地理四科教科书交付印行，国定制教科书最终得以落实。[③] 由此，借助国难的机会，国民党实现了自南京国民政府成立初期即试图推行、但屡未实现的国定制教科书目标。

国民党推行国定制教科书的原因之一在于通过控制知识的选择和组织原则，实现统一思想的目的。因而，国民党通过一系规章制度将主义经典化，并以不背党义作为审定教科书的首要原则。为了加强主义教育的效果，防止主义教育流于形式，需要教科书对主义有研究阐发。然而，对主义的研究阐发势必突破官方对主义的经典解释，进而质疑主义的权威。由此引发教科书编审经典化与学理化的困境，是为主义与学问之争在教科书领域的再现。

为维护主义的权威，国民党不允许教科书有与孙中山思想不同的表达。

---

① 此时国民党有官办的正中书局，但实力尚小。其他书局因有自编教科书，为维护自身利益，消极应对国定制教科书印刷发行工作。魏冰心. 国定教科书之编辑经过[J]. 教育通讯，1946(6)：14—17.

② 战时各级教育实施方案纲要[J]. 教育通讯，1938（4）：9.

③ 魏冰心. 国定教科书之编辑经过[J]. 教育通讯，1946（6）：15—16.

1931年，中央训练部对陈毅夫编《三民主义问答三百条》一书的审查意见为："85问：中国民族特质如何——答语列举忠信仁爱勤俭和义勇等项，与总理在民族主义讲演内所云多出入，此种地方最易发生误解，绝不能与总理所说稍有出入。"[①] 对国民党人士姜琦著作的审查意见为："以一己之见解与立场评判总理遗训之是非，实属逾越党义著述范围，应饬予停止发行。"[②] 国民党的专制统治及严格的审查制度迫使各出版社按照其颁定的课程标准及教学大纲编撰教材，尤其是党义教科书的选材基本上源自孙中山的著作、演说，国民党的各种文件以及官方编定的理论宣传材料等。如《新中华三民主义课本》在其编辑大意中指出："本书根据孙中山先生三民主义、建国方略、建国大纲三书，择其重要材料，略加裁剪，无一句无来历，无一句杜撰。"[③]

随着国民党借助国家权力推行主义教育，三民主义的日益僵化广受批评。"为甚么关于三民主义的哲学基础和三民主义的理论，却很少精深博大的著作；而实行三民主义的方案，更寥若晨星呢？"[④] 全国大学及专门学校党义教师检定委员会在检定多本批准意见时指出主义教科书对主义没有精深研究。"所呈缴之三民主义讲义，系就总理之三民主义加以节章，别无发挥"；"所呈《总理遗教之研究》多系抄袭党员训练大纲及周著三民主义理论的体系等残篇短简，发挥殊少"。[⑤] 在商务印书馆《五权宪法教科书》复审报告中，一方面在国民革命与五权宪法一节，指出作者未"详加参究"。"未将训政时期与宪政开始时期详加参究，故而时时不能自圆其说，以至有种种附会之解释。"一方面在五权宪法的形式一节，指出作者"妄生异议"。"本章乃著者个人之意见且为未来的拟制，在本书中体裁甚不相符，在宪政时期则宪法之制定，建国大纲已有明文规定，何得

---

① 为准中央训练部函为三民主义问答三百条一书请转饬停止发行等因令仰转饬遵照由[J]. 教育部公报，1931（38）：16.

② 中训部审查完竣之党义教科用书一览[J]. 中央周报，1931（169）：14.

③ 陆绍昌. 小学校高级用新中华三民主义课本（第一册）[M]. 上海：中华书局，1927：1；行政院教育部关于征印三民主义一百万册运动杜绝违反三民主义理论与行动的训令，四川省档案馆藏，档号：民112-01-0011.

④ 漆鼓. 算是一篇国难八股[J]. 青春，1932（13）：279.

⑤ 全国大学及专门学校党义教师检定委员会致教育部关于汇送检定不合格教师姓名表和训练部有关此事复文（1929年5月），中国第二历史档案馆藏，档号：七二二（1）-1477：2-6.

妄生异议。”[①]

（二）再三妥协：党义教员的培养与检定

为普及义务教育并推行主义教育，国民党重视教员的培养、检定及考核等工作。相较于其他科任教员，国民党在短时期内，建立了完善的党义教员培养、检定、考核等方面的规章制度。然而，限于教育普及程度及师资条件，国民党不得不一再降低教员检定资格要求。

1. 对党义教员重要性的认识及培养

教师“不仅为将来负有复兴民族责任之小学生导师，亦为地方人民之中心领导者”，因而，“教师对于三民主义必须有深刻之认识，对于改进教育之方法必须有精密之研讨，始克负荷其重大使命”。[②] 党义教员“负有训练各级学校学生，使成为三民主义的信徒之使命”。[③] 忠实于党且对主义有研究的教员是主义教育产生预期效果的关键。

1924 年 1 月，“一大”《出版及宣传问题》议案提出要介绍国民党党员到学校担任教职，使国民党的势力潜于学校，扩大国民党的影响。[④] 此后，国民党要求对违背党的思想的教员予以肃清、撤换[⑤]，各学校训育员由青年部委派。[⑥]1926 年 11 月，教育行政委员会“再议实施党化教育案”，议决教育行政委员会委员甘乃光拟定党化教育实施大纲，提出学校应设训育部，特设专校培养党义师

① 为前送请予审查之党义教科书五权宪法抄发审查意见令将该书停止发行由[J]. 教育部公报，1931（23）：27.

② 颁发小学教师暑期党义教育讨论会办法[J]. 中央党务月刊，1935（82）：21.

③ 中央训练部工作报告（1931 年 10 月）[G]// 中国第二历史档案馆，海峡两岸出版交流中心. 中国国民党历次全国代表大会暨中央全会文献汇编（第 10 册）. 南京：江苏古籍出版社，2012：339.

④ 中国国民党全国代表大会会议录·出版及宣传问题（1924 年 1 月 23 日）[G]// 中国第二历史档案馆，海峡两岸出版交流中心. 中国国民党历次全国代表大会暨中央全会文献汇编（第 1 册）. 南京：江苏古籍出版社，2012：45—46.

⑤ 广东教育厅致中央青年部函（1926 年 10 月 9 日），党史馆藏，档号：部 9836；广东第一中学学生上中执会呈（1926 年 10 月 9 日），党史馆藏，档号：汉 11696.2.

⑥ 中秘处致广东省执行委员会电（1927 年 2 月 25 日），党史馆藏，档号：汉 4564.

资。[①]1927年2月，蒋介石在江西党化教育讲习所讲演，强调教员对于国民革命所肩负的责任。“革命的江西，全靠小学教师去努力建设。”[②]1928年5月，蒋介石在北伐途中致电蔡元培，“尤须注重小学教师，必使其有爱国雪耻之血性，而后方能任其为教师”。[③]同期召开的全国教育会议关于确定教育宗旨提案提出，“无论大学中学小学校及训育主任，或指导人选，宜慎重考察，除学识经验外，须特重其人格及操守，是否具有以德化人之能力，而定取舍”。“大中小学校，宜聘品高学粹之士，任德育指导，以专责成。”[④]9月，中央训练部《党治教育实施方案》提出“实施党治教育，须以具备相当资格之本党忠实党员担任与党义有关之教育职务”。[⑤]1932年公民科恢复后，中央民众运动指导委员会仍坚持审查公民教师资格，认为公民教师“是否深明主义，是否竭诚为本党努力，是否为本党党员，以及教者能否以身作则，示学者以健全公民之模范，尤为重要”。[⑥]

为普及义务教育，南京国民政府重视发展师范教育，以培养合格教员。1928年5月，全国教育会议通过《整顿师范教育案》，恢复师范学校的独立地位。其后，国民政府颁布《师范教育法》及《师范学校规程》等法规，促进了师范教育在三十年代的快速发展，乡村师范学校的发展尤为迅速。全国师范学校总数从1928年的236所增长到1936年的814所。[⑦]与此同时，大学院重视提高教员待遇。大学院拟定训政时期施政大纲时提出：“督促各地教育行政机关依照地方

---

① 教育行政委员会决议案、实施党化教育之大纲[N]. 广州民国日报，1926年11月3日，第5版.

② 蒋中正于江西党化教育讲习所讲演词（1927年），台湾地区“国史馆”藏，档号：002-060100-00001-051：2.

③ 蒋介石. 致大学院蔡元培院长告以救国之道电（1928年5月25日）[G]// 秦孝仪. 先“总统”蒋公思想言论总集（第36卷）. 台北：国民党中央党史委员会出版，1984：429.

④ 请大学院速定党国教育宗旨揭橥民生社会道德标准用端国人趋向发扬吾国精神文化及固有美德俾国民知以人格救国实现三民主义以固国本案 [R] // 中华民国大学院. 全国教育会议报告（乙编）. 上海：商务印书馆，1928：13.

⑤ 党治教育实施方案提案[J]. 中央训练部部务汇刊，1928（1）：18.

⑥ 国民党中央民运会关于审查公民教师资格的提案（1933年2月20日）[G]// 中国第二历史档案馆. 中华民国史档案资料汇编（第五辑第一编教育）. 南京：江苏古籍出版社，1994：1097—1098.

⑦ 教育部教育年鉴编纂委员会. 第二次中国教育年鉴[M]. 上海：商务印书馆，1948：1428—1433.

经济状况改良小学教职员待遇。”[①] 随后，《小学教员薪水制度之原则》《中等学校教职员服务及待遇办法大纲》颁行，加之教育经费独立得到保障，教员待遇得以改善。

南京国民政府重视培养合乎主义教育要求的师资。1928 年 5 月，全国教育会议决议案将师范教育视为“实现三民主义的国民教育之本源”，并提出师范教育之要点：“一为最适宜之科学的教育，一为最严格之身心的训练。”[②]1929 年 3 月，“三大”决议指出：“师范教育为实现三民主义的国民教育之本源，必须以最适宜之科学教育及最严格之身心训练，养成一般国民道德上、学术上最健全之师资为主要之任务。”[③]1933 年 3 月，教育部颁布的《师范学校规程》重申这一规定。[④]

除师范学校等职前教育外，南京政府还通过举办三民主义训练班、暑期党义教育讨论会、党义教育研究会等形式确保教员合乎主义教育的要求。[⑤]1928 年 5 月，全国教育会议上三民主义教育组审查委员周启刚的提案提出：“今后之计划，既以教育非党化不可，则对于从事教育者之加以党化训练，尤为急要之图。”周启刚提议通过设立三民主义教育师资训练院、三民主义教育训练班、暑期学校等方式，训练师资。[⑥]7 月，中央训练部颁布《中小学教员讲习会办法》《中小学教员暑期讲习会增加党义课程办法》，提出利用暑期闲暇时间成立讲习会，并在讲习会增加党义课程，“借以训练党义，诚属两相便利”。[⑦]

1928 年，上海、江西等地联合党义教员，成立党义教育研究会，“集思广

---

① 大学院拟定训政时期施政大纲[J]. 大学院公报，1928（8）：88.

② 确立教育方针实行三民主义教育建设以立救国大计案[R]// 中华民国大学院. 全国教育会议报告（乙编）. 上海：商务印书馆，1928：54—55.

③ 为公布中华民国教育宗旨及其实施方针由[J]. 教育部公报，1929（5）：3.

④ 师范学校规程[J]. 教育部公报，1933（15/16）：24.

⑤ 北平特别市教育局关于开办中小学教员三民主义训练班的文件（1928 年），北京市档案馆藏，档号：J004-001-00270.

⑥ 促进三民主义教育宜即实行训练师资案[R]// 中华民国大学院. 全国教育会议报告（乙编）. 上海：商务印书馆，1928：26—27.

⑦ 为准中央训练部函送暑期讲习会办法两种令仰遵照由[J]. 大学院公报，1928（8）：15.

益”，“研究三民主义的理论与实施方案，以促进三民主义的教育”。①1929年10月，中央训练部提请中常会第44次会议议决《各级学校教职员研究党义暂行条例》。条例指出：“本党为贯彻党义教育起见，全国各级学校教职员应依照本条例之规定，对于本党党义作系统的研究，求深切的认识。”党义研究分为四期，教职员“平均每日至少须有半小时之自修研究，每周至少须有一次之集合研究”。②随后，武汉、天津、浙江等地成立学校教职员党义研究会。③1935年5月，中常会第169次会议通过《小学教师暑期党义教育讨论会办法》，规定全国小学每年暑期均应组织党义教育讨论会，并由中央训练部统一拟定讨论题目和讨论大纲，要求全体教师均应参加。④

2. 党义教员的检定与考核

1928年夏，蔡元培在《关于青年运动的提案》中提出：“今中国本部已尽在青天白日旗帜之下。国民政府对于不服从党义之官吏及学校教职员，皆有干涉与更易之权。”⑤相较于以往，为确保全国各级学校教师思想与中央保持一致，国民党制定系统的规章制度，具体规定党义教员检定、工作职责及考核等，并成立党义教员检定委员会，以保障主义教育的效果。这是近代中国第一次针对单一学科教员制定如此详尽的规程制度。

1928年6月，鉴于学校教育对于宣传三民主义及对抗、压制其他主义思潮

---

① 通令各省市训练部随令颁发江西党义教师党义教育研究会简章由[J]. 中央训练部部务汇刊，1929（2）：11；发起筹备党义教育研究会[J]. 浙江教育行政周刊，1932（48）.

② 中国国民党中央执行委员会函国民政府为函送各级学校教职员研究党义暂行条例遵行（1929年10月31日），台湾地区“国史馆”藏，档号：001-012503-00001-004：6-7.

③ 武汉党义教师党义教育研究会简章草案[J]. 湖北党务指导月刊，1929（5）；呈为发起组织党义教师党义研究会准予备案并应将简章补送一份以凭存查仰即知照批[J]. 天津特别市教育局教育公报，1930（18）；督促各级学校教职员组织党义研究会[J]. 浙江教育行政周刊，1931（52）.

④ 中国国民党中央执行委员会常务委员汪兆铭等函国民政府为检送小学教师暑期党义教育讨论会办法请查照交主管机关通饬遵办（1935年5月11日），台湾地区“国史馆”藏，档号：001-090011-00001-008.

⑤ 蔡元培. 关于青年运动的提案（1928年夏）[M]// 高平叔. 蔡元培全集（第五卷）. 北京：中华书局，1988：267.

的重要作用[①],中常会在饬令各级学校增加党义课程的同时,颁布《各级学校党义教师检定委员会组织通则》及《检定各级学校党义教师条例》。[②]相较而言,直至 1934 年 5 月,教育部才颁布《小学教员检定暂行规程》《中学及师范学校教员检定暂行规程》,对其他科任教员予以检定。[③]

《检定各级学校党义教师条例》规定,"全国各级学校之党义教师,须一律受党义教师检定委员会之检定"。党义教师的检定资格包括是否为党员和是否有教育行政机关所规定之教员资格,确保党义教师忠实于党且有基本的专业能力。条例规定,党义教师必须为国民党党员。检定教员根据学段分为高等教育党义教员的无试验检定与中小学党义教员的试验检定。无试验检定需审查高等教育党义教员所采用或自编之党义教材。试验检定须考查党义教员的党义相关知识。其中,中等教育之党义教师应考试之科目包括建国大纲、建国方略、三民主义以及国民党第一次全国代表大会宣言,小学教育之党义教师应考试之科目包括孙文学说、民权初步、建国大纲以及三民主义。

中常会通过党义教师检定条例不久,中央训练部于 1928 年 8 月通令各级党部迅速组织党义教师检定委员会,检定党义教师。[④]同月,浙江省启动第一次中小学党义教师资格检定工作。12 月,浙江省各级学校党义教师检定委员会颁布《浙江省各级学校聘任党义教师及训育主任暂行办法》,并对全省中小学党义教员予以检定。[⑤]截至 1929 年 8 月,浙江省有数据统计的 47 个县共计 6257 所小学,聘请党义教师及训育主任 4014 人。其中,经检定合格者 337 人,另有 71 人经检定合格但未获聘任。调查表明,全省小学校均党义教师及训育主任不到 1

① 中常会致中央青年部函:请核办学校教员应受党训案(1926 年 11 月 27 日),党史馆藏,档号:汉 12635.

② 国民党中央常委会通过的各级学校党义教师检定委员会组织通则(1928 年 6 月 30 日);国民党中央常务会议通过的检定各级学校党义教师条例(1928 年 6 月 30 日)[G]// 中国第二历史档案馆. 中华民国史档案资料汇编(第五辑第一编教育). 南京:江苏古籍出版社,1994:1071—1072.

③ 在此之前,个别省份已经颁布教员检定规程,如 1929 年 10 月,山东省颁布《山东省检定小学教员暂行规程》,并于 11 月 1 日成立山东省检定小学教员委员会。1930 年 1 月,江苏省教育厅颁布《检定小学教员暂行规程》等。

④ 中央训练部八月份工作概况[J]. 中央训练部部务汇刊,1928(1):31.

⑤ 浙江省各级学校聘任党义教师及训育主任暂行规程[J]. 浙江党务,1929(31/32).

人（可能存在兼任情况），且检定合格者比例仅 8.4%。[①]1928 年 9 月，南京市中小学校检定党义教师委员会实施了第一次检定，并于次年 9 月实施第二次检定，两次共检定合格党义教师 49 人。[②] 中央训练部报告指出，截至 1929 年底，“除云南贵州四川广西吉林黑龙江辽宁等省因特殊原因，未克实施外[③]，其他各省市举行一次或二三次不等，计前后检定合格之中小学党义教师五千七百一十人，在中央检定合格之大学及专门学校党义教师七十人”。[④]

1931 年 10 月，中央训练部在工作报告中指出党义教师缺乏的原因：一是党员太少而尤以偏僻地区为甚；二是小学党义教师尤感缺乏；三是考试过于严格。[⑤] 浙江省党务指导委员会指出：“任党义教师及训育主任者大半均非党员，照章不能应试，故投考者不多。”[⑥] 这一困境是国民党民众运动政策调整的非预期后果。前述提及，清党后国民党调整民众运动政策，限制在学校设立党组织并停止吸收学生入党，加之清党造成的党员总数下降，虽在三十年代回升，但相对有限。1930 年 11 月，国民党党员为（不含军队及海外党员）277 055 人，预备党员为 25,814 人；1934 年 1 月，党员为 312,222 人，预备党员为 80,259 人。[⑦]

---

① 浙江省各县小学校党义教师调查统计[J]. 训练特刊，1929（3）：10—13. 浙江省党义教育研究会编辑发行《今代教育》刊发的报告显示，截至 1933 年，经历数次检定后，浙江省 26 县 680 所小学聘请党义教师及训育主任共 817 人，其中经检定合格者仅 137 人，检定合格者比例仅 16.8%。本省各县小学党义教育实施状况研究报告[J]. 今代教育，1933（1）：2.

② 南京特别市教育局工作述要（1929 年 12 月），南京市档案馆藏，档号：1001-001-1758（00）0001：20-21.

③ 此后，四川等地亦实施检定党义教员。罗江县政府教育局送县立第四小学校关于审查党义教师资格一案的训令，成都市档案馆藏，档号：民 0093-05-1873-040.

④ 中央执行委员会工作报告：中央训练部一年来工作经过[J]. 中央周报，1930（新年增刊）：10.

⑤ 中央训练部工作报告（1931 年 10 月）[G]// 中国第二历史档案馆、海峡两岸出版交流中心. 中国国民党历次全国代表大会暨中央全会文献汇编（第 10 册）. 南京：江苏古籍出版社，2012：339.

⑥ 浙江省县市小学党义教师供求概况调查表和省训练部呈考查党义教师、训育主任之意见及各级学校组织教职员党义研究会等文书，中国第二历史档案馆藏，档号：七二二（1）-1278：40.

⑦ 白纯.1931—1937：中国国民党党员人数考论[J]. 南京政治学院学报，2004（2）：73,74.

截至 1930 年,全国共有小学 249 485 所,中学 2 992 所。[①] 截至 1934 年 1 月,全国累计有合格党义教师 6 205 人（小学 3 548 人,中学 2 657 人),其中,登记合格 2 055 人,审查合格 4 150 人。[②] 平均每所小学拥有 0.014 名合格党义教师,每所中学拥有 0.89 名合格党义教师。此数据印证了小学党义教师奇缺,亦表明政策要求党义教员必须为国民党党员的规定不切实际。

在各校党义教员检定合格比例极低的情况下,已检定合格的部分党义教师却未能受聘。1928 年 10 月,浙江省党务指导委员会训练部呈请中央训练部,提议给检定合格者分配工作,并"严于取缔"未经检定者。"决不能使其仅享合格资格之虚名,而仍不能觅到工作计划。否则,不但使下次检定时各人怀裹足不前之心,而此次检定即失其应有之意义,且检定合格者之能胜所任已有其成绩为之证明,倘舍此次检定合格者于不顾,而反于未经检定者中择其与校长有封建关系者滥竽充数而莫之制裁,党化教育前途之黯淡无可讳言。"[③]1929 年 2 月,苏州两位已检定合格的党义教师致函中央训练部表达相同主张。中央训练部致函教育部予以核实。教育部调查后饬令苏州各校改聘已检定合格者,并取缔未经检定者。[④]

国民政府强力推行主义教育,中央训练部制定严格的党义教师检定政策。然而,"惟检定合格之党义教师为数过少,每致供不应求于党义教育之推行",学校所聘教员难以达到检定条件,"纷纷来呈请示补救办法"。[⑤]1928 年 11 月,全国大学及专门学校党义教师检定委员会致函中央训练部称,"当此停止入党

① 十九年度全国各级学校教育概况总表[M]// 中华民国教育部. 第一次中国教育年鉴（丁编）. 上海：开明书店，1934：102.

② 中央民众运动指导委员会工作概况报告（1934 年 1 月）[G]// 中国第二历史档案馆,海峡两岸出版交流中心. 中国国民党历次全国代表大会暨中央全会文献汇编（第 12 册）. 南京：江苏古籍出版社，2012：112。说明：此处党义教师合计一栏误为 2 598,实为 2 618。

③ 浙江省县市小学党义教师供求概况调查表和省训练部呈考查党义教师、训育主任之意见及各级学校组织教职员党义研究会等文书,中国第二历史档案馆藏,档号：七二二（1）-1278：46-50.

④ 据中央大学呈送苏州市各中等学校党义教师资格情形函请查照（1929 年 6 月）,中国第二历史档案馆藏,档号：七二二-1245：25-27，35-39.

⑤ 准浙江省检定党义教师委员会函知议决各小学训育主任人员办法仰转饬遵照由[J]. 浙江教育行政周刊，1930（45）：5.

时期，人才缺乏之际”，应对检定资格稍予通融。[①]1929年1月，山西省指委会呈函中央训练部称：“山西初级小学约有三万余处，而全省党员不过一万余人，可见初级小学教职员多非党员，与党义教师受检定之资格不合，故初级小学教员当然不能全体受检定委员会之检定。”因而，“各级学校势必陷于无党义教师之现象”。山西省指委会请求“能否变通办理”。[②]中央训练部亦陷入左右为难的境地。一方面，面对各地呈请变通的函电，或准许各级党义教师检定委员会委员充任党义教师[③]，或暂准兼任党义教师及训育主任，“以不妨害本校原有之职务为限”。[④]另一方面，为确保教员质量，又要求“不得免试”[⑤]；“绝对聘请已受检定之党义教师及训育人员”[⑥]；“从严取缔未检定党义教师”。[⑦]然而，检定合格党义教员的匮乏现实最终迫使中央训练部在多次颁定党义教员优待措施，提高党义教员待遇的同时[⑧]，被迫对检定及考核办法予以修正变通，一再降低检定标准。

首先，调整中小学党义教员检定政策。

1929年7月，中央训练部称，前述检定条例实施后，各地纷纷来函，“受检

---

① 函中央训练部（第一号）（1928年11月），中国第二历史档案馆藏，档号：七二二-1464：2.

② 为质疑关于各级学校党义教师供求概况调查表一事请核示遵由（1929年1月11日），中国第二历史档案馆藏，档号：七二二（1）-1239：10-14.

③ 奉部令知各校党义教师得以各级党义教师检定委员会充任仰知照由[J]. 浙江省政府公布，1929（582）：19.

④ 为奉中央解释党义教师训育主任以专任为原则惟各地供不敷求时得暂准其兼任[J]. 浙江教育行政周刊，1930（10）：5.

⑤ 电上海特别市党务指导委员会党义教师应一律遵章检定无论何人不得免试由[J]. 中央训练部部务汇刊，1928（1）：22.

⑥ 函国立浙江大学为全省代表大会决议本省各级学校须绝对聘请已受检定之党义教师及训育人员案转请严厉执行该项决议及“聘任规程”以合检定之本旨由[J]. 训练特刊，1929（2）：23.

⑦ 为据情转请从严取缔未检定党义教师并转奉中央令颁党义教师登记规则及登记表仰遵照由[J]. 浙江教育行政周刊，1930（8）：7.

⑧ 1929年12月，中央训练部通过《各级学校聘用党义教师及训育主任规则》。第六条规定各级学校聘用党义教师及训育主任，其待遇之标准不得低于该校一般教职员。各级学校聘用党义教师训育主任规则[J]. 浙江教育行政周刊，1930（21）：3. 1929年，广东省规定，“本省中小学校党义教师薪俸须照各该学校教员原定俸额增加三分之一，并每学期必须以六个月计算发给”。广东省中小学党义教师待遇及保障暂行条例[J]. 广东党务，1929（30）：1.

定人员之资格请求放宽”,因而提请中常会对条例予以修订。[①]经中常会第22次及26次两次会议讨论通过,于11月颁布《检定各级学校党义教师条例》。条例降低了对中小学党义教员的要求。检定小学党义教师应试科目取消了相对较难的《孙文学说》;全国各级学校之党义教师,均应受检定,“但单级学校之讲述党义课程者,得暂免检定”。[②]在此之前,因江苏省训练部呈请,中央训练部已通令对单级学校党义教师检定予以变通。“凡单级小学若仅校长一人,而兼任训育及教授党义职务者,其人既非本党党员,同时又难觅适当人选接替”,可暂缓检定,“但各该地党部,须随时派员赴校宣扬党义,并视察其训育方法及所授党义内容”。[③]

此次放宽检定资格后,各地仍“纷纷来呈请示补救办法”。中央训练部只得拟订临时办法变通。[④]浙江省政府行政报告指出,“查党义教师及训育主任,浙省以人材经济两咸缺乏,是以各校未能尽聘合格人员充任,此实为事实所限制”。[⑤]因而,对于瑞安县呈报小学教员暑期党义讲习会听讲员可否充任党义教师及训育主任一案,中央训练部称,听讲员所受训练不过两星期,“充任党义教师及训育主任实有未妥”,但鉴于该县“小学党义教师及训育主任供不应求”,只得“暂准其充任”。[⑥]

时至1930年6月,中央训练部在统计全国检定合格之党义教师数量后发

① 修正检定各级学校党义教师委员会组织通则及条例(1929年7月8日),党史馆藏,档号:会3.3/41.13.

② 第三届中执会第26次常务会议记录:检定各级学校党义教师条例(1929年7月22日),党史馆藏,档号:会3.3/189.6.

③ 指令江苏省党务指导委员会训练部解释党义教师检定通融办法由[J].中央训练部部务汇刊,1928(1):4.

④ 函复教育部为关于转请核覆浙江教育厅请示救济该地党义教师不敷分配救济办法应俟中央颁布施行至训育主任之设置可依照本部前定临时办法办理请转饬知照由[J].中央训练部公报,1930(2).

⑤ 令饬各校遵令聘任党义教师及训育主任之经过[J].浙江省政府行政报告,1930(2):19.

⑥ 准省党部函复奉中央令知瑞安呈请本省小学教职员暑期讲习会听讲员可充任党义教师及训育主任仰转饬遵照由[J].浙江省政府公报,1930(1036):21.

现,与各级学校之需要相较,“实属缺乏过甚”。[①]中央训练部于1931年初颁布《聘请代用党义教师暂行办法》,提出由审查委员会将审查合格的代用党义教师介绍为预备党员。随即,浙江省审查党义教师资格委员会规定,“非党员而信仰本党对党义有相当认识者或合于教育行政机关所规定之教师资格者”,可申请为代用党义教师。[②]

中央训练部于1931年1月提请中常会第124次会议议决通过《审查党义教师资格暂行条例》,经修订后于7月中常会第152次会议通过《审查党义教师资格条例》,再度大幅放宽中小学党义教师的资格要求。第一,将“检定”改为“审查”,取消考试。第二,对学历要求大幅降低。条例第四条第二款规定,曾任或现任各级(省市县)“党部干事以上职务满两年”,并曾在专科或旧制专门以上学校肄业满一年,即可请求高级中学党义教师之资格;曾在高级中学或旧制中等学校毕业,即可请求初级中学党义教师之资格;曾在初级中学肄业满二年,或旧制中等学校肄业满一年,即可请求小学党义教师之资格。这在降低学历要求的同时,与条例第五条共同开辟党务干部进入中小学校充任党义教师的路径。第三,对教员党员资格的要求降低。一者,“本党预备党员曾服务教育三年以上”即可。二者,党员缺乏地区,“对本党党义确有认识与信仰,及合于教育行政机关所规定教师资格之非党员,为代用党义教师”,经审查合格之代用党义教师,应由审查党义教师资格委员会介绍“为本党预备党员”。然而,该条例规定,“取得合格证书之党义教师,其后受开除党籍之处分者,应即取消其党义教师资格”。第四,取消证书两年时效的规定。[③]

在1932年恢复公民科之后,国民政府对公民教员的检定仍然延续其对党义教员的规定。1933年2月,中央民众运动指导委员会关于审查公民教师资格的提案指出:“全国中小学校将于本年暑假后,不设党义课程,而代以该项公民等课。考其究竟,仍在养成三民主义政治下之健全国民。其教材编订之适合固属

① 中央训练部函复关于设法救济党义教师供不应求一案中央正在另拟整个办法所陈可留供参考由[J]. 江苏党务周刊, 1930(22): 39.

② 浙江省代用党义教师请求审查须知[J]. 浙江教育行政周刊, 1931(37): 17.

③ 第三届中常会第一百五十二次会议(1931年7月30日)[G]// 中国第二历史档案馆. 中国国民党中央执行委员会常务委员会会议录(十五). 桂林: 广西师范大学出版社, 2000: 442, 471—480.

重要，而施教者是否深明主义，是否竭诚为本党努力，是否为本党党员，以及教者能否以身作则，示学者以健全公民之模范，尤为重要也。”因而，仍规定党员为公民教师“必具备之资格”。[①] 然而，8月，中常会第86次会议通过《审查中等学校公民教员资格条例》。该条例不再将党员列为申请公民教员资格必须条件。“凡本党党员（预备党员）或尚未入党而对于三民主义曾有研究之人员”即可申请。但“凡非党员而经审查合格之公民教员及代用公民教员”，须经介绍“为本党预备党员”。[②]1936年2月，中央监察委员会会议议决，重申被开除党籍及停止党权者不能充训育主任公民教员。[③]

其次，调整大学及专门学校党义教员检定政策。

国民党非常重视检定高等教育党义教师。根据1928年6月颁布的《各级学校党义教师检定委员会组织通则》，大学及高等专门学校党义教师检定委员会，由中央训练部与大学院共同组织；中小学党义教师检定委员会则根据学校隶属关系，分别由各级党部与教育行政机关共同组织。据此，9月，中央训练部与大学院共同组织“全国大学及专门学校党义教师检定委员会”，九名委员包括蔡元培、丁惟汾、于右任、陈果夫等。[④] 为推动大学及专门学校党义教员检定工作，12月，中央训练部通令颁布《全国大学及专门学校党义教师检定委员会组织条例》《中央检定党义教师委员会组织条例》等文件，指出教员检定“事关党国教育前途”，要求现任或有志于各大学及专门以上学校党义教师及训育主任

---

① 国民党中央民运会关于审查公民教师资格的提案（1933年2月20日）[G]// 中国第二历史档案馆. 中华民国史档案资料汇编（第五辑第一编教育）. 南京：江苏古籍出版社，1994：1097.

② 国民党中央秘书处检送审查中等学校公民教员、训育主任条例与审查委员会组织通则函（1933年9月12日）[G]// 中国第二历史档案馆. 中华民国史档案资料汇编（第五辑第一编教育）. 南京：江苏古籍出版社，1994：1100.

③ 开除党籍及停止党权者不能充训育主任公民教员（1936年2月24日），党史馆藏，档号：会5.3/7.49.

④ 全国大学及专门学校党义教师检定委员会和中央检定党义教师委员会成立经过、委员名单和讨论决议事项等有关文书，中国第二历史档案馆藏，档号：七二二（1）-1464：4-5.

者，“克日前来检定”。[①]1929年7月，第26次中常会修正通过《各级学校党义教师检定委员会组织通则》，决定重组成立中央党义教师检定委员会，负责检定大学及高等专门学校党义教师。[②]

1929年11月颁布的《检定各级学校党义教师条例》将免试验检定的条件修正为“须缴验关于党义之著述或自编党义教材”。除免试验检定外，高等教育之党义教员亦可参加试验检定，考试科目与中等教育之党义教员相同。[③]条例在提高免试验检定要求的同时，增加试验检定的方式，使缺乏党义著作的高等学校党义教员亦可通过检定。1928年6月条例规定，高等学校之党义教员适用无试验检定，须审查“该党义教员所采用或自编之党义教材”。之所以提高党义教员免试资格，是因为1928年10月后，蒋汪合作破裂，胡汉民任立法院院长。胡汉民主义治国的主张要求党义教员必须对主义有精深的理解。同期，胡汉民等议决的《各级学校教职员研究党义暂行条例》案由指出：“欲使全国教育能远达三民主义化，须先使从事教育业务之人悉心精研党义，始能促进训政工作之效率。”[④]全国大学及专门学校党义教师检定委员会对教师所呈检著作的审定意见体现这一矛盾。一方面称，“著作持论多逞臆说偏见，对于党义则认识不清轻重不明”，“所呈著作乖谬正多”；另一方面又称，“所呈缴之三民主义讲义，系就总理之三民主义加以节章，别无发挥”，“所呈《总理遗教之研究》多系抄袭党员训练大纲及周著三民主义理论的体系等残篇短简，发挥殊少”。[⑤]

为应对党义教员缺乏，1931年7月，中常会议决《审查党义教师资格条

---

① 全国大学及专门学校党义教师检定委员会、中央检定党义教师委员会组织条例、会议通则、检定须知各级学校党义教师条例章程及有关文书（1928年12月），中国第二历史档案馆藏，档号：七二二(1)-1471：4-13.

② 第三届中执会第二十六次常务会议记录：各级学校党义教师检定委员会组织通则（1929年7月22日），党史馆藏，档号：会3.3/189.6.

③ 国民党中央常委会通过的各级学校党义教师检定委员会组织通则与检定各级学校党义教师条例（1929年11月18日）[G]// 中国第二历史档案馆. 中华民国史档案资料汇编（第五辑第一编教育）. 南京：江苏古籍出版社，1994：1078.

④ 中国国民党中央执行委员会函国民政府为函送各级学校教职员研究党义暂行条例遵行（1929年10月31日），台湾地区“国史馆”藏，档号：001-012503-00001-004：3.

⑤ 全国大学及专门学校党义教师检定委员会致教育部关于汇送检定不合格教师姓名表和训练部有关此事复文（1929年5月），中国第二历史档案馆藏，档号：七二二(1)-1477：2-6.

例》,大幅放宽高等学校党义教师的资格要求。第一,取消对大学及专门学校党义教师著述或自编教材的规定。“其有著述者,连同著述一并呈送。”第二,对党义教师学历要求大幅降低。根据1927年6月颁布的《大学教员资格条例》,大学助教须“国内外大学毕业,得有学士学位”。而《审查党义教师资格条例》第四条第二款甲规定“曾任或现任中央党部干事以上职务满两年,并曾在大学,或专科,或旧制专门以上学校毕业”即可。这在降低学历要求的同时,与条例第五条共同开辟了党务干部进入高等学校充任党义教师的路径。[①]然而,时隔一年,中央民众运动指导委员会指出,大学及专门学校党义教师及训育主任检定工作,“因规定过严,改检定为审查,行之年余,仍鲜见成效”,呈请中常会第35次会议议决取消审查。[②]至此,国民党彻底放弃对高等教育党义教师的审查。

学校是各种势力争夺教育机制的场域,教员检定“不能发觉党义教师之谬误思想”。[③]为此,在制定完善的培养、检定制度的同时,中央训练部制定细致的考核办法以确保党义教师实现预期目标。“惟查过去担任是项工作人员则以无工作大纲可资遵循,亦无考核办法以资策励,成效似未甚著。”[④]事实上,在此之前,地方和中央先后制定过一些制度对党义教师进行考核,只是考核事项不够具体。1929年4月,上海特别市党部训练部颁行《党义教师考查条例》,规定党义教师所负三项责任、取消党义教师资格的五种情况。1930年6月,中央训练部根据1929年10月颁行的《各级学校教职员研究党义暂行条例》第六条之规定,制定《各级学校教职员研究党义成绩考核规则》,规定教职员研究党义成绩考核由各校主管机关同级党部训练部负责,考核方式分为填报考核报告表和派员实

---

① 第三届中常会第一百五十二次会议(1931年7月30日)[G]// 中国第二历史档案馆. 中国国民党中央执行委员会常务委员会会议录(十五). 桂林:广西师范大学出版社,2000:442,471—480.

② 第四届中常会第三十五次会议(1932年8月25日)[G]// 中国第二历史档案馆. 中国国民党中央执行委员会常务委员会会议录(十八). 桂林:广西师范大学出版社,2000:97—98.

③ 为拟具审查党义教师条例意见呈请鉴核由(1932年3月),中国第二历史档案馆藏,档号:七二二-1255:207.

④ 国民党中央训练部检送各级学校党义教师、训育主任工作大纲与考核办法函(1931年8月4日)[G]// 中国第二历史档案馆. 中华民国史档案资料汇编(第五辑第一编教育). 南京:江苏古籍出版社,1994:1084.

际考核两种。[①]

1931年8月,为加强对党义教员及训育主任的约束,中央训练部制定《党义教师及训育主任工作成绩考核办法》。考核办法规定党义教师应行考核事项包括教育设施、课程、教学、课外指导等四方面;训育主任应行考核事项包括训育设施、生活指导及思想训导等三方面。考核方式包括派员实际考核和教员填报工作成绩报告表两种。[②]在1932年恢复公民科之后,1936年3月,中央民众训练部颁布《中等学校训育主任公民教员工作成绩考核办法》,对公民教员的考核事项及考核方式不变,考核范围也基本一致。[③]

为确保党义教师忠诚于国民党,以实现主义教育目的,1930年5月,国民政府颁布《宣誓条例》规定:"教职员自小学校教职员以上,经宣誓后始得任事。"誓词须由宣誓教员签名盖章,于宣誓后呈送上级机关备案。"举行宣誓时,应由上级机关派员或直属长官莅场监誓。"[④]随即,各地教育行政机关训令所属各学校教职员就职时,"应均遵照办理"。[⑤]

对于党义教师的质量,邵元冲指出:"学校中现在往往有'党义'课,可是讲党义的人,自己没有深刻的研究,不能有好多理论的发挥,与事实的引证,听的人当然感觉到干燥无味,结果也就使大部分学生,都不愿上这一课。"[⑥]沈云龙在回忆幼年接受三民主义的教育时称:"训政时期,三民主义自然是很重要的一科,差不多都由学校聘党部委员或书记长来担任,可是他们也许有的是实际革命的经验,对于革命理论的认识,并不十分高明,以致当他们在讲台上讲得唾沫横飞,

---

① 奉教育部令发各级学校教职员研究党义成绩考核规则及报告表式[J]. 浙江教育行政周刊,1930(42):11.

② 国民党中央训练部检送各级学校党义教师、训育主任工作大纲与考核办法函(1931年8月4日)[G]// 中国第二历史档案馆. 中华民国史档案资料汇编(第五辑第一编教育). 南京:江苏古籍出版社,1994:1086.

③ 中等学校训育主任公民教员工作成绩考核办法[J]. 中央周报,1936(408):3.

④ 宣誓条例[J]. 教育部公报,1930(22):32.

⑤ 奉令公布宣誓条例令仰知照[J]. 上海特别市教育局教育周报,1930(58);为奉教育部及省政府令发宣誓条例规定宣誓办法通令遵照办理由[J]. 山东教育行政周报,1930(97).

⑥ 邵元冲. 如何研究总理遗教[J]. 中央周报,1932(211):1.

力竭声嘶的时候，台下十有八九早已昏昏欲睡。”[①]有鉴于此类境遇，陶其情指出：“党义教师的地位，连担任自修课的教员都不如。”[②]楚客亦指出：“过去有这么一个现象，就是，受党义检定，几乎是洁身自好之士所不愿为。”[③]

学校教育是各种社会力量传播思想、引导学生的重要方式，国民党虽高度重视教员检定，但却无力解决合格教员匮乏的问题。浙江省党义教育研究会的调查报告指出：“未经审查合格人员对于党义课程训育职务非仅能否胜任尚成问题，即是否尽忠职务亦难定断。党义教师训育主任为实施党义教育之主持者，其对于职务能否胜任或尽忠现尚在不可知之数，则党义教育何能望其推行顺利！”[④]“查本市各中小学校校长及党义教师多非本党党员或曾受本党党义训练者，以致国家主义派与共产党得以暗中活动，青年易于受愚，当局不能制止。例如国家主义派选择陆放翁之诗词利用爱国心理故意曲解而引起国家主义之信仰，影响所及，前途至堪危罹。属部再三思维，为矫正此弊起见，商得教育局陈局长同意拟于下学期起，各中小学校校长及党义教师不得以非本党同志或曾受本党党义训练有可证明者充任。”为弥补党义教师不足，训练部与教育局筹备中小学教师暑期党义讲习班。[⑤]

1935年11月，四川参议员曹叔宝等在五届一次会议提交《彻底实行党化教育严格遴选信奉三民主义之人才以改进教育案》。提案指出，中央颁定之主义教育政策在四川“从未见诸实行”。教育系统非本党党员者阳奉阴违或造作痼弊，“阻挠党化教育之实施”；本党之忠实信徒亦因地方风俗环境不肯坚持到底，“遂致与俗浮沉，敷衍了事”。“瞻念前途，党化教育大有日趋衰沉之势，则三民主义之能否深入人心，永久不拔，实为党国根本上一大问题。”对此，曹叔宝等提出：“教育当局无论部长厅长司长科长以及校长，非本党忠实党员或有其他政治背景危害本党者应一律取缔；各学校党义教师及党义有关之文书应广为罗致

---

① 沈云龙.耘农七十文存[G]// 沈云龙.近代中国史料丛刊续编(第839辑).新北：文海出版社，1981：107.

② 陶其情.难乎其为党义教师[N].上海民国日报，1929年7月11日，第16版.

③ 楚客.全省论文竞赛中党义成绩之研究[J].安徽教育，1931(1)：27.

④ 本省各县小学党义教育实施状况研究报告[J].今代教育，1933(1)：2.

⑤ 为提拟本市各中小学校长及党义教师任用标准主要一项呈请核准由(1928年6月30日)，中国第二历史档案馆藏，档号：七二二(1)-1255：85-88.

身体力行，与各学生不仅在文字上之研讨，尤当于工作上逐处表现严格考核。”①

三、评估机制的严密化

南京国民政府时期，国家权力日益扩大，借助党的各级组织，国民党的力量渗透到各级各类学校，加强对学生的管理和考核。

首先是“教训合一”制度的形成。

北京政府时期时局动荡，教育不彰，加之五四运动之后学潮风起，学校教育乱象频发。南京政府成立后，对于学校秩序紊乱、学生肆意妄为的现状多次发布训令，严加整顿。1929年3月，行政院发布训令，指出“学校风潮迭起，甚至离常突轨”。②1930年12月，行政院再次发布整饬学风训令，称学生“动辄借口改良校务，罢课要挟，甚则擅自集会”。③1932年7月，行政院发布《整顿教育令》，历数学生乱象称：“十余年来，教育纪律愈见凌替，学校风潮日有所闻。学生对于校长，则自由选举，如会议之推举主席；对于教授，则任意黜陟，如宿舍之雇用庖丁。甚至散传单以谩骂，聚群众以殴辱，每有要求，动辄罢课以相挟持。及至年终，且常罢考以作结束。”④

教育界对此亦多有批评。吴俊升由此对教育观念加以反思：“新教育家注重教育活动之统整性，不顾从教育活动中分别德育而注重之。如杜威即曾反对专为德育而设置道德课，斥为不能灌输真正之道德观念，以为真正之道德观念须在儿童之活动中方可于不觉间自然养成。此种见解推至极端，一切道德上劝诫训勉之手段，均认为失当，而除奖励儿童从事社会活动外，更无任何德育设施之可言。起初此种见解，原期在儿童活动中，无时无事不具德育之效力，但因无明确之目标，反至无任何时、无任何事，以德育为旨归矣。故德育之受忽视，此种新

---

① 彻底实行党化教育遴选信奉三民主义之人才案（1935年11月17日），党史馆藏，档号：会5.1/5.31.12月3日，经会议讨论议决交教育部参考，并注明“本案不发表”。提案审查委员会教育组审查报告第一号（1935年12月3日）[G]// 中国第二历史档案馆，海峡两岸出版交流中心. 中国国民党历次全国代表大会暨中央全会文献汇编（第13册）. 南京：江苏古籍出版社，2012：162.

② 令知整饬学风并尽先拨付教育经费由[J]. 行政院公报，1929（30）：14.

③ 行政院整饬全国学风令教育部通行遵照[J]. 湖北省政府公报，1930（123）：2.

④ 整顿教育令[J]. 国民政府公报，1932（洛字49）：8.

教育之见解，亦不能不负一部分之责任也。”[①]

梁启超指出，“凡‘思’非皆能成‘潮’；能成‘潮’者，则其‘思’必有相当之价值，而又适合于时代之要求者也”。[②] 新文化运动时期，杜威的教育观念得以倡行如是；南京国民政府时期，涂尔干的教育观念受到重视亦复如是。面对学校秩序混乱尤其是学生任意干政等现象，教育界认识到，必须加以教育引导。由此，涂尔干强调纪律精神、对群体的依恋精神的道德教育观念受到教育界关注。1928年起，涂尔干的教育观念，包括其道德教育观念被引介翻译。

涂尔干生活于法国大革命后社会危机重重的年代，因而，他深刻反思民众在大革命中表现出的“拒不妥协的个人主义”。涂尔干认为，法国大革命时期的不断革命就是因为人民公意的任意性无法受到有效约束。因此，涂尔干将纪律精神作为道德教育的首要因素，试图通过道德教育重建道德权威，解救社会危机。民国初年面临的社会问题及解决路径也是异常复杂。作为国内第一本《德育原理》，吴俊升在书中指出：“涂氏之言，宛若为中国之道德现状而发者。”[③] 国民党亦对涂尔干道德教育思想较为推崇。崔载阳所译《道德教育论》出版时，由时任立法院院长的胡汉民署检，中央训练部部长戴季陶作序。戴季陶称：“涂氏之所言皆为余之所言而不能尽，或欲言而未能者。同声则相应，同气则相求。能使余于百忙中竟读其书者，殊非偶然也。曾忆曩年杜威来华讲学，于是中国学风为之大变，适于其前后来华传授其思想学说者二三人，皆各揣其种以玄。十年之间，教育上之是是非非，无不与此数西洋学者有甚深之因缘，而其结果不特不能使中国得其益，且反受其弊。此虽非各传其道之西洋学者之咎，而其理论之过与不及亦有相当之责任，正不止不合国情已也。”[④]

为此，南京国民政府高度重视学校训育。蒋介石指出：“我们要救国，一定要去从提高国民道德做起；而要提高国民道德，必须改良教育，必先端正学风；要端正学风，必先特别注重训育，即注重学生的人格的训练。”[⑤] 随着国民党政府

---

① 吴俊升. 德育原理[M]. 上海：商务印书馆，1935：12—13.

② 梁启超. 饮冰室合集（文集之三十四）[M]. 北京：中华书局，1989：1.

③ 吴俊升. 德育原理[M]. 上海：商务印书馆，1935：7.

④ 涂尔干. 道德教育论[M]. 崔载阳，译. 上海：民智书局，1929：序.

⑤ 蒋中正. 为学做人与复兴民族之要道[J]. 新生活运动促进总会会刊，1935（23）：7.

对于训育认识的加深，训育也经历了与教育分离到教训合一的转变。

1926 年 3 月，广东省青年部举办训育养成所，以培植训育人才，毕业后“派往全省各学校担任党务及训育工作，从事青年运动”。[①]5 月，广东省第六次教育大会通过《党化教育决议案》。议案要求各学校增设“政治训育部”，并规定由国民党党部介绍训育人员。[②]1927 年 3 月，中央青年部拟订的《青年运动工作大纲草案》规定，训育主任由各级党部委任，教育行政体系不得干预。训育主任的职权包括：“专理党义之训练，指导学生之组织及运动，参与全校之校务及教务之行政，尤注意于功课之编授及教员之聘任及除退，所有出版物应经其审定，无论教员、职员或学生，凡有反动之言行时，训育主任应搜查证据，呈报其所属之青年部转行教育行政机关立刻饬令开除。”[③] 随即，浙江、江苏等地在各学校聘请“富于当之学识及经验者为训育主任”。[④] 此时，国民党把训育工作作为将其权力渗入学校的手段，并强调“教育行政体系不得干预”，以保障训育人员及其工作在学校的地位。

南京政府成立后，国民党不断扩大主义教育的边界，以主义教育的名义进一步将国家权力渗入学校：一是要求学校教育关键人员均为党员；二是不断扩大训育人员规模及其职责范围，并最终形成“教训合一”的训育制度。

1928 年 9 月，中央训练部《党治教育实施方案》提出，全国及各省教育行政长官，国立、省立学校校长，及各校训育主任、党义教师之类“与党义有关之教育职务”，均须为“本党忠实党员”。[⑤]10 月，浙江省党务指导委员会训练部呈请中央训练部，从教育和训育的关系角度，主张训育主任必须检定合格，方可聘用。

---

① 中国国民党广东省青年部训育养成所招生简章[N]. 广州民国日报，1926 年 3 月 2 日，第 1 版.

② 全省教育大会通过党化教育决议案[N]. 广州民国日报，1926 年 5 月 10 日，第 3 版.

③ 青年运动工作大纲草案（1927 年 3 月 29 日），党史馆藏，档号：汉 1128. 说明：1926 年 12 月，广州国民政府迁往武汉，国民党内部派系分裂，引发宁汉两个中央政府对峙，中央青年部也一分为二。武汉由孙科长部，南京由丁惟汾长部。此处《青年运动工作大纲草案》为武汉之中央青年部拟定，并于 4 月 8 日中常会第 6 次扩大会议通过。宁汉合流后，中央青年部于是年 10 月亦拟定一份《青年运动工作大纲草案》。

④ 浙江党教大纲已拟就[N]. 民国日报（上海），1927 年 5 月 14 日；宁市党部注重党化教育[N]. 民国日报（上海），1927 年 6 月 3 日.

⑤ 党治教育实施方案提案[J]. 中央训练部部务汇刊，1928（1）：18.

党化教育绝非限于灌输党义，而党化训育之于党化教育尤具有重大意义，灌输党义之目的仅能使学生了解本党主义而已，而党化训育则使学生之思想行动生活精神一切皆须党化。党治下教育固不仅使学生了解党义便为已足，尤须使其思想行动生活精神在在无背于党，方能担负完成党义实现党义之使命。知难于行，而不行之知殊非今日在党治下为人者应取之态度，此党化训育之重要。理固昭然，彼训育主任日与学生接触，学生之思想行动经其甄陶熏育，自具移性易俗之功。此欲谋党化教育之实施，不能不聘任此次检定合格之训育主任者一也。①

1930 年 4 月，第二次全国教育会议议决《改进中等教育计划》，要求强化学校训育，提出“实行师生共同生活”。②1931 年 8 月，中央训练部颁布《各级学校党义教师及训育主任工作大纲》，具体规定了党义教师指导学生生活的工作要求。党义教师及训育主任除辅助学校行政、教学等事项外，应“时时与学生接近，藉以匡正其思想、言论、行动；随时调查学生平时所阅刊物及其所发表之言论；随时调查学生平时交友种类及其行动；总理纪念周及各种纪念日，应因时制宜讲演总理遗教及革命史实”。③中央训练部希望借此明确工作范围，促进党义教师和训育主任的协作。“其最大目的，在使二者于连络协助之精神下，充分发挥其任务。”④1936 年 3 月，中央训练部颁布《修正中等学校训育公民教员工作大纲》，重申公民教员对学生校内外生活的全面指导和监控。⑤

---

① 浙江省县市小学党义教师供求概况调查表和省训练部呈考查党义教师、训育主任之意见及各级学校组织教职员党义研究会等文书，中国第二历史档案馆藏，档号：七二二（1）-1278:46-50.

② 改进中等教育计划[J]. 教育部公报，1930（13）：59.

③ 国民党中央训练部检送各级学校党义教师、训育主任工作大纲与考核办法函（1931 年 8 月 4 日）[G] // 中国第二历史档案馆. 中华民国史档案资料汇编（第五辑第一编教育）. 南京：江苏古籍出版社，1994：1085—1086.

④ 中央训练部工作报告（1931 年 10 月）[G]// 中国第二历史档案馆，海峡两岸出版交流中心. 中国国民党历次全国代表大会暨中央全会文献汇编（第 10 册）. 南京：江苏古籍出版社，2012：339.

⑤ 国民党中央秘书处检送修正中等学校训育主任、公民教员工作大纲及成绩考核办法致各省市党部函（1936 年 8 月）[G]// 中国第二历史档案馆. 中华民国史档案资料汇编（第五辑第一编教育）. 南京：江苏古籍出版社，1994：1105.

1931年12月底，朱家骅就任教育部长。他认为“现行中学训育制度，最不妥之处，厥为训育与教学分离”，提出“学校教学与学校训育必须打成一片”。[①]次年6月，教育部颁发《今后中小学训育上应特别注意之事项》，规定“中小学各教职员均须切实同负训育责任，破除从前教学训育分裂之积习。各就本校训育与教学的关联方面预定整个的计划，以备分工合作”。[②]该文件将训育的责任扩展到全校教职员。9月，江苏省教育厅相继颁布《江苏省中等学校教训合一施行办法》及《江苏省中等学校教训合一实施初步办法》。办法指出，教训合一的原则在于：“逐渐改革教学训育分立制度；励行师生共同生活，注重人格感化；根据党义运用各科教材训练学生思想；矫正教师忽视训育责任的观念。”[③]由此确立“教训合一”的训育制度。

国民政府通过“教训合一”制度，使教学与训育人员协同，将学生日常学习与生活置于学校教员监督之下，并通过全员宣贯的方式宣传党义，从而维护国民党专制统治。[④]1938年3月，教育部颁布的《中等以上学校导师制纲要》规定：中等以上学校每年级分若干组，每组设导师一人，负责学生的思想、行为、学业等方面，体察个性，施以严格训练。[⑤]实行导师制，其目的是通过师生共同生活，建立起两者之间亲密之情感关系，以期收到更好的教育效果，减少学潮的发生。

---

① 九个月来教育部整理全国教育之说明(1932年11月)，近史所档案馆藏，档号：301-01-09-229：33.

② 教育部颁发今后中小学训育工作应特别注意之事项(1932年6月22日)[G]// 中国第二历史档案馆. 中华民国史档案资料汇编（第五辑第一编教育）. 南京：江苏古籍出版社，1994：1063.

③ 江苏省中等学校教训合一施行办法(1932年9月)// 江苏省教育厅. 江苏教育概览(1932年)，江苏省档案馆藏，档号：民国资料乙-9-10：21-28；江苏省县中等学校教训合一实施初步办法[J]. 昆山教育，1932（1）：14—16.

④ 四川省政府送成属联立中学关于学生不得擅行出校参加集会一案的训令，成都市档案馆藏，档号：民0073-00-0113-005；蒋手令学生及公务员外出时不得将双手插于裤袋及以厚绒围巾束于颈项，南京市档案馆藏，档号：1001-001-0511（00）0001；密令戒严时期有份子乘机煽惑机关学校认真查察的训令，南京市档案馆藏，档号：1001-005-0175（00）0040.

⑤ 教育厅案呈奉令发中等以上学校导师制纲要转饬遵照[J]. 湖北省政府公报，1938（359）：24.

其次是考核制度的精细化。

南京政府时期，国民党通过选派党务视察员、推动党义测试、厉行会考等方式，不仅强化对学校主义教育效果的考核，也试图通过日益精细化的考核制度监控学生。

1929年10月，中央训练部颁布《考查各级学校党义教育成绩办法》。办法规定，各级学校党义教育成绩由该管教育行政机关之同级党部训练部考查；考查范围包括党义课程、党义训育、党义教师、教职员研究党义、学生对党之认识等七个方面；考查方式包括派员视察或举行测验，制定考查表格、颁发各级学校填报，派员参加各校与党有关之各种集会，搜集并审查各校有关党义教育材料。[①]随后，江苏省颁布《江苏省执行委员会考查全省各级学校党义教育成绩办法》，将全省分为五大区，分区派员进行考查。[②]1931年9月，山西省执委会呈函中央训练部称，“本党既实施三民主义之国民教育，对于教育上一切设施是否贯注主义之精神与具备主义之功效定有考查之必要”，各级学校党义教育成绩有考查办法，社会教育机关实施党义教育成绩亦需考查办法，因而将太原等五市县党部训练部制定的《社会教育机关实施党义教育成绩考查表》呈请审核。[③]此外，在国民党通过党组织系统对各级党部的考核中，党义教育亦是考核内容之一。中央训练部对云南省党部的考核报告指出：“党义教育工作，在距离省会较远之县，各学校多未增设党义课程。”[④]

大学院和中央训练部均注重主义教育的考核。1928年5月，为使学生“深明党义，以身作则，树党治之基础”，大学院规定“无论公私立各大学之学生，均应由教育行政机关，举行三民主义考试，以验各生对于三民主义了解之程度”。[⑤]

---

① 考查各级学校党义教育成绩办法[J]. 中央训练部部务汇刊，1930（4）.

② 江苏省执行委员会考查全省各级学校党义教育成绩办法，中国第二历史档案馆藏，档号：七二二-1253：9-10.

③ 为转呈太原等市县党部训练部呈送社会教育机关实施党义教育成绩考查表请鉴核由（1931年9月26日），中国第二历史档案馆藏，档号：七二二（1）-1239.

④ 中央执行委员会训练部报告（1931年6月）[G]// 中国第二历史档案馆，海峡两岸出版交流中心. 中国国民党历次全国代表大会暨中央全会文献汇编（第9册）. 南京：江苏古籍出版社，2012：31—37.

⑤ 为定期举行全国公私立大学三民主义考试由[J]. 大学院公报，1928（6）：18.

大学院对于不考试学生制定明确的限制办法，其中，对于无故不与考者，“大学院得限期令其补考，如补考不及格，大学院得令所属各校停止其升学或停发毕业证书”。[①]

1928年2月，中央训练部成立之初即设测验科，“一面检查实施的成绩，一面诊断受训练者的弱点，以便设法补救”。[②]测验科负责确定党员训练、党化教育实施期内及实施之后，各种学科或门类的测验标准及实施办法等。[③]测验科编制各种党义测验题，用于“党员之党义测试”“各级学校之党义测验”，包括三民主义口试问题三百则，民权初步口试问题三十则，总理演讲集测验题三千余则等。[④]1928年，中央训练部制定党员思想行动考核表，对党员的信仰，党员对主义、党政纲领、组织纪律、革命历史、革命领袖等方面的态度进行考核。[⑤]为掌握中学生思想趋势，作为指导学校改进的依据，浙江省于1936年11月制定了《浙江省中学思想测验办法》并予以执行。[⑥]

为培养测验工作人员，1930年2月，中常会第75次会议议决在中央政治学校附设测验工作人员养成所。养成所教员包括陈鹤琴、艾伟等教育专家。学员毕业考核合格派遣至选送党部充任测验科干事。1931年2月，中常会第127次会议议决《推进各级党部测验工作办法》，由中央训练部分两期推进测验工作。此外，1931年6月，中央训练部发起成立中国测验学会，以推动测验学原理与技术。[⑦]

---

① 大学院三民主义考试委员会会议录：第一次会议[J]. 大学院公报，1928（7）：138.

② 中央训练部工作报告（1931年10月）[G]// 中国第二历史档案馆，海峡两岸出版交流中心. 中国国民党历次全国代表大会暨中央全会文献汇编（第10册）. 南京：江苏古籍出版社，2012：398.

③ 中央执行委员会测验科办事细则[J]. 中央训练部部务汇刊，1928（1）.

④ 中央训练部工作报告（1931年10月）[G]// 中国第二历史档案馆，海峡两岸出版交流中心. 中国国民党历次全国代表大会暨中央全会文献汇编（第10册）. 南京：江苏古籍出版社，2012：399—401.

⑤ 中国国民党党员思想行动考核表[J]. 中央训练部部务汇刊，1928（1）：34—36.

⑥ 一九三六年浙江省教育厅关于全省中学思想测验办法（1936年11月），浙江省档案馆藏，档号：L53-1-2688.

⑦ 中央训练部工作报告（1931年10月）[G]// 中国第二历史档案馆，海峡两岸出版交流中心. 中国国民党历次全国代表大会暨中央全会文献汇编（第10册）. 南京：江苏古籍出版社，2012：405—418.

然而,中央训练部早在1928年即认识到测验思想的困难。“要知道党员对于党是否忠实,观察其行动固为极重要之方法。但无论观察者如何公正,总免不了要受观察者之成见与其所处环境之影响,含有主观的色彩。要救济此种弊病,则必须采用品格测验。故品格测验在党务测验中,实占极重要之位置。而此种测验之可用者在欧美已不甚多,在国内更属无几。”① 为此,中央训练部在加强思想测验的同时,通过党务系统指派指导员、训育主任等,监督学生思想。1927年11月,中央青年部颁布《特派指导员条例》,规定“在反动派明暗鼓动时期及共产党未肃清以前,得特遣指导员于中等以上各学校”。指导员的任务是监督教师和学生,每周向中央青年部汇报工作;一旦发现反动学生,可请学校直接开除。②1933年,薄毓相考察山东教育时发现,山东成立特务队,“专门侦查学生思想之左倾者,拘捕之,甚至解散其学校”。③1931年8月,中央训练部颁行《各级学校党义教师及训育主任工作大纲》。办法规定党义教师及训育主任须“时时与学生接近,藉以匡正其思想言论行动”;“随时调查学生平时所阅刊物及其所发表之言论”;“随时调查学生平时交友种类及其行动”。④ 教训合一制度的建立,试图通过打破教学与训育分离,让全体教职员承担起引导、监控学生思想的职责。

为掌控教育发展,同时使得测验、考试达到统一思想的效果,南京政府逐渐将此前下放于各学校的招生考试权上收。鉴于五四后学潮频发且日益激进化,严重影响学校正常的教学秩序,恢复正常教学秩序成为社会各界共识。1927年12月,第四中山大学召开教授会议,全体教授对校方提出的严格考试主张“靡不赞同”,“一致通过”。⑤ 国民政府吸纳社会各界的呼吁,将考试作为约束学生的

---

① 制定实施测验全部计划之说明[J]. 中央训练部部务汇刊,1928(1):98.

② 中央青年部特派指导员条例(1927年11月),党史馆藏,档号:部1416.

③ 薄毓相. 苏浙湘赣鲁鄂冀教育考察报告(1933年)[G]// 张研,等. 民国史料丛刊(第1106册). 郑州:大象出版社,2009:251.

④ 国民党中央训练部检送各级学校党义教师、训育主任工作大纲与考核办法函(1931年8月4日)[G]// 中国第二历史档案馆. 中华民国史档案资料汇编(第五辑第一编教育). 南京:江苏古籍出版社,1994:1085.

⑤ 艾伟. 严格考试之意义[J]. 第四中山大学教育行政周刊,1927(23):11.

重要手段。1928年5月,全国教育会议议决中学毕业考试、厉行考试制度等案。[①]由于大学院被撤,上述考试政策并未实行。

九一八后,各地学生突破国民党学生运动的政策限制,在县、省、全国层面组织抗日救国会。学潮再起,厉行考试问题再次引发政府关注。1932年5月,教育部《中小学毕业会考暂行规程》规定小学社会科、初级中学和高级中学党义科为会考科目,会考科目成绩及格才能毕业。[②]1933年3月,教育部《中学规程》将中学学生成绩分为学业、操行及体育成绩三项,学生操行成绩或体育成绩不及格者不得进级或毕业。[③]4月,教育部《国外留学规程》规定党义为考取公费国外留学生初试必考科目。[④]

会考规程声称,会考目的在于"整齐小学、初级中学、高级中学普通科学生毕业程度及增进教学效率",然而,规程亦明确规定参加会考的对象为"各中小学应届毕业原经学校考查及格之学生",为何叠床架屋,对已经参加学校毕业考查并及格之学生再进行会考,其目的是否如其所言,值得商榷。教育部颁布《中小学毕业会考暂行规程》两个月后,行政院即发布《整顿教育令》,历数学生乱象,并若有所指地将学潮与罢考相关联。[⑤]此外,一年后正式颁布的会考规程删去"会考目的"一条,亦值得琢磨。对此,胡国钰认为,"最好的消灭风潮的方法在提倡读书,而普遍提倡读书的最好方法,莫过于实行会考"。会考实行后,学潮显著减少,说明会考政策达到减少学潮的效果。[⑥]中山大学教授林砺儒认为,"这新法令是对于十一年来放任政策的一种反动,政府要对全国中学教育加上一副羁勒",是"间接整顿学校的办法"。[⑦]

会考制度引发激烈争议,支持者认为会考是统一全国中学程度、整顿学风之重要手段。"欲使全国中学程度,克达于一定之水平线上,自非励行会考之制不

---

① 全国教育会议概况一览表[R]// 中华民国大学院. 全国教育会议报告(甲编). 上海:商务印书馆,1928:39.

② 中小学学生毕业会考暂行规程[J]. 教育部公报,1932(23/24):24.

③ 中学规程[J]. 教育部公报,1933(11/12):33—36.

④ 国外留学规程[J]. 教育部公报,1933(19/20):23.

⑤ 整顿教育令[J]. 国民政府公报,1932(洛字49):8.

⑥ 胡国钰. 会考对于学校日常工作之影响[J]. 教育杂志,1936(4):119.

⑦ 林砺儒. 从批评中学新法令说到未来的改造[J]. 教育杂志,1934(4):25,31.

为功。”[①] 反对者则认为国民党通过考试灌输党义，强化了意识形态控制。子钵指出：“教育从未曾脱离过政治的关系。政治或多或少地决定着教育的内容，决定着教育的一切设施。在社会稳定，政治有把握的时候，那统驭的缰绳就有某种程度的宽纵，教育也就可以在某大范围内自由地发展。但在另一种情况下，缰绳就被勒缩了，教育也就立即受到箝制。如是，教育就被驱迫着离开了自由发展的阶段，走进了控制化的领域。在控制下，教育就成了某特种的意识系统之统一的工具，就成了政治抗争的武器。”[②] 当然，学生反对会考的另一原因在于，南京国民政府时期中学教育快速发展，中学生水平参差不齐，严格的会考使其难以顺利毕业。因而江苏、上海、浙江等地的学生都发起过罢考，更有激烈者“捣毁教厅”。[③]

面对社会各界批评，1933 年 12 月，教育部宣布取消小学毕业会考，并颁行《中学学生毕业会考规程》，修订中学会考制度，降低会考成绩重要性。规程规定，毕业考试成绩占十分之四，会考成绩占十分之六，两者合并计算。[④]1935 年 4 月，教育部颁布《修正中学学生毕业会考规程》，坦承会考与学校毕业考试重复，因而废除学校毕业考试，并规定各省教育行政机关对于所属各初级中学应届毕业之学生，如有特殊困难情形，呈准教育部后，可就全省初级中学抽考半数以上学校举行会考。[⑤]

第三，视导制度的完善。

1927 年 6 月，南京政府颁布《教育行政委员会组织法》，下设行政事务厅，内分秘书、参事、督学三处。督学处设督学若干人，负责“监督视察事项”。[⑥] 因北伐战事，且不久教育行政委员会改组为大学院，督学处最终未能成立，但负有监督视察责任的“督学名称亦始于是”。大学院成立后，未设置督学或视学。1928

① 潘渊. 中学会考规程之检讨[J]. 教育杂志，1936（4）：128.

② 子钵. 为武器的毕业会考[J]. 国闻周报，1934（5）：7—8.

③ 吕芳上对学潮发生月份的统计表明，学期结束时也是学潮频发期之一。学生试图藉学潮免于考试。吕芳上. 从学生运动到运动学生：民国八年到十八年[M]. 台北：“中央研究院”近代史研究所，1994：19—20.

④ 中学学生毕业会考规程[J]. 教育部公报，1933（49/50）：20.

⑤ 修正中学学生毕业会考规程[J]. 中华教育界，1935（12）：90—91.

⑥ 国民政府教育行政委员会组织法[J]. 陕西教育月刊，1927（1/2）：40.

年5月召开的全国教育会议曾议决通过《规定视察指导制度》,但并未付诸实践。[①]根据《第二次中国教育年鉴》记载,"大学院改称教育部,视察事宜,亦仅就部员中临时派遣担任,无专设督学,亦无视导机构"。[②]直至1931年7月颁布修正教育部组织法以前,中央教育视导制度处于停废状态。

1929年3月,教育部《督学规程》规定各省教育厅设督学4—8人,各特别市教育局设督学2—4人。[③]1931年6月,教育部颁布《省市督学规程》,省市督学人数与前述一致。[④]8月,教育部根据《教育部组织法》重新颁布《教育部督学规程》,在教育部设置督学4—6人,督察方式与民初类似,分为定期和临时两种。[⑤]9月,教育部颁布《教育部督学办事细则》,对督学的视察工作做出细致规定。[⑥]由此,中断多年的三级视导制度得以重建。

与南京政府成立前的教育视导制度相比,除了对视察报告的内容加以格式化统一化外,国民政府建立起多层次的视导系统。首先,1932年8月,南京国民政府在省县之间设行政区,设行政督察专员辅助省政府督察地方行政,教育事务一并视察。由此,行政督察专员成为南京政府教育视导系统中独立于教育行政部门的视导人员。其次,因主义教育接受教育部和中央训练部的双重领导,中央训练部也颁布了专门的视察规程。1928年,中央训练部颁布《视察党义教育特别注意事项》,要求视察人员在视察时对教育机关及学校党义教育开展情况,包括党义教育人员的资格、对于党义教育的态度等情况加以注意。[⑦]1929年7月,中央训练部颁布《中央执行委员会训练部视察员服务规则》提出,"为视察省或等于省之党部训练部党内训练工作及该地党义教育情形,并指导其进行起见,得派遣同志若干人前往视察"。该规则明确提出建立党务系统的视察队

---

① 全国教育会议概况一览表[R]// 中华民国大学院. 全国教育会议报告(甲编). 上海:商务印书馆,1928:38.

② 教育部教育年鉴编纂委员会. 第二次中国教育年鉴(第二编:教育行政)[M]. 上海:商务印书馆,1948:76.

③ 中央常会通过教育部督学规程[J]. 湖北省政府公报,1929(36):37.

④ 省市督学规程[J]. 教育部公报,1931(23):47.

⑤ 教育部督学规程[J]. 教育部公报,1931(34):31.

⑥ 教育部督学办事细则[J]. 教育部公报,1931(37).

⑦ 视察党义教育特别注意事项[J]. 中央训练部部务汇刊,1928(1):95.

伍，并规定对党义教育政策的落实、实施的效果，党童子军的实施等方面予以考察。①1930年2月，中央训练部颁布《中国国民党中央执行委员会训练部党务视察员规程》，对各省区的视察周期和报告事项作了具体规定。②

由于人员和经费原因，南京国民政府时期的教育视导制度未能充分得到实行。地方政府大多仅在形式上予以落实，实际效果有限。南京政府统一全国后，四川省教育厅遵照《督学规程》，将视学员改称督学。此时，四川省内军阀割据，实行防区制，在其防区军政部设置教育视察员。直至1935年2月，国民政府改组四川省政府，全省教育事务才得以统一。1936年3月，四川省教育厅颁布《修正四川各县市督学规程》。规程规定各县市设督学1—2人，视察并指导各县市教育事宜。③1937年初，省教育厅依照《省府合署办公施行细则》之规定，将省督学充实为6人。7月，教育部颁布《省市义务教育视导员规程》，四川省教育厅遵照规程，设义务教育视导员6人，设社会教育视导员9人，视导并推进全省义务教育和社会教育工作，形成较为完善的视导网络。④柯嘉兆指出，四川省在抗战前，由于视导人员有限，财政经费匮乏，而视导区域太广，导致出现“所谓‘视导’，是偏于‘视’而忽于‘导’”的情况，边远地区几无视导人员足迹。⑤

杜佐周综合时人意见，指出视导制度存在六方面问题：不过视察大概情形，缺乏一定的方针和目的；没有具体的批评，对于教学改进甚少贡献；敷衍从事，从未有新学说或新方法的介绍；拘守成法，关于学务调查及成绩考核等，鲜能应用新近的科学方法；所有报告不明晰，不具真确，不切实际；关于扩充教育事项及宣传教育需要，亦无可见的成绩。对此，他提出从四个方面加以改进：提高督学的资格和慎重其人选；实行分工视导的方法；应用新近视导的原则；规定实地视导的方针和细目。⑥

---

① 中央执行委员会训练部视察员服务规则[J]. 中央党务月刊，1929（7）：23—25.

② 中国国民党中央执行委员会训练部党务视察员规程[J]. 中央训练部公报，1930（2）.

③ 修正四川各县市督学规程[J]. 四川省政府公报，1936（43）：41.

④ 教育厅视导工作报告、政绩考评和省市国民教育、中等教育视导会议章程名称一览表，四川省档案馆藏（1937年），档号：民107-1730：113-114.

⑤ 柯嘉兆. 四川教育视导之展望[J]. 教育视导通讯，1941（15）：2.

⑥ 杜佐周. 我国教育视导所应改良之点[J]. 东方杂志，1933（10）：21.

第四节　公民教育在南京国民政府时期国家建构中的作用

南京国民政府时期，国家权力全面渗透到学校教育，对学校、学生的监控和规训日益严密。① 然而，限于悬浮政权下的“弱势独裁”的统治局面，国民政府推行主义教育时国家能力的不足、限度与悖论，社会力量仍拥有相对的自主空间，从而在教育再情境化场域中发挥教育自主性，最终使得公民教育成为动摇国民党专制统治的重要因素。

一、公民身份地位：集体取向与固有道德

国民党改组后，为使国民对其公民身份的认知与国民党“以党建国”“以党治国”的主张相符应，国民党重构其权利话语及国民观念，通过四维八德的固有道德来教化学生。尽管学生不会因为主义教育就相信学校教育所宣扬的意识形态，但是，主义教育毁灭了学生自主的、理性的批判和反思能力。对此，阿伦特（Arendt）的洞见极为深刻：“极权主义教育的目的从来就不是培植信念，而是破坏形成信念的能力。” ②

（一）国民与人民：个体价值的隐匿

经历对一战德国国家主义的反思和新文化运动对个体价值的颂扬，知识分子提出各种新的社会解决方案，自由主义和无政府主义都被放弃。最终，列宁式政党所具有的“主义、政党、军队”三位一体的社会解决方案得到社会各界的认同，他们希望依靠组织的力量来实现建立新社会的理想。③ 国家主义与集体主义以新的内涵再次成为主导话语，“国民”概念也被更具集体意向的“人民”概念所湮没。

伴随着集体主义的复兴，个体的价值逐渐隐匿。南京政府时期，国民党不再宣扬个体的价值，不论是国民、公民，还是自由、权利，都被重新建构为集体主义

---

① 黄金麟. 历史、身体、国家：近代中国身体的形成（1895—1937）[M]. 北京：新星出版社，2006.

② 汉娜·阿伦特. 极权主义的起源[M]. 林骧华，译. 北京：生活·读书·新知三联书店，2008：583.

③ 王汎森. 从新民到新人——近代思想中的“自我”与“政治”[C]// 王汎森，等. 中国近代思想史的转型时代——张灏院士七秩祝寿论文集. 台北：联经出版事业公司，2007：171—201.

取向的话语。南京政府虽自称国民政府，由国民党执政，动员国民革命，但国民已丧失自晚清以来所具有的独立、自主内涵，只有在国家、党和军队的话语之下才能获得其意义。自由、权利作为自主个体的基本价值，也被转化为国家的自由、国家的权利。1927 年，上海党化教育委员会宣言提出："故党化教育，当以培养革命青年为目的。……革命者须先具牺牲精神，然后免权利竞争，而能为民众谋利益矣。"[①]1927 年 7 月，《浙江实施党化教育大纲》规定，"学校是由群众组织而成的团体，为维护团体的自由，故不得不限制个人的自由"，"学校应只有学校的自由，没有学生的自由"。[②]1932 年 6 月，教育部在《今后中小学训育工作应特别注意之事项》中提出："须求国家与民族之自由，放弃个人之自由，若在团体中求个人之自由，就是自私自利。"[③]

国民党主义教育的基础在于孙中山对于人的区分。孙中山根据"各人天赋的聪明才力"将人分为三种：有先知先觉者，有后知后觉者，有不知不觉者。孙中山认为三种人"相需为用"，共同革命。先知先觉者需要后知后觉者、不知不觉者的拥护和认可，而后知后觉者、不知不觉者需要尊重和服从先知先觉者。正是先知先觉者与后知后觉者、不知不觉者之间的这种辩证关系奠定了国民党党治国家观念的根基。

对比此时与新文化运动时期教科书对"服从"的阐述可以佐证这一转变。在知难行易的逻辑下，教科书称，三民主义"为救中国唯一的方略"，"凡是中国民众乃至世界诸弱小民族，皆当信仰之而服从之"，不服从三民主义的国民"无异自绝于国"。[④]1933 年，商务印书馆出版的《复兴公民教科书》在论述服从团体时指出："分子对于团体，应该绝对服从。就个人方面说，一切的人都有自由，谁也不能强迫别人去服从他。但是在团体内，分子却要服从团体，不能自由。"

---

① 上海党化教育委员会宣言[J]. 上海革命青年，1927（5）：18.

② 浙江实施党化教育大纲[G]// 舒新城. 近代中国教育史料. 北京：中国人民大学出版社，2012：616.

③ 教育部令发《今后中小学训育工作应特别注意之事项》各省呈报中等学校训育办法大纲方案等及有关文书（1932 年 6 月 2 日），中国第二历史档案馆藏，南京国民政府教育部全宗，档号：五-14435。

④ 郑昶. 初级中学用新中华三民主义（第一册）[M]. 上海：中华书局，1930：46，47.

为何要牺牲个人的自由呢？“为着争团体的自由。”[①]这与此前党义教科书的论述一致。“只有国家得到了自由，人民才有民权，人民才有真正的自由。”[②]对于国民党的这种论调，胡适曾予以批判：“现在有人对你们说：‘牺牲你们个人的自由，去求国家的自由！’我对你们说：‘争你们个人的自由，便是为国家争自由！争你们自己的人格，便是为国家争人格！自由平等的国家，不是一群奴才建造得起来的！’”[③]

（二）四维八德的固有道德

在决定改组国民党的同时，孙中山对于传统道德的看法也在发生转变，在重新阐释民族主义时，他提出恢复“固有的旧道德”。他认为“我们现在要恢复民族的地位，除了大家联合起来做成一个国族团体以外，就要把固有的旧道德先恢复起来。有了固有的道德，然后固有的民族地位才可以图恢复”。固有的旧道德，就是忠孝仁爱信义和平。[④]教科书在组织“固有道德”的内容时，亦是将其列在民族主义部分，申明固有道德与固有的民族地位之间的关系，并特别强调忠孝。“忠孝二字讲到极点，国家便自然可以强盛”，因为“忠诚爱国之士，专为国家出死力，牺牲生命，在所不计”。[⑤]

正如袁世凯复辟时陈独秀所指出的，袁世凯尊孔的实质在于维护“别尊卑明贵贱之阶级制度”，“乃宗法社会封建时代所同然”。[⑥]因而，当蒋介石试图建立独裁统治时，便重新尊崇儒家，肯定戴季陶等人对三民主义所做的道德化阐释，宣扬“我国固有道德”，以为其专制统治塑造正当性基础。南京政府在教育中积极教授以四维八德为核心的传统道德。1929年3月，“三大”通过《确定教育宗旨及其实施方针案》，规定：“普通教育必须根据总理遗教，陶融儿童及

---

① 胡钟瑞，等. 复兴公民教科书（小学校高级用第四册）[M]. 上海：商务印书馆，1933：24—25.

② 魏冰心，徐映川. 初中党义（第二册）[M]. 上海：世界书局，1929：28—29.

③ 胡适. 介绍我自己的思想（1930年11月）[M]// 胡适. 胡适文存（四）. 北京：华文出版社，2013：469.

④ 孙中山. 民族主义第六讲（1924年3月2日）[M]// 广东省社会科学院历史研究室，等. 孙中山全集（第九卷）. 北京：中华书局，1986：243.

⑤ 杨复耀，等. 小学校高级用新中华三民主义课本教授书（第一册）[M]. 上海：新国民图书社，1928：133，140.

⑥ 陈独秀. 宪法与孔教[J]. 新青年，1916（3）：4.

青年‘忠孝仁爱信义和平’之国民道德。”[①]1931年7月，行政院规定各级学校应将悬挂“忠孝仁爱信义和平”八字匾额，“一律蓝地白字”。[②]此后，蒋介石提出，礼义廉耻教育“是我们救国最要紧的方法”。[③]1933年2月，教育部《小学公民训练标准》也强调要“发扬中国民族固有的道德，以忠孝仁爱信义和平为中心”。[④]1939年，教育部通令各校一律以“礼义廉耻为全国统一校训”，以“忠孝、仁爱、信义、和平”为青年学生共同遵守的准则。国民党希望通过弘扬四维八德的道德准则，以达到“匡正人心，挽救颓风”的效果。[⑤]

国民党试图恢复固有道德的要求在教科书中得到广泛宣贯。1927年出版的《小学校高级用新中华三民主义课本》如是教授“固有道德”：“中国固有的旧道德先恢复起来，固有的民族地位才可以图恢复。固有的旧道德，首忠孝，次仁爱，次信义，次和平。现在民国没有君主，但忠于国，忠于民，忠于事，是应该的。做一件事，始终不渝，做到成功，这便是忠。孝字尤为中国特长，比各国进步得多。忠孝二字讲到极点，国家便自然可以强盛。”[⑥]郑昶主编的初中三民主义教科书从国内恢复民族地位和国际实现世界大同两个方面阐述恢复固有道德的意义。“我们不单是要恢复民族的地位，还要对于世界负一个大责任。”[⑦]此后，国民政府虽然被迫恢复公民科，但四维八德在教科书中仍占据重要地位。1933年出版的《复兴公民教科书》高小第一册用十个课时的篇幅阐述忠孝仁爱信义和平等方面的道德故事。[⑧]1934年，国民政府推行新生活运动，四维八德成为新生活运动的道德准则。

---

① 为公布中华民国教育宗旨及其实施方针由[J]. 教育部公报，1929（5）：3.

② 为奉令关于提倡道德制匾悬挂一案经核定匾额文字通饬遵照办理[J]. 教育部公报，1931（28）：7—8.

③ 蒋介石在长沙各界代表会上作关于教育重要性的讲演（1932年）[G]// 中国第二历史档案馆. 中华民国史档案资料汇编（第五辑第一编教育）. 南京：江苏古籍出版社，1994：142.

④ 小学公民训练标准[J]. 四川省教育厅公报，1933（14）：132.

⑤ 教育部训令直辖各机关为奉令关于提倡道德制匾悬挂一案经核定匾额文字通饬遵照办理等因转令遵办由 [J]. 教育部公报，1931（28）：8.

⑥ 陆绍昌. 小学校高级用新中华三民主义课本（第一册）[M]. 上海：中华书局，1927：13.

⑦ 郑昶. 初级中学用新中华三民主义（第一册）[M]. 上海：中华书局，1930：42，43.

⑧ 赵景源，魏志澄. 复兴公民教科书（高小第一册）[M]. 上海：商务印书馆，1934：10—29.

二、公民身份归属感：承担“求国家自由”的国家责任

在国民党主义化教育影响下，学校公民教育突出学生对社会和国家的责任，个体的价值隐退。学校教育教导学生放弃个人的自由而去争取国家的自由，并承担国家责任。

（一）“牺牲个人的自由”与“求国家自由”

孙中山决定改组国民党时，就决定了国民权利必将受到一定限制。1924年11月，在黄埔军校告别演说中，孙中山以国家和革命的名义，要求人民牺牲个人的自由和平等。“大家要希望革命成功，便先要牺牲个人的自由，个人的平等。把各人的自由、平等，都贡献到革命党内来”，“全党运动，一致进行，只全党有自由，个人不能自由，然后我们的革命，才可以望成功”。[①]1926年1月，蒋介石对黄埔军校学生训话时声称，“在校内、在军中，都要服从我的主张”。[②]

南京国民政府成立后，继续要求国民“牺牲个人的自由”，去“求国家自由”。1928年7月，中央训练部提出：“三民主义教育之理想，在以国民革命先求中国之自由平等，建设民有民治民享之中华民国，然后企图世界革命，实现大同世界，以谋人类真正之自由平等。”[③]1929年，立法院院长胡汉民在双十节讲演中指出：“我们现在最要紧的目的，是去求得中国的自由平等，要国家有自由平等，就先要国民肯牺牲自己个人的自由平等。”[④]同年，商务印书馆出版的《新时代党义教科书（第二册）》如是论述“自由”：“鸟儿在笼里，不自由；中国被外国欺侮，也不自由；我们做百姓的，应该爱国，求国家自由。”[⑤]1933年出版的《复兴公民教科书》亦是相似逻辑：“我们中国人一味发展个人的自由，忽视社会团结的重要。自由过度，竟至精神涣散，四万万人，好像一盘散沙，无法团结起来。”想救中国，就要团结起来，“合力去争民族的自由”，“民族有了自由，人民便可运用

---

① 孙中山. 在黄埔军官学校的告别演说（1924年11月3日）[M]// 广东省社会科学院历史研究室，等. 孙中山全集（第十一卷）. 北京：中华书局，1986：271.

② 中华民国史事纪要编辑委员会编. 中华民国史事纪要（初稿）中华民国十五年（1926）一至十二月份[M]. 台北：“国史馆”，1978：80.

③ 确定中华民国教育宗旨及标准提案[J]. 中央训练部部务汇刊，1928（1）：15.

④ 胡汉民. 建设与教育[J]. 中央周报，1929（70）：31.

⑤ 赵景源. 新时代党义教科书（第二册）[M]. 上海：商务印书馆，1929：11.

民权，来规定自由的范围和保障的方法”。①

国民党在引导国民“求国家自由”的同时，通过政权与职权的权能区分和训政的推行，制度化地限制国民的权利。民权主义亦从争取平等的国民权利，转向限制和压制国民权利。

1924年，孙中山在民权主义的讲演中，提出政权与治权权能区分的观点。“政是众人之事，集合众人之事的大力量，便叫做政权；政权就可以说是民权。治是管理众人之事，集合管理众人之事的大力量，便叫做治权；治权就可以说是政府权。所以政治之中，包含有两个力量：一个是政权，一个是治权。这两个力量，一个是管理政府的力量，一个是政府自身的力量。”②《前期小学三民主义课本教学法》以坐车人和开车人作比，讲授“权和能的分别”。“坐车的人，有的是权，却无须有开车的技能。开车的人，有的是能，却没有干涉坐车人变更目的地的权利。”在教材参考资料中，编者认为，日本和德国在革命后短时期内成为世界强国，而法国等欧洲国家发展较慢的原因在于，日本和德国解决了民权的根本问题，可以将国家事务“托付到有本领的人”。③通过政权与治权的理论区分，尽管国民党宣称国民掌握政权，但国民的政权实际是被架空的。

1928年10月，国民党借由孙中山“革命程序”理论，宣布实行训政，垄断国家权力的同时，以人民“在政治的知识与经验之幼稚”为借口，剥夺国民的公民权利。《确定训政时期党、政府、人民行使政权治权之分际及方略案》规定：“中国国民党最高权力机关，为求达训练国民使用政权、弼成宪政基础之目的，于必要时，得就于人民之集会、结社、言论、出版等自由权，在法律范围内加以限制。”“中华民国人民须服从拥护中国国民党，誓行三民主义，接受四权使用之训练，努力地方自治之完成，始得享受中华民国国民之权利。”④1931年6月颁布的《中华民国训政时期约法》虽然规定中华民国国民享有居住、信仰、发表言论、请愿等自由权，

---

① 赵景源，魏志澄. 复兴公民教科书（高小第一册）[M]. 上海：商务印书馆，1934：5，6.

② 孙中山. 民权主义第六讲（1924年4月26日）[M]// 广东省社会科学院历史研究室，等. 孙中山全集（第九卷）. 北京：中华书局，1986：345.

③ 王剑星，等. 前期小学三民主义课本教学法（第六册）[M]. 上海：世界书局，1932：52—55.

④ 确定训政时期党、政府、人民行使政权治权之分际及方略案（1929年3月21日）[G]// 荣孟源. 中国国民党历次代表大会及中央全会资料（上册）. 北京：光明日报出版社，1985：659.

但不仅未对如何保障这些自由权利做出任何规定，而且采取法律限制主义，这意味着国民党可以通过制定相关法律对人民享有的权利加以限制甚至取消。

这种对国民权利的压制固然是革命需要，但也与新文化运动后期，知识界对于权利观念看法的转向契合。当时，无论是自由主义还是无政府主义，知识界的权利观念都无法解决国民的生存权问题，在对权利的看法逐渐道德化之后，走向一种集体主义的权利观念。[①] 国民党在回应救国新思潮的同时，吸纳社会观念舆论的转变，并通过主义教育实现其对于国民权利的限制和压制。1931 年 1 月，浙江省教育厅厅长陈布雷在中央党部总理纪念周讲演时指出："学校中的师长们不能根据教育的目的意义，如本国的教育宗旨来启迪学生，遂使学生们只看个人的利害，忘却了个人在群体中的地位和责任，学业不知道刻苦修习，自身能力根本不注意修养，支配着脑筋中的只有权利思想和地位观念。"[②] 此时教科书也改变新文化运动时期权利与义务相统一的观念，更注重国民义务的灌输。"要想社会的共同生活得到圆满发展，必要各个人轻权利而重义务才有可能。"[③] "人民对于国家能尽义务，然后国家能履行职务，使我们享受幸福。换句话说，人民要享受权利，必须先尽义务。"[④]

（二）"造成民权"与国家责任

国民党改组之后，党治模式下，国民与国家的关系发生转变。从晚清以来，在社会契约论的影响下而逐渐形成的将国民视为国家建立的基础的观点被孙中山抛弃。孙中山肯定民权价值的同时否定社会契约论。他认为，"《民约论》中立论的根据，是说人民的权利是生而自由平等的，各人都有天赋的权利，不过人民后来把天赋的权利放弃罢了。所以这种言论，可以说民权是天生出来的。但就历史上进化的道理说，民权不是天生出来的，是时势和潮流所造就出来的"。在孙中山看来，国人的民族劣根性及其后知后觉与不知不觉，使得国人无法自我

---

① 金观涛，刘青峰. 中国个人观念的起源、演变及其形态初探[M]// 金观涛，刘青峰. 观念史研究：中国现代重要政治术语的形成. 北京：法律出版社，2009：145—150，173—178.

② 陈布雷在国民党中央党部总理纪念周上作"教育的理论与实际"的报告（1931 年 8 月 3 日）[G] // 中国第二历史档案馆. 中华民国史档案资料汇编（第五辑第一编教育）. 南京：江苏古籍出版社，1994：122.

③ 李之鹮. 复兴初级中学公民教本（第一册）[M]. 上海：商务印书馆，1935：88.

④ 魏冰心，徐映川. 初中党义（第一册）[M]. 上海：世界书局，1929：18.

觉醒，而是需要诉诸列宁式政党这样一种新的原理和程序，通过群众革命运动来唤醒国民，国民也在政党的组织纪律和思想教育中卷入群众政治，承担国民责任。“我们要知道民权不是天生的，是人造成的。我们应该造成民权，交到人民，不要等人民来争才交到他们。”①

由陈立夫审校、郑昶编写的《初级中学用新中华三民主义》称卢梭所主张的是“极端民权”，且《社会契约论》的风行产生了法国的大革命。② 国民党批评英、法、美、日等国革命所争得的民权是“资产阶级民权”，三民主义所倡导的民权是人民有“四权”、政府有“五权”的全民政治。③ 对于国民而言，其权利是由国民党“造成”的。国民应该信仰三民主义，服从国民党的领导，承担起对国家的责任，而不是争取个人的“极端民权”。

国民党强调国民对国家的责任，一方面是国民党的有意引导与限制，另一方面则与五卅运动后社会思潮的转向有关。此时，救亡触发的民族主义氛围使得社会本位、集体主义取代新文化运动时期的个人价值。1926 年 1 月，全国学生联合总会以君健为名在其会刊《中国学生》发表《怎样做文化运动》一文，反思新文化运动倡导的个人主义，提出中国学生担负着改造中国的责任，“要扑灭外来的个人主义的思想”。④7 月，全国学生总会第八届全国代表大会通过的《文化运动决议案》重申这一立场。⑤1932 年，蒋介石指出，“学生既不晓得怎样处世，也不晓得怎样做人，生活是什么东西，他对国家有怎么的关系，统统不知道”。⑥ 相较于新文化运动时期，学校教育不再强调个体的价值，而是关注个体对于团体、国家的责任。

在限制国民权利的同时，国民党通过新生活运动、国耻教育等方式，将学生

---

① 孙中山. 民权主义第一讲、第五讲（1924 年 3 月 9 日、4 月 20 日）[M]// 广东省社会科学院历史研究室，等. 孙中山全集（第九卷）. 北京：中华书局，1986：264，324.

② 郑昶. 初级中学用新中华三民主义（第一册）[M]. 上海：中华书局，1930：16.

③ 王剑星，等. 前期小学三民主义课本教学法（第六册）[M]. 上海：世界书局，1932：51—52.

④ 君健. 怎样做文化运动[J]. 中国学生，1926（41）：434.

⑤ 中国新民主主义青年团中央委员会办公厅编. 中国青年运动历史资料（第三册 1926—1927）[Z]. 内部资料，1957：340—341.

⑥ 蒋介石在长沙各界代表会上作关于教育重要性的讲演（1932 年）[G]// 中国第二历史档案馆. 中华民国史档案资料汇编（第五辑第一编教育）. 南京：江苏古籍出版社，1994：141.

卷入群众性政治运动，塑造学生的国家认同，进而使其承担国家责任。冯乐怡（Ferlanti）对南昌新生活运动的研究指出，学生通过参与校内外的新生活运动，重塑了公民身份及其国家认同。[①] 九一八之后，国民党在教科书中以“抵御外辱”“国耻”“国货”来宣扬民族主义，唤起学生民族精神，使学生认识到个人与国家的关系，培养学生的国家认同感。《新中华党义课本（第三册）》在讲授“抵御外辱”“国耻”主题时，要求教师引导学生明白“要救中国危亡的根本方法，在自己先有团体”。在讲授“国货”主题时，教师讲解用洋货和国货对中国的影响，并引导学生讨论“国家亡了，我们做人民的还有好日子过吗？”[②]

三、公民身份实践：主义的力量

南京国民政府成立后，国民党民众运动政策发生重大转向，从此前的动员转变为控制。这一政策转向直接影响到学校内的学生自治、童子军训练，学校外的平民教育和学生运动。

（一）学校中的公民实践：主义化与去政治化

南京国民政府时期，学生自治和童子军教育均被视为三民主义教育的重要途径。受制于民众运动政策的调整，学生自治不仅被限制在学校内部，还被剥夺练习五种治权。中央训练部主义化童子军的意图受制于此后党政分开的原则，最终在一定程度上去主义化。

1. 政治化与去政治化：学生自治的转变与困境

北京政府时期，学生自治伴随新文化运动得到蓬勃发展。与此同时，学生自治与学校行政的边界、学生自治与校外学生运动的关系等问题也引起教育界的反思。南京政府成立后，一方面下令整顿学风，明令取缔学生越轨行动。1929年3月，行政院训令教育行政机构“关于学生举动亦宜加注意，如有侵轶轨范，即行纠正”。[③]1930年12月，行政院再发整饬学风训令，要求“学生惟当一意力学”，不得干涉教育行政，“如再有甘受反动派之利用，仍前嚣张，恣行越轨者，政

---

① Ferlanti，Federica. The New Life Movement in Jiangxi Province，1934—1938[J].*Modern Asian Studies*，2010（5）.

② 郑昶，吕伯攸. 新中华党义课本教授书（第三册）[M]. 上海：新国民图书社，1930年初版，1932年第5版，1932：10—17，57—65.

③ 令知整饬学风并尽先拨付教育经费由[J]. 行政院公报，1929（30）：14.

府为爱护青年贯彻整饬学风计，惟有执法严绳，以治反动派者治之，决不稍事姑息”。[①]另一方面，国民党调整民众运动政策，学生自治被限定在学校内部，成为“去政治化”的公民训练。民众运动政策调整过程也反映了国民党对学生自治的定位与内在困境。

首先，学生自治是仅限于校内，还是应该走向校际联合？

鉴于五四运动以来，从校内的学生自治走向校际联合的学生运动对社会变革产生的重大影响，1927年12月，戴季陶向大学院提交的《维持教育救济青年案》对学生团体组织方式以及学生团体的校际串联提出批评。“学校教育，受学生牵制而致停顿退步”，“学生会模仿政党组织，设置农民工人青年妇女等部”。他提出，学生会改名为学生自治会，且“学生自治会应为各个学校学生之自治团体，其性质不得超越此范围，滥用其权能，以干涉国家政治，学校行政”。[②]由于此时中央民众运动政策尚不明朗，大学院提出缓议。[③]同期，中央青年部的一份训令显示中央党部仅对学生会与学校行政的关系做出说明，并未明确对于学生团体校际联合问题的立场。“学生会系民众团体之一，学校系政府教育行政机关。学生会与学校之关系亦如其他民众团体与学校者。学生会对于学校行政权、训育权不能干涉，但于学生公共利害有关者得向学校当局建议具策，惟采行与否，权在学校当局。如学校当局有违反党义及不法行为时，得向政府及直属党部提出控告，不得造谣滋事。”[④]

1928年2月，二届四中全会提出暂停民众运动，大学院于两天后议决《维持教育救济青年案》。随后，大学院于4月拟定《学生团体组织大纲》，采纳了戴季陶对于学生自治的基本原则，并明确禁止学生团体的校际联合。该案提交中执会核定，中执会并未审定。5月，全国教育会议期间，由戴季陶以《维持教育救济青年案》为基础，拟定《确立教育方针实行三民主义教育建设以立救国大计案》，提出仅允许大学及高等专门学校学生自治会的校际联合，“但其范围，以一城市

---

① 行政院整饬全国学风令教育部通行遵照[J]. 湖北省政府公报，1930（123）：3.

② 维持教育救济青年案[J]. 第四中山大学教育行政周刊，1928（29）：28.

③ 大学委员会会议录：第一次至第五次[J]. 大学院公报，1928（3）：80.

④ 中央青年部训令浙江青年部（1927年12月3日），党史馆藏，档号：部1835.

乡之区域为限,不得组织县省国之联合会"。[1] 全国教育会议认为该案与大学院提案相关,交审查会合并整理讨论,最终议决的《学生自治会条例》采纳了戴季陶的建议。大学院将修正通过的《学生自治会条例》呈中执会核定。中执会仍未予审定。全国教育会议的决议表明,学生会改名为学生自治会,学生不得干预学校行政、国家政治已是会议各方共识。由此,黄坚立所言民众运动的"戴季陶-蔡元培政策路线"初步形成。

1928 年 8 月,中央民众训练委员会在二届五中全会提交《关于青年运动问题提案》,对"戴季陶—蔡元培政策路线"提出批评。中央民众训练委员会提出系统地将各校学生组织联系起来,以此抵御政敌对学生的渗透。[2] 最终,会议对于学生组织原则等学生运动政策未给出明确的意见。1929 年 3 月,国民党"三大"党务报告决议案在检讨以往民众运动后提出今后民众运动的政策。"本党对于男女之青年,今后应极力作成学校以内之自治生活。"[3]"三大"之后,戴季陶转任中央训练部部长,迅速采取措施落实学生运动政策。1930 年 1 月,中常会第 67 次会议议决中央训练部拟定的《学生团体组织原则》《学生自治会组织大纲》等文件,对学生自治的基本原则、组织系统、自治范围等加以详细规定。[4]"戴季陶—蔡元培政策路线"中学生会改称学生自治会、学牛自治仅限于校内、不得干预学校行政等原则最终得以落实。此后,中央训练部多次修订学生自治相关条例,上述原则得到遵循。

其次,训政是否需要学生练习治权。

1928 年 10 月,国民政府宣布实行训政。学生自治是练习治权的方式,然而,全国教育会议通过的《学生自治会条例》却删除了学生自治规定中关于练习五种治权的规定。

---

① 确立教育方针实行三民主义教育建设以立救国大计案[R]// 中华民国大学院. 全国教育会议报告(乙编). 上海:商务印书馆,1928:59.

② 关于青年运动问题提案[M]// 中国国民党河南省党务指导委员会宣传部. 中国国民党第二届中央执行委员会第五次全体会议记录. 内部资料,1928:69—71.

③ 对于第二届中央执行委员会党务报告决议案[G]// 荣孟源. 中国国民党历次代表大会及中央全会资料(上册). 北京:光明日报出版社,1985:635,632.

④ 第三届中常会第六十七次会议(1930 年 1 月 23 日)[G]// 中国第二历史档案馆. 中国国民党中央执行委员会常务委员会会议录(十). 桂林:广西师范大学出版社,2000:469—476.

1927年7月,教育行政委员会通过的《国民政府教育方针草案》在肯定学生运动的前提下提出,"现在学生运动最不好的地方,是没有统一的指挥",因而要把学生运动统一在党的指挥之下。草案赞同学校应设训育部,"以便实施政治训练"。[①] 同期,浙江省教育厅通过的《浙江实施党化教育大纲》对学生自治和学校训练做出了细致规定。第一条明确提出以本党训练党员之方法训练学生。"学生之读书,为革命而读书,故学生必须受革命方法的训练。"大纲提出学生要明了国民革命的意义,明了三民主义,以党的意思为自己的意思,受党的指挥而指挥民众,牺牲自己利益为民众的利益等十二条具体要求。第四条提出依训政时期国家的组织为学生自治的组织。学校行政是学校训练学生的事务,学生自治是学生自己管理自己的事务,两者不相干涉。"学生应能自治,但尤应受学校训练";"学生自治团体之组织应受教职员之指导","学生自治团体不能干涉学校行政"。[②] 这一规定应是反思五四之后学生自治的任意性而提出,它不仅划分了学生自治和学校行政的边界,也明确了学生自治和接受学校训练的关系。此外,大纲从训政与学生自治关系的角度予以立论,显示了蒋梦麟执掌的教育厅对于三民主义理论以及政治形势的理解和把握。

1928年5月,全国教育会议通过的《学生自治会条例》与大学院拟定的《学生团体组织大纲》相比,有多处删改。关键处在于将学校设立国民党区分部和学生自治会应作施行五种治权之试验部分删除。[③] 由此,学生自治的范围被限定在学校内部非政治的教育事务方面。是次会议,戴季陶拟定的《确立教育方针实行三民主义教育建设以立救国大计案》提出,"学生会名为学生自治会。其性质应为各个学校学生之自治团体,其性质不得超越此范围,滥用其权能,以干涉国家政治,学校行政"。[④] 如若从训政的角度考虑,作为人民团体之一种,学生

---

① 国民政府教育方针草案[G]// 舒新城. 近代中国教育史料. 北京:中国人民大学出版社,2012:607—611.

② 浙江实施党化教育大纲[G]// 舒新城. 近代中国教育史料. 北京:中国人民大学出版社,2012:615—617.

③ 刘大白. 学生团体组织大纲草案和说明[J]. 中学生,1930(创刊号):3,4.

④ 确立教育方针实行三民主义教育建设以立救国大计案[R]// 中华民国大学院. 全国教育会议报告(乙编). 上海:商务印书馆,1928:58.

自治应该在学校练习治权。① 考虑到二届四中全会议决成立中央训练部负责民众训练事宜，且三个月后，胡汉民即在二届五中全会提出训政主张，中常会亦于是年 10 月议决实行训政，此时删除学生自治规定中关于练习五种治权的规定更显自相矛盾。

作为训政的主要推动者，胡汉民指出，实施训政是因为，“大多数人民于政治意识与经验，两皆缺乏，骤欲畀之以政权，其势必至复为强暴所劫取”，经过治权的训练，待国民有“管理政事之能力”后“还政于民”。② 因此，国民政府在实施训政后即开始推行地方自治，以正当化其训政的话语。换言之，国民党推行地方自治并非诚心赋权于地方民众，而是囿于其三民主义话语。在这一逻辑下，国民党借助于学生团体和社会团体的性质区分，剥夺学生在学校通过学生自治练习治权的机会。当然，这种剥夺是有限度的。国民党推行的主义教育在客观上让学生获得了关于民权的基本知识，教师实践教学法的运用则让学生有了实践治权的可能。1931 年审定的《前期小学三民主义课本教学法》明确提出，要训练民权的运用，“最好是在学校生活时代养成”，“学校的组织须合于社会的组织，国家的组织，然后利用儿童活动的心理，引导他们做结社、集会等工作，养成行使民权的习惯”。③ 燕子矶小学教师在教授《民权初步》部分时，通过演习的方法，教学生举行村民大会，并邀请村民参加，逐步将民权初步的知识及其应用教给学生。④

2. 主义化与去主义化：童子军的管辖权及名称博弈

童子军在民国初年已经传入并在国内学校快速发展。国民党极为重视童子军教育，借助国家权力和党的组织对全国童子军予以整合，建立起科层制的全国童子军体系，以使学生养成服从规则纪律习惯，培养勇敢牺牲精神，“切实做三

---

① 1931 年 3 月，南京特别市党部指出，教育宗旨实施方针第一条“训练民权主义之运用”，“现今学校能真正实行者，亦属寥寥”。教育部复函行政院称，“中央颁布学生团体组织原则及学生自治会组织大纲，各级学校亦均先后遵照组织，在党部监督指导之下，以训练民权主义之运用”。中国国民党第三次全国代表大会议决确定教育宗旨及其实施方针办理情形（1931 年），台湾地区“国史馆”藏，档号：001-090001-0002：86.

② 胡汉民. 训政大纲提案说明书[J]. 中央周报，1928（16）：10.

③ 王剑星，等. 前期小学三民主义课本教学法（第一册）[M]. 上海：世界书局，1932：2.

④ 丘景尼. 调查燕子矶小学报告[J]. 中央训练部公报，1930（2）：48.

民主义革命的继续者”[①]。童子军逐渐被主义化。

1924 年 7 月，国民党改组不久，中常会议决中央青年部拟定的《组织学生军案》。国民党组织学生军的目的在于“振作青年的勇气，发挥国民的精神”，学生军平时为社会服务，遇紧急时则为国家服务。国民党规定，对于各学校学生军，“本党必须设立党团从中指挥”。课程设置方面，实务课程：中学一年级及以下为童子军课程；高年级学生须增加战术学、野外勤务等军事必须知识与技能；理论课程：“须极力宣传下列各项”——中国之现状及其纷乱原因、三民主义之涵义、国民党政纲及其实行方法、国民党历史。[②] 此可谓国民党政府童子军教育之始。此后，广州多校筹备组织学生军。[③]

1926 年 3 月，中央青年部提出《创办中国国民党童子军案》。中央青年部认为童子军“尚任侠，主实行，重纪律，有组织，最富于革命性”，童子军教育是“学校青年最重要之课外教育”。中央青年部针对此前教育家办理的童子军“仅就教育之意义而提倡”，明确提出“应设法以本党之使命，灌输于童子军”。[④]4 月，经中常会第 10 次会议议决，中央青年部设立中国国民党童子军委员会，统辖全国童子军事务。委员会成员包括青年部部长、各军种党代表、政治训练部主任、中央军事政治学校校长、教育行政委员会常务委员等，表明童子军兼具军事、政治与教育多重意义。同期，为培养童子军教练，中央青年部开办童子军领袖人才养成所，招募具有中学以上学历的国民党党员参加培训，学习内容包括政治训练和军事训练，毕业后分任各校训练童子军。

由于国民政府缺乏经费支持，1926 年 7 月，丁惟汾接任青年部部长后称：“甘前部长任内所拟办之中国国民党童子军，因其计划范围广大，财力人才，固非一时所能解决。”[⑤] 此一阶段，青年部未大规模推广童子军教育。随着北伐时期对动员学生的重视，国民党再次提出推广童子军。1926 年 11 月，广东省教

---

① 中国国民党童子军总章施行通则[J]. 中央训练部部务汇刊，1928（1）：25—26，19.

② 中执会致青年部函：组织学生军案已照原案修改通过（1924 年 7 月），党史馆藏，档号：汉 4821.

③ 市美提倡组织全市学生军[N]. 广州民国日报，1925 年 10 月 30 日，第 11 版；筹备组织市校学生军续闻[N]. 广州民国日报，1925 年 10 月 31 日，第 11 版.

④ 中央青年部提议创办中国国民党童子军案（1926 年 3 月），党史馆藏，档号：部 10738.

⑤ 中央青年部过去之工作及今后进行计划（1926 年 10 月），党史馆藏，档号：部 10312.

育行政委员会委员甘乃光在《实施党化教育之大纲》中提出设立学生军、党童军。[①]1927 年 4 月，针对农村和城市出现的童子团，为“使一般童子团之组织、训练能切实合于党之需要”，中央青年部成立童子团委员会予以统辖。[②]然而，受时局影响，加之财政困难，各地童子军未得到充分发展。[③]

南京国民政府成立后，中央青年部改组为中央训练部。因大学院与中央训练部的主义教育主导权之争，童子军管辖权及名称亦发生争议。

1927 年 4 月，中常会第八次扩大会议议决《中国国民党童子军委员会组织法》。第一条规定：“中国国民党童子军委员会为本党童子军之最高机关，直隶于中央青年部。”[④]10 月，中央青年部拟就《青年运动大纲草案》，提出组织党童子军，将各地童子军改组，使其一致受党的指挥；组织学生军，使勇敢的青年直接加入革命战线。[⑤]随即，第三中山大学通令浙江省各中学校，要求“一律举办党童子军”。[⑥]各地学校亦遵令办理。

1928 年 4 月 18 日，大学院提出，童子军的用意“原在锻炼儿童身体，练习团体生活，为学校一种课程，向由学校组织并管辖”，党童子军的称谓不合童子军“原有精神”，由各处党部管辖也有碍“学校行政统一”，因而，大学院“通令各省区一律改称童子军，并由主管教育机关组织管辖，完全脱离党部，以一事权”。[⑦]5 月 31 日，中央训练部提请中常会第 142 次会议决议设立中国国民党童子军司令部，以谋全国童子军组织与训练的统一。会议颁行的《中国国民党童子军总章》明确规定由中央训练部负责童子军司令的任免和检阅，并将童子军称为“党童子军”。总章第一条列明党童子军的宗旨：“本党童子军训练，以养成三民主义之革命青年，完成国民革命为宗旨。”[⑧]

---

① 甘乃光. 实施党化教育之大纲[N]. 广州民国日报，1926 年 11 月 3 日.

② 视察武汉各团体关于青年工作之报告（1927 年 4 月 5 日）、中央青年部童子团委员会组织条例（1927 年），党史馆藏，档号：部 11670，部 1426.3.

③ 陈朝宗. 中国童子军的过去现在[J]. 党童子军司令部月刊，1929（1）：44.

④ 中执会致青年部函（1927 年 4 月 30 日），党史馆藏，档号：部 1796.

⑤ 青年运动工作大纲草案（1927 年 10 月），党史馆藏，档号：部 1425.3.

⑥ 第三中大令知举办党童子军办法[N]. 新闻报，1927 年 10 月 17 日，第 2 版.

⑦ 为党童子军改称童子军并由各主管教育机关组织管辖由[J]. 大学院公报，1928（6）：19.

⑧ 中国国民党童子军（简称党童子军）总章[J]. 大学院公报，1928（8）：3.

因院部指令相抵触，南京特别市党部、中央大学陆续致函中央训练部，请求核示如何办理。[①]6月29日，中央训练部颁布《中国国民党童子军总章施行通则》，明确规定中央训练部为最高指导机关，各级党部训练部为监督机关，各级政府暨各级教育行政机关为辅助机关。[②]同时，中央训练部复函南京特别市党部，指出根据中常会第10次、第142次会议决议，大学院无管辖权。“申明院令不能推翻中央决议案，着各该团体，仍依党令进行。”[③]7月2日，中央训练部提请中常会将此前通过之党童军总章原文抄发大学院，并令大学院迅即撤销前项通令。中常会第151次会议议决由秘书复查决议函大学院。[④]此次中常会支持了中央训练部的要求。然而，这只是此时大学院和中央训练部，以及国民党内部派系斗争，党政关系、民众运动政策之争的一部分。随着8月国民党召开的二届五中全会议决在行政院下设教育部，对党政关系进行调整，实行党政分开，以及10月后民众运动政策亦趋于明朗，童子军的名称及管辖权随之发生变更。

1929年7月，中常会第21次会议议决中国国民党童子军改称为“中国童子军”，司令部直辖中执会。中央训练部设童子军训育科，负责编制、指导和考核事宜。[⑤]对于此次更名，戴季陶称：“中国国民党原负救国责任，所救之国，即是中华民国，中国国民党领导中国全国国民，将中国青年加以训练，顾名思义，即可将童子军名称，大大气气，改称为中国童子军，不必再加国民党三字，正可显出中国国民党天下为公之精神。”[⑥]戴氏所言固有道理，但真正原因在于，此时国民党民众运动政策转向，限制在学校发展党务工作，加之党政分开的原则，使得国民党

---

① 南京特别市党务指委会训练部呈为党童子军名称组织与大学院令抵触应如何办理请核示以便转令遵照由[J]. 中央训练部部务汇刊，1928（1）：25—26，19.

② 中国国民党童子军总章施行通则[J]. 中央训练部部务汇刊，1928（1）：25—26，19.

③ 函复南京特别市党务指导委员会训练部关于童子军事须遵照中央决议办理由[J]. 中央训练部部务汇刊，1928（1）：18.

④ 中央训练部呈中常会提案一览（自第二届123次至第三届35次止），中国第二历史档案馆藏，档号：七二二-24：24.

⑤ 第三届中常会第二十一次会议（1929年7月4日）[G]// 中国第二历史档案馆. 中国国民党中央执行委员会常务委员会会议录（八）. 桂林：广西师范大学出版社，2000：460—461.

⑥ 戴季陶. 童子军教育最大的任务[M]// 中国童子军总会. 戴季陶与童子军教育. 台北：华国出版社，1952：42.

最终变更童子军名称。[①]

九一八事变后，中央训练部（1931 年 12 月后改为中央民众运动指导委员会）认为童子军为“复兴民族之基本工作”，然童子军司令部与中央训练部职权划分不清，遂提出筹备中国童子军总会，“有一独立而恒久之机关”[②]。1932 年 4 月，四届中常会第 16 次会议议决《组织中国童子军总会案》。会议推定蒋介石为会长，戴季陶、何应钦为副会长，并指定时任教育部长朱家骅为筹备主任，负责组织筹备处。待中央民众运动指导委员会办理完筹备事宜，将童子军管辖权转至中国童子军总会。[③]1933 年 9 月，中常会第 90 次会议议决《中国童子军总章》。章程规定，中国童子军正副会长均为“荣誉职”，具体事务由全国理事会负责，全国理事会理事由教育部聘任。[④]此后，全国理事会理事长均由教育部长兼任。至此，童子军教育的主导权回归教育部。这一结局与大学院和中央训练部围绕主义教育主导权博弈的最终结局基本相似。童子军不仅在名称上去“党化”，主导权也回归教育部，由此使得国民党无法通过党的组织建设与主义教育的双重作用实现预期目标。

对于童子军总会的性质，时任教育部部长兼总会理事长陈立夫指出：第一，以党作核心；第二，童子军事业为千百年树人大计，所以总会要成为一个永久固定的机关；第三，童子军名义上是社会文化团体的性质，不受政治的影响，实际上含有国家教育政策的意识，童子军训练，必然要跟着国家教育政策走。[⑤]

1929 年 8 月，教育部颁布《中学课程暂行标准》，规定初中课程列入“党童子军”。[⑥]1931 年底，教育部先后颁布《学生义勇军教育纲要》《童子义勇军组

---

① 学术界有观点认为，此次童子军改名是因为世界童子军不承认政党干预。笔者不认同。首先，此次改名并未改变童子军主义化的实质。其次，直至 1937 年 12 月，中国童子军才加入童子军国际委员会。参阅：郑洸，吴芸红. 中国少年儿童运动史[M]. 天津：天津人民出版社，1992：203.

② 中央训练部工作报告（1931 年 10 月）[G]// 中国第二历史档案馆，海峡两岸出版交流中心. 中国国民党历次全国代表大会暨中央全会文献汇编（第 10 册）. 南京：江苏古籍出版社，2012：333.

③ 中国童子军总会筹备处成立经过述略[J]. 中国童子军总会筹备处汇报，1933（1）.

④ 中国童子军总章[J]. 中国童子军总会筹备处汇报，1934（19）：12.

⑤ 陈立夫. 童子军总会之性质与今后童子军事业之发展[J]. 教育通讯，1940（24/25）：1.

⑥ 教育部颁布初级中学课程暂行标准[J]. 浙江教育行政周刊，1929（10）：2.

织及训练办法》。教育部要求"全国高中以上各学校一律组织青年义勇军，初中以下各学校一律组织童子义勇军，实施军事训练，宣誓信奉三民主义，振兴中国民族"，童子军"每周训练5小时"。[①] 为培养童子军师资，1928年7月，中常会第151次会议议决特设教练员短期训练学校[②]；1930年3月，全国训练会议议决师范学校加授童子军课程及训练法。[③]

1933年6月，童子军总会颁发《中国童子军登记规程》，第五条规定："童子军登记，经中国童子军总会审查合格颁发证书证章后，方得称为中国童子军。"[④] 据此，中国童子军总会强制要求所有童子军向童子军总会登记。在南京政府推动下，各学校童子军教育得到迅速发展。据童子军总会统计，1928年到1934年，全国童子军团从十七团、不足百人，发展到千余团、近九万人的规模。[⑤]

国民政府推行童子军教育存在内在矛盾。首先，国民党希望童子军"切实做三民主义革命的继续者"，试图将童子军主义化，这与国际童子军所秉持的"非政治"原则相悖，引发社会力量的质疑和抵制。1929年春，参加中央训练部举办的全国童子军教练学校毕业学员组织上海党童子军促进会，以推进党童子军教育。然而，此前成立的上海童子军协进会"鉴于协会的主张不同"，请求市训练部呈请中央予以解散。[⑥] 其次，国民党在推动童子军主义化的同时，却试图使其去政治化。在童子军政治训练方面，国民党通过国耻事略、不平等条约、帝国主义侵略史等课程进行民族主义教育，唤醒学生的民族主义情绪。与此同时，国民党通过法规将童子军教育去政治化。1928年6月，中央训练部颁布《中国国民党童子军总章施行通则》规定，注重政治常识的训练，但未得中央训练部之命令，不得以党童子军名义，参加政治行动。[⑦]1933年9月，《中国童子军总章》

---

① 学生义勇军教育纲要[J]. 市政月刊，1931（10）：9；童子义勇军组织及训练办法[J]. 市政月刊，1931（11）：20.

② 中国国民党童子军司令部特设教练员短期训练学校招生简章[J]. 中央训练部部务汇刊，1928（1）.

③ 各省、特别市党部训练部应添设一科主管党义教育及童子军训育事宜案，中国第二历史档案馆藏，档号：七二二-17：73，103.

④ 中国童子军登记规程[J]. 中国童子军总会筹备处汇报，1933（7）：8.

⑤ 吴耀麟. 童子军教育之起源及其发展[J]. 教育杂志，1935（1）：143—144.

⑥ 童行白. 十年来的上海童子军[J]. 寰球中国学生会特刊，1934（8）：2.

⑦ 中国国民党童子军总章施行通则[J]. 中央训练部部务汇刊，1928（1）：25—26，19.

规定："中国童子军，无论个人或团体，均不得以童子军资格或名义，参加政治活动。"① 在国民党管控下，童子军教育引导的民族主义情绪和公民训练并不能真正"革命化"，而是通过严格的训练养成学生的一致行为，服务社会，从而建立良好的学校秩序和社会秩序。②

（二）学校外的公民实践：从运动学生到控制学生

国民党改组前并不重视学生运动，改组使其由一个封闭的精英政党转变为具有广泛群众基础和较强政治动员能力的革命政党。有效的组织加上新三民主义的宣传，包括学生在内的社会各界被广泛动员起来。学生积极加入国民党，成为国民党最主要构成群体。1926 年 1 月，国民党"二大"党务报告指出，在已知党员成分的 12 个省份中，7 个省份的学生党员占比超过半数。1927 年 1 月，中央组织部代部长吴倚伦的报告指出，国民党一百万以上党员中，学生最多，占 26%，其次是军人，占 23%。③ 学生成为北伐的中坚力量。"清党"之后，为与中共划清界限，国民党积极去除主义和政策中"左"的因素。为此，国民党必须重新定位其民众运动政策及与之密切相关的学生自治政策。④

"清党"之时，国民党中央一分为三，包括以蒋介石为首的南京中央党部，以汪精卫为首的武汉中央党部，以及西山会议派宣称的上海中央党部。三派势力为争取民众支持（从消极的意义讲，不能有放弃民众的口实），都继续支持学生参与政治。4 月 13 日，蒋介石发布"清党"布告称，"此系阻止少数分子发生叛乱行为而已，并非变更国民党任何政策，所有一切农工主要团体及各级党部皆照常进行，毫无更张"。⑤1927 年 9 月，三派妥协成立中央特别委员会。10 月，由西山会议派邹鲁执掌的中央青年部制定《青年运动大纲草案》提出，成立青年运

---

① 中国童子军总章[J]. 中国童子军总会筹备处汇报，1934（19）：10.

② Culp, Robert. 中国童子军——南京十年童子军手册中的公民训练与社会意识[J]. 新史学，2000（4）.

③ 吴倚伦先生之国民党现状报告[N]. 广州国民日报，1927 年 1 月 15 日.

④ 黄坚立对国民党"清党"后民众运动政策的调整过程及背后动机有细致的梳理，本部分主要参考其分析，呈现这一过程的关键变化。参阅：黄坚立. 难展的双翼：中国国民党面对学生运动的困境与决策：1927—1949 年[M]. 北京：商务印书馆，2010：231—241.

⑤ 中华民国史事纪要编辑委员会. 中华民国史事纪要（初稿）中华民国十六年（1927）一至六月份[M]. 台北："国史馆"，1977：685.

动委员会,组织并统一青年运动;在中等以上学校派遣指导员,指导青年运动;发行刊物,鼓吹青年运动,并导其入于正轨。[①] 同期,中央青年部"通令各学校当局积极提倡学生参加社会运动"。[②]

此时,因中央维持以往鼓励学生运动的政策,教育部门制定政策时亦肯定学生运动,只是提出学生运动需要国民党"统一的指挥"。1927 年 7 月,教育行政委员会通过的《国民政府教育方针草案》指出,"我们对于学生运动有很大的希望","国民革命的最大目的在求中国的自由平等,欲达到这个目的,我们要组织民众,训练民众,使民众的势力变成国民革命的势力"。但是现实的学生运动"还有许多不满意的地方","现在学生运动最不好的地方,是没有统一的指挥"。挽救的方法是把学生运动统一在党的指挥之下。"所有非受党的指挥的小团体斗争须一律禁止。"[③]9 月,胡汉民提出民众运动必具三个条件:"第一须有不拐骗民众的忠实领导;第二须有强固的组织;第三须有共同的信仰。"他进而提出:"凡是民众运动,只能以一个党为中心,只能以一个信仰为目的,而且只能以一个党一个信仰为力量的总发动机。"[④]

1927 年 12 月,中共动员的广州起义促使蒋介石下令"暂时停止民众运动,以确定新的指导方针和办法"。[⑤] 由此,国民党内围绕民众运动政策展开博弈。

戴季陶最先提出新的政策建议。他在《青年之路》一书序言中提出三项建议:政治家不得"运动青年替私人作工具";采取"保育主义",避免青年沉溺学生运动;保障学校教育的安定和进步。此外,他明确提出限制学生入党。[⑥] 随后,戴季陶提交《维持教育救济青年案》至大学院。该案提出:"中小学之男女学生禁止参加一切含有斗争性之群众运动,以保障教育之进步,学生之安全,维护少

---

① 青年运动工作大纲草案(1927 年 10 月),党史馆藏,档号:部 1425.3.

② 中央青年部第一次部务会议[J]. 革命青年,1927(19):30.

③ 国民政府教育方针草案[G]// 舒新城. 近代中国教育史料. 北京:中国人民大学出版社,2012:607—611.

④ 胡汉民. 国民党民众运动的理论[J]. 中央半月刊,1927(5/6):2.

⑤ 中华民国史事纪要编辑委员会. 中华民国史事纪要(初稿)中华民国十六年(1927)七至十二月份[M]. 台北:"国史馆",1978:1012.

⑥ 戴季陶. 青年之路[M]. 上海:民智书局,1928:序 1—2,10.

年国民之和平品性。”[①] 因此时中央民众运动政策尚不明朗,大学院提出缓议。

1928 年 2 月,二届四中全会针对民众运动政策产生激烈交锋。汪精卫等左派因广州起义的影响被停止出席会议,蒋介石、丁惟汾、陈果夫提交的《改善中央党部组织案》获通过。提案指出,“民众运动有离党独立之倾向”,内部亦充满“纠纷与冲突”,亟须“立予纠正”。“党今后惟一主要工作,厥惟训练,对党员如此,对民众亦如是。”[②] 会议废除五部,同时设立中央民众训练委员会和中央训练部,分别由陈果夫和丁惟汾负责。会议明确提出,“所有一切民众运动,着即暂行停止进行”。[③]

时任中执会秘书的王子壮在日记中记录:“在南京召集之二届四中全会,对于民众运动有激烈之争辩,大致有两种显然不同之主张:一为办党之中委,王乐平可为代表;一为元老派,李石曾为其代表。前者主张本党应以民众为基本,干部自当领导民众作积极之奋斗,盖本党自始即为领导各界民众从事革命的斗争也,故主张设立民众运动委员会;同时元老派则反对之,其言曰,在野之党为运动民众以夺取政权,今我党既统一全国,为何还要运动民众,在此时运动,目的何在?岂能运动民众来反对自己吗?最后调和两派,成立所谓民众训练委员会。”王子壮在日记中还指出,成立民众训练委员会实质上标志着“元老派”的完全胜利。“后以胡先生前来主持党务,元老派之主张完全胜利,然吾党之一蹶不振,此其端也。”[④]

1929 年 3 月,段锡朋等人在“三大”《民众运动提案》中指出,二届四中全会决议设立中央民众训练委员会而非提案建议的民众运动委员会,这一名词的改变“影响却大”。从性质方面说,“民众运动是自动的,民众训练是被动的;民众运动是民众于必要时自己起来行动,民众训练是党对于民众加以训练。如果

---

① 维持教育救济青年案[J]. 第四中山大学教育行政周刊,1928(29):27.

② 改善中央党部组织案[G]// 中国第二历史档案馆,海峡两岸出版交流中心. 中国国民党历次全国代表大会暨中央全会文献汇编(第 4 册). 南京:江苏古籍出版社,2012:10—12.

③ 《中国国民党第二届中央执行委员会第四次全体会议记录》并无停止民众运动的决议。在二届五中全会《民众运动方案草案》中说明二届四中的决议。参阅:民众运动方案草案[M]// 中国国民党河南省党务指导委员会宣传部. 中国国民党第二届中央执行委员会第五次全体会议记录. 内部资料,1928:46.

④ 王子壮. 王子壮日记(第 2 册)[M]. 台北:“中央研究院”近代史研究所,2001:266—267.

改民众运动为民众训练，是有漠视及抑制民众本身自动的行动之嫌”。[①]

蔡元培自五四运动时期即反复提醒学生“救国不忘读书”，这是其教育独立思想在学生参政问题上的反映。因而，当二届四中全会提出暂停民众运动，大学院于两天之后议决戴季陶提交的《维持教育救济青年案》。随后，大学院于首届全国教育会议议决《学生自治会条例》《学生参加民众运动标准案》。《学生自治会条例》规定学生会改名为学生自治会，学生不得干预学校行政、国家政治。由此，黄坚立所言民众运动的“戴季陶—蔡元培政策路线”初步形成。对比《维持教育救济青年案》《学生团体组织大纲》以及全国教育会议议决的《学生自治会条例》可以看出，对于是否允许学生团体的校际联系，存在明显分歧。《学生参加民众运动标准案》提出学生参加民众运动的五条原则，包括学生运动应由学校指导，学生不得担任校外党部及其他团体职务，学生不得借口参加民众运动而擅行停课等。[②] 由于学生自治特别是学生运动关涉国民党民众运动政策，加之中央训练部正与大学院争夺主义教育主导权，因而，蔡元培在全国教育会议闭会词提及《学生自治会条例》和《学生参加民众运动标准案》“须经中央党部之核准”。[③]

二届四中全会议决暂停民众运动引发国民党左派的批评。“自中央四次会议明令停止民众活动以后，大家都出来说话，在口头上、在报纸上，都有恢复民众运动的要求。”[④] 此时，日本为阻挠北伐制造济南事件，引发南京等地组织民众运动协会，抗议日本的暴行，学生是这些组织的主要动员目标。全国学生联合会也发表声明支持国民党，要求严惩日本侵略者。这一事件使得党内左派等支持民众运动的团体乘机向中央提出恢复民众运动。对此时的局势，王子壮指出：“清党”以后，“胡先生事实上领导党内大多数老同志，汪则较接近青年（如彼所组之改组派）。蒋先生立身其间，颇欲以自己为中心，而汇合其他两方成以完整之组织，终以政治波动，能达到之效果极微”。[⑤]

1928 年 6 月，中央民众训练委员会拟定《民众训练计划大纲》，主张应该按

① 民众运动提案（1929 年 3 月 21 日），党史馆藏，档号：会 3.1/1.34.

② 中华民国大学院. 全国教育会议报告（乙编）[R]. 上海：商务印书馆，1928：65—70.

③ 闭会词[R]// 中华民国大学院. 全国教育会议报告（丁编）. 上海：商务印书馆，1928：7.

④ 赖特才报告中央对民运态度[N]. 申报，1928 年 6 月 14 日，第 10 版.

⑤ 王子壮. 王子壮日记（第 4 册）[M]. 台北：“中央研究院”近代史研究所，2001：68.

职业类别推行民众运动。[①]该方案随即经中常会议决颁行。[②]由此引发双方8月在二届五中全会的再次争论。或许因戴季陶为中央民众训练委员会九位委员之一,须与之保持一致,蔡元培陷入孤军奋战的境地。考虑到蔡元培在是次会议还同时为大学院存废、教育宗旨确定主导权博弈,其处境更显艰难。最终,争论各方在二届五中全会再次妥协。会议并未给出明确的民众运动政策,仅规定:"人民在法律范围内有组织团体之自由,但必须受党之指导,与政府之监督,政府应从速制定各种法律,以便实行。"[③]

随着1928年10月蒋介石邀请反对民众运动的胡汉民任国民政府首任立法院院长,其与汪精卫的合作最终破裂。随即,何香凝、朱霁青两位左派常委被清除出由五人组成的中央民众训练委员会常委会,戴季陶则由委员升任常委。[④]在蒋介石决意打压汪精卫等左派势力的背景下,民众运动政策转向日益明确。1929年3月,"三大"党务报告决议案在检讨以往民众运动后提出今后民众运动的政策:"本党对于男女之青年,今后应极力作成学校以内之自治生活。"报告进一步申明二届五中全会确立的"党政分开"原则,党部"对党务以外之行政、司法诸权,应避免一切之冲突与干涉",但对于学校设置区分部及学生入党问题均未提及。[⑤]

国民党"三大"之后,戴季陶转任中央训练部部长,迅速采取措施落实学生运动政策。1929年10月,中央训练部指责全国学生联合会组织不当,宣布解散该会。次年1月,中常会议决《学生团体组织原则》《学生自治会组织大纲》等文件,对学生自治的基本原则、组织系统、自治范围等加以详细规定。"戴季陶—蔡元培政策路线"中学生会改称学生自治会、学生自治仅限于校内、不得干预学校行政等原则最终成为国民党学生运动的基本政策。

---

① 中国国民党中央执行委员会民众训练计划大纲[J]. 中央党务月刊,1928(1):43—45.

② 中国国民党中央执行委员会民众训练计划大纲(修正案)[J]. 中央党务月刊,1928(2).

③ 中国国民党河南省党务指导委员会宣传部. 中国国民党第二届中央执行委员会第五次全体会议记录[M]. 内部资料,1928:7.

④ 中国国民党中央执行委员会第179次常务会议速记录(1928年10月25日),党史馆藏,档号:会2.3/105.1.

⑤ 对于第二届中央执行委员会党务报告决议案[G]// 荣孟源. 中国国民党历次代表大会及中央全会资料(上册). 北京:光明日报出版社,1985:635,632.

国民党对学生运动的态度发生转变的原因主要有四个方面：一是东北易帜后，国民党形式上完成国家统一，国民党由革命党转向执政党，从革命到建设的角色转换是其转变对学生运动态度的首要原因。二是“清党”之后，为与共产党划清界线，国民党逐渐放弃积极的群众动员政策，对学生运动予以防范和控制。三是国共合作以来，国民党党员不愿做基层工作，基层的宣传动员工作基本由共产党负责和实施[①]，使得学生组织和群体大多亲共，国民党丧失组织和动员学生的能力，无法有效掌控学生运动。这两点是国民党学生运动政策转变的现实原因。四是五四运动以来，学生运动的政治化影响了学校正常的教学秩序，教育界呼吁整顿学风。围绕民众运动政策的争论中，教育界大多支持暂停民众运动，此为国民党限制学生运动的客观原因。

国民党除多次在中央会议及报告中检讨民众运动外，党内从事民众运动者亦多有反思。早在国共合作时期，邵元冲即称：“晚阅‘C.Y. 之决议案及组织’等，具见其工作之已切近实际，吾党中散漫无绪，各逞私图，尚何言耶？”[②]1939年，中央民众训练部编审处长何汉文指出，清党以后，“党与政府以后对于民众运动也只有一种消极的防范，而没有积极的领导，更没有努力去发动民众运动，结果，党对于民众的组织和训练工作，都变成一种表面的机械式的公事，而没有切切实实深入民众的工作”。[③]

---

① 国共第一次合作时期，国民党组织部长由中共党员谭平山担任（1924 年 1 月 31 日—1926 年 5 月 28 日），宣传部长由中共党员毛泽东担任（1925 年 10 月 5 日—1926 年 5 月 28 日），黄埔军校组织部主任由中共党员周恩来担任。由此造成的后果是：在组织方面，国民党“二大”召开前后，约 90% 的国民党地方组织由中共党员或国民党左派负责；在宣传方面，中共积极地“根据国民党第一次大会宣言，及我们的理论，解释三民主义”，使得大批国民党党员左倾；由中共人士制定、国民革命军政治部颁布的军队政治课教学大纲中，有关于马克思及列宁的课程，却没有关于孙中山和三民主义的课程。参阅：谭平山. 中国革命党宣言草案，引自杰柳辛，科斯佳耶娃. 大革命时期的中国共产党与国民党[C]// 国外中国近代史研究（第 16 期）. 北京：中国社会科学出版社，1990：214；中央通告第六十五号——与国家主义派及国民党右派斗争问题（1925 年 11 月 25 日）[G]// 中央统战部. 中共中央第一次国内革命战争时期统一战线文件选编，北京：档案出版社，1991：151；索洛维约夫向联共（布）中央政治局中国委员会提出的关于中国形势的书面报告（1926 年 7 月 7 日）[G]// 中共中央党史研究室第一研究部. 联共（布）、共产国际与中国国民革命运动（1926—1927）（第三卷上）. 北京：北京图书馆出版社，1998：332.

② 王仰清，等标注. 邵元冲日记（1924—1936 年）[M]. 上海：上海人民出版社，1990：223.

③ 何汉文. 如何树立党在农村中的基础[J]. 中央周报，1939（30）：6.

第五章　研究结论与讨论

我们能够理解，在国家职能逐步拓展的同时，个人并没有消弭。我们也看到，个人的发展也不会使国家走向衰落，因为他本身在某些方面就是国家的产物，因为国家的活动从根本上就是要解放个人。就事实来说，历史给出了最权威的证明，这种因果关系就是道德个人主义的进程与国家的进步之间的关系。

——涂尔干

伴随着传统社会向现代社会的转型，传统国家也开启国家建构的进程。由传统国家向现代国家转变的过程中，现代国家逐步实现由间接统治到直接统治的转变，形成相应的国家能力并对其权力予以正当化。在由间接统治向直接统治转型的过程中，国家借助官僚制的科层权力逐渐渗透到基层社会，获取税收等资源以实现国家的对内对外职能。然而，国家权力的下渗将引发民众的抵制。在与民众的反复博弈中，国家赋予民众公民身份，为民众提供各项公共服务，以换取民众对国家的支持和认同，从而在民众与国家之间建立直接的联系。与此同时，为培育公民资格，促进社会整合并塑造国家权力的正当性，国家掌握现代教育的领导权，实施公民教育。格林指出，现代国家创建民族性国家教育体系的主要动力在于："为国家提供受过训练的管理者、工程师、军人，推广占统治地位的文化和灌输普遍性的国家意识形态，铸造新兴的民族国家的政治和文化统一体，巩固统治阶级意识形态的霸主地位。"[①] 因而，在国家建构、公民身份与公民教育三者之间的逻辑链条下，形成公民教育与国家建构的动态互动。

上述讨论是西欧早发国家形成过程所呈现的历史图景。蒂利指出，新兴国

① 安迪·格林. 教育、全球化与民族国家[M]. 朱旭东，等，译. 北京：教育科学出版社，2004：37－38.

家建构与西欧国家形成所面临的环境已有本质性的变化。新兴国家建构的生存逻辑已不同于西欧国家形成的生存逻辑。中国作为后发国家,其国家建构路径与早发国家迥然不同。对于后发国家而言,首要问题是建构一个主权独立的现代国家,然后才是市民社会的成长。中国是在中华帝国遭遇内外交困的局势而导致帝国崩溃的背景下开启现代国家建构的进程的。中华帝国赖以生存的卡理斯玛型与传统型混合的权威类型及其正当性基础难以为继,现代的法理型权威及其正当性基础开始萌发。在这种背景下,为了确保学堂“培养一种热爱王朝和始终忠于清帝的人”,晚清政府规定在新式学堂开设修身和读经科。

晚清以来公民教育兴起与发展的历程表明,不论是国家还是社会力量,推行公民教育的目标都是为了建立强大的现代国家,实现“救亡图存”。正是这种历史逻辑的不同,使得后发国家普遍面临如何制约强大的国家专断权力的问题。这与西方国家强调公民权利,以防止国家权力的滥用有着前提性的差异。中国和西欧早发国家国家建构过程的内外条件不同,所形成的国家形态也不同。这一基本前提的不同,使得中国近代公民教育的兴起与西欧早发国家存在着显著的差异,在发展过程中也面临着国家专断权力制约公民教育的特殊困境。

不论是中国,还是西欧早发国家,如果希望达成公民教育与国家建构良性互动的理想状态,就首先需要厘清公民教育兴起与发展变迁的根本原因,进而明晰国家建构进程是如何影响公民教育发展的,社会力量如何应国家推行公民教育政策,公民教育在国家建构进程中发挥何种作用。为回答上述问题,我们需要引入自主性的概念,考察公民教育发展过程中国家的自主性,特别是国家实施公民教育正当性与有效性的张力,以及教育的自主性,解答公民教育领域的杜威难题,从而建立公民教育与国家建构的动态互动关系。

第一节　国家建构及其进程是公民教育兴起与发展变迁的根本原因

对于中国近代公民教育兴起和发展变迁的原因,已有研究并未给予足够的重视,根本原因在于未找到可解释这一问题的内在逻辑。本研究从已有的西欧早发国家形成的研究中获得启发,确证国家建构、公民身份、公民教育之间的内在逻辑,提出国家建构及其进程是公民教育兴起与发展变迁的根本原因。

通过厘清国家建构概念、梳理路径与模式，我们认为，国家建构是指，在由传统国家向现代国家转变的过程中，国家逐步实现由间接统治到直接统治的转变，形成相应的国家能力并予以正当化的过程。国家建构是世界各国现代化过程中的一种普遍现象。虽然不同国家由于历史遗产、国家与社会关系的差异，形成不同的国家建构路径与模式，但在从传统国家向现代国家的转型中，任何现代国家都面临如何增强国家能力，如何维持国家权力正当性，以及如何有效调和国家能力和国家权力正当性之间张力的根本性问题。对此，杜赞奇明确指出，国家权力在现代的扩展涉及一个双面的过程：一是渗透与扩张的过程，一是证明此种渗透与扩张过程正当性的过程。① 国家能力以及国家权力正当性问题是国家建构的根本性议题。

国家在实现由间接统治到直接统治的过程中，逐渐掌握教育的领导权。国家建构两个具有内在张力的根本性议题，使得现代国家需要实施公民教育，以实现两个有优先顺序且相互影响的基本任务。

一、国家实施公民教育是实现社会整合的需要

社会的分化与整合是与社会发展和变迁相辅相成的基本逻辑。所谓社会整合是指，通过相应的社会机制解决社会发展过程中产生的社会分化、社会失范，以至社会解体问题，使得人类的共同生活成为可能。

在传统社会，一方面，因生产力水平较低，社会分工程度也较低，有限的交通等限制了个体的交往范围，因而社会可以依靠同质化的观念实现机械整合；另一方面，因国家的基础权力孱弱，国家无力实现直接统治，为维护君主的专断权力，国家需要诉诸同质化的观念来塑造君主卡理斯玛型权威的正当性。

随着现代社会资本逻辑对于竞争的强化，社会异质性日益增强，社会分化加剧，社会的分裂以至对立使得现代社会整合面临极大挑战。现代社会分化源于多层面因素的交织和叠加。这些因素可从社会和政治两个层面予以分析。首先是涂尔干从社会层面论述的因社会分工而产生的社会分化。现代社会分工使得社会有机体分属各自的专门领域，在促进工业社会形成的同时，因个体的异质性

① 杜赞奇. 从民族国家拯救历史：民族主义话语与中国现代史研究[M]. 王宪明，等，译. 南京：江苏人民出版社，2009：94.

而削弱了集体意识。[①] 其次是斯考切波、米格代尔等人从政治层面论述的因国内和（或）国外因素导致旧的社会秩序解体。如大规模的内战、世界市场的冲击、殖民统治的建立等，使得传统社会的生存策略无以为继，而新的生存策略短期内尚未形成，地方社会逐渐由不同的社会组织所控制。[②] 社会分化使得社会整合成为必需。

从国家建构的角度讲，早发的西欧国家是社会层面和政治层面因素共同作用导致社会分化。国家建构的进程加速了旧的社会秩序的解体。国家尝试建立新的社会秩序，实现社会整合。对于中国等后发国家而言，国家建构进程由外部战争因素诱发。此时国家内部社会分工程度仍较低，社会分化的主要原因是政治层面因素。政治变迁使得社会秩序解体，国家建构进程在社会秩序解体的现实困境下开启。

公元前 221 年，秦始皇统一六国，建立大一统王朝。中华帝国虽历经兴衰，但作为国家形态的帝国却得以延绵，直至 1911 年辛亥革命爆发。

帝国内部治理面临着族群、语言、宗教、成员身份（臣民或公民）等因素的多元差异问题。[③] 对于帝国而言，建立稳定社会秩序、实现有效统治面临两大挑战：首先是帝国内部族群、文化等方面存在广泛差异，如何实现社会整合以保持帝国的凝聚力；其次是帝国治理规模（包括地理空间、人口规模、治理内容等）使得国家权力下渗基层社会的治理成本剧增[④]，如何在实现有效治理的同时确保各级官僚的忠诚。

因而，在中华帝国的发展过程中，或有意或无意地形成相应的治理机制，如作为组织机制的官僚制[⑤]，作为观念制度的儒家伦理[⑥]，作为政治教化制度的礼

---

① 埃米尔·涂尔干. 社会分工论[M]. 渠东，译. 北京：生活·读书·新知三联书店，2013：213—239.

② 乔尔·S. 米格代尔. 强社会与弱国家——第三世界的国家社会关系及国家能力[M]. 张长东，等，译. 南京：江苏人民出版社，2009：47—184.

③ Burbank, Jane & Cooper, Frederick. *Empires in World History: Power and the Politics of Difference*[M]. Princeton University Press, 2011.

④ 周雪光. 国家治理规模及其负荷成本的思考[J]. 吉林大学社会科学学报，2013（1）.

⑤ 王亚南. 中国官僚政治研究[M]. 北京：商务印书馆，2010.

⑥ 约瑟夫·列文森. 儒教中国及其现代命运[M]. 郑大华，等，译. 桂林：广西师范大学出版社，2009；干春松. 制度化儒家及其解体[M]. 北京：中国人民大学出版社，2003.

治[①],以及连接官僚制和儒家伦理的科举制等。[②]官僚制需要儒家伦理提供士大夫阶层的共享知识与价值观;儒家伦理作为一种观念制度,建立在官僚制的基础之上;科举制同时兼具正式组织和文化观念两种组织机制,提供了政教合一的制度基础。[③]此外,科举制通过学习、应试、分流等环节再生产儒家价值观,使得中华帝国的官僚、乡绅及民众等不同阶层都认同儒家作为共享知识与价值观,并通过公共生活和私人生活中的礼治实践得以实现社会整合。

由于国家的基础权力弱,为有效治理庞大的中华帝国,君主必须将实际的治理权力委托给地方官僚,从而实行间接统治。然而,为保障君主的家长制权威,君主拥有强大的专断权力,可随时干预地方官僚的运作,从而威慑、监控地方官僚。君主专断权力的正当性来源于君主"受命于天"的魅力特质和传统的神圣性。在中华帝国,君主专断权力的正当性通过儒家伦理和礼治制度来塑造。

可以说,正是由于中华帝国的国家基础权力孱弱,君主必须拥有专断权力,进而需要借助儒家伦理及其礼治实践来统一社会各阶层的观念,塑造权力的正当性。在中华帝国,君主对国家的统治是间接的,且更多是诉诸儒家价值观的文化统治。姚大力对宋代遗民的研究指出,对于元人入主中原,处在蒙元初期的汉人主张:"能行中国之法,即为中国之主。"即,只要统治者遵行儒家伦理,就认可其统治正当性。[④]

15世纪以来,在资本逻辑驱动下,人类社会逐渐由传统社会转向现代社会。依据马克思关于生产力和生产关系的经典论述,生产力是社会发展的根本动力。传统社会向现代社会转型的终极原因即在于资本及"资本主义精神"推动的社会化大生产。资本是天生的平等派,资产者要求摆脱人身依附关系并追求自由平等的"可以自由进入的市场",使劳动者成为独立自主的个体。资本为追逐剩余价值而讲求效率,社会分工成为必需。与此同时,在资本逻辑推动下,公共交往和公共生活的广度和深度不断扩大,基于经济需求而发展起来的公共领域

---

① 阎步克. 士大夫政治演生史稿[M]. 北京:北京大学出版社,1996.

② 中华帝国历史上形成的不同治理机制及其逻辑关系,参阅:周雪光. 中国国家治理的制度逻辑:一个组织学研究[M]. 北京:生活·读书·新知三联书店,2017:第一和第二部分.

③ 周雪光. 黄仁宇悖论与帝国逻辑——以科举制为线索[J]. 社会,2019(2):6.

④ 姚大力. 追寻"我们"的根源:中国历史上的民族与国家意识[M]. 北京:生活·读书·新知三联书店,2018:3—52.

逐渐扩展到政治、文化领域，市民社会被构建起来。马克思在《政治经济学批判（1857—1858 年草稿）》中指出："家长制的，古代的（以及封建的）状态随着商业、奢侈、货币、交换价值的发展而没落下去，现代社会则随着这些东西一道发展起来。"①

资本逻辑推动的社会转型引发一系列社会后果：独立自主的个体、价值多元的合理分歧、现代国家的兴起以及全球化的扩展等。在社会整合方面，产生两个重要变化：首先，社会转型动摇了一统观念的社会基础。现代社会独立自主个体的出现意味着个体在价值问题上的多元差异和合理分歧成为必然，面对个体观念的多元分歧和社会分化的加剧，一统观念成为现代社会面临的巨大挑战。其次，现代国家成为社会整合的主导力量。现代社会在使人摆脱人身依附关系成为自由平等公民的同时，现代国家也在此过程中一同成长起来。在传统社会，国家对于社会的控制限于国家能力而保持在相对较小的规模。随着资本和资产阶级的兴起和发展，国家能力急速增强，其控制现代国家政治、经济和社会生活各领域的欲望和能力也日益膨胀。对此，蒂利指出，现代国家的崛起和资本主义的兴起是现代社会最重要的两大现象。② 在现代国家，无论是社会整合的组织机制还是观念机制，均由国家推动并由国家予以保障。

社会转型引发的一系列社会后果是诸多思想家思考的核心议题。从涂尔干的机械整合与有机整合，到哈贝马斯的沟通理性，都试图解决现代社会的多元差异问题。对于如何实现社会整合，涂尔干、帕森斯（Parsons）等学者提出不同的解决路径。洛克伍德（Lockwood）将整合分为社会整合和系统整合两种。③ 前者主要代表人物是涂尔干，后者主要代表人物是帕森斯。涂尔干首先提出社会整合概念，以此解决社会失范。帕森斯则吸纳涂尔干的社会整合理论及马歇尔的公民身份理论，提出以普遍的公民身份来整合日益分化的现代社会。

涂尔干对社会分化与社会整合思考的开创性意义在于，"深刻地意识到应

---

① 马克思，恩格斯. 马克思恩格斯全集（第 30 卷）[M]. 中共中央马克思恩格斯列宁斯大林著作编译局，编译. 北京：人民出版社，1995：107.

② Tilly, Charles. War Making and State Making as Organized Crime[A], in Evans, Peter, et al(eds.). *Bringing the State Back In*[M]. Cambridge: Cambridge University Press, 1985. 转引自：理查德·拉克曼. 国家与权力[M]. 郦菁，等，译. 上海：上海人民出版社，2013：译者序I.

③ 洛克伍德. 社会整合与系统整合[J]. 李康，译. 社会理论论坛，1997（3）.

该在不同的社会劳动分工和各种社会整合原则之间建立一种内在联系”[①],并指出道德及道德教育在社会整合中的作用。“考察个人人格与社会团结的关系问题”成为涂尔干研究的起点。涂尔干提出一个看似矛盾却不容反驳的现代社会事实:“个人越变得自主,他就会越来越依赖社会”;“在个人不断膨胀的同时,他与社会的联系却越加紧密”。因而,涂尔干认为,社会整合“是完全依靠,或至少主要依靠劳动分工来维持的”。[②]

涂尔干试图解决社会转型过程中的社会分化以至社会解体问题。社会分化使得人们的利益与价值观念存在合理的多元差异,如果彼此之间不能相互理解并做出让步与妥协,共同生活就无法实现。涂尔干认为,社会分工导致两种后果,即社会团结与社会失范。社会团结具有社会整合功能;社会失范则威胁社会整合。当因社会分工而产生的各个机构或个体之间的关系没有得到明确的规定时,就会导致社会失范。针对社会失范,涂尔干提出通过职业伦理和公民道德的结合来实现社会整合。“在职业群体里,我们尤其能够看到一种道德力量,它遏止了个人利己主义的膨胀,培植了劳动者对团结互助的极大热情,防止了工业和商业关系中强权法则的肆意横行。”[③]“除非社会成员之间存在某种智识和道德的共同体,否则某个社会就不可能团结起来。……如今,一切证据都指向这样的结论:惟一可能的候选者恰恰就是这种人性宗教,其理性的表现形式即是个人主义道德。”[④]

包容与排斥是公民身份发展史呈现的核心范畴。马歇尔等人关于公民身份理论阐释的经典文本呈现了公民身份从最初的白人男性,逐步扩展到女性、黑人、移民等少数群体,日益增加的差异化群体被包容进公民身份的理论框架。[⑤]

---

① 达尼洛·马尔图切利.现代性社会学:二十世纪的历程[M].姜志辉,译.南京:译林出版社,2007:18.

② 埃米尔·涂尔干.社会分工论[M].渠东,译.北京:生活·读书·新知三联书店,2013:序11,26.

③ 埃米尔·涂尔干.社会分工论[M].渠东,译.北京:生活·读书·新知三联书店,2013:第二版序22.

④ 埃米尔·涂尔干.乱伦禁忌及其起源[M].汲喆,等,译.上海:上海人民出版社,2006:158—159.

⑤ T.H.马歇尔,安东尼·吉登斯,等.公民身份与社会阶级[M].郭忠华,刘训练.南京:江苏人民出版社,2008.

对少数群体的包容程度也逐渐成为判断社会民主质量的重要标准。然而,同一历史进程的侧面,则是被排斥在公民身份之外的群体如何诉诸公民身份的理论话语资源,通过长期的抗争,逐步获得公民身份的历史图景。①

帕森斯指出,马歇尔的公民身份理论为思考社会整合提供重要启发。马歇尔深入讨论公民身份及其他外部因素如何改变社会不平等的模式。他关于公民身份的发展阶段理论表明公民身份的发展历程亦是公民身份的普遍化过程。公民身份的普遍化过程既是推动资本主义早期发展的助力,也是迫使资本主义修正自身的压力。因而,他提出用普遍平等的公民身份应对个体的多元差异。“只要公民身份的平等得到认可,社会阶级体系的不平等也许就是可以接受的。”②以英国为例,马歇尔细致阐述了公民身份演进中市民权利、政治权利和社会权利的扩展,以及与之对应的法院、国会和地方议会、社会公共服务体系等国家机构的建立过程之间的紧密联系,展示了国家借助作为制度和观念的公民身份整合多元差异的现代社会的国家建构图景。

沿着马歇尔开创的路径,帕森斯系统讨论了社会整合基础的演变问题。他认为,同质的传统社会和异质的现代社会具有不同的社会整合基础。“现代公民身份制度的发展使得作为社会共同体团结基础的民族性(nationality)模式中的广泛变化成为可能。在早期现代社会,团结的最强基础建基于与民族性相一致的宗教、种族和领土三个因素。然而,在充分发展的现代社会,宗教、种族和领土,每一个基础都可能存在多样性,因为公民身份的共同地位为民族团结提供了一个充分的基础。”③

基于涂尔干的社会整合理论和马歇尔的公民身份理论,帕森斯提出对于公民身份的分析依赖于一般社会理论(general social theory),将公民身份视为现代社会共同体社会整合的关键纽带。帕森斯指出,公民身份的功能类似于涂尔干意义上的个体崇拜所提供的一种新的、神圣的有机团结感,并适应了理性化社

---

① Ngai, Mae. *Impossible Subjects: Illegal Aliens and the Making of Modern America*[M]. New Jersey: Princeton University Press, 2004.

② T.H. 马歇尔,安东尼·吉登斯,等. 公民身份与社会阶级[M]. 郭忠华,刘训练. 南京:江苏人民出版社, 2008:8.

③ Parsons, Talcott. *The System of Modern Societies*[M]. Englewood Cliffs, NJ: Prentice Hall, 1971:21—22.

会的实现。帕森斯认为，公民身份的普遍化与现代社会共同体所具有的普遍主义具有同构性。公民身份为差异化的现代社会解决社会整合问题提供了一个可靠的普遍性基础。对此，曼认为，公民身份是一种统治策略，国家通过授予民众公民身份实现社会整合。①

尽管帕森斯仍囿于马歇尔对英国公民身份发展历程的线性思考，以及因提出社会共同体概念而导致社会共同体与社会、民族国家的区分混淆等问题，但他针对现代社会如何应对文化和社会差异，提出以公民身份作为多元差异的现代社会整合的规范基础，并强调国民教育在制度化普及、实现公民身份中的作用，这些观点对我们思考通过公民教育实现社会整合具有重要启发。

在现代社会，公民身份不仅是一种组织制度，也是一种观念制度。作为一种组织制度，公民身份与民主机制的结合，使得平等的公民通过民主机制实现个体的权利与义务。作为一种观念制度，公民身份表达了一种平等的观念，而且其所蕴含的“主张权利的权利（the right to have rights）”②，对国家权力的正当性形成制约。

国家出于社会整合的需要推行公民教育，培养公民的国家认同感。公民教育不仅确立了现代国民的身份，而且为现代国家提供一种共同体意识支撑，使现代国家的成员在心理上产生一种休戚相关的联系，并把公民与国家强有力地联结在一起，成为维系一个国家存在和可持续发展的重要基础。③ 正是在这个意义上，安德森（Anderson）以“印刷资本主义”的兴起来解释现代国家建构“想象的共同体”的过程。④ 霍布斯鲍姆（Hobsbawm）指出，“伴随着民族国家建设的需要，国家会运用日益强势的政府机器来灌输国民应有的国家意识，特别是会通过小学教育，来传播民族的意象与传统，要求人民认同国家、国旗，并将一切奉献给国家、国旗，更经常靠着发明‘传统’乃至发明‘民族’以便达成国家整合的

---

① Mann, Michael. Ruling Class Strategies and Citizenship[J]. *Sociology*, 1987(3).

② Somers, Margaret. *Genealogies of Citizenship: Markets, Statelessness, and the Right to Have Rights*[M]. Cambridge University Press, 2008.

③ 苏守波. 美国现代化进程中的公民教育[M]. 济南：山东人民出版社，2011：298.

④ 本尼迪克特·安德森. 想象的共同体——民族主义的起源与散布[M]. 吴叡人，译. 上海：上海人民出版社，2005.

目的”。[①]

西欧早发国家在国家形成过程中，国家权力的下渗引发民众抗议，公民权利是民众在与国家反复抗争中不断争取而获得的。因而，在国家建构的意义上，西欧早发国家更重视公民权利。对于后发国家而言，国家建构进程在国家失败以至国家解体的背景下进行，国家、社会以至个体希冀通过民众承担起相应的公民责任，服务于国家建构的历史进程。因而，在国家建构的意义上，后发国家更重视公民的国家责任。

晚清以来，在内忧外患的相互作用下，地方势力崛起，中央政府权力式微，社会日益分化，传统的社会整合方式无以为继，中华帝国逐渐走向崩溃。

首先，面对国内的人口激增、民众叛乱以及西方的入侵，皇帝作为天命代表的卡理斯玛型权威受到明显的质疑。以康有为、梁启超为代表的维新派以及以孙中山为代表的革命派的兴起都表明，清廷的正当性受到极大挑战。在晚清的军事危机和财政危机下，地方势力的崛起使得传统的士大夫阶层发生分裂。其次，科举制的废除从根本上摧毁中华帝国大一统体制的组织机制和观念机制。因而，尽管清政府在新式学堂中将百分之四十以上时间分配给修身科和读经科，依然无法继续正当化君主的卡理斯玛型权威，最终，“育才之举转为酿乱之阶”。

辛亥革命虽然诞生了共和国，然而，南京临时政府无法承担起社会整合的重任。在新的法理型权威类型和官僚制支配方式之下，如何实现社会整合是共和国必须解决的首要问题。北京政府由于军事危机、财政危机以及正当性危机的持续，历届政府都无法创设出新的社会整合机制，有效解决社会整合问题。中华民国成立之初，蔡元培提出以公民道德为中坚，通过教育培养共和国公民的教育宗旨并未得到认可。这表明中央政府层面对于公民教育并未达成共识。此后，历经新文化运动对于个体价值的认可，江苏省教育学会和全国教育会联合会的努力，壬戌学制最终确立以公民科取代修身科。但是，社会力量主导的公民科的价值取向与此时国家建构的首要目标并不匹配，因而埋下被三民主义取代的伏笔。

晚清以来，因地方军事实力派的崛起，中央政府未能垄断暴力，这一问题在袁世凯暴毙之后更显突出。政局的频繁变更使得国家难以寻找新的国家治理模

① 埃里克·霍布斯鲍姆. 民族与民族主义[M]. 李金梅，译. 上海：上海人民出版社，2000：108.

式，以解决社会整合问题。正当社会各界困顿于民初共和挫败的困境，思索“依靠何种势力”实现社会整合之际，五四运动中“社会”经过组织后所展现出的力量使得社会各界的认识发生转向。“必须有组织，有训练。”[①] 社会必须被组织化才能实现社会整合的目标。随之国民党改组，共产党、青年党等政党相继成立，各政党开始有意识地动员国民。

1924 年 1 月，国民党改组。1929 年 3 月，国民党借由孙中山“革命程序”理论，将国家政权转托国民党中执会，治权付托于国民政府，由中执会指导监督国民政府重大国务之施行。蒋介石依靠其军事领导权逐步将党、政、军权力集于一身。[②] 由此，中华民国权威类型的性质发生转变。由此前的法理型权威转变为以法理型权威为名，以卡理斯玛型权威为实。此时，卡理斯玛型权威不仅是集党、政、军权力于一身的蒋介石，还通过常规化转化为有序的制度现实。作为执政党的国民党获得卡理斯玛型权威的象征意义，并为这一权威提供了稳定的组织基础。经过卡理斯玛型权威常规化后的国民党试图通过高度组织化和统一意识形态来实现社会整合。至此，因科举制废除而丧失的一统体制的组织机制和观念机制得以重建。因而，广州国民政府一方面通过在各级教育行政部门及学校设立党组织，要求师生加入国民党；一方面将公民科党化，在学校教育中贯彻三民主义。政党成为广州政府实现社会整合的组织机制和观念机制。然而，南京国民政府成立后，国民党调整民众运动政策，限制在学校设立党组织，所以，国家权力未能有效掌控教育机制，南京政府未能实现社会整合目标。

综上所论，无论是西方国家诉诸公民身份与民主制的结合来实现社会整合，还是南京政府时期探索以政党来实现社会整合，有效的社会整合机制不仅要将组织机制与相应的观念机制结合，还要将观念与其权威类型、支配方式相匹配。因为，观念机制的作用正在于正当化国家权力。

---

① 东荪. 玉麟《实力》按语[N]. 时事新报，1919 年 5 月 30 日，第 2 张第 1 版. 参阅：上海社会科学院历史研究所. 五四运动在上海史料选辑[G]. 上海：上海人民出版社，1980：669.

② 确定训政时期党、政府、人民行使政权治权之分际及方略案（1929 年 3 月 21 日）[G]// 荣孟源. 中国国民党历次代表大会及中央全会资料（上册）. 北京：光明日报出版社，1985：657—659.

二、国家实施公民教育是塑造国家权力正当性的需要

第一章理论视角部分已简述政治正当性的基本内涵及韦伯关于“权威类型—支配方式—正当性基础”三位一体的正当性理论。韦伯指出:“任何支配(就此词之技术性意义而言)的持续运作,都有通过诉诸其正当性之原则的、最强烈的自我辩护的必要。”[①] 那么,权力为何需要为其正当性进行辩护呢?

权力表达的是支配与服从关系。在霍布斯(Hobbes)所言自然状态下,人与人之间的关系是“每一个人对每个人的战争”。[②] 掌握强权者即拥有对他人的支配权。然而,正如卢梭所说:“即使是最强者也决不会强得足以永远做主人,除非他把自己的强力转化为权利,把服从转化为义务。”[③] 正当性是一个关系概念。政治正当性即是对支配关系所作的道德证成。“这种道德证成并非可有可无,它可以通过使支配者拥有发布命令的权利、被支配者负有服从命令的义务,从而确保社会政治秩序的稳定性。”国家权力有正当性,国民才对国家负有政治义务。也就是说,政治正当性是解决国家治理有效性和稳定性的重要方式。[④]

人类社会早期,因人类自身力量弱小,加之对自然与社会的了解有限,宗教在人类生活中扮演重要角色。统治者通过原始神话等神圣力量为具有超凡特质的领袖及其卡理斯玛型权威的统治正当性进行辩护。进入政治世俗化时代后,世俗的个人取代了上帝,但“君权神授论”“天命观”等观念仍说明卡理斯玛型权威的真正意义。统治者是神圣力量的世俗代表,而且这一世俗代表的魅力特质代代相传,因而统治者同时具备传统型权威。在中国传统社会,君主既强调自己是代表上天统治民众,自称天子;也强调自己的皇家血统,宣称权力的“历代相传”[⑤]。不论是基于对超凡魅力者的追随还是基于习惯化与恒常化的传统习俗,国家权力的正当性均源于外在的客观基础。

随着人类社会从传统社会进入现代社会,个体的自主地位得到尊重,国家权

---

① 韦伯. 支配社会学[M]. 康乐,简美慧,译. 桂林:广西师范大学出版社,2010:19.

② 霍布斯. 利维坦[M]. 黎思复,黎廷弼,译. 北京:商务印书馆,1985:95.

③ 卢梭. 社会契约论(修订第三版)[M]. 何兆武,译. 北京:商务印书馆,2003:9.

④ 周濂. 现代政治的正当性基础[M]. 北京:生活·读书·新知三联书店,2008:5,49—143.

⑤ 王健文. 奉天承运:中国古代的国家概念及其正当性基础[M]. 台北:东大图书,1995:231—276.

力的正当性也从外在的客观基础转变为内在的主观基础。韦伯认为,当被统治者相信某种权力关系是正当的时候,该种统治便是正当的。[①] 对于韦伯的法理型正当性,哈贝马斯指出:“理性的形式原则在实践询问中取代了诸如自然或上帝一类的物质原则,而实践询问涉及规范和行为的证明。这里,证明并非仅仅以论证为基础,因为论证同样适用于以哲学形式出现的世界观框架。既然终极基础不再被认为是合理的,证明的形式条件自身就获得了合法化力量,理性协议本身的程序和假设前提变成了原则。”[②]

在传统社会,国家权力之所以可以通过对超凡魅力者的追随和传统的神圣性得到辩护,除了因为传统社会是同质化社会,共同的价值观有助于形塑国民共同的信念和态度之外,传统国家实行间接统治,皇权不下县,国家与国民没有直接、频繁的互动也是重要原因。因而,在传统社会,政治正当性并未成为政治的核心议题。到了现代社会,国家建构由间接统治向直接统治的转型,使得国家权力向基层社会全面渗透,国家权力的下渗势必引发民众的抗争。因而,在现代社会,政治正当性问题日益凸显为政治理论和政治生活中的核心议题。

西蒙斯(Simmons)指出:“一个拥有正当性的国家,不仅要求行使立法和行政的政治职能,而且要求其臣民的服从和支持。”[③] 如果国家可以通过教育对其统治予以正当化,那么,国家不仅可以要求国民认可其统治,而且可以要求国民承担相应的政治责任和政治义务。正因如此,现代国家积极推动建立国民教育体系,试图通过教育塑造国家权力的正当性。

马歇尔认为,19 世纪的国家强制要求儿童接受教育的原因在于“政治民主需要受过教育的选民”。[④]“既然我们已经给了他们政治权力,我们就不能再推迟给他们提供教育。”[⑤] 格林明确指出,国家创建国家教育体系的主要动力在于“为

---

① 马克斯·韦伯. 经济与社会[M]. 阎克文,译. 上海:上海人民出版社,2010:318—321.

② 哈贝马斯. 交往与社会进化[M]. 张博树,译. 重庆:重庆出版社,1989:190.

③ Simmons, John. Political Obligation and Authority, in Simon, Robert(ed). *The Blackwell Guide to Social and Political Philosophy* [M]. Blackwell, 2002: 18.

④ T.H. 马歇尔,安东尼·吉登斯,等. 公民身份与社会阶级[M]. 郭忠华,刘训练. 南京:江苏人民出版社,2008:21.

⑤ 枢密院副院长福斯特(Forster, W.E.)在下议院为介绍初等教育议案所作的演讲(1870 年 2 月 17 日)[M]// 金含芬. 教育学文集——英国教育改革. 北京:人民教育出版社,1993:11.

国家提供受过训练的管理者、工程师、军人，推广占统治地位的文化和灌输普遍性的国家意识形态，铸造新兴的民族国家的政治和文化统一体，巩固统治阶级意识形态的霸主地位”。[①] 在英国国家形成的过程中，国家逐渐将地方势力及宗教势力边缘化，从而获得教育领导权，通过制定标准化的教科书，在学校中传播民族国家的历史，把英国的民众教育成现代国家的公民。考瑞根等人将这一过程称之为“文化革命”。[②] 斯利瑞拉（Cinnirella）等人通过将 1886 年至 1911 年间德国政府资助的学校学生数据与 199 个选区的联邦选举数据结合分析发现，国家教育支出和学生获得的价值观（强调诸如投票、纳税、服兵役、上学和尊重权威等价值观）呈正相关。[③] 教育再生产理论表明，学校教育传递并再生产统治阶级的意识形态和价值观，从而正当化其统治。布迪厄指出：“教育行动强加一种文化专断的权力，最终以集团或阶级之间的权力关系为基础，这些集团或阶级构成了教育行动在其中实施的社会构成。教育行动使它灌输的文化专断得以再生产，从而有助于作为它专断强加权力的基础的权力关系的再生产。”[④]

回溯近代中国的不同历史阶段，可以发现随着国家性质的变化而出现的国家权力正当性的演变历程以及公民教育的发展变迁。晚清属于中国传统社会的儒法帝国。统治帝国的是兼具卡理斯玛型权威和传统型权威的天子。传统社会以儒家纲常伦理塑造天子统治的正当性。[⑤] 因而，清政府颁定的教育宗旨将忠君、尊孔放在前列。新式学堂的课程体系中，修身、读经等代表儒家伦理的知识内容占据主导地位。清政府希望通过儒家伦理培养忠君爱国的国民，以维护权力正当性。即使在清廷决定仿行立宪后，仍强调修身和读经的重要性。也正因如此，1914 年袁世凯为复辟帝制而推行复古教育，并要求在学校恢复读经讲经课

---

① 安迪·格林. 教育、全球化与民族国家[M]. 朱旭东，等，译. 北京：教育科学出版社，2004：37－38.

② Corrigan, Philip & Sayer, Derek. *The Great Arch: English State Formation as Cultural Revolution*[M]. Basil Blackwell, 1985.

③ Cinnirella, Francesco & Schueler, Ruth. Nation Building: The Role of Central Spending in Education[J]. *Explorations in Economic History*, 2018: 18－39.

④ 皮埃尔·布尔迪约，J.－C. 帕斯隆. 再生产——一种教育系统理论的要点[M]. 邢克超，译. 北京：商务印书馆，2002：18.

⑤ 干春松. 制度化儒家及其解体[M]. 北京：中国人民大学出版社，2003：109－113.

程。对此，陈独秀明确点明二者之间的联系，"孔教与帝制，有不可离散之因缘"[①]，"主张尊孔，势必立君；主张立君，势必复辟"，因此，"孔教与共和乃绝对两不相容之物"[②]。

民国成立后，国家的权威类型转向现代的法理型权威，临时约法成为民国的法统来源。民国的正当性基础也变更为议会政治与选举制度，总统的权力必须得到议会或国会的选举、授权，帝制的正当性基础已不复存在。尽管民国政局更迭不断，但否定法统的政权都必然因丧失正当性而失去统治地位。袁世凯和张勋复辟帝制失败都是因为社会各界反对专制统治。从 1912 年提出"养成公民观念"到 1922 年设立公民科，教育界十数年间一直勉力推行公民教育，以培养共和国公民。

南京国民政府成立后，国民党宣称继承孙中山革命遗嘱。为实现独裁，蒋介石一方面以训政为借口，推迟立宪及召开国民大会时间；另一方面努力将其正当性建基于传统儒家道德和领袖个人魅力。在将三民主义做了道德化阐释后，国民党在学校中推行主义教育，重点宣扬"我国固有的道德"和蒋介石的"领袖魅力"，以此维护蒋介石的独裁统治。

从上述三个阶段国家建构进程与公民教育发展之间的相关分析可以看出，随着国家性质的变动，国家权力的正当性亦发生变化。为维护特定政权的正当性，国家会利用其所掌握的国家权力，建立一套教育机制，推行相应的公民教育。

晚清政府在建立现代教育体系之初，即凭借国家权力草创了一套初步的教育机制，颁布教育宗旨，编撰和审定教科书，培养并检定学校教员，制定严格的学堂管理和考试等制度。此时，尽管清廷非常重视修身科，但也只是将修身科作为与其他科目同等的科目予以管理，并未制定专门的修身科教科书编审规范，以及教员培养和检定制度。随着国家对于教育机制重要性认识的加深以及国家能力的不断增强，南京政府时期政府相继颁布主义化的教育宗旨，成立官办书局编撰出版党义教科书，制定专门的党义教员检定制度以及党义科考查制度，对于主义教育的管控日益精细化。

---

① 陈独秀. 驳康有为致总统总理书[J]. 新青年，1916（2）：3.

② 陈独秀. 复辟与尊孔[J]. 新青年，1917（6）：4，1.

三、国家实施公民教育的两个基本任务之间的关系

现代国家试图通过推行公民教育，实现社会整合并塑造国家权力的正当性。第一章国家能力与国家权力正当性之间的关系部分已经指出，国家建构的首要任务是增强国家能力，推动经济增长，更好地满足民众的公共福利需求。这一任务不可能在一个充满冲突和分裂的社会实现。因而，社会整合在国家实施公民教育的两个基本任务中具有优先性。只有当国家实现最低限度的社会整合（国家保持对外独立和对内统一），才具备讨论国家权力正当性问题的可能性。对此，亨廷顿指出，对于许多现代化之中的国家来说，“首要的问题不是自由，而是建立一个合法的公共秩序。人当然可以有秩序而无自由，但不能有自由而无秩序。必须先存在权威，而后才谈得上限制权威”。[①]

公民教育的实施，可以促进公民身份的制度建构和观念传播，推动社会整合，进而增强国民对于国家权力正当性的认同。与此同时，通过政治—法律公民身份和文化—心理公民身份的教育，促进公民对政治国家和文化国家的认同，从而塑造国家权力的正当性，公民对于国家权力正当性的认同也有助于国家社会整合目标的实现。[②]正如国家权力的证成性与正当性的关系，现代国家试图通过公民教育实现的两个基本任务关系密切，但二者关心的问题性质完全不同，不能混同、替代。二者在基于公民身份的教育中实现统一，因为“公民身份一方面与个人权利观念紧密相连，另一方面又与对特定共同体的隶属观念密切相关”。[③]

在规范层面，国家通过公民教育塑造政治正当性的需要是基于个体自主原则，具有正当的道德理由。然而，在经验层面，在社会整合存在问题的国家，普通民众会优先关注社会整合议题，可能因此而降低甚至放弃对个体自主原则的诉求。在此，我们特别强调：尽管实现社会整合在国家实施公民教育的两个基本任务中具有优先性，社会整合的实现有助于塑造政治正当性，但是，国家通过公

---

① 塞缪尔·亨廷顿. 变化社会中的政治秩序[M]. 王冠华，等，译. 上海：上海人民出版社，2008：6.

② 刘争先. 两类国家认同的分殊、整合与教育——以香港人的国家认同问题为中心[J]. 贵州师范大学学报：社会科学版，2014（5）.

③ 威尔·吉姆利卡，威尼·诺曼. 公民的回归——公民理论近作综述[M]. 许纪霖. 共和、社群与公民. 南京：江苏人民出版社，2004：236.

民教育塑造政治正当性的需要具有独立价值，并非仅仅是实现社会整合的手段。

首先，借用罗尔斯（Rawls）“基于正当理由的稳定性（stability for the right reasons）”的意涵[①]，国家之所以通过公民教育塑造政治正当性，是对个体自主原则的尊重，因而是基于正当理由。即使一个有正当性的国家未能有效地实现社会整合，也不表示我们要放弃政治正当性的诉求。因为影响社会整合的因素有很多，如国际国内的不稳定因素、族群冲突、阶层分化等，且国家采取强制手段实现社会整合未必满足“基于正当理由”的要求。其次，现代社会个体强调自主原则，如果国家能通过公民教育使国民相信国家权力具有较高的正当性，从而服从国家统治，这将是相较于军事、法律等强制手段更有效地实现社会整合的方法。

需要指出的是，随着传统社会向现代社会的转型，政治正当性的基础日益由外在的客观基础转变为内在的主观基础。[②]政治正当性的主观基础可以分为两大类型：第一类是以社会契约论传统为代表的“自愿主义”解释，强调个体同意、认可；第二类是以韦伯和泰勒（Taylor）为代表的信念、态度解释。政治正当性的主观基础的两类解释都源于现代社会对个体自主的强调。然而，相较于信念、态度解释，“自愿主义”解释虽然强调个体的自愿行为是政治正当性的必要条件，但仍然保留了正当性的客观维度，如洛克、罗尔斯等人对于法治和公共利益的重视。

信念、态度解释由于丧失了正当性概念的客观维度受到诸多批评。哈贝马斯指出：人民对于统治秩序的实际承认，“并不单纯依赖于人们对其合法性的信念，而是也依赖于对间接感受到的制裁的恐惧和服从，还依赖于因个人自身的无力感和别无选择（即个人想象力受到束缚）而造成的唯命是从”。[③]西蒙斯也指出：把国家权力的正当性建立在国民的信念和态度上，国家就可以通过意识形态宣传、灌输、洗脑来创造或者提升它们的正当性。基于此，西蒙斯认为，是“认可”而不是“信念”构成现代政治的正当性基础。[④]

---

① 约翰·罗尔斯. 政治自由主义[M]. 万俊人，译. 南京：译林出版社，2000：408－419.

② 关于政治正当性的基础日益由外在的客观基础转变为内在的主观基础的详细阐释，参阅周濂. 现代政治的正当性基础[M]. 北京：生活·读书·新知三联书店，2008：14－18.

③ 哈贝马斯. 合法化危机[M]. 刘北成，等，译. 上海：上海人民出版社，2009：104.

④ Simmons，John. Justification and Legitimacy[J]. *Ethics*，1999 (4).

政治正当性的基础由外在的客观基础向内在的主观基础的转变,在当代引发了政治正当性的第二次危机。因为,现代社会独立自主个体的出现意味着个体在价值问题上的多元差异和合理分歧成为必然,如何在价值多元的现代社会为政治秩序提供正当性基础是现代社会必须解决的挑战。如果价值多元的个体对于政治正当性的基础无法达成共识,那么,这一政治秩序就不稳定。因此,罗尔斯将稳定性作为正义理论的核心议题,直接导致其晚年转向政治自由主义。政治自由主义的问题在于"一个因各种尽管互不相容但却合乎理性的宗教学说、哲学学说和道德学说而产生深刻分化的自由平等公民之稳定而公正的社会如何可能长期存在"。[①] 罗尔斯希望诉诸民主社会共享的政治文化,建构一个自立的政治的正义观念,并成为不同的整全性学说的交迭共识。[②] 与此同时,哈贝马斯也提出重建正当性概念的命题,提出通过审议民主建立理性共识,作为政治正当性的客观基础。[③] 哈贝马斯与罗尔斯的努力都属于康德主义的理性主义范式,强调理性的公共运用。由此,政治过程就不再是利益的简单合计,而且还有价值与观点的转换,乃至最终达成所谓"理性的共识"。[④] 这种对政治正当性客观基础的强调与后文关于自主性限度的讨论在逻辑上是一致的,即强调不存在不受任何限制的个体自主性。

第一章理论视角部分已指出内生型国家建构与外生型国家建构的区别。施泰因·罗坎认为,与逐步发展而形成的西欧民族国家不同,东欧、亚洲以及非洲等后发国家不得不同时处理民族认同、政治参与和经济不平等等一系列问题,这种问题叠加式的国家建构过程与西欧国家"渐进式"的国家形成过程呈现强烈反差。对后发国家而言,在解决来自内忧外患的高度压力之前,几乎无法形成相应的国家制度和国家能力。[⑤] 赵鼎新指出,后发国家能够发展起来的必要条件是

---

① 约翰·罗尔斯. 政治自由主义[M]. 万俊人,译. 南京:译林出版社,2000:导论 5.

② 周保松. 自由人的平等政治[M]. 北京:生活·读书·新知三联书店,2010:144—173.

③ 哈贝马斯. 交往与社会进化[M]. 张博树,译. 重庆:重庆出版社,1989:183—214.

④ 周濂. 现代政治的正当性基础[M]. 北京:生活·读书·新知三联书店,2008:156.

⑤ Rokkan, Stein. Dimensions of State Formation and Nation-Building: A Possible Paradigm for Research on Variations within Europe, in Tilly, Charles(ed.). *The Formation of National States in Western Europe* [M]. Princeton University Press, 1975:570—572.

“强国家传统”。[①]

强国家传统，加之在国家建构的起点时刻所面临的国际国内形势，社会整合问题成为关键，如何通过提升国家能力，把国家权力渗透到基层社会，组织和动员民众，汲取国家发展所需要的资源，是后发国家面临的首要问题。然而，这样的发展路径可能使得人们过于强调国家能力而忽视国家权力的正当性问题。尽管国家努力通过国家治理的有效性来正当化自身，但如前所述，国家权力的正当性和证成性问题属于两个有密切关系但性质不同的议题。我们不能试图用其中的一者取代另一者。因而，在中央提出推进国家治理体系和治理能力现代化的背景下，一方面，国家应该通过法治建设、制度建设等方式，在限制国家专断权力的同时，增强国家的基础权力；另一方面，国家应该从教育与国家关系的层面，明确社会主义公民教育的定位，通过公民教育塑造国家权力的正当性，促进社会整合。

第二节　以良性互动破解公民教育领域的“杜威难题”

现代学校教育面临着促进个体社会化与提升个体自主性之间的张力难题。[②]作为民主教育的倡导者和捍卫者，杜威明确地将该问题在民族国家层面予以讨论。在《民主与教育》第七章“教育中的民主概念”中，杜威指出，教育是一个社会性的过程，因而，教育受到特定社会理想的影响。他以群体的共同利益和自由互动作为衡量社会民主程度的标准，梳理柏拉图的理想政体、18 世纪个人促进社会进步的世界主义，以及 19 世纪以来的民族国家等不同时代的民主理想对于教育观念的影响。杜威认为教育可以分为国家的教育和社会的教育两种类型。国家的教育是由民族国家实施的为国家利益服务的教育，社会的教育是由社会力量开展的为实现特定社会理想的教育。随着民族国家时代的来临，现代国家逐渐掌握教育的领导权，将教育作为实现国家目标的工具。“教育的社会目标与国家目标合二为一，结果则是社会目标的意义渐渐被淡化”，“国家不但提供了

① 赵鼎新. 路径不依赖、政策不相干：什么才是中国经济成功的关键?[J]. 学海，2016(2).

② 詹姆斯·马歇尔，米歇尔·福柯：个人自主与教育[M]. 于伟，李姗姗，译. 北京：北京师范大学出版社，2008：75.

公共教育的机构,也安排了公共教育的目的”,“教育的目的不再是造就人,而是造就公民”。在此基础上,杜威提出:由于国家掌握了现代教育的领导权,民主教育的实施机构与管理工作由国家承担,那么,“教育系统由国家政府主导,教育的社会目的却不受局限、不受压制、不被腐化,这是可能的吗”?①

在此,我们看到杜威所面临的困境。一方面,杜威认识到现代民族国家对于保障个人权利和推进教育发展的必要性。杜威指出:“个人所以能有权利,全赖个人是社会的一分子,国家的一分子。他的权利全赖社会和法律给他保障,否则便不能成立。这个观念是根本的观念。真讲权利的,不可不承认国家社会的组织。”②“若要有效地进行新的教育理念,必须借助于政府的支持。”另一方面,杜威担心个人人格的完整发展、全人类的目标被侵蚀。“我们也唯恐国家主导、国家制约的教育方式会妨碍这些目标达成。”③杜威明确表达了民族主义、政治权威等因素对民主教育的负面影响。

杜威难题的实质是对国家专断权力的警惕。因为“历史的进化,国家所以成为永久操纵最高权力的机关”。④杜威认识到现代国家在实施公民教育的过程中对个体自主等民主教育目标可能的侵蚀。“统治者在乎的是自己国家的福祉,不是什么对人类最有益。”⑤因而,为解答杜威难题,我们首先需要确认国家自主性,肯认国家实施公民教育的正当性;其次,讨论国家实施公民教育的正当性与有效性的张力;再次,国家能力的内在张力、教育机制,以及教师作为“基层官僚”的自由裁量权,使得教育自主性得以可能;最后,基于国家自主性和教育自主性的确认和保障,形成公民教育与国家建构的动态互动关系。

一、国家自主性的确认:国家实施公民教育的正当性

新自由主义政治哲学是杜威教育思想的哲学基础。与传统的自由主义相

---

① 约翰·杜威. 民主与教育[M]. 薛绚,译. 南京:译林出版社,2014:84—88.

② 杜威. 社会哲学与政治哲学[M]// 袁刚,等. 民治主义与现代社会——杜威在华讲演集. 北京:北京大学出版社,2004:80.

③ 约翰·杜威. 民主与教育[M]. 薛绚,译. 南京:译林出版社,2014:84—88.

④ 杜威. 社会哲学与政治哲学[M]// 袁刚,等. 民治主义与现代社会——杜威在华讲演集. 北京:北京大学出版社,2004:67.

⑤ 约翰·杜威. 民主与教育[M]. 薛绚,译. 南京:译林出版社,2014:84—88.

比,杜威虽然强调国家在保障个体自由方面的重要性,但仍警惕国家权力对个体自主的干预。国家应当在各种善观念之间保持中立性是自由主义所秉持的重要原则。因而,在确认国家自主性之前,我们首先需要澄清为何自由主义秉持中立性原则,进而指出国家中立性原则引发的公民教育困境。

首先,自由主义秉持中立性原则的缘由。

自由主义作为近代西方出现的一种重要哲学思潮,产生于人类社会由传统的熟人社会向现代的陌生人社会转型过程中。资本要求摆脱人身依附的自由劳动力、日益精细化的社会分工和自由流动的商品市场。伴随工业生产和自由市场的扩大过程,个体逐渐获得独立性与自主性。独立自主个体的出现引发诸多现代性问题:首先,这意味着个体在价值问题上的多元差异与合理分歧成为现代社会的必然图景,那么,如何对待个体在价值问题上的多元差异以及由差异而产生的冲突?其次,随着生产、交往深度和广度的拓展,何种规范使人们在现代社会的公平合作可欲且可能?古典自由主义作为对这一历史趋势的把握和回应,基于自然状态和社会契约的假设,提出国家中立性原则,尊重个体在价值问题上的自主选择,以共享的普遍公民身份和正义原则确保自由平等公民的公平合作。

这种诉诸自然状态、社会契约的自由主义正义原则论证被效益论(utilitarianism)认为是缺乏经验基础的虚构。效益论认为"能够为社会成员创造最大幸福的行为或政策就是道德上正当的"。① 在正当与善的问题上,选择以善优先于正当。然而,效益论仅关注利益总量的增加而不关注利益在成员之间的分配,因而潜藏着为追求整体利益最大化而侵犯公民权利的可能。对效益论及其存在困境的诘难直到1971年才由罗尔斯在《正义论》中予以有力的回应。

罗尔斯创作《正义论》的主要目的之一就是论证效益论的缺陷,并提出其关于公平合作的两个正义原则。罗尔斯的问题意识在于自由、平等和理性的个体以何种原则寻求公平的社会合作。罗尔斯指出,首先,参与合作的个体是自由人(即拥有两种道德能力的人),自由人意味着个体可以自我决定。其次,参与合作的个体在追求自身目标时必然可能发生冲突,因而个体必须平等对待其他个体同等的追求个体目标的权利。再次,参与合作的个体是理性的,渴望规划并实

---

① 威尔·金里卡.当代政治哲学[M].刘莘,译.上海:上海译文出版社,2011:10.

现自身的目标。进而,罗尔斯提出以严谨合理的程序,推导出一组实质的正义原则,以程序的正义保障公平的社会合作。为论证自由、平等而理性的个体会接受他所提出的正义的两个原则,罗尔斯提出“原初状态”和“无知之幕”的概念。[①]

如果说古典自由主义通过确证公民权利的至上性,隐含了广泛的国家中立性原则[②],那么,罗尔斯的政治自由主义则通过原初状态,尤其是无知之幕,明确表达了相对中立性原则,从而避免国家权力对公民权利的侵蚀。古典自由主义提出要尊重个体的自主选择,拒绝矫正个体之间的不平等;公民的个体差异属于私人领域的问题,国家对此应该保持绝对中立性。罗尔斯主张在尊重个体自主选择的前提下,消除因社会背景不公和天赋差异而造成的机会不平等。罗尔斯认为,只有保证中立性,不偏倚任何特殊的善观念,才能保证正义原则为人们一致同意。[③] 与此同时,罗尔斯的正义原则因要求对个人自主和道德平等的坚持,其“中立”所涉及的范围要狭窄得多。在此条件下,罗尔斯所支持的中立原则“只是在不同的(尊重正义的)优良生活观的内在价值上保持自己的中立。国家的作用是:保护个人就不同的优良生活观的价值进行判断的能力,并且,在人们之间就权利与资源进行公平的分配以使他们能够按自己所愿追求自己的善观念”。[④]

尽管存在分歧,但自由主义理论都坚持中立性原则。阿克曼(Ackerman)将中立性作为自由主义思想建构的起点。[⑤] 拉莫尔(Larmore)则认为,“中立性观念是描述自由主义本质特征的自然观念”。[⑥] 自由主义中立性,也被称为国家中立,是一种对国家权力的限制理论。中立性原则主张:“在多元化社会中,国家不应当在不同公民的道德、宗教和哲学观点之间,或者公民的不同善观念之

---

① 约翰·罗尔斯. 正义论[M]. 何怀宏,等,译. 北京:中国社会科学出版社,1988.

② Larmore, Charles. *The Morals of Modernity*[M]. Cambridge University Press, 1996 :125.

③ Rawls, John. The Priority of Right and Ideas of the Good[J]. *Philosophy & Public Affairs*, 1988(4):263.

④ 威尔·金里卡. 当代政治哲学[M]. 刘莘,译. 上海:上海译文出版社,2011:231.

⑤ Ackerman, Bruce. *Social Justice in the Liberal State*[M]. New Haven: Yale University Press, 1980:10—12.

⑥ Larmore, Charles. *The Morals of Modernity*[M]. Cambridge University Press, 1996 :125.

间支持或偏袒任何一方。”[①]

自由主义之所以坚持中立性原则，原因在于，随着人类社会由传统社会转向现代社会，独立自主个体的出现使得价值的多元差异和合理分歧成为现代社会的必然图景。不论是贡斯当（Constant）对古代人自由和现代人自由的区分[②]，还是伯林（Berlin）对于消极自由和积极自由的区分[③]，都是为了论证个体的善观念是其对美好生活的自主选择，属于私人领域，国家不得随意干涉。面对人们对于善观念的多元差异和合理分歧，自由主义要求国家应当在各种善观念之间保持中立性，不得偏袒任何善观念，对各种善观念进行公共排序。

其次，国家中立性原则引发的公民教育困境。

自由主义秉持国家中立性原则的目的在于捍卫自我决定对于个体的价值，避免国家将某一特定的善观念强加于个体，防止国家权力对公民自由的侵蚀。自由主义秉持国家中立性原则的目的决定了自由主义的国家观，即坚持国家中立性原则和作为“必要恶”的工具论国家观，从而使其忽视或否认国家自主性。

自由主义的工具论国家观直接影响其对公民教育的理解和定位。这是由教育与国家之间的特殊关系决定的。对此，卡诺伊指出，现代教育是由国家提供和界定的，教育系统的变化取决于公民与国家的政治关系以及国家政治性地组织教育系统的方式。因而，分析教育时需要关注的主要组织就是国家。如果没有国家理论的框架，分析教育系统及其实践何以如此将会遭遇麻烦。[④]我们对教育与国家问题的分析与其他学者产生诸多差异，这主要是由于我们潜在的国家观不同。[⑤]对于教育问题的分析，尤其是对与国家有着密切关系的公民教育的分析，必须置于特定国家理论的框架内进行。

---

① Wall, Steven & Klosko, George (eds). *Perfectionism and Neutrality: Essay in Liberal Theory*[M]. Maryland: Rowman & Littlefield Publisher, Inc., 2003:17－21, 6.

② 邦雅曼·贡斯当. 古代人的自由与现代人的自由[M]. 阎克文，刘满贵. 译，上海：上海人民出版社，2005.

③ 以赛亚·伯林. 自由论[M]. 胡传胜，译. 南京：译林出版社，2003.

④ Carnoy, Martin. Rethinking the Comparative and the International[J]. *Comparative Education Review*, 2006(4).

⑤ Carnoy, Martin & Levin, Henry. *Schooling and Work in the Democratic State*[M]. Stanford University Press, 1985:26.

自由主义工具论国家观在公民教育中的具体体现即为自由派学者反对国家实施公民教育。自由主义理论秉持国家中立性原则的目的在于防止国家权力的任意性对公民自由的侵蚀,因而自由主义理论拒绝赋予国家对国民实施公民教育的权力。[①] 在这一逻辑下,自由主义理论对国家中立性原则的坚持使其在防止国家权力的任意性对公民自由的侵蚀和希望诉诸公民教育推进其国家建构进程之间进退两难。

早在现代公民教育在法国诞生之初,孔多塞就指出要保持教育中国家权力和公民自由之间的平衡。杜威更是明确提出:由于国家掌握了现代教育的领导权,民主主义教育的实施机构与管理工作由国家承担,那么,“教育系统由国家政府主导,教育的社会目的却不受局限、不受压制、不被腐化,这是可能的吗”? [②] 如何破解杜威难题,成为公民教育理论研究必须要回答的问题。

吊诡的是,由于忽视或者否认国家的自主性,持自由主义立场的教育学者和部分批判教育学者在反对国家实施公民教育方面达成共识。尽管马克思没有专门讨论国家理论,但他基于国家性质界定和分析形成的独特的工具论国家观范式,影响了后来的西方马克思主义者对国家问题的看法。马克思指出,“现代的国家政权不过是管理整个资产阶级的共同事务的委员会罢了”。[③] 在西方马克思主义的视域中,国家权力的支配者与被支配者呈现二元对立的图景,因而作为暴力机器的国家凭借其垄断性权力强迫被支配者接受支配者的意识形态和价值观。在这一逻辑下,对于支配者而言,被支配者的意识形态和价值观只具有负面作用,会导致社会的分裂,进而影响国家建构的进程;而对于被支配者而言,国家只是支配者的统治工具,因而,国家推行的意识形态和价值观教育就是一种文化霸权,应予批判和抵制。对于国家中立性原则,批判教育学明确提出要转变立场,从被压迫者的视角提出解放政治与解放教育学。[④] 部分批判教育学从葛兰西

① Pring, Richard. Political Education: Relevance of the Humanities[J]. *Oxford Review of Education*, 1999 (1&2).

② 约翰·杜威. 民主与教育[M]. 薛绚,译. 南京:译林出版社, 2014: 88.

③ 马克思,恩格斯. 马克思恩格斯选集(第1卷)[M]. 中共中央马克思恩格斯列宁斯大林著作编译局,编译. 北京:人民出版社, 1995: 274.

④ 保罗·弗莱雷. 被压迫者教育学[M]. 顾建新,等,译. 上海:华东师范大学出版社,2001: 113—114.

的霸权理论中认识到教育的相对自主性，认为社会力量应该充分利用教育的相对自主性，与国家争夺教育机制的话语权与控制权，避免国家权力对公民教育的干预。

第三，国家中立性原则的澄清与国家自主性的确认。

我们首先需要澄清并适当修正自由主义的国家中立性原则，然后在此基础上确认国家的自主性，为国家实施公民教育扫清障碍。国家中立性原则的表达和证成方式容易造成一种仅仅是一个纯粹程序性概念的误解。对此，拉莫尔指出，中立性原则不能被理解为一个抽离道德规范意义的纯粹程序性概念。为论证这一观点，他区分了两种不同类型的道德原则："一类是我们相信可以正当地强迫人们服从的，另一类则是我们不认为可以正当地强制贯彻的，不管我们对于违背它们的人有多么的不赞成，甚至感到义愤填膺。只有第一类具有政治原则的地位。因为我们说一种联合是政治的，恰恰是就这种联合依赖于武力的正当使用来保证对它的统治的服从而言的。"在拉莫尔看来，政治自由主义的中立性原则并非意味着对个体善的观念不置可否或者毫无干涉，而是"必定鼓励他们从包含在这两种规范中的公平的观点批判地反思这些承诺"。[①] 也就是说，自由主义理论所秉持的国家中立性原则不是广泛的国家中立性原则，而是一种狭义的国家中立性原则。国家并非对于个人的善观念毫无干涉，而是需要通过合理合法的程序，不能随意干涉。

对国家自主性的另一个威胁是与国家中立性密切相关的国家权力正当性危机。对国家权力正当性的强调是现代政治与古典政治的根本差异：现代政治强调政治正当性，古典政治强调最佳政体。国家权力正当性的核心是个人意志对国家权力的认可。这一观念在契约论传统中得到最突出的体现。我们以契约论传统的代表人物霍布斯为例予以说明。

根据霍布斯的自我保存原理，国家起源于人与人之间的相互恐惧，但个体保留某些不可放弃的自然权利。"只要他判断对自我的保存是必要的，他就有权利做一切事情，拥有一切东西。"[②] 然而，正如狄德罗（Diderot）所批评的，个体作为自我保存的判断者使得自我保存原理缺乏客观尺度和约束力。个体可能仅仅

① 查尔斯·拉莫尔. 现代性的教训[M]. 刘擎，应奇，译. 北京：东方出版社，2010：147，150.

② 霍布斯. 论公民[M]. 应星，冯克利，译. 贵阳：贵州人民出版社，2003：12.

诉诸私人利益作为自我保存的标准,从而拒绝服从国家。国家仅仅是个体自我保存的工具,国家权力的强制力来源于个体的意志,因而,国家权力的正当性非常脆弱。①

对此,以孔德和涂尔干为代表的实证主义指出,法国大革命时期的不断革命就是因为个体意志的任意性无法受到有效的约束。契约论传统忽视社会"拥有独立于个人的任意性的特征",把社会视为由个人意志所创造的"人造物"。涂尔干认为,"根据这一假设,社会根本不可能作为一门科学的主题。确实,只要人们认为社会只具有不确定的可塑性,没有确定的特性,我们就没有办法描述它们、分析它们、寻找它们所依赖的原因和条件"。② 实证主义强调将社会现象作为客观存在的"自然物"来研究,是外在于个体的、普遍的、客观的社会事实。

经过以上澄清,我们需要确认国家自主性,以走出工具论国家观的困局。基于国家自主性,国家既是工具,也是目的。国家作为工具,需要评价国家权力的有效性;国家作为目的,需要评价国家权力的正当性。

国家自主性问题作为国家理论的核心议题,最初由马克思提出。在《路易·波拿巴的雾月十八日》最后一章,马克思指出,"只是在第二个波拿巴统治时期,国家才似乎成了完全独立的东西"③,并以此表达国家在面对市民社会时的相对自主性。20 世纪 60 年代末,普兰查斯受此启发,提出国家的相对自主性问题。④ 限于阶级斗争理论和工具论国家观,新马克思主义并未真正凸显国家自主性。20 世纪 70 年代末,回归国家学派基于国家中心视角,强化国家自主性,强调国家政策可能会偏离支配阶级的利益,以执行国家的对内对外职能。回归国家学派以国家自主性与国家能力两个概念表达国家既有意愿也有能力实现国家目标。此后,回归国家学派对国家自主性的绝对化被埃文斯(Evans)纠正。

---

① Diderot, Denis. Natural Right[A]. in Rousseau Jean-Jacques. *Discourse on the origins of inequality (second discourse); Polemics; and, Political economy*[M]. University Press of New England, 1992:136.

② 埃米尔·涂尔干. 乱伦禁忌及其起源[M]. 汲喆,等,译. 上海:上海人民出版社,2006:207.

③ 马克思. 路易·波拿巴的雾月十八日[M]. 中共中央马克思恩格斯列宁斯大林著作编译局,编译. 北京:人民出版社,2015:108.

④ 尼科斯·普兰查斯. 政治权力与社会阶级[M]. 叶林,等,译. 北京:中国社会科学出版社,1982.

埃文斯提出“嵌入自主性”概念来描述国家与社会之间的互动关系。国家自主性来源于国家与社会结构的紧密联系而非隔离。①

最初提出国家自主性问题即在于阐明国家并非仅仅是统治阶级的强制机器,国家有超越统治阶级的独立利益。国家自主性问题从相对自主性到自主性以至嵌入自主性的流变反映出学界对国家与社会互动关系认识的深化,它更准确地分析了国家制定和实施具体政策的意愿和能力。实际上,早在1968年,亨廷顿即提出将自主性与政治权力的结合程度作为衡量制度化水平的重要指标。亨廷顿指出:

就自主性而言,政治制度化意味着并非代表某些特定社会团体利益的政治组织和政治程序的发展。凡充当某一特定社会团体——家庭、宗族、阶级——的工具的政治组织便谈不上自主性和制度化。如果国家真像传统马克思主义所声称的那样,是“资产阶级的执行委员会”,那么它就不能算是一种名副其实的制度。……衡量政治机构的自主性,要看它是否有别于其他机构和社会势力的自身利益和价值。②

国家自主性对于公民教育的启示意义在于,从国家而非统治集团的立场思考国家为什么、在什么时候以及如何提出实施公民教育的政策主张。国家建构、公民身份、公民教育之间的内在逻辑关系表明,国家建构对于社会整合以及塑造国家权力正当性的需求是国家实施公民教育的根本原因。从国家自主性的角度而言,国家对于社会整合以及塑造权力正当性的需求奠定了国家实施公民教育的正当性基础。基于国家建构的视野,不同国家都面临相似的本质困境:如何保持国家凝聚力和国家权力的正当性。国家建构不仅要增强国家能力,也必须对国家权力予以正当化,因而需要通过公民教育促进社会整合,塑造国家权力的正当性。

与国家建构的特殊关系表明了公民教育的特殊性。尽管一个国家的历史和文化传统对其公民教育的价值取向和发展轨迹有着重要的影响,然而,决定其公

① Evans, Peter. *Embedded Autonomy: States and Industrial Transformation*[M].Princeton University Press, 1995:50.

② 塞缪尔·亨廷顿. 变化社会中的政治秩序[M]. 王冠华,等,译. 上海:上海人民出版社, 2008:16.

民教育目标及其议题的首要因素是国家建构的进程。从国家建构的角度，国家需要通过公民教育实现社会整合及塑造国家权力的正当性。1926 年，舒新城在讨论党化教育与政治化教育的关系时即指出，在国家未消亡以前，政治化教育有其必要性。[①]1930 年，章益指出，“现今所要讨论的，不是国家要不要实施教育于人民的问题，而是为什么国家要实施教育于人民的问题”。对此，他引述柏拉图、亚里士多德等人的观点，论证“国家对于教育的权力”。[②]

二、国家实施公民教育正当性与有效性的张力

国家建构对于社会整合以及塑造国家权力正当性的需求催生了现代公民教育，奠定了国家实施公民教育的正当性基础。这一观点提醒我们，在警惕国家权力任意性的同时不能否认国家的自主性。在确认国家自主性之后，我们应该引入迈克尔·曼对于国家的专断权力和国家的基础权力的区分的观点，以便在讨论国家能力之前澄清对于国家能力的认识误区。曼指出，两种权力是分析国家权力的独立维度。国家建构过程中，要弱化国家的专断权力，增强其基础权力。国家拥有的权力越集中、越能渗透社会，国家实现自身目标偏好的能力越强。然而，国家基础权力的过度扩展有可能侵蚀社会组织的自主空间，侵犯公民个体的权利，从而消弭国家能力自身，诱发国家权力的正当性危机。这就又涉及国家建构的另一基本议题，即国家权力的正当性问题。

不论是国家建构对公民教育的影响，还是公民教育在国家建构进程中的作用，都受到国家能力及国家权力正当性的影响。国家能力的增强促进了公民教育的实施。然而，这并非意味着国家能力的增强与公民教育的效果之间存在线性的因果关系。公民教育的有效性，不仅取决于国家是否具备制定和推行既定公民教育政策的能力，也取决于国家权力的正当性对于公民教育的限定。

至此，我们发现，国家实施公民教育的正当性与有效性之间存在着张力关系。国家建构需要通过公民教育实现社会整合及塑造其权力的正当性。国家能力的增强有助于提升公民教育的有效性，但不受限制的国家能力将削弱国家权力的正当性，从而降低国家实施公民教育的有效性。国家实施公民教育的有

① 舒新城. 党化教育与政治化教育[J]. 国家与教育，1926（11）：5.

② 章益. 教育与国家[J]. 教育杂志，1930（11）：12.

效性与正当性对应于国家建构关于国家能力与国家权力正当性的两个基本议题，理解二者关系对于我们完整认识公民教育与国家建构的互动关系具有关键作用。

中国近代公民教育的发展历程不仅展现了公民教育随着国家建构进程兴起与发展变迁的过程，也展现了历届政府希望通过公民教育推动国家建构进程的努力。然而，限于国家能力孱弱以及国家权力正当性的制约，国家无法掌控教育机制，最终三个阶段都未能实现其预期目标。在此，我们以南京国民政府实施的三民主义教育为例，具体说明国家实施公民教育的有效性与正当性之间的关系。①

（一）社会各界对于三民主义教育有效性的质疑

盖利切特（Galichet）认为，各个国家对公民教育的兴趣经常出现在“每次当社会基础不确定时；当面临威胁其生存并质疑其正当性的问题和分歧时”。②回顾主义教育在近代中国兴起和发展演变的历程，可以发现，无论是国民党在广州时期增设党义科，还是九一八事变后恢复公民科，效用问题都是主义教育话语阐释的关键，政策背后隐含着解决现实问题的实用主义逻辑。

俄国十月革命的成功引起孙中山的关注。他最初仅仅对俄国的组织和军队感兴趣。苏联顾问对宣传工作重要性的反复提醒，以及主义时代与其他主义竞争的需要，才使孙中山真正关注宣传和教育。因而，从 1924 年初开始，国民党在各级各类学校推行主义教育。此时，国民党推行主义教育的目的在于用党的组织纪律和思想信仰将国民整合起来，完成国民革命。有效的组织动员加上主义宣传，包括学生在内的社会各界被广泛动员起来。北伐时期，“全国多数人心的倾向中国国民党”。北伐快速取得成功，国家实现统一。

随着南京国民政府成立，国民党从革命党转型为执政党，主义教育的目标由动员民众转向塑造国民党统治的正当性，即通过三民主义的话语，让国民接受、相信国民党“以党治国”的正当性。因而，国民党借助国家权力强制将三民主义在学校教育中定于一尊。1928 年 7 月，蒋介石在北京大学演讲称“希望国家健

---

① 对国家实施公民教育的正当性与有效性的探讨，亦可参阅笔者关于英格兰公民科课程风波的阐述。刘争先. 有效性与正当性：作为国家课程的公民科——基于对英格兰公民科国家课程危机的考察[J]. 外国教育研究，2015（1）.

② Galichet, François. *L'éducation à la citoyenneté*[M]. Paris: Anthropos, 1998:1.

全思想统一”。[①]1929 年 3 月，“三大”议决三民主义教育宗旨，并在关于政治报告决议案中指出，“教育乃国家建设永久之任务”，要改变数十年来教育的病理状态，“必矫正从前教育上放任主义之失，而代之以国家教育之政策”，明确提出根据“国家由训政时代以至宪政时代”的任务来确定教育的目标。[②]

南京国民政府时期，国民党借助国家权力和党的组织，建立包括教育宗旨、课程标准、教科书编审、教员培养与检定、党义测试、教训合一的训育和考试等一整套教育机制，强制推行主义教育。主义教育的效果问题随即引起社会各界关注。

1928 年，针对刚在全国推行的主义教育，《党教育》一文指出，“党治下的教育，当然不能离党而独立。但是既称教育，总要合乎教育的意义，决不可把党的一切传给学生，化也没有化，就自以为是‘党化教育’了”。学校所谓的党化教育，“不过是‘党’而未‘化’并且不合教育意义的‘党的传习’”。[③]是年 5 月，全国教育会议宣言指出，三民主义教育“决不是单单在教科书中搀入些三民主义的话，或在教育行政机关裹贴几张三民主义的文告，就算完事的”。[④]

1931 年 1 月，国民党中央宣传部副部长刘芦隐称：“眼前一个最奇异的现象，就是无论什么学校，都把三民主义等等设为党义一科，与其他一切科目等量齐观，以为即此遂成为世俗所谓党化教育。殊不知三民主义一经变为党义科目，即党义亦变为新约全书，而所谓党化教育学校者，亦即变为教会学堂。以教会学堂过去所得的效果，来推测所谓党化教育的将来，则我们亦可以断定它的效果，必甚有限得可怜。这样推行其所谓党化教育，真不知糟蹋人到什么地步！即此一例，可知现在事实上三民主义与全部教育已被人分了家，即勉强敷衍它进了学校，亦不过供奉在圣经的教室里，为若干学生得便宜学分的工具而已。”[⑤]

1931 年 11 月，国民党“四大”专题讨论主义教育问题。董霖等四十人提交

---

① 蒋介石在北大演说欲国家健全思想统一[N]. 京报，1928 年 7 月 18 日.

② 对于政治报告决议案（民国十八年三月二十七日第三次全国代表大会通过）[G]// 荣孟源. 中国国民党历次代表大会及中央全会资料（上册）. 北京：光明日报出版社，1985：645.

③ 研. 党教育[J]. 上海教育，1928（1）：4.

④ 全国教育会议宣言[R]// 中华民国大学院. 全国教育会议报告（甲编）. 上海：商务印书馆，1928：1—2.

⑤ 刘芦隐. 今后国民革命进展的路线[J]. 中央半月刊，1931（4）：6—7.

《改进党义教育之实施方法案》，直指主义教育效果不佳，进而提出将主义渗入各科以提升主义教育效果。最终，会议议决党义不设特科，并于次年正式恢复公民科。

中央年来厉行党义教育，国内大中小学均有党义课程之设置。惟综其结果，不但成效难收，反使一般学生感觉三民主义之空虚干燥与无意义。是固由于师资教育不当，但其实施之方法，自大有其未妥善处。盖将党义于一般社会科学之外特立课目，授者虽言之谆谆，听者以其为自作宣传，反觉藐然无味，而普通担任党义教师者，每对于社会科学根本无基础，以之而讲授宏博渊深之三民主义，自难能尽量发扬。……兹拟改进党义教育之实施方法，一扫过去特设党义课程之弊病，而渗透党义于各种社会学书籍中。如历史、地理之书籍，应渗入以民族独立运动之精神，如日本为我国不共戴天之深仇，应卧薪尝胆以雪耻。五权制度之特质与运用，应渗入于各种政治学书籍中。虽三民主义系一种主义，不可分而为三，但仍分别寓于各种社会科学，自可融会而贯通之，盖宣传之最有效方法。①

从三民主义的内在角度而言，三民主义的内涵抽象，难以具体落实；从外在角度而言，主义教育仪式化，失去三民主义的灵魂。三民主义教育最初的目的是教育学生信仰一套人生观和价值观，最终却蜕变为一种服从纪律的宣示。国民党无法采取有效措施实现以三民主义引领学生思想，让广大学生信仰三民主义的目的，只能借助国家权力以消极方式压制和围堵学生的不良思想。“‘三民主义’在党治下，本为无疑义之思想标准，然其不能范围青年思想，已成事实。应如何确立之，用完密有力之方法推行，未解决之大问题也。”②

主义教育在近代中国兴起和发展演变的历程表明，政策背后隐含着解决现实问题的实用主义逻辑。在实用主义逻辑下，“变革的实施已经形成一种格局——引进一种新变革方案，给它一年的实施时间，立即对它的有效性进行评

① 国民党第四届全国代表大会通过的党义教育案（1931年11月20日）[G]// 中国第二历史档案馆. 中华民国史档案资料汇编（第五辑第一编教育）. 南京：江苏古籍出版社，1994：1082—1084.

② 薄毓相. 苏浙湘赣鲁鄂冀教育考察报告（1933年）[G]// 张研，等. 民国史料丛刊（第1106册）. 郑州：大象出版社，2009：252.

价，当没有明显绩效时便否定它”。①

（二）国民党对三民主义教育正当性的辩护

三民主义教育是通过学校教育在内的多种方式在全社会宣传三民主义，试图让全体国民相信三民主义所勾画的国家建构目标，服从并追随国民党特别是党的领袖，以共同实现这一目标。质言之，三民主义教育的目的是要让人信仰三民主义，维护国民党统治的正当性。因而，面对党内外对主义教育的批评，国民党从多方面阐述主义教育的正当性。总体而言，实施训政前，国民党主要从革命化、民众化与科学化的角度加以论证；实施训政后，国民党则主要从训政与主义教育的关系予以说明。

三民主义教育兴起时，中国社会正处于主义时代。为与其他多种主义竞争，国民党论证三民主义是革命的主义、民众的主义、科学的主义。1926年，时任中山大学校长戴季陶称：“大学之党化，有两层意义，一在大学内之党，应造成党的科学化，俾党的一切设施，皆能合乎科学的方法，应用科学的能力，且由大学供给全党以最好资材。二在大学的一切科学的研究，应造成科学的党化，俾一切科学的发展，皆能完全为革命的发展而存在。”②1927年7月，教育行政委员会通过韦悫起草的《国民政府教育方针草案》，首次对“党化教育”予以解释。韦悫指出，“革命化的教育是完成政治革命和社会革命的工具”；“民众化的教育是民众所有的教育，而且是民众人人皆能享受的教育”；“革命化的教育是反因袭的教育，而以最进步的自然科学和社会科学做基础的”。③

主义时代在新文化运动之后开启，革命与科学在当时是不容置疑的进步价值观。三民主义是革命化、民众化与科学化的主义，三民主义教育因此获得正当性。蔡元培认为三民主义是科学，是解决中国现实的“政治道理”，因而作为科学的三民主义可以教授学习。1927年10月，蔡元培在南京特别市教育局演说时称：“总理所著《三民主义》《建国大纲》等，皆依社会现象与国家环境，本科

① 吉纳·E.霍尔，雪莱·M.霍德. 实施变革：模式、原则与困境[M]. 吴晓玲，译. 杭州：浙江教育出版社，2004：38.

② 戴季陶. 呈国民政府陈明关于中山大学组织上之意见文[M]// 陈天赐. 戴季陶先生文存（第二册）. 台北：中国国民党中央委员会党史史料编纂委员会出版，1959：613－615.

③ 国民政府教育方针草案[G]// 舒新城. 近代中国教育史料. 北京：中国人民大学出版社，2012：607－611.

学手腕与各方法而著成。诸位信任三民主义，亦非强迫的与盲从的，盖凭科学方法观察之结果而信任之，服从之。”①

1928年8月，二届五中全会宣告实施训政。训政是孙中山“革命程序”理论实现三民主义的重要步骤。国民党开始从训政与主义教育关系的角度论证主义教育的正当性。孙中山称：“所谓训政者，即训练清朝之遗民，而成为民国之主人翁，以行此直接民权也。有训政为过渡时期，则人民无程度不足之忧也。”②胡汉民在二届五中全会强调国民党训政与一党专政在精神与目的上均有根本的不同。国民党训政是因为，“大多数人民，于政治意识与经验两皆缺乏”，待国民有“管理政事之能力”后还政于民。③因而，提升国民对于三民主义的认识，教导国民运用民权成为训政的重要任务。为完成训政之分期计划，中央训练部于1930年3月召开全国训练会议，以统筹三民主义教育、童子军训育等训练工作。④

尽管各级各类学校迫于政府压力推行主义教育，取得一定效果，但整体而言，主义教育因教条僵化，加之合格教员匮乏等原因，教育效果不佳。更为关键的是，社会各界对强制推行三民主义教育提出质疑，其中，自由主义者因直接质疑主义教育的正当性，其批判对主义教育形成巨大挑战。

1925年1月，国民党主义教育甫一实行，陶行知即批评称：“用出版自由、言论自由、集会自由的方法去宣传党纲政见，入党与否，一听人民自决，这是自然的同化，我们非常赞成。我们所不能赞成的，是勉强的同化，是遇到不受同化的人而加以不利，或酝酿种种情形使凡不受同化的无立足之地。”⑤任鸿隽也认为，“宣传党义的最好方法，是把党义放在一个自生自活的地位，而不要把他放在特殊阶级之上，使他失去了自由竞争的机会”。⑥对此，胡适认为，国民党“钳制思

---

① 蔡元培. 在南京特别市教育局演说词(1927年10月30日)[M]// 高平叔. 蔡元培全集(第五卷). 北京：中华书局，1988：167.

② 孙中山. 三民主义(1919年)[M]// 中山大学历史系孙中山研究室等编. 孙中山全集(第五卷). 北京：中华书局，1985：189—190.

③ 胡汉民. 训政大纲提案说明书[J]. 中央周报，1928(16)：10，11.

④ 中央训练部工作报告(1931年10月)[G]// 中国第二历史档案馆，海峡两岸出版交流中心. 中国国民党历次全国代表大会暨中央全会文献汇编(第10册). 南京：江苏古籍出版社，2012：175.

⑤ 陶行知. 党化教育之意义[N]. 民国日报，1925年1月30日，第2版.

⑥ 叔永. 党化教育是可能的吗[J]. 独立评论，1932(3)：14.

想言论自由”，与新文化运动倡导多元思潮的自由竞争相悖，“从新文化运动的立场来看，国民党是反动的”，要求国民党“取消统一思想与党化教育的迷梦”。[①]

宣传主义、信仰主义是主义时代各政治团体的通行做法。因而，严格意义上讲，自由主义者并不反对国民党推行主义教育，他们反对的是国民党借助国家权力强制推行主义教育，并将三民主义作为唯一的、排他的主义进行教授。对此，布瑞格豪斯（Brighouse）指出，自由主义的正当性理论限定了正义的实现和维持方式，公民教育只有在学校自主开展的情况下才能符合正当性的要求。[②]

（三）三民主义教育正当性与有效性的关系

前述有关主义教育有效性与正当性的争论之所以难以达成共识，原因在于忽视政策有效性与正当性的概念区分。正当性和有效性是对政策所做的两种道德证成。[③] 区分正当性与有效性对于讨论主义教育政策的启发意义在于，不论主义教育的效果如何，都不能被视为支持或反对南京国民政府实施主义教育正当性的理由；南京国民政府实施主义教育的正当性基础源于公民教育与国家建构的特殊关系，除非国家权力或国家推行主义教育的政策程序丧失正当性，否则南京国民政府实施主义教育的正当性就不容否定。因而，在主义教育的争论中，尽管学校主义教育有效性的缺乏会削弱南京国民政府实施主义教育的正当性，然而，主义教育效果差不应该成为否定南京国民政府实施主义教育正当性的理由。

当我们回溯现代公民教育诞生和发展的历程时，可以发现，现代意义的公民教育是伴随着现代国家建构的历史进程而产生和发展的，其与国家建构的特殊关系奠定了国家实施公民教育的正当性基础。国家实施公民教育的正当性即是追问作为公民教育实施主体的国家，其权力的道德基础何在。国家实施公民教育的正当性问题是公民教育的根本性问题之一，也是公民科成为国家课程的正当性基础。问题在于，国家是否有进行公民教育的权力？自由主义的国家理论认为国家只是为了保障个体的自然权利，本身是一种“恶”。因而，为防止国家

---

① 胡适. 新文化运动与国民党[J]. 新月，1929（6-7）：5，15.

② Brighouse，Harry. Civic Education and Liberal Legitimacy[J]. *Ethics*，1998(4).

③ 伊斯顿（Easton）认为，政策是“权威性的价值分配”。笔者受到西蒙斯以正当性和证成性作为两种对政治权力进行道德评价方式的启发，以正当性和有效性作为两种对政策进行道德评价的方式。

实施公民教育时对个体自主性的侵蚀，拒绝赋予国家对国民推行公民教育的权力。[①] 然而，自由主义者混淆了国家是否有权进行公民教育和国家如何进行公民教育的区别。国家建构、公民身份、公民教育之间的内在逻辑关系表明，国家建构对于社会整合以及塑造国家权力正当性的需求是国家实施公民教育的根本原因。从国家自主性的角度而言，国家对于社会整合以及塑造权力正当性的需求奠定了国家实施公民教育的正当性基础。

正是认识到三民主义教育在实现社会整合以及塑造权力正当性方面的重要意义，国民党才会在学校积极推行主义教育。在遭到社会各界批评后，国民党并未放弃主义教育，而是采取多种措施试图强化主义教育。

1928 年 5 月，全国教育会议议决《中华民国教育宗旨说明书》[②]，在解释为何要实施三民主义教育时对教育与政治的关系给予较为完备的阐释：

政治和教育是互为因果的：从政治方面讲，有怎么的政治需要，才有怎么的教育设施；从教育的方面讲，有怎么的教育培植，才有怎么的政治收获：所以教育必须适应政治方面的要求，而政治必须仰仗教育方面的播种。[③]

国民党元老胡汉民对政治与教育的关系也有深刻认识。1930 年 4 月，时任立法院院长胡汉民在第二次全国教育会议致辞时指出：

教育与政治的范围，同是人所不能离开的，它们彼此，当然也形成了密切关系，不能离开。政教不能离开，固然是一种自然的现象，也是我们社会生活中一个重要的关键。有时失却这个关键，便发生很不好的结果。但有人主张政教分离，使教育不受政治的坏影响。这句话诚然也有相当的理由，但当教育不受政治的坏影响时，要慎防结果下来，政治也受不到教育的好影响。[④]

---

① Pring, Richard. Political Education: Relevance of the Humanities[J]. *Oxford Review of Education*, 1999 (1 & 2).

② 5 月 18 日，全国教育会议议决组织“教育宗旨说明书起草委员会”，指定浙江省民政厅厅长朱家骅等五人为起草委员。朱家骅时任浙江省民政厅厅长、大学院大学委员会委员、中山大学副校长；1928 年全国教育会议三民主义组主席。全国教育会议概况一览表[R]// 中华民国大学院. 全国教育会议报告（甲编）. 上海：商务印书馆，1928：35.

③ 中华民国教育宗旨说明书[R]// 中华民国大学院. 全国教育会议报告（乙编）. 上海：商务印书馆，1928：3.

④ 胡汉民. 今后教育上的四个要求——十九年四月二十二日在第二次全国教育会议讲演[J]. 中央周报，1930（100）：26.

面对社会各界的一再质疑，南京国民政府并未放弃实施三民主义教育，而是在通过革命化、民众化、科学化以及主义教育与训政的关系来阐述三民主义教育正当性的同时，多次提出措施加强和改进三民主义教育。1931 年 3 月，南京特别市执委会称，自教育宗旨及实施方针颁布以来，“现今学校能真正实行者，亦属寥寥”，呈请中央函国府通令全国厉行中华民国教育宗旨及其实施方针。4 月，中常会转交国民政府核办。尽管教育部复函认为“教育宗旨及其实施方针所列各项，各级学校与各项教育均尚能遵照施行”。11 月召开的国民党“四大”议决《依据训政时期约法关于国民教育之规定确定其实施方针案》，对二届四中全会以来教育方针予以重申 ，并专题讨论党义教育问题。董霖等人提出《改进党义教育之实施方法案》，对党义教育效果提出批评，建议“渗透党义于各种社会学书籍”。由此，国民党取消党义，恢复公民科。1935 年 11 月，四川参议员曹叔宝等人在五届一次会议提交《彻底实行党化教育严格遴选信奉三民主义之人才以改进教育案》。提案指出，中央颁定之党化教育政策在四川“从未见诸实行”。教育系统非本党党员者阳奉阴违或造作痼弊，“阻挠党化教育之实施”；本党之忠实信徒亦因地方风俗环境不肯坚持到底，“遂致与俗浮沉，敷衍了事”。“瞻念前途，党化教育大有日趋衰沉之势，则三民主义之能否深入人心，永久不拔，实为党国根本上一大问题。”对此，曹叔宝等人认为，应该“厉行党化，严选人才，整顿学校”，并提出具体改进措施。①

1932 年围绕任鸿隽质疑主义教育的论争，可作为从有效性与正当性角度评价主义教育的有益例证。任鸿隽称：“我们曾经听见中小学校的党义教课，怎样的学生不感兴趣；大学校的党义教员，怎样的被学生轰了又轰，赶了又赶。这不见得是因为教员的不济，而是因为党义这一门功课，实在不为学生所欢迎。”② 对此，陶彬指出，兴趣和欢迎并非评价主义教育价值的“唯一要素”。“有兴趣又受学生欢迎的功课，是不是一律都最有价值的？最需要的？反之，无兴趣而又不为学生所欢迎的功课，是不是一概都要取消？”陶彬认为，解决问题的关键在于

① 彻底实行党化教育遴选信奉三民主义之人才以改进教育案（1935 年 11 月 17 日），党史馆藏，档号：会 5.1/5.31.

② 叔永. 党化教育是可能的吗[J]. 独立评论，1932（3）：14.

改进主义教育。“教授有很好的方法,一切问题均可迎刃而解了。”[①] 同样对任鸿隽观点表示质疑的范云龙也提出,主义教育失败的原因,“是由于党化未能实行”。[②]

三、教育的相对自主性的确认

杜威难题的实质是对国家专断权力的警惕。从国家自主性的角度而言,国家对于社会整合以及塑造权力正当性基础的需求奠定了国家实施公民教育的正当性基础。国家实施公民教育有效性与正当性的张力表明,国家能力的增强有助于提升公民教育的有效性,但不受限制的国家权力将削弱其正当性,从而降低公民教育的有效性。

教育自主性的确认,使得公民教育与国家建构的关系不再是鲍尔斯和金蒂斯(Bowles & Gintis)所言的“符应”关系,不再是再生产统治阶级意识形态和价值观的场域,而是如伯恩斯坦所言具有更丰富、复杂博弈的“各竞逐团体争夺的斗争场域”。只有我们确证教育的自主性,才有可能找到解决杜威难题的出路,形成公民教育与国家建构的动态互动关系。

鉴于教育自主性是在教育和权力关系的问题论域进行讨论,自主与控制的二元框架不能展示教育自主性议题的复杂性,为了更全面地理解教育自主性,我们可以从宏观的教育与国家关系层面、中观的教育组织系统以及微观的教师实践等层面讨论教育自主性议题。不同层面的教育自主性都涉及国家与地方治理、外部与内部控制、集体自主与个人自主等维度。宏观与中观层面提供了微观层面教育自主性的结构性背景,国家与地方治理、外部与内部控制则限定了集体自主与个人自主的可能空间。不同层面的自主性既可能相互促进,也可能相互制约,原因在于其自主性产生的来源不同。比如,随着国家政策的变化,国家放松对教育系统的外部控制,学校的自主性得以增加,但教师并未获得更大的行动空间。[③]

---

① 陶彬. 读任鸿隽先生“党化教育是可能的么?”的几个疑问[J]. 时代公论,1932(17):37.

② 叔永. 再论党化教育[J]. 独立评论,1932(8):12.

③ Salokangas, Maija & Chapman, Christopher. Exploring Governance in Two Chains of Academy Schools: A Comparative Case Study[J]. *Educational Management Administration & Leadership*, 2014(3).

基于此，为确认教育的自主性，本部分分别从教育与国家关系、教育组织系统和教师个体层面，探讨为什么要有教育自主性、教育自主性何以可能和教育自主性的限度。

（一）教育自主性的必要性

教育自主性的必要性并非不证自明的问题。一方面，教育自主作为一种现代教育理念，得到教育研究者和教育实践者日益广泛的关注和支持。因而，任何对于教育自主性的限制或削弱都是不合理的，是需要予以批判的。[①] 另一方面，鉴于教育与政治关系的社会现实，人们普遍对教育自主性持悲观态度。即便是批判教育学的代表人物阿普尔，对于教育能否改变社会的看法也并不乐观。“这个不一定。因为它取决于许多人是否愿意为此付出大量艰苦而不懈的努力。”[②] 两方面的诉求最终都指向教育自主性，因而我们需要系统地论证教育自主性的必要性。

首先，国家失败的风险使教育自主性成为必须。

人类的教育活动经历了两次职能变化，由此引发两次教育权力的转移。教育的领导权经历了从家庭到社会，最终由国家掌握的变迁。19 世纪以来，教育领导权由社会到国家的转变伴随着现代化尤其是现代国家建构的进程而完成。欧美各国纷纷对原有的教育行政体制做出相应的变革，由国家掌控教育，将教育作为一项公共服务提供给国民，以实现公共教育目的。[③] 格林明确提出“快速构建的国民教育体系既是加速的国家形成过程的推动因素，又是这一过程的产物”。正因为教育与国家的密切关系，尤其是国家建构对教育发展的重要作用，国家的兴衰对教育而言意义重大。

为所有学生提供有效的教育是当前世界各国日益统一的看法和行动。这一目标在经济合作与发展组织的话语中被表述为“通过满足不同教育需求来促进教育公平”。以此为标准，经济合作与发展组织将未实现这一目标的教育现象称

---

① Anderson, Lorin. The Decline of Teacher Autonomy: Tears or Cheers?[J]. *International Review of Education*, 1987(3).

② 迈克尔 · W. 阿普尔. 教育能够改变社会吗?[M]. 王占魁，译. 上海：华东师范大学出版社，2014：12.

③ 劳凯声. 公立学校 200 年：问题与变革[J]. 北京大学教育评论，2009（4）.

为教育失败。[1] 尽管任何国家都不认为自己的教育是失败的教育，但却能够承认教育失败，因为教育失败是教育发展过程中的常见现象。对教育失败的分析必须置于国家建构及国家治理的背景中予以考虑和解决。以此观之，教育失败往往意味着国家失败。

学术界对于国家失败的研究达成如下共识：“发达国家的国家权力过剩或政府干预过多，与发展中国家权威不足或国家能力缺失，均可导致国家失败的结果。”[2] 刘易斯（Lewis）指出：“政府可能会由于做得太少或做得太多而遭到失败。”[3] 从国家能力的角度看，国家失败可分为两种：一种是国家不具备基础权力，导致国家无能；一种是国家专断权力，导致国家失灵。

在国家基础权力层面，国家建构的首要任务是增强国家能力，推动经济增长，更好地满足民众的公共福利需求。然而，现实情况是，“大多数政府没能履行那些非常基本的功能，而它们是国家作为一种制度被创立的理由”。[4] 普通民众一方面期望国家提供的公共服务越多越好，一方面希望国家的权力越小越好。福山在考察很多发展中国家的政治衰败后指出，这些国家的政治发展焦点往往是建立法治和民主负责制，忽视了国家能力建设。福山认为，“实际上，为了启动经济增长，强大的政治制度往往是必需的；恰恰是它的缺席，将失败或脆弱的国家锁进了冲突、暴力和贫困的恶性循环”。[5]

在国家专断权力层面，国家建构需要在限制国家专断权力的同时，增强国家基础权力。严格地说，国家专断权力不可能完全消除。首先，在国家紧急状态

---

① OECD. Equity and Quality in Education: Supporting Disadvantaged Students and Schools [R]. *OECD Publishing*, 2012:19－21.

② 庞金友. 当代西方国家失败理论的路径与逻辑[J]. 政治学研究，2017（5）：36.

③ 阿瑟·刘易斯. 经济增长理论[M]. 周师铭，等，译. 北京：商务印书馆，2011：461.

④ 苏珊·斯特兰奇. 权力流散：世界经济中的国家与非国家权威[M]. 肖宏宇，等，译. 北京：北京大学出版社，2005：前言 3.

⑤ 弗朗西斯·福山. 政治秩序与政治衰败[M]. 毛俊杰，译. 桂林：广西师范大学出版社，2015：44.

下,国家需要法律许可范围内的专断权力。[①] 其次,在民选制国家,尽管国家权力受到民主选举和问责制的制约,统治阶层在执政中期或依法不可连任时,可以暂时摆脱选民的制约。因而,即便在国家基础权力强大的情况下,若国家专断权力得不到有效的制约,亦将导致国家失败。对此,公共选择学派认为,政府失败是现代市场经济国家的政府干预所产生的一种普遍现象。正如市场失灵会导致市场失败一样,国家自身也会失灵,如果国家权力超越合理的界限,就可能导致国家失败。[②]

国家的专断权力是一把双刃剑,从国家建构的角度看,在两种情况下,可能导致国家失败。首先,国家借助其专断权力,强制地方政府按照国家的统一部署行动,造成地方政府在执行政策时缺乏必要的灵活性,无法有效实现国家治理的目标,导致国家失败。其次,国家滥用其专断权力,制定偏离国家建构目标的政策措施,诱发国家权力的正当性危机,导致国家失败。

中国现代国家是从中华帝国转型而来。中华帝国由于国家治理规模及负荷,为获得治理的有效性,国家必须给予地方政府在执行具体政策时的灵活性,从而产生代理人监控难题。为纠正地方政府的过激行为,确保国家的一统权威,国家必须掌握专断权力。在这一国家治理逻辑下,中国形成了强国家传统。中国的强国家传统在实现社会整合、推动公民教育发展等方面具有积极作用。也正是在这个意义上,赵鼎新指出,后发国家能够发展起来的必要条件是“强国家传统”。[③] 然而,不受限制的国家专断权力将诱发国家权力的正当性危机,最终降低国家治理的有效性。

民国初年,军阀割据,政局更迭,政府无暇也无力实现其包括发展教育在内的各项国家职能。此时,各地教育会在晚清的基础上继续发展,并联合成立区域

---

① 福山指出,在危机时期,所有的政治制度都需要将自由裁量权授予行政部门,这是由紧急状态下对强有力的行政的需要推动的。美国政府在内战、两次世界大战以及 1908 年、1929 年和 2008 年发生的金融危机期间,均被授予自由裁量权,享有专断权力。Fukuyama, Francis. The Thing That Determines a Country's Resistance to the Coronavirus[J]. *The Atlantic*, March 30, 2020.

② 陈振明. 非市场缺陷的政治经济学分析——公共选择和政策分析学者的政府失败论[J]. 中国社会科学,1998(6).

③ 赵鼎新. 路径不依赖、政策不相干:什么才是中国经济成功的关键?[J]. 学海,2016(2).

性、全国性的教育组织，在时局艰难的条件下努力推动教育的发展。在江苏省教育会、全国教育会联合会等团体的推动下，在学制改革、公民教育等方面取得显著的成效，有力地弥补了国家缺位对教育造成的消极影响，使得北京政府时期教育事业得以承继和发展。[①]

正是认识到国家专断性权力滥用的风险，1930年，复旦大学教育系主任章益在引述柏拉图、亚里士多德等人的观点，论证"国家对于教育的权力"的同时，呼吁国家实施教育的权力需要受到限制。章益将教育行政的事项分为外形和内质两类讨论国家教育的权责。[②]国家不能专断教育的内质。"因为要保持地方和私人发展的自由。消极方面，防制刻板划一和少数人滥用政治的权力等危害；积极的方面，要以自由实验为进步的基础"，因而教育"不可轻易受着垄断"。章益据此对比法国、英国和德国三种教育职权类型，阐明国家专断教育的内质对于教育自主性的危害。[③]

由于无论是国家基础权力引发国家治理的有效性危机，还是国家专断权力诱发国家权力的正当性危机，都会导致国家失败，因而，教育必须有其自主性，从而使得在国家失败时，可凭借教育自主性，弥补或者平衡国家失败导致的主体缺位，实现公民教育与国家建构的动态互动。

其次，教育再生产的逻辑与缺失。

教育再生产理论是教育社会学解释教育和权力关系的重要理论。作为西方第一本运用马克思主义分析学校教育再生产功能的经典，鲍尔斯和金蒂斯1976年出版的《资本主义美国的学校教育》提出著名的"符应理论"。"符应理论"认为资本主义的学校教育在再生产劳动力的同时再生产资本主义的社会关系。"符应理论"因其结构决定论而抹杀了行动者的主观能动性，低估了学校教育对社会再生产的影响。对于"符应理论"的批判与回应推动了教育社会学对于教育自主性必要性的认识。

---

① 谷秀青. 清末民初江苏省教育会研究[M]. 桂林：广西师范大学出版社，2009.

② 教育的外形包括：检查学生出席，改善教学环境，规定学年长短，教师之资格及薪额，校舍建筑的样式和用材，学校图书仪器之设备，等等。教育的内质包括：教材，教法，课程的编制，教科书的选择，训育方针，学校生活和精神，教师的训练，等等。

③ 章益. 教育与国家[J]. 教育杂志，1930（11）：11－19.

传统教育学深受教育实务主导，极少关注教育与经济、政治及文化的关系。此后，受社会各界对学校教育在社会发展中作用的关注，教育社会学诞生之初主要由功能主义学派支配，将教育视为解决社会弊病的“万应良药”。对此，鲍尔斯和金蒂斯指出，这种观点有两条理论线索：一条是以杜威为代表的“民主学派”，一条是功能主义社会学和新古典经济学的“技术决定一选优任能论学派”。这两条线索均认为，学校教育的统合职能、平等化职能和发展职能是一致的。到了20世纪70年代，英国新教育社会学和美国批判教育学的兴起与发展使得冲突学派在教育社会学的影响力日益凸显。马克思关于经济基础与上层建筑的关系、工具论的国家观，葛兰西和威廉姆斯（Williams）的文化霸权理论，阿尔都塞（Althusser）的意识形态国家机器理论[①]等，为教育再生产理论提供有益的研究视角和分析工具。这一时期的教育社会学对此前过于重视学校教育的正向功能，忽视学校教育背后的权力和财产不平等、学校知识与社会控制之间的关系等问题进行系统批判。

鲍尔斯和金蒂斯运用马克思主义关于经济基础与上层建筑、生产力与生产关系的理论观点分析资本主义的学校教育，认为：资本主义学校教育的变革与发展是为了应对资本主义扩张而导致的社会秩序失调，修复学校与经济生产的符应关系；教育组织的主要功能是复制经济领域中的支配与服从关系；学校教育再生产劳动力的同时，也再生产劳动的社会关系，从而将不平等合法化。[②]鲍尔斯和金蒂斯的卓越贡献在于揭示学校教育再生产背后的权力和财产不平等，指出学校教育通过非认知技能训练在劳动意识再生产中的关键作用。

“符应理论”提出后受到多方面的批判。[③]基于本研究的问题意识，我们主要关注其对于教育自主性的忽视。由于忽视了教育的自主性，学校教育仅仅成为经济、政治与文化再生产的工具。“符应理论”不仅造成理论解释的偏差，也导致教育实践的悲观主义。对此，阿普尔指出，如果只将学校视为再生产的机构，就会忽视在教育和经济之间存在的互动关系，从而将这种关系的复杂性降低

---

① 路易·阿尔都塞. 论再生产[M]. 吴子枫，译. 西安：西北大学出版社，2019.

② 鲍尔斯，金蒂斯. 美国：经济生活与教育改革[M]. 王佩雄，等，译. 上海：上海教育出版社，1990.

③ 黄庭康. 批判教育社会学九讲[M]. 北京：社会科学文献出版社，2017：16—26.

为实践层面单纯的复现。“如果学校的功能是完全固定而只能投射在其之外的经济关系的话，那么在教育领域之内也就没有什么作为了。”[①] 因而，教育社会学者提出“超越简单再生产”，探讨教育的自主性问题。

当代教育社会学讨论教育自主性的代表性人物有布迪厄、伯恩斯坦、阿普尔和吉鲁等人。相较于此前教育社会学关注阶级、族裔等变量与教育之间的再生产关系，布迪厄1970年、1984年出版的《再生产》和《学术人》，扬（Young）1971年出版的《知识与控制》，伯恩斯坦1975年出版的《阶级、符码与控制（第三卷）》，以及阿普尔1979年出版的《意识形态与课程》和吉鲁1988年出版《教师作为转换知识分子》等著作重在对于再生产内容的分析，剖析学校知识背后隐匿的权力关系，将教育再生产的讨论从教育的外部转向教育的内部。从对于教育自主性讨论路径的角度，布迪厄和伯恩斯坦更关注教育的内部结构，阿普尔和吉鲁则侧重教育场域行动者的主观能动性。

布迪厄从资本的形式（the forms of capital）入手，针对早期批判教育研究将经济资本作为分析教育与权力关系的中心的观点，提出文化资本对于再生产阶级关系亦具有重要作用。《再生产》一书即是运用法国的具体案例，探讨文化资本如何再生产不平等的阶级关系。布迪厄和帕斯隆（Passeron）通过剖析教育场域与主导阶级之间既相互依赖又充满紧张的矛盾关系，揭示由此产生的教育自主性问题。布迪厄和帕斯隆认为，现代社会的主导阶级需要借助象征暴力（symbolic violence）维护权力的正当性，需要掌控教育场域的教育行动，以传递经过选择及排斥的特定意义。然而，如果教育场域完全依附于权力，学校传递的特定意义会受到质疑。因而，主导阶级需要给予教育相对的自主性，从而隐藏教育工作的专断性，维持文化再生产。问题在于，具有相对自主性的教育场域可能传递与主导阶级异质的文化与价值观，从而挑战社会的权力关系。布迪厄和帕斯隆指出，教育体系的自主性，一方面源自现代教育与宗教分离，教育的专业化使得教育体系具有相对的自主性；另一方面，社会的主导阶级委托教育体系实施象征暴力，而教育体系再次委托一线的教育工作者执行教育行动，两个层次的

---

① 迈克尔·W. 阿普尔. 教育与权力[M]. 曲囡囡，等，译. 上海：华东师范大学出版社，2008：71.

委托导致主导阶级与具体的教育行动之间存在区隔。①

在《学术人》一书中，布迪厄进一步从大学场域内部结构探讨教育相对自主性的根源，提出评估教育场域相对自主性的三个结构性标准。第一，学校体系的内部结构是否调节外部因素的影响。布迪厄指出，法国的精英大学以及大学内部的法学院、医学院相对不受教育普及化的影响，扩张速度更慢。第二，学校师生在教育场域的位置是否调节其政治立场。布迪厄以五月风暴为例，指出在教育场域中处于从属位置的师生更积极支持工人运动。第三，大学场域能否影响社会运动的发展。布迪厄以五月风暴为例，指出大学师生参与社会运动是因其内部的再生产困境。五月风暴前高等教育普及化造成文凭贬值的程度，导致大学场域的不同部分对于社会运动的反应存在差异。②

扬从舒茨（Schutz）的社会建构论出发，提出知识的选择和组织原则问题，讨论居于支配地位的制度化秩序和知识的组织之间的关系。扬指出，鉴于知识成为社会控制的有效工具，在教育系统中层次最低的小学课程在整个教育系统里具有更大的自主性。随着学段的提升，教师和学生对知识的选择和组织日益缺乏自主权。③伯恩斯坦认为，尽管扬在《知识与控制》一书中提出关注学校知识的传递、习得和评价形式，但“这项宗旨的诉求虽已产生，但并未见实现”。对此，伯恩斯坦首先对已有的教育再生产理论进行回顾性评论。针对鲍尔斯和金蒂斯的符应论，伯恩斯坦认为，“改变经济场域关系的社会基础与改变文化场域再生产原则的社会基础之间没有必然的联系”。尽管伯恩斯坦受到布迪厄的重要影响④，但他认为布迪厄的研究“对于特定话语的构成原则或传递原则并未进

---

① 皮埃尔·布尔迪约，J.—C. 帕斯隆. 再生产——一种教育系统理论的要点[M]. 邢克超，译. 北京：商务印书馆，2002：65—79.

② Bourdieu, Pierre. *Homo Academicus*[M]. Stanford University Press, 1988:134—193.

③ 麦克·F . D . 扬. 知识与控制：教育社会学新探[M]. 谢维和，等，译. 上海：华东师范大学出版社，2002：25—60.

④ 伯恩斯坦曾于 1973 年赴由布迪厄负责的法国高等研究实验学校欧洲社会学中心访学。伯恩斯坦在著作中多次指出其受到布迪厄的启发，如场域概念等。但伯恩斯坦也明确区分他与布迪厄研究的区别：“他们关注的是再生产结构及其各种不同的实现形式，而我实质上关注的是传递历程。” Bernstein, Basil. *Class, Codes and Control V 3, Towards a Theory of Educational Transmissions*[M]. London: Routledge, 2003:13—14; Bernstein, Basil. *Class, Codes and Control, V4, The Structuring of Pedagogic Discourse*[M].London: Routledge, 2003:144—145.

行系统而特定的分析”。为解释“文化场域再生产原则的社会基础”，阐明教育话语的传递形式，伯恩斯坦提出教育机制理论，系统阐述教育话语的具体生成问题，以及在这个过程中教育的相对自主性何以可能的具体机制。① 鉴于我们将在教育自主性何以可能部分详细阐述，在此存而不论。

相较于英法新教育社会学者关注再生产的内部结构，北美的批评教育学者从葛兰西的文化霸权理论汲取营养，更关注行动者的能动性。葛兰西认为，霸权不仅是政治上的统治，更是智识与道德的领导权。葛兰西的霸权理论指明了教育作为意识形态斗争场域的价值所在：对于教育的控制不仅是统治阶级保持意识形态霸权的主要手段，也是被统治者挑战国家霸权的有效武器。葛兰西提出，为争取文化霸权，无产阶级需要培养“有机知识分子”，并且同化和转化传统知识分子。② 部分批判教育学者从葛兰西的文化霸权理论中认识到教育自主性，提出社会力量应该充分利用教育的自主性，发挥教师作为“有机知识分子”的作用，从而避免国家权力对公民自由的随意干预。弗莱雷（Freire）将教师定位为“文化工作者”，认为教师需要“对被异化了的文化的认识，产生改造行动，导致一种从异化中解脱出来的文化”。③ 吉鲁深入阐明了教师作为转换知识分子所生成的教育的相对自主性。吉鲁认为，教师不应在国家意识形态的霸权下成为“概念和政治的文盲”，而是要成为“转化知识分子”。他进而提出，“转化性知识分子需要发展出一套话语，把批判性的语言与可能性的语言统一起来，这样，社会教育者就会认识到他们可以做出改变”。在作为转化知识分子的教师的引导下，学生从“知识人”转化为“批判的公民”，并且教师“要赋予学生以权能，从而使他们能够批判性地观察社会，并在必要时改变社会”。④

阿普尔在其成名作《意识形态与课程》中将葛兰西及威廉姆斯的霸权理论引入教育与社会再生产的讨论，指出统治阶级可能采取妥协性策略吸纳被统治

---

① Bernstein, Basil. *Class, Codes and Control, V4, The Structuring of Pedagogic Discourse*[M]. London: Routledge, 2003:144,147.

② 安东尼奥·葛兰西. 狱中札记[M]. 曹雷雨，等，译. 郑州：河南大学出版社，2014：59，1—27.

③ 保罗·弗莱雷. 被压迫者教育学[M]. 顾建新，等，译. 华东师范大学出版社，2001：113—114.

④ 亨利·吉鲁. 教师作为知识分子——迈向批判教育学[M]. 朱红文，译. 北京：教育科学出版社，2008：6，19，154.

阶级的文化和价值观，以维护其文化霸权。学校课程是经过文化吸纳而形成的“选择性传统”。随后，阿普尔提出“谁的知识最有价值”的有力问题。他认为，批判教育研究要揭示课程知识背后的意识形态假设，并对“既有教育实践是唯一可能模式”提出质疑，从而寻求教育变革的可能性。然而，尽管阿普尔强调被统治阶级文化对建立霸权的作用，但经过选择性传统形成的学校课程，因其隐蔽的意识形态假设，被统治阶级由于未能认识而缺乏反抗与转化的可能。对此，阿普尔于1982年出版《教育与权力》一书的目的即在于纠正《资本主义美国的学校》以及《意识形态与课程》中再生产理论的偏差。阿普尔明确指出：“社会再生产在本质上是一个矛盾的过程，而不是简简单单、没有斗争的过程。”阿普尔借助威利斯（Wills）《学做工》中的“小伙子”、埃弗哈特（Everhart）《那些年》中的“孩子”以及麦克罗比（McRobbie）笔下的女性化文化，阐明生活性文化的非政治反抗。阿普尔提出，学校作为国家机器的一部分，建立文化霸权的努力会遭遇日常生活中的非政治反抗。因而，国家不仅需要控制局面，也需要认同。①

第三，教师是自主的专业人员，教育的目的是培养自主的个体。

专业化是现代社会分工的必然结果。专业社会学将人类职业分为一般职业和专业两类。专业社会学的特质模式（trait model）从专业特质的角度分析一个专业在专业知识和专业承诺两方面的核心特质。② 自主性是专业化的核心概念和具体体现。③ 教师属于专业人员，这意味着教师根据其专业知识和专业伦理掌控教育实践。

教育作为一种专业实践的特殊性在于，它是一种联合实践，教育实践建立在师生协作的基础上，最终目的是培养学生的自主性。因为，人作为独立自主的个体存在，是传统社会向现代社会转型的必然要求和结果。为了使个体能够适应现代社会的要求，教师必须将学生视为独立自主的个体来对待和教育，最终使学

---

① 迈克尔·W. 阿普尔. 教育与权力[M]. 曲囡囡，等，译. 上海：华东师范大学出版社，2008：69—142.

② 曾荣光. 教学专业与教师专业化：一个社会学的阐释[J]. 香港中文大学教育学报，1984(2)：23—24.

③ Gewirtz, Sharon, et al. *Changing Teacher Professionalism: International Trends, Challenges and Ways Forward*[M]. Routledge, 2009.

生获得完满的个体自主性。德国教育家诺尔（Nohl）指出："教育在人类独立的地方结束。"①

培养自主的学生是现代教育的理想目标，只有在教师也是自主的情况下才有可能实现。要培养自主的学生，就必须要有专业自主的教师。教师专业自主意味着教师在教育教学中具有选择的自由、能力和责任。教师的专业自主不仅体现在教育内容的阐释、教学方法的运用、教育管理策略的选择等方面，也体现在教育责任的担当上。教师的教育自主性应该被视为一种基于教师职业的专业自主，否则教师自主可能会异化为教师实现个人自由的方式。在这个意义上，当教师将其教育实践与专业责任联系起来的时候，我们认为应该赋予教师自主以独立的价值。教师认为自主选择教学方法对于其有效实现教学目标非常重要。因为教师知道如何以不同的方式和最擅长的方法教授内容。研究也表明，相较于控制性风格，学生在接受自主支持性风格的教学方法时表现出明显更积极的课堂行为和教育成果。② 正因如此，早在 1966 年，联合国教科文组织通过《关于教师地位的建议》，明确提出"应确保教师具有与其作用相适应的社会地位"，并在第八章"教师的权利及责任义务"中，具体阐述了应该保障教师职业上的自由。③

（二）教育自主性何以可能

前述教育再生产理论部分回顾了为驳斥鲍尔斯和金蒂斯的符应理论，不同的学者主要从教育场域的内在结构（如布迪厄和帕斯隆、伯恩斯坦）、行动者的主观能动性（如阿普尔、吉鲁）两方面阐述了教育的自主性问题。然而，鉴于教育的自主性问题是在教育和权力关系的论域所引发并讨论的，作为现代社会权

---

① Nohl, H. Die Theorie der Bildung[A]. Nohl, H. & Pallat, L. *Handluch der Pdagogik(Bd.1)*[M]. Langensalza: Beltz, 1933:21. 转引自：Heinrich, Martin. Metamorphoses of pedagogical autonomy in German school reforms: continuities, discontinuities and synchronicities illustrated by empirical studies on school development planning, school profiling and school inspection[J]. *Nordic Journal of Studies in Educational Policy*, 2015(2):51

② Reeve, Johnmarshall & Jang, Hyungshim. What Teachers Say and Do to Support Students' Autonomy During a Learning Activity[J]. *Journal of Educational Psychology*, 2006(1).

③ UNESCO. Recommendation concerning the Status of Teachers[R]. Paris, 1966. https://unesdoc.unesco.org/ark:/48223/pf0000122317?posInSet=48&queryId=7e0165ea-0c63-403c-bda4-387bbf452c04

力关系的核心主体,国家的视角不可或缺。因而,本部分分别从教育与国家关系、教育组织系统和教师个体层面探讨教育自主性何以可能。

首先,国家能力的结构与教育自主性。

所谓国家能力的结构,即国家基础权力和国家专断权力的关系及其组合方式。不同国家能力的结构形成不同的国家治理模式,如集权型国家治理模式和分权型国家治理模式。不同的国家治理模式决定了不同的教育自主性空间。相较于集权型国家治理模式,分权型国家治理模式下的教育自主性空间较大。

在集权型国家治理模式下,国家将各种权力集中于中央政府,从治理的内容和形式两方面造成国家治理的负荷。在治理内容方面,集权型国家由各级政府负责提供各项公共服务。相较于中国传统社会的"简约国家",集权型国家的国家职能要复杂得多。在治理形式方面,集权型国家通过特定的国家权力组织形式,将各项国家事务的最终决定权收归中央政府,"政令自中央出"。随之,相应的责任和压力也由地方集中于中央政府。在这种国家治理模式下,一方面,国家需要保持一统体制,维护中央政府权威;另一方面,国家需要处理存在族群、语言、宗教、经济发展水平等差异的地方事务,国家内部的多元差异使得国家必须授予地方因地制宜的灵活性。周雪光系统地探讨了集权型国家一统体制与有效治理之间的矛盾。[①] 正是这一矛盾给予集权型国家治理模式下教育自主性的可能空间。

此外,即便集权型国家拥有强大的国家专断权力和基础权力,民众仍可以消极抵制。斯科特的系列研究呈现了极权主义国家所推动的失败项目,高压统治下逃避国家控制的高地民族,以及村庄农民的日常反抗,包括偷懒、装糊涂、开小差、假装顺从、装疯卖傻、暗中破坏等,细致阐明了国家权力正当性对于国家治理有效性的影响。[②]

在分权型国家治理模式下,国家将各种权力依法赋予不同的职能部门及各

① 周雪光. 中国国家治理的制度逻辑:一个组织学研究[M]. 北京:生活·读书·新知三联书店,2017:7—47.

② 詹姆斯·C. 斯科特. 国家的视角:那些试图改善人类状况的项目是如何失败的[M]. 王晓毅,译. 北京:社会科学文献出版社,2004;詹姆斯·C. 斯科特. 逃避统治的艺术:东南亚高地的无政府主义历史[M]. 王晓毅,译. 北京:生活·读书·新知三联书店,2016;詹姆斯·C. 斯科特. 弱者的武器:农民反抗的日常形式[M]. 郑广怀,等,译. 南京:译林出版社,2007.

级政府，从治理的内容和形式两方面分散了国家治理的负荷。伯恩斯坦从符码分类原则与架构原则的强度变化、不同场域之间的权力关系和社会控制方式之间关系的角度，认为教育的相对自主性取决于符码分类的强度。① 基于伯恩斯坦的观点，我们可以进一步推论：教育场域与国家权力的分类与架构的强度影响着教育的自主性程度。如果我们将分类视为教育场域与国家权力之间的界限，将架构视为国家能力的强弱，根据分类和架构强弱值的变化，建立分析教育自主性的象限关系图（图 3）。

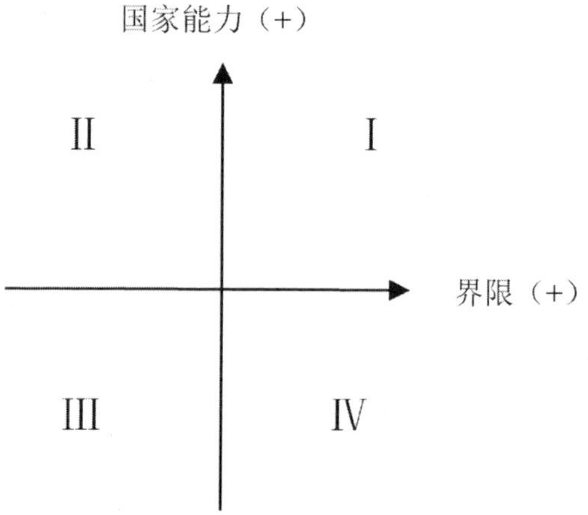

图3　教育场域与国家权力关系的理想类型

基于图 3，我们可以根据教育场域与国家权力关系的理想类型，在国家层面讨论教育自主性问题。我们认为，根据教育场域与国家之间的界限明晰程度可以将教育体系区分为集权型教育体系（如法国、中国）和分权型教育体系（如英国、美国），分别对应于集权型国家治理模式和分权型国家治理模式。不同类型教育体系更多是提供教育自主性的可能空间，然而，教育自主性能否转化为实践，从国家层面而言，取决于国家能力的强弱。这就表明，我们不能单单从教育体系是集权型还是分权型来判定教育自主性的程度。例如，相比一个拥有强大国家能力的分权型教育体系，拥有较弱国家能力的集权型教育体系的教育自主性的程度更高。南京国民政府时期国民党的"弱势独裁"即是明证。因而，图 3

① Bernstein, Basil. *Class, Codes and Control, V4, The Structuring of Pedagogic Discourse*[M]. London: Routledge, 2003:46.

中,四个象限中教育自主性程度的高低依次为:象限Ⅳ>象限Ⅲ>象限Ⅰ>象限Ⅱ。

根据这一理想类型的区分,我们可以增进对已有研究的认识。阿切尔指出,高等学校的自主性取决于大学与政治、经济体系在宏观的国家层面的结构关系。她认为,高等院校的经费是否依赖国家等三方面对大学的相对自主性程度产生重要影响。[①] 基于图 3 可以发现,阿切尔更多从国家权力渗透教育场域的三个方面,亦即从国家权力与教育场域之间界限的维度思考教育自主性问题。延续这一分析路径,阿切尔此后具体阐述了集权式和分权式两种不同教育结构下教育体系的起源。[②] 按照上述理想类型,阿切尔的研究主要从横向角度解释教育场域与国家权力之间的界限程度,以此分析教育的自主性。在纵向层面,阿切尔的研究对于分析国家权力如何下渗到不同层级的教育组织显得不足。相较而言,国家能力的概念可以有效地解决这一问题。更关键的是,无论是集权型还是分权型,国家都可以拥有强大的基础性国家权力,进而在纵向层面将权力下渗到教育组织的不同层级。

从上述关于国家能力结构的讨论中可以发现,无论是集权型国家治理模式还是分权型国家治理模式,都可以从中发现教育的自主性。在此,我们可以从国家能力的不足、限度和悖论的角度进一步阐明教育的自主性何以可能。

第一,国家能力的不足对于公民教育的影响。所谓国家能力的不足,在此主要指的是国家是否具备推动公民教育发展的财政资源和人力资源等。我们以晚清为例予以说明。

晚清开启了中国现代国家建构的进程,国家开始从传统的间接统治转向直接统治,为了推动新式教育的发展,晚清相继成立学部、学务处、劝学所,建立起从中央到地方的教育行政系统,将国家权力渗透到基层教育。在此过程中,国家试图将地方督抚、士绅的教育权力收归国家。然而,限于晚清的军事危机和财政危机,不论是学部还是学务处、劝学所,都无法获得最低限度的财政资源和人力资源。晚清国家与社会关系的变化在削弱国家控制能力的同时,提升了学校、教

---

① Archer, Margaret. Introduction[A]. in Archer, Margaret. *Students, University and Society: A Comparative Sociological Review*[M]. Heinemann Educational Publishers, 1972:1—35.

② Archer, Margaret. *Social Origins of Educational Systems*[M]. Routledge, 2013.

育组织等社会团体在教育中的影响力，这些社会力量借助再情境化的机会，通过修身等课程，传递平等、权利等现代民主观念。与此同时，清政府在清末新政中渐次实施的地方自治，允许成立会党组织、学生自治等政策，为社会力量，尤其是维新派、革命派吸引及动员学生创造了良好的结构性机会。而政府在学生发起学堂风潮等运动后的保守应对措施，如开除学生、严禁干政以及剥夺学生的选举权等，导致获得民主观念启蒙的学生从反对学堂的专制管理走向反抗清廷的专制统治，以致育才之举转为酿乱之阶。

第二，国家能力的限度对于公民教育的影响。所谓国家能力的限度，是指国家能力存在自身边界，其原因需要从国家自身和国家能力作用的对象两方面予以分析。

首先，从国家自身来讲，国家能力的实施依靠相应的国家职能部门。从横向看，国家政策的实施需要依靠相关国家职能部门的协作。从纵向看，国家领导者阶层、国家各中央机构的领导阶层与地方层次的国家官员对于问题的理解和利益考量存在差异和分歧。因而，国家存在着无法完全弥合这些差异和分歧的限度。例如，南京国民政府时期，中央训练部和教育部（大学院）共同负责主义教育的实施，然而，中央训练部和教育部（大学院）对于主义教育的定位是存在差异的。中央训练部作为国民党党务部门，其行动逻辑是执政党的政治逻辑（logic of political），强调通过三民主义教育塑造国民党统治的正当性。然而，蔡元培领导的大学院作为教育行政部门，其行动逻辑是教育系统的专业逻辑（logic of professional）。蔡元培在肯定主义教育必要性的同时，希望主义教育的实施可以遵循教育的基本规律，确保教育自主性。这是蔡元培推行大学院制度，以及最终与以中央训练部为代表的国民党中央产生分歧并辞职的重要原因。

其次，从国家能力所作用的对象而言，对象群体的多元化决定了国家无力针对每一类型的群体制定有针对性的政策措施。在此，我们以自晚清以来就存在的教科书编撰问题上国定制与审定制的争论予以说明。国定制的优点在于是全国统一标准，达到“一道德而同风俗”的目的，确保价值观念的统一。审定制的优点在于可以针对各地各学校的实际编撰教科书，具有灵活性的优势。然而，国定制教科书不仅不符合中国地域差异的现实，也导致了教科书领域因缺乏竞争而质量低下。[①]

再次，国家能力的悖论对于公民教育的影响。所谓国家能力的悖论是指国家能力与国家权力正当性之间的内在张力问题，即国家建构所需要解决的不同议题之间的张力问题。

鉴于公民教育在塑造国家权力的正当性、培养公民的身份认同、促进社会整合中的作用，国家及其他社会力量会积极争夺教育机制的话语权和控制权。在这个过程中，国家是否有能力掌控教育机制直接关系到公民教育在国家建构的进程中是起到正面作用还是产生负面影响。而国家能力的增强并非简单地意味着国家权力正当性的提升以及社会整合的实现，因为不受社会制约的国家能力将危及公民的个体自由，削弱国家权力正当性，甚至诱发国家权力的正当性危机，导致社会整合的失败。因而，问题的关键在于国家与社会力量对于公民教育尤其是国家权力正当性基础的理解是否能达成一致。在国家与社会对于国家权力正当性基础的理解存在分歧时，掌控教育机制的一方将决定公民教育的价值取向及发展变迁轨迹。晚清改革开启了国家建构进程，清王朝开始由传统国家转型为现代民族国家，国家权力的正当性基础日益发生转变。社会力量认为国家权力的正当性奠基于民主选举制度，提出培养立宪国民。[②]然而，清廷并未明确意识到其权力正当性基础的转变，仍旧试图通过修身、读经课程教授儒家伦理以固守儒法帝国权力的正当性基础。清政府与社会力量对于国家权力正当性的不同理解使得二者对于国家建构路径的选择必然发生分歧，加剧晚清国家与社会的分离，加速晚清帝国的崩溃进程。

上述讨论表明，国家能力的结构坚固与否和国家能力的强弱都会影响教育自主性的程度。国家能力的结构为教育自主性提供了可能空间，国家能力的强弱则决定了教育自主性能否转化为实践。当国家借助于国家能力制定并执行公民教育政策，试图实现社会整合并塑造权力正当性时，不论是国家能力的不足、限度，还是国家能力的悖论所引发的问题，都将为教育自主性提供相应的空间。

---

① 郑鹤声. 三十年来中央政府对于编审教科图书之检讨[J]. 教育杂志，1935（7）：37—39.

② 1911年8月，张元济在中央教育会闭幕词中指出，“良以我国政体既易专制为立宪，而教育之宗旨自不能不随政体而转移”，提出修改教育宗旨。中央教育会闭会答辞[N]. 大公报，1911年8月19日，第9版.

其次,教育机制揭示的教育自主性。

批判教育社会学对教育自主性问题已有广泛讨论。然而,这些再生产理论是“缺乏一种沟通理论的沟通理论”①,仅仅是提出了教育的自主性问题,不能揭示教育的自主性何以可能。对此,阿普尔认为,伯恩斯坦的教育机制理论是回答学校是否可以“创造一种新的社会秩序”的关键。因为教育机制理论可以揭示教育的“外部”如何影响“内部”以及教育本身是否可以对社会产生独立或至少相对自主的影响。②

受到涂尔干的启发③,伯恩斯坦认为,社会意识与社会分工之间最有力的联系不在于意识的具体内容,而在于它们的关系。因为,“阶级调控的符码将主体定位于支配和被支配的沟通形式以及它们之间的关系。意识形态经过定位作用在其中构成。就此而言,意识形态贯穿并规范了关系模式。意识形态并非是一种内容,而是实现这些内容的一种关系模式”。④

伯恩斯坦在1990年出版的《阶级、符码与控制》第四卷的开篇提出这样的问题:“权力分配和控制原则如何在主体层面被转化成不公平的组织原则,以这种方式定位主体并创造改变这种定位的可能性。”⑤第四卷一方面回应此前学者对于课程符码理论的批评,强调其课程符码理论并非说明工人阶级的教育失败是由于其语言缺陷,而是揭示语言符码与阶级、社会分工及社会控制形式之间的关系;另一方面,提出教育话语和教育机制概念,系统阐述教育与社会权力之间

① Bernstein, Basil. *Class, Codes and Control, V4, The Structuring of Pedagogic Discourse*[M]. London: Routledge, 2003:148.

② Apple, Michael. Does Education Have Independent Power? Bernstein and the Question of Relative Autonomy[J]. *British Journal of Sociology of Education*, 2002(4).

③ 涂尔干是给予伯恩斯坦符码理论最重要理论启发的思想家之一。伯恩斯坦不仅借助涂尔干的社会分工、有机团结、机械团结等概念来建构符码类型与权力的再生产关系以及中产阶级内部因社会分工而对于显性和隐性教学的不同态度,还明确指出教育自主性概念最早源自涂尔干《教育思想的演进》。Bernstein, Basil. *Class, Codes and Control, V4, The Structuring of Pedagogic Discourse*[M]. London: Routledge, 2003:151.

④ Bernstein, Basil. *Class, Codes and Control, V4, The Structuring of Pedagogic Discourse*[M]. London: Routledge, 2003:10.

⑤ Bernstein, Basil. *Class, Codes and Control, V4, The Structuring of Pedagogic Discourse*[M]. London: Routledge, 2003:10.

的矛盾与断裂，明确指出教育的相对自主性正是在矛盾与断裂之处得以生成。

在讨论符码的变化与符码的类型时，伯恩斯坦受到阿尔都塞和布迪厄的影响[①]，区分了象征控制场域、生产场域和国家场域等不同的权力领域。伯恩斯坦认为，符码分类原则与架构原则的强度变化与不同场域之间的相互关系有关。教育体系是象征控制场域话语资源的主要生产者和再生产者。符码分类强度的变化调节象征控制场域、生产场域与国家场域之间的自主性程度。[②] 就此而言，伯恩斯坦认为，教育的相对自主性取决于符码分类的强度。亦即，教育与生产场域的话语、行动者、实践和内在运作规则差别越大，教育的相对自主性越高。

基于此，伯恩斯坦将其早期的课程符码理论与后期对教育话语、教育机制、象征控制等议题的讨论建立连接，细致讨论象征控制场域中不同行动者的社会分工与意识塑造，以及在这个过程中教育的相对自主性。伯恩斯坦指出，象征控制是赋予意识一种特定形式的手段，并且通过沟通形式来分配，以传送一个给定的权力分配和支配的文化范畴。象征控制将权力关系转化成教育话语，也将教育话语转换成权力关系。因而，“象征控制本质上是人类的一种载体，承载着秩序和变迁的可能性。它的机构创造了反对、抵抗和挑战的焦点”。[③]

以上我们简述了伯恩斯坦的教育机制理论，并由此而探讨教育的相对自主性的理论脉络。可以说，正是由于学校教育既非简单再生产统治阶级的意识形态和价值观，也非完全地反抗和抵制统治阶级的意识形态和价值观，所以学校教育是“各竞逐团体争夺的斗争场域”。针对布迪厄和帕斯隆认为教育体系的相对自主性赋予教育体系一种中立的外表，从而掩饰教育的阶级偏见的观点[④]，伯恩斯坦认为，相对自主性不在于掩饰教育的权力和沟通的独断本质，从而导致教育中立性的幻觉，教育的相对自主性这个概念在于指出，“所有的教育话语都是

① Bernstein, Basil. *Class, Codes and Control, V4, The Structuring of Pedagogic Discourse*[M]. London: Routledge, 2003:39, 114.

② Bernstein, Basil. *Class, Codes and Control, V4, The Structuring of Pedagogic Discourse*[M]. London: Routledge, 2003:46.

③ Bernstein, Basil. *Class, Codes and Control, V4, The Structuring of Pedagogic Discourse*[M]. London: Routledge, 2003:115, 160.

④ 布皮埃尔·布尔迪约，J.—C. 帕斯隆. 再生产——一种教育系统理论的要点[M]. 邢克超，译. 北京：商务印书馆，2002：65—79.

一个冲突的竞争舞台,一个斗争和挪用的场合"。教育的相对自主性即是在斗争场域中争夺教育机制的话语权和控制权的结果。伯恩斯坦认为,"所谓教育话语的相对自主性是指,教育再情境化场域存在并影响官方教育实践的程度"。①

为了系统阐明教育机制如何使教育的相对自主性成为可能,我们分别从教育机制的基本构成逐一检视教育的相对自主性。伯恩斯坦指出,教育机制的"基本内在构成"包括分配规则、再情境化规则和评估规则。教育机制"基本内在构成"的三个规则之间具有次序性:再情境化规则源于分配规则,而评估规则源于再情境化规则。②

分配规则主要是调控权力、社会团体、意识形式、实践及其再生产和生产之间的根本关系,借由标记、分配不同知识类型(可思性知识与不可思性知识)及相应的意识形式给不同的团体。也就是说,分配规则标记并分配谁可以在何种条件下传递何种合法性话语给特定群体。因而,分配规则对应于生产场域。分配规则在以下两种情况下使得教育的相对自主性成为可能。

首先,分配规则所分配的意识采取抽象化的形式,因而,在意义内部有一个潜在的间隙。伯恩斯坦称之为"潜在的话语间隙",亦即对于分配原则有不同的诠释可能。因为这个潜在的话语间隙本身有着不同秩序、不同社会以及不同权力关系的可能性,所以,"任何权力分配会试图调控这个潜在性的体现"。③

其次,当生产场域缺乏初始情境的教育话语资源时,官方再情境化场域就无法从生产场域汲取相应的教育话语,从而实现再生产预期官方知识与教育认同的目标。黄庭康通过对新加坡华文学校的研究指出, 50年代,战后去殖民化的新加坡政府试图实行去中国化的学校课程,从而建构共同的新加坡认同。然而,移民社会和殖民统治的历史使其缺乏以新加坡为中心的话语资源,最终支持华文学校的社会组织、出版社等社会力量通过抗争得以继续使用以中国为中心的

---

① Bernstein, Basil. *Class, Codes and Control, V4, The Structuring of Pedagogic Discourse*[M]. London: Routledge, 2003: 151,181,170.

② Bernstein, Basil. *Class, Codes and Control, V4, The Structuring of Pedagogic Discourse*[M]. London: Routledge, 2003:156—181; Bernstein, Basil. *Pedagogy, Symbolic Control, and Identity: Theory, Research, Critique*[M]. London: Taylor & Francis, 2000:25—40.

③ Bernstein, Basil. *Pedagogy, Symbolic Control, and Identity: Theory, Research, Critique*[M]. London: Taylor & Francis, 2000:30.

教科书。①

再情境化规则调控特定教育话语的再定位。再情境化规则不仅是再情境化教育话语的连结方式，即何种教育话语可以成为教学实践的学科和内容（即符码理论所言的分类关系），而且也是再情境化教学理论的运作方式（即符码理论所言的架构关系）。因而，再情境化规则对应于再情境化场域。再情境化场域包括官方再情境化场域和教育再情境化场域。官方再情境化场域是指由国家及其所选择的行动者和部门创造和支配的再情境化场域。教育再情境化是指包括学校和学院的教师、教育学院、专业期刊、私人研究机构等构成的再情境化场域。

伯恩斯坦认为，由于再情境化场域是把初始情境的文本移动到次级情境，从而实现教育话语的再生产，因而，经过去情境化和再情境化的文本与初始情境中生成的文本不可能完全一致。对此，伯恩斯坦指出：

再情境化场域在创造教育的基本自主性方面具有至关重要的功能。我们可以区分出一个由国家及其所选定的代理人和部门创造与支配的官方再情境化场域，以及一个教育再情境化场域。后者包括学校和学院的教师、教育学院、专业期刊、私人研究机构。如果教育再情境化场域能够独立于官方再情境化场域而对教育话语产生影响，那么，教育话语及其实践就拥有一定的自主性与斗争性。但是，如果只有官方再情境化场域，那么就没有自主性。②

伯恩斯坦指出，教育再情境化场域的自主性程度可以深刻地影响学校教育话语的再生产。首先，当教育再情境化场域的力量强于官方再情境化场域时，教育再情境化场域创造的教育话语会挑战官方教育话语。民国初年，以全国教育会联合会为代表的社会力量推动实施公民教育即是例证。其次，由于教育再情境化场域及官方再情境化场域均有多种不同的行动者，这些行动者之间“存在一种冲突、对抗和惰性的潜在或实际的资源”，因而，这两个场域之间及场域内部存在着冲突的可能性，从而为教育的相对自主性提供可能空间。③ 南京国民政府

① Wong, Ting-Wong. *Hegemonies Compared: State Formation and Chinese School Politics in Postwar Singapore and Hong Kong*[M]. Routledge, 2002:181—195.

② Bernstein, Basil. *Pedagogy, Symbolic Control, and Identity: Theory, Research, Critique*[M]. London: Taylor & Francis, 2000:33.

③ Bernstein, Basil. *Class, Codes and Control, V4, The Structuring of Pedagogic Discourse*[M]. London: Routledge, 2003:172—175.

时期,蔡元培领导的大学院与以中央训练部为代表的国民党中央关于主义教育的分歧可资说明。

评估规则用于评估学生对根据分配规则及再情境化规则要求的教育内容的习得程度,对应于再生产场域。伯恩斯坦对于评估规则的论证相对薄弱。然而,评估规则绝不能因其处于次序性的最后而被忽视。评估规则可以在两种情况下为教育的相对自主性提供可能空间。首先,伯恩斯坦认为,教学实践最主要的是持续不断的评估。伯恩斯坦以架构强度区分的显性教学与隐性教学表明,相对于显性教学明显客观的评估标准,隐性教学的评估标准多元且具有弹性。因而,隐性教学的评估过程为教育的相对自主性提供了可能性。其次,教育具有重要的社会选拔功能,因而,评估规则借由分配阶层流动的机会,实现教育话语的目标。黄庭康研究香港华文教育后发现,在 1963 年香港中文大学建立之前,由于华文学校的毕业生无法顺利升入大学且没有获得充任政府公职的机会,华文学校持续抵制港英政府的中文中学会考,而选择到中国大陆或中国台湾地区升学,使得港英政府的评估规则难以实现“本地化”的预期效果。①

结合伯恩斯坦的教育机制理论,我们发现:国家和社会力量对国家权力的正当性会产生不同的理解,对于公民教育的价值取向也会有不同的选择。因而,国家和各种社会力量作为不同的行动者,会积极争夺在教育机制中的话语权和控制权,通过对公民教育价值的分配、再情境化和评估规则的掌控,实现各自的目标。其中,教育的自主性体现最为充分的环节是教育再情境化。在教育再情境化过程中,社会力量将根据其对于国家权力正当性基础的理解以及对于公民教育的理解,重新阐释教科书所表达的内涵,透过教师教学实践等传递不同于官方话语的价值观念。这就意味着在再情境化场域,国家无法垄断权力,社会力量因而可以通过教育再情境化影响官方再情境化,从而间接影响国家建构进程。第一,当教育再情境化力量较强,教育的自主性得到发挥时,社会力量产生的话语可以挑战官方教育话语。第二,由于不同行动者在再情境化场域中争夺话语权,因而,无论在官方再情境化还是在教育再情境化过程中,都潜在地存在冲突、抵制和惰性。正是由于教育自主性的存在,公民教育既有可能促进国家建构的

① Wong, Ting-Wong. *Hegemonies Compared: State Formation and Chinese School Politics in Postwar Singapore and Hong Kong*[M]. Routledge, 2002:181－195.

进程,亦有可能阻滞国家建构的进程。对此,晚清政府兴学引发的非预期后果充分说明了这一点。“今日之学堂,可以造人材,亦可以召世变。”① “同一教育也,可以智可以愚,可以强可以弱,此亦近古利用教育者之新发明也。”② 也正是由于教育的自主性,晚清的“育才之举转为酿乱之阶”。

第三,教师作为“基层官僚”的自由裁量权。

伯恩斯坦的教育机制理论侧重从自上而下的角度,阐明国家建构的一套教育机制如何掌控教育的话语权。然而,教育政策的实施依赖于大量的基层教师。教师在教育组织系统中的位置以及教师工作的特征使得教师在个体层面具有充分的自主性。对于教师在教育组织系统中的位置,我们借用李普斯基(Lipsky)的基层官僚(street-level bureaucracies)概念,结合教师工作的特征,从自下而上的视角,具体说明教师为何拥有较大的自由裁量权。

李普斯基认为,基层官僚是“公共服务人员,在工作过程中直接与公民互动,并且在执行工作时拥有大量的自由裁量权”。他明确指出,典型的基层官僚包括教师、警察及其他执法人员、社会工作者、法官、公职律师等,他们可以获得政府资助并为公众提供服务。③ 李普斯基具体阐述了基层官僚在政策执行中的关键角色,工作环境的特征以及如何运用自由裁量权应对前述工作环境。

教师作为基层官僚的自由裁量权首先源于政策本身的特征。现实情境的复杂性和多样性远超政策执行者的预想,因而,政策无法涵盖所有可能的情况。作为基层官僚,在复杂的工作情境中,教师难以直接从政策中得到具体的指导和支持,只能依赖自身的教育信念、教育机智(the tact of teaching)进行即时决策。其次,教师工作是一种联合实践,建立在师生协作互动的基础上,这意味着教育实践是在师生日常的即时互动中建构和生成的,协作互动的内容与方式无法事先作全面规定。因而,相比于教育政策的制定和评估者,教师掌握做出决策的信息优势。再次,相比于司法部门等专业领域工作人员受到严格的法律规则约束,教育实践内部的规则不明晰,需要教师具备丰富的缄默知识(tacit knowledge),

① 兴学刍议[J]. 四川教育官报,1908(5):2.

② 教育可以灭人国[J]. 教育杂志,1909(9):14.

③ Lipsky, Michael. *Street-level Bureaucracy: Dilemmas of the Individual in Public Service*[M]. Russell Sage Foundation, 2010:3.

教师工作难以标准化。作为基层官僚，教师不仅需要在教育实践中决定教学内容的取舍，也需要决定教学内容的解释。因而，教师在教育实践中，既是教育政策的执行者，也是教育政策的制定者，拥有较大的自由裁量权。

基于上述三个层次的理由，教育自主性源于自上而下和自下而上两个不同的路径。从国家的角度，教育自主性源于国家能力的结构以及国家能力的不足、限度与悖论，国家无法掌控教育机制的各个环节；从教师个体角度，教育自主性源于教师在实践层面寻求自主的结果。这表明，一方面，宏观的教育与国家关系层面以及中观的教育组织系统属于教育自主性的结构性条件，限定了教育相对自主性的可能空间。当强大的国家能力试图掌控教育机制的各个环节时，教师仅能在非常有限的空间享有自主权。在不考虑国家能力的正当性悖论时，如果国家能力足够强大，可以做到福柯式的全景式监控，那么，即便教育实践具有联合实践的人际互动特性，教师个人实际拥有的自主空间也极为有限。另一方面，即使国家有意愿也有能力掌握教育机制的各个环节，但由于国家能力的限度与悖论，加之教师个体对于专业自主的理解，借助教育机制尤其是再情境化场域，教师个人仍可在微观层面享有自主性。换言之，宏观层面教育自主性的降低或丧失并不意味着微观层面教师自主权的降低或丧失。相应地，教育系统相对于政治、经济自主性的增强并不必然意味着学校自主性的增加，学校自主性的增强也不必然意味着教师自主性的增加。因而，我们需要分层次讨论教育自主性的可能性，关注教育自主性可能性的不同方式，以及由谁享有自主性。只有分别澄清不同层次的教育主体所享有的自主性，才能明晰在具体的教育问题中不同的教育主体所应承担的教育责任。①

对于教育自主性而言，教师的专业自主是关键的主观能动性因素。因为教育自主不能仅仅视为被动地授予的结果，而要视为教师积极争取的产物。由于教师工作联合实践及其内部规则不明晰的特性，教师作为基层官僚总是拥有或

---

① 学术界关于教师个体层面教育自主的研究囿于学科视野，从教育场域的微观实践层面讨论教师专业自主问题，无法揭示在政府将教育作为一种国家治理术的深层逻辑下，教师专业自主何以可能。参阅：李茂森. 教师专业自主：何以可能与如何可能[J]. 教育发展研究，2008（2）.

强或弱的自主性。换言之,教师自主是一个程度概念,而非零和的概念。[①] 对于缺乏能动性的教师,即便有自主的条件,也不会珍惜运用。“有高度自主感的教师以个人判断引导其对学生的教学工作,而低自主感则意味着教师感到自身活动经常受到人员、规则或机构等外部力量的限制。” [②]

（三）教育自主性的限度

杜威难题的实质是对国家专断权力的警惕。杜威认识到现代国家在实施公民教育的过程中可能侵蚀个体自主等民主教育的目标。因而,对教育自主性的确认是回应杜威问题的关键环节。如果教育没有任何自主性可言,那么教育就完全是国家权力主导下社会关系的再生产,教育过程的全部社会目的就会被限制、被腐蚀。我们已经从教育与国家关系、教育组织系统和教师个体等层面讨论了教育自主性的必要性和可能性。鉴于中国的强国家传统,教育者对杜威难题有更深切的体悟,因而也更强烈地主张教育的自主性,希望教育能成为独立于政治的社会系统,摆脱国家权力对于教育的干预。例如 20 年代教育组织针对政治随意干预教育而发起的教育独立运动即是明证。[③] “教育事业,当完全交与教育家,保有独立的资格,毫不受各派政党或各派教会的影响。” [④]

然而,确认教育相对自主性的必要性以及可能性,并非意味着教育具有绝对的自主性。教育的自主性是有限度的,是相对的自主性。对此,涂尔干有深入的思考。涂尔干明确否认存在“绝对自主的个人”,“绝对意义上的自主性根本就不存在”。因为,绝对自主的个人观念“从自身个人的抽象概念出发,并从中挖掘内容。既然有了绝对自主的个人的既定观念,他们便只依赖于自身,无视历史的先辈,也无视社会环境”。[⑤]

---

① 教师专业自主具有“强”与“弱”的概念之别。Šteh, Barbara, Barica & Požarnik, Marentič. Teachers' Perception of Their Professional Autonomy in the Environment of Systemic Change[A]. in Beijaard, etal. *Teacher Professional Development in Changing Conditions*[C]. Springer Netherlands, 2005:349－363.

② Street, Mary & Licata, Joseph. Supervisor Expertise: Resolving the Dilemma between Bureaucratic Control and Teacher Autonomy[J]. *Planning and Changing*, 1989(2): 98. 转引自：慕宝龙. 教师专业自主的概念论争及其思考[J]. 教育学报，2014（5）：115.

③ 姜朝晖. 民国时期教育独立思潮研究[M]. 北京：中国社会科学出版社，2008.

④ 蔡元培. 教育独立议[J]. 新教育，1922（3）：317.

⑤ 埃米尔·涂尔干. 乱伦禁忌及其起源[M]. 汲喆，等，译. 上海：上海人民出版社，2006：169.

个体能够享有的自主性,并不是对自然的抗拒——这样的反叛不仅很乏力,也不会有结果,无论其矛头所针对的是物质世界的力量,还是社会世界的力量。对人类来说,自主意味着理解他不得不承受的必然性,并基于对各种事实的充分认识去接受它们。我们不可能违背事物的本性去制定事物的法则,不过,我们却可以自由自主地思考它们,也就是说,通过思考把它们变成我们自己的东西。[①]

涂尔干认为,自主性的前提是对社会事实必然性的认识和尊重。"约束是一切社会事实的特性。"[②]因而,无论对于个体、社会力量还是对于国家,都需要不断寻求相应社会事实的必然性,在尊重这一必然性的基础上主张其相对的自主性。

涂尔干之所以探讨自主性的限度问题,源于他和同时代的思想家对法国大革命"拒不妥协的个人主义"的反思。[③]涂尔干认为,法国大革命时期的不断革命是因为人民公意的任意性无法受到有效的约束。"对于我的意志已经决定的事情,我的意志也可以取消它。可变性是意志的本性,意志无法作为任何稳定事物的基础。"[④]涂尔干认为,个体意志的任意性源于作为立法科学的伦理学提出个体可以凭借理性推理建立道德法则,因而个体有"凌驾于社会秩序之上的无限的权力"。个体凭借运用理性或服从道德法则可以完全自主地行动,从而导致个人的主观性和任意性。因而,革命后的实证主义社会学学者开始思考如何通过社会法则的发现来限制人民意志的任意性问题。"必须从社会本身的性质中去寻求对社会生活的解释。"[⑤]

一方面我们反对绝对自主的国家,绝对自主的国家就是拥有不受限制的专断权力的极权主义国家;另一方面,我们也反对绝对自主的社会和个人,社会和

---

① 埃米尔·涂尔干. 职业伦理与公民道德[M]. 渠东,等,译. 上海:上海人民出版社,2001:96.

② E. 迪尔凯姆. 社会学方法的准则[M]. 狄玉明,译. 北京:商务印书馆,1995:136.

③ 埃米尔·涂尔干. 对于法国大革命"拒不妥协的个人主义"的思考,以及自主性与社会法则之间关系的系统阐述详见:陈涛. 人造社会还是自然社会——涂尔干对社会契约论的批判[J]. 社会学研究,2013(3);陈涛. 法则与任意——从社会契约论到实证主义社会学[A]. 强世功. 政治与法律评论(第四辑)[C]. 法律出版社,2014:206—257.

④ 埃米尔·涂尔干. 职业伦理与公民道德[M]. 渠东,等,译. 上海:上海人民出版社,2001:112.

⑤ E. 迪尔凯姆. 社会学方法的准则[M]. 狄玉明,译. 北京:商务印书馆,1995:118.

个人也只拥有有限理性，而且可能只从私人利益出发，把私人意志当作公意。对此，孔德指出，人民主权学说“只是用人民的跋扈，或者更正确点说，用个人的跋扈，替换了国王的跋扈”。[①]因而，无论是国家、社会还是个人，都只拥有相对的自主性，自主性存在限度的根本原因在于社会事实的必然性。[②]

这就是我们所拥有的唯一的自主性，也是唯一对我们有价值的自主性。它不是我们从自然中预先建构的自主性，也不是我们在我们与生俱来的构造性质中所发现的自主性。相反，正因为我们获得了事物的更完备的知识，所以我们自己塑造了这种自主性。[③]

基于上述讨论，对于教育自主性限度的思考可以进一步从教育与国家关系、教育系统和教师个体三个层次具体阐述。

第一，个体及社会力量不能从国家层面思考公民教育的必要性。

从教育与国家关系的层面看，国家建立国民教育体系、推行公民教育的目的在于塑造国家权力的正当性，实现社会整合。国家建构及其进程是公民教育兴起与发展变迁的根本原因。对于公民教育而言，政治性是其根本属性。因而，在确证教育自主性的同时，不能为了避免国家专断权力对教育的侵蚀，简单而武断地割裂教育与国家的互动关系。正是国家建构的进程，催生了现代公民教育的兴起，也为公民教育的发展提供了必要条件。认识教育与国家建构、公民教育与国家建构之间的互动关系，是理解教育自主性限度的首要因素，也是根本因素。

当我们从国家建构的角度认识到教育与国家建构、公民教育与国家建构之间的深层逻辑时，可以发现，国家建构是国民教育体系建立的根本原因，也是公民教育兴起与发展变迁的根本原因。这就决定了我们在讨论教育自主性问题时，必须在教育与国家关系的论域进行思考，承认国家自主性，即国家需要借助公民教育实现国家建构的两个基本任务。

现代社会，接受教育既是一项权利，也是一项义务。这一表述明确地表达了

---

① 孔德. 实证政治体系[M].// 圣西门. 圣西门选集(第2卷). 董果良，译. 北京：商务印书馆，2017：138.

② 福柯认为，由于知识与权力的关系，所谓的“自我”“法则”都是在权力的影响下建构出来的，是虚构的。因而，福柯否认存在着任何类似于自主性的事物。詹姆斯·马歇尔，米歇尔·福柯. 个人自主与教育[M]. 于伟，李姗姗，译. 北京：北京师范大学出版社，2008：77—83.

③ 埃米尔·涂尔干. 道德教育[M]. 陈光金，等，译. 上海：上海人民出版社，2001：117.

教育功能的双重性。从个体的角度,接受教育是公民的权利,学校是一个“教育性”机构,旨在将儿童培养为自主的个体;从国家的角度,接受教育是公民的义务,学校是一个“政治性”机构,旨在将儿童培养为国家的公民。教育在个体和国家之间承担着双重使命。教育是社会的重要组成部分,首先,社会的权利来自国家的保障;其次,社会也存在任意性。因而,教育自主性是相对自主性,而不是绝对自主性。“绝对意义上的自主性根本就不存在。”① 不论是个体、社会力量还是国家,都需要根据公民教育与国家建构的互动关系以及国家建构面临的具体任务,在个体与国家之间寻求平衡,否则,就可能利用其自主性造成非预期的危险。

在此,我们以民国初年的例子予以说明。南北议和之后,北京政府仍面临着严重的军事危机、财政危机和正当性危机。在袁世凯复辟失败后,政局更迭更加频繁。当时的中国,正如亨廷顿所言:“首要的问题不是自由,而是建立一个合法的公共秩序。”② 由于政局不稳,国家建构的首要任务是稳定社会秩序,因而公民教育的首要任务是促进社会整合。然而,历经新文化运动对于个人解放的倡扬,当时教育界和知识界对于公民权利与义务的关系、教育目的、价值取向的认识发生了转变。③

此时知识界和学生群体中对于权利,尤其是所谓公意的诉求,近似于涂尔干所批评的法国大革命时期人民追求公意而形成的“拒不妥协的个人主义”。卢梭的“主权在民”“公意”学说早在清末就传入中国,尽管清廷视其为谬论邪说,但知识界将其作为革命的思想资源,广为推崇传播。民国成立后,知识界进而将卢梭学说作为巩固新生共和的关键,通过报刊、教科书等方式传播。“主权在民”“公意”学说成为五四时期的重要信念。④ 在这种背景下,当时政局的频繁更迭,固然是不同政治力量博弈的结果,学生运动等力量因“拒不妥协的个人主义”,以众意的名义对抗政府及教育部门也是不可忽视的重要因素。

① 埃米尔·涂尔干.职业伦理与公民道德[M].渠东,等,译.上海:上海人民出版社,2001:73.

② 塞缪尔·亨廷顿.变化社会中的政治秩序[M].王冠华,等,译.上海:上海人民出版社,2008:6—7.

③ 具体阐述参阅:第三章第四节之“公民身份地位:个体价值的肯认”。

④ 庄泽晞.卢梭学说在清末的传播方式与影响所及——对知识、舆论及现实政治的检讨[J].中山大学学报:社会科学版,2019(1).

杨中明通过对1922年学潮的统计指出，在纳入统计的百余起学潮中，有101起是由学生发起的。学潮的缘由包括校长、教员和学生自身等多方面。杨中明指出，部分学潮的发生具有任意性。“有的是随机即发；有的是酝酿好久。”[①] 冯友兰在1925年评论学潮时指出：“当时的风气，在一个大学中，如果某一个人要想达到一个什么目的，他会用一些阴谋诡计，挑动学生起来同校长为难。”[②] 时任中学教员的刘薰宇反思指出，“教育界既对于一切政治问题都想干涉，便几乎忘了本己的生命而不断地和政治界冲突”，任意性学潮的后果便是“教育界自身遂陷于风雨飘摇的形式”。[③]1932年7月，行政院发布的《整顿教育令》亦称：“十余年来，教育纪律愈见凌替，学校风潮日有所闻。学生对于校长，则自由选举，如会议之推举主席；对于教授，则任意黜陟，如宿舍之雇用庖丁。甚至散传单以谩骂，聚群众以殴辱，每有要求，动辄罢课以相挟持。及至年终，且常罢考以作结束。”[④]

第二，教育系统的部门利益使其滥用教育自主性。

教育系统是国家机器的组成部分，教育系统内部存在从中央到地方的不同层级。因而，部门利益与国家利益之间、中央与地方之间的距离在为教育自主性提供可能空间的同时[⑤]，也造成因区隔而产生的部门利益。对此，最早讨论教育自主性问题的涂尔干，通过对法国教育史的梳理指出，12世纪巴黎大学利用梵蒂冈教廷与巴黎本地教会的权力斗争，获得摆脱本地教会控制的相对自主性。然而，巴黎大学的教师法团在取得并垄断执教权之后变得保守。为了维护自身利益，教师法团运用其相对自主性长期抗拒将科学纳入学校课程，阻碍了法国的

---

① 杨中明. 民国十一年之学潮[J]. 新教育，1923（2）：304，306.

② 冯友兰. 三松堂全集（第1卷）[M]. 郑州：河南人民出版社，2000：57.

③ 刘薰宇. “五四”以来的教育[J]. 教育杂志，1926（5）：3.

④ 整顿教育令[J]. 国民政府公报，1932（洛字49）：8.

⑤ 伯恩斯坦指出，符码分类强度的变化调节象征控制场域、生产场域或国家场域之间的自主性程度。Bernstein, Basil. *Class, Codes and Control, V4, The Structuring of Pedagogic Discourse*[M]. London: Routledge, 2003:39. 布迪厄指出，社会的主导阶级、教育体系与教育工作者之间两个层次的委托导致主导阶级与具体的教育行动之间存在区隔，从而成为教育的相对自主性的来源。皮埃尔·布尔迪约，J.—C. 帕斯隆. 再生产——一种教育系统理论的要点[M]. 邢克超，译. 北京：商务印书馆，2002：65—79.

科学进步与国家发展。[①]

首先，从横向组织而言，国家政策的实施需要依靠相关国家职能部门的协作。然而，国家不同部门有不同的组织目标和利益，国家存在着无法完全弥合这些差异和分歧的限度。例如，1928年2月，国民党改组中央党部，成立中央训练部，随后南京政府宣布实施训政。“训政之目的，即以保养、教育此主人成年而还之政。”[②]中央训练部为训练国民，积极参与教育事务，争夺教育的主导权。针对1928年5月大学院主导的第一次全国教育会议议决的《厉行全国义务教育案》，6月4日，中常会第143次会议议决“制定普及全国小学教育计划交训练部起草”。[③]然而，中央训练部并不具备制定教育政策的专业能力。中央训练部致函中常会，一方面称，“本部关于小学教育之各种调查材料甚为缺乏，且本部党义教育科人数甚少，亟待办理之事务甚多，故此项计划如由本部单独起草，于事实上，诚恐有不易办理之处”，因而由中央训练部会同大学院设立普及全国小学教育计划委员会办理；另一方面，为保障对教育的主导权，中央训练部建议“委员会所议决之各种案件，均须呈由中央执行委员会核准施行”。[④]中央训练部在不具备相应专业能力的情况下，出于部门扩张的目的，与大学院争夺教育的主导权，影响了义务教育发展。

其次，从纵向组织而言，教育系统内部从中央到地方的不同层级亦有不同的组织目标和利益。国家领导者阶层、国家各中央机构的领导阶层与地方层次的国家官员对于政策的理解和利益考量存在差异和分歧。因而，在科层制中的下级组织会利用代理人监控困难，通过选择性执行[⑤]、置换上级推行的政策目标以

---

① 埃米尔·涂尔干. 教育思想的演进[M]. 李康，译. 北京：商务印书馆，2016：116—132.

② 确定训政时期党、政府、人民行使政权治权之分际及方略案（1929年3月21日）[G]// 荣孟源. 中国国民党历次代表大会及中央全会资料（上册）. 北京：光明日报出版社，1985：658.

③ 第二届中常会第一百四十三次会议（1928年6月4日）[G]// 中国第二历史档案馆. 中国国民党中央执行委员会常务委员会会议录（四）. 桂林：广西师范大学出版社，2000：389.

④ 函中央常务会议拟由本部会同大学院设立普及全国小学教育计划委员会案请公决由[J]. 中央训练部部务汇刊，1928（1）：10—11.

⑤ O'brien, Kevin & Li, Lianjiang. Selective Policy Implementation in Rural China[J]. *Comparative Politics*, 1999(2).

及组织共谋应对上级组织检查政策执行效果① 等方式谋取部门利益。

无论是修身、公民还是三民主义，由于道德品质和政治立场的标准模糊，学校在教授尤其是考核时，都做了知识化的处理。晚清政府为了确保培养忠于清政府的新式人才，通过《奏定学堂章程》大幅增加儒家经典的比重，将每周总计30课时的40%用于读经。这一以忠孝为本的教育内容遭到知识分子激烈的批评，不少学堂利用学堂章程变通规定，以修身科替代读经科。相比读经科，修身科吸收了西方政治、伦理观念，如权利与义务、公德与私德、自由平等和博爱等，这些观念与清政府所希求的传统忠君观念迥异，侵蚀着清政府的正当性基础。南京国民政府为保障主义教育的效果，制定了严格的党义教师检定政策，地方教育行政部门、学校与教师共谋以逃避检定。教师资格检定时，地方教育行政部门通过降低标准、伪造材料等共谋行为，使党义教师达到中央政策要求。1929年7月，南京特别市执委会训练部致函中央训练部称："欲使青年受本党主义之熏陶，端赖校中负训育责任者随时训练开导。"然而，各学校或设训育会或设训育员，以代训育主任之职，"藉达避免检定之巧计"。②

第三，教师消极运用自由裁量权，拒绝承担国家设定的教育责任。

"教育自主性何以可能"部分讨论了教师作为基层官僚所拥有的自由裁量权。教师对自由裁量权的运用可以分为积极运用和消极运用两种形式。教育政策学者鲍尔（Ball）在《学校如何实施政策》一书中，基于对四所英国中学的质性研究，细致地刻画了教师面对国家制定的教育政策，或积极或消极的应对策略。鲍尔具体归纳了八种应对政策的行动者：叙事者、主办人、旁观者、执行者、热心人、阐释者、批评者、接受者。③ 我们应该引导教师选择积极运用自由裁量权，限制教师消极运用自由裁量权。

在李普斯基的研究中，自由裁量权被视为教师为尽量减少工作的负面影响（如工作压力或人身安全），从而减轻工作挫折感的一种自我保护方法。然而，尼

---

① 周雪光. 中国国家治理的制度逻辑：一个组织学研究[M]. 北京：生活·读书·新知三联书店，2017：196—236.

② 为现由中央执委员会规定中小学训育主任办法转饬一体遵办由[J]. 教育部公报，1929(8)：94.

③ Ball, Stephen , et al. *How Schools Do Policy: Policy Enactments in Secondary Schools*[M]. Routledge, 2011.

尔森（Nielsen）的研究指出，自由裁量权不仅是教师避免挫折的方式，也是教师获得工作满足感的方法。[①] 自由裁量权的积极运用是基层官僚在与服务对象的互动过程中，根据服务对象的特殊需求而做出的超出政策规定的服务。

教师对于自由裁量权的积极运用有助于提升教师实践的专业化。反之，教师对自由裁量权的消极运用则降低了教师实践的专业性，并导致教师面临信任危机和专业自主的正当性危机。瑞夫（Reeve）的研究从教师对上级施加的压力、学生的被动消极反应和教师本人内部的控制导向性倾向等方面，分析了教师尽管认可学生在教师支持其自主权时更受益，但却选择了控制性教学风格的七个原因。[②] 教师之所以选择消极运用自由裁量权，受到教师所处的制度情境、教师的专业化程度[③]，以及教师工作自身特征等因素的影响[④]。其中，关键的原因在于教师工作自身的特征。相对于其他因素，教师工作自身的特征具有客观性和普遍性。

首先，教师所处的制度情境影响教师的应对策略。教师所处的制度环境是教育工作的结构性因素，限定了教师可资利用的资源以及教师工作所面临的评价压力。在本研究的逻辑中，当国家权力强有力地渗透到基层学校教育实践中，建构严密的教育机制，从而掌控教育场域的整个环节时，教师自由裁量权的积极运用就会受到限制，自由裁量权的消极运用将被迫强化。反之，当国家权力无力或适度地渗透到基层学校教育实践，官方和社会力量均无法独立掌控教育机制时，尽管教师仍有可能消极运用自由裁量权，然而，这种制度情境为自由裁量权的积极运用创造了可能空间。

民国初年，国家无力掌控教育机制，民间教育组织成为制定壬戌学制以及推动公民教育运动的主导力量。教师在学校实践中，积极运用自由裁量权，传播公

① Nielsen, Vibeke. Are Street-level Bureaucrats Compelled or Enticed to Cope?[J]. *Public Administration*, 2006(4).

② Reeve, Johnmarshall. Why Teachers Adopt a Controlling Motivating Style Toward Students and How They Can Become More Autonomy Supportive[J]. *Educational Psychologist*, 2009(3).

③ Evans, Tony. Professionals, Managers and Discretion: Critiquing Street-level Bureaucracy[J]. *The British Journal of Social Work*, 2010(2).

④ 影响教师选择消极运用自由裁量权的因素还包括学校组织特征、学校的管理方式、学生群体特征等。本部分基于问题意识，仅选择与近代公民教育发展密切相关的因素予以讨论。

民意识，推行学生自治。南京国民政府时期，国民党为推行独裁统治，凭借较强的军事力量和从中央到地方的各级党组织，建立了更为完善和严格的教育机制。教师尽管对三民主义教育有异议，但为了规避风险，只能选择消极运用自由裁量权。

其次，教师专业化程度影响教师的应对策略。自主性是专业化的核心概念和具体体现。[①] 一个职业成为专业意味着从业人员可以自主决定专业事务。据此，医生、律师等职业被称为专业，教师、护士和社会工作等职业被称为半专业（semi-professionalism）。[②] 教师可能被认定为半专业，表明教师的专业地位与医生、律师相比存在差距。由于专业化程度较低，教师可能为了完成工作任务，纾解工作压力，选择消极运用教育自主权抵制来自外部的合理要求和干预。研究表明，因为缺乏专业知识或专业责任，不少教师在教育实践中，在教育内容方面选择定位为传递者而非开发者，在教育方法方面选择路径依赖而抵制教育创新。[③] 正是教师专业化程度的差异影响教师选择不同的应对策略。我们从教师的职业地位和专业承诺两方面讨论教师专业化程度对自由裁量权选择的特殊影响。

从专业社会学的角度看，职业地位的高低首先取决于专业知识的掌握程度。教师掌握经过专业训练的专业知识越系统、精深，在教育实践中越能按照教育的内在规律行动，其行动也越能得到管理者以及社会公众的尊重，相应地，教师自主性也更少受到其他因素的影响。杰克逊（Jackson）指出教师普遍缺乏专业素养，呈现高度的观念简单性。在为自己的教育行为辩护时，教师往往称某项行为“感觉”（feel）是对的，而非“知道”（know）是正确的。[④] 缺乏专业素养使教师丧失捍卫专业自主权的基础。近代公民教育的教员与其他学科教师相比，专业化程度较低，更倾向于宣讲教材，做一名教书匠。清末报刊文章及视学

---

① Gewirtz, Sharon, et al. *Changing Teacher Professionalism: International Trends, Challenges and Ways Forward*[M]. Routledge, 2009.

② Etzioni, Amitai (ed). *The Semi-professions and Their Organization: Teachers, Nurses, Social Workers*[M]. Free Press, 1969.

③ 柯政. 理解困境：课程改革实施行为的新制度主义分析[M]. 北京：教育科学出版社，2011.

④ Jackson, Philip. *Life in Classrooms*[M]. Teachers College Press, 1968:129—155.

报告屡屡指出修身、读经科教员多为“迂老无用之绅士”[①]“八股老秀才”“老学究”。[②]1914年10月，教育部总长汤化龙视察京师各公立中学校时发现，“修身系讲德论，主讲员之态度言语均不合法。至关于本论之私德公德，仅就讲义直述，未能引证古今事实，分别辩明，撮厥纲领书于黑板，诱其注意，以为各生躬行实践之助，是其最大阙憾”。[③]1929年7月，陶其情指出：“党义教师的地位，连担任自修课的教员都不如。”[④]

教师对自由裁量权的选择还受到教师自身专业承诺的影响。弗里德森（Freidson）指出，专业精神的主要特征是注重服务对象福祉而非经济事项优先的价值观，以及对自己的工作有一定程度的控制。[⑤]教师专业承诺的重要意义在于赢得学生及社会公众对教师的信任，从而获得对专业事务的自由裁量权。近代公民教育教员是在师资极度匮乏的情况下获得简任，缺乏对教育尤其是公民教育的专业承诺，难以得到学生及社会公众的信任。如郭沫若在成都府中学的修身科成绩即明显低于其他科目，勉强及格。[⑥]1907年，河北省视学张良弼查视邯郸县高定小学堂发现，“阅其试卷，修身科前数名皆直抄原文，竟有一字不差者，似平日有专事记诵、不求理解之弊”。[⑦]对于主义教育的效果，时任立法院副院长兼国民党中央宣传委员会主任委员的邵元冲指出，“学校中现在往往有‘党义课’，可是讲党义的人，自己没有深刻的研究，不能有好多理论的发挥，与事实的引证，听的人当然感觉到干燥无味，结果也就使大部分学生，都不愿上这一课”。[⑧]

再次，教师工作的特征影响教师的应对策略。教师工作的重复性、工作情景的复杂性和服务对象的双重性，使得教师可能利用教育的自主性，拒绝承担国

---

① 论教育之不能普及[J]. 东方杂志，1904（11）：249.

② 问天. 述内地办学情形[J]. 教育杂志，1909（7）：43—46.

③ 视察京师各公立中学校通知书[J]. 京师教育报，1914（12）：2—3.

④ 陶其情. 难乎其为党义教师[N]. 民国日报（上海），1929年7月11日.

⑤ Freidson, Eliot. *Professionalism, the Third Logic: On the Practice of Knowledge*[M]. University of Chicago Press, 2001.

⑥ 桑兵. 晚清学堂学生与社会变迁[M]. 桂林：广西师范大学出版社，2007：188.

⑦ 张良弼. 查视邯郸县学务情形报告[J]. 直隶教育杂志，1907（13）：43.

⑧ 邵元冲. 如何研究总理遗教[J]. 中央周报，1932（211）：1.

家赋予的教育责任。第一,教师教育实践是重复性劳动,缺乏挑战,使得缺乏教育信念和自我效能感的教师容易产生职业倦怠。教师教育实践的重复性既包括在教育内容层面每年或每几年重复轮替,也包括在教育手段层面每学期、每天、每节课的反复运用。杰克逊生动而具体地揭示了制度化学校生活中例行公事的教育事务。[①]第二,教师的工作特征与工作情境的重复性滋生的保守心态使得教师倾向于采用既有的教育策略消极应对。不论是教育对象(习性、动机、能力等)、家庭期望,还是教学内容(显性知识与缄默知识)与方式,都存在显著的差异,使得教师的工作情境呈现高度的复杂性。班级授课制使得教师需要同时面临数十乃至上百名学生及其家长,更加剧了这种复杂性。复杂的工作情境和数量可观的突发性琐碎事务,要求教师具备专业的知识和充沛的精力予以灵活应对。然而,教师可利用的资源,无论是时间还是精力都有限。第三,教师作为连接学生和国家的中介,既需要完成国家赋予的教育职责,也需要满足学生的教育需求。当两方面的需求存在差异甚至冲突时,教师往往根据自己的教育信念和偏好予以应对。

由于教师工作缺乏明晰的规则以及师生互动的工作属性,教师在教育实践中普遍享有自由裁量权。尽管国家和教育行政部门会通过各种管理措施限制教师的自由裁量权,但教师的自由裁量权不可能随着管理的改进而完全消失。在这样的前提下,教师教育实践的重复性、工作情景的复杂性和服务对象的双重性,使得教师可能滥用教育自主性,作为拒绝承担教育责任的挡箭牌。也正是在这个意义上,有研究者指出教育自主性并非越高越好,而是需要基于教师的专业知识,在自主和责任之间寻求平衡。[②]

综上所论,教育自主性有其独立的价值。然而,教育自主性也有其限度,没有也不应有毫无限制的教育自主性。教育自主是一个程度的概念,而非零和的概念。我们主张的是教育的相对自主性。当我们从宏观的教育与国家关系、中观的教育组织系统以及微观的教师实践等不同层面讨论教育的相对自主性议题时,我们可以清晰地认识到教育自主性的必要性、可能性及其限度。

---

① Jackson, Philip. *Life in Classrooms* [M]. Teachers College Press, 1968: 1—37.

② Anderson, Lorin. The Decline of Teacher Autonomy: Tears or Cheers? [J]. *International Review of Education*, 1987 (3).

不论是国家还是教育，都可能误用、滥用其自主性，因而，本研究试图推进对于公民教育与国家建构互动关系必然性的认识。国家实施公民教育的核心议题即在于通过公民教育让公民认识到公民与国家关系的社会必然性。一方面，要通过公民教育让公民认识到国家实施公民教育的正当性，限定公民个体以及教育的任意性；另一方面，要通过公民教育让公民认知国家权力的正当性基础，限定国家权力的任意性。

四、公民教育与国家建构的良性互动

在确证国家的相对自主性和教育的相对自主性之后，我们可以进一步讨论公民教育与国家建构的互动。对于公民教育与国家建构的互动，我们可以分为两个层次进行考察。首先是宏观层面：随着现代国家建构的进程，国家性质、社会性质以及国家与社会关系随之变化。国家建构对于社会整合以及塑造国家权力正当性的需求促使公民教育的兴起、发展与变迁。国家借助国家权力，通过教育机制掌控公民教育的发展。公民教育则通过公民身份地位、公民身份归属感和公民身份实践等环节及其相互作用影响公民对于国家政策及行动的反应，公民对国家政策及行动的承认、支持、抵制与不作为等反应形塑了国家能力及国家与社会关系，间接地影响国家建构进程。其次是微观层面：在公民教育与国家建构互动的每一个环节，国家与社会都在进行着不断的沟通与博弈，正是这些反复的沟通与博弈构成并丰富着公民教育与国家建构互动的完整图景。

在公民教育与国家建构良性互动的图景中，一方面，公民教育的实施，可以促进公民身份的观念传播和制度建构，推动社会整合；也可以通过政治－法律公民身份和文化－心理公民身份的教育，促进国民对政治国家和文化国家的认同，塑造国家权力的正当性，从而促进国家建构。另一方面，国家通过掌控教育机制为公民教育设定目标与内容，并为实施公民教育提供条件。如果公民教育与国家建构可以实现良性互动，那么，公民教育领域的杜威难题就可以得到破解。

从国家建构的视野出发，国家与社会的关系问题可以阐述为：随着国家直接统治的建立，国家权力逐渐渗透到社会的各个方面，国家与社会在反复的沟通与博弈中不断调整着自身的边界。正如米格代尔所指出的，一方面，我们看到现代社会中无处不在的国家权力，国家机构对民众日常生活产生持续而深刻的影响。另一方面，我们也应注意到国家政策在实际执行中与官方预期的背道而驰，这一点在微观层次的政策执行中表现得尤为明显。[①]

国家与社会的分离源自对西欧国家形成历史经验的考察。对于这一历史进程，自由主义学者将其阐述为社会力量争取权利并制衡国家权力的过程，国家中心主义学者则关注在这个过程中国家如何将权力下渗到基层社会、实现社会整合。国家与社会的关系并非二元对立，而是彼此嵌入，协同互动。两种立场的差异源于其所持的国家观与权力观不同。涂尔干清晰地认识到现代社会面临着国家能力在不断增强而个人对抗国家权力的权利也同样获得发展的矛盾。针对国家强制与个人自由之间的张力，涂尔干提出道德个体主义的观点。涂尔干在讨论国家与个人的关系时明确指出："解决这个难题的唯一途径，就是要反驳认为个人权利是先天的前提，指出有关这些权利的制度的确明显属于国家的任务。"他进一步解释道：

> 我们能够理解，在国家职能逐步拓展的同时，个人并没有消弭。我们也看到，个人的发展也不会使国家走向衰落，因为他本身在某些方面就是国家的产物，因为国家的活动从根本上就是要解放个人。就事实来说，历史给出了最权威的证明，这种因果关系就是道德个人主义的进程与国家的进步之间的关系。[②]

本研究的理论与史实表明，国家能力的有效性与国家权力的正当性均取决于国家和社会之间的关系。国家与社会关系的协同互动在增强国家权力正当性的同时提升国家能力的有效性。反之，国家与社会关系的断裂不仅会降低国家能力的有效性，而且会削弱国家权力的正当性。要弥合和调适国家能力与正当性之间的内在张力，我们需要确立新的权力观和国家观，并以此建构相互赋权、协同互动的国家与社会关系。

首先，要破除零和权力观，确立正和权力观。传统权力观将权力视为在不同群体之间分配的总量固定的权力。帕森斯对此予以批评，并将经济领域的"附

---

① 乔尔·S. 米格代尔. 强社会与弱国家——第三世界的国家社会关系及国家能力[M]. 张长东，等，译. 南京：江苏人民出版社，2009：270－272.

② 埃米尔·涂尔干. 职业伦理与公民道德[M]. 渠东，等，译. 上海：上海人民出版社，2001：62.

加值”概念引入政治领域，提出权力亦是可以使各方都能获益的正和博弈。① 许惠文的研究指出，中国的社会变革取得的成就是因为中共动员了各种社会力量进入政治场域，由此创造出新的权力资源，实现了国家与社会的共识目标。②

其次，我们需要重申曼对于国家专断权力和国家基础权力的区分，以此回答国家与社会的协调创造出何种权力。在国家和社会的互动中，国家的专断权力是二者的零和博弈，但国家的基础权力却可能在二者的协同中得以增强。因而，在国家建构过程中，要弱化国家的专断权力，增强其基础权力。这对于有着强国家传统的中国而言，是困难但又紧迫的国家建构任务。

再次，国家与社会要实现相互赋权、协同互动，需要二者建立密切联系的社会网络。对此，埃文斯的嵌入自主性提供了有益的概念工具。埃文斯基于对韩国信息产业发展的研究指出，韩国强大的国家机器推进了工业资本的组织化，组织化的工业资本又促进了国家发展信息产业的目标实现，从而使国家权力与工业资本都具备正当性。埃文斯强调，国家的嵌入性和自主性是韩国信息产业发展的关键。如果国家只有自主性而无嵌入性，国家无法获取分散化运行的工业部门的支持；如果国家只有嵌入性而无自主性，国家无法使工业部门超越狭隘的部门利益，解决推动整个信息产业发展的“集体行动困境”。③

最后，国家与社会的相互赋权、协同互动需要双方基于公共理由商谈、沟通④，使得国家与社会对于拟推进的政策议题达成目标共识。基于公共理由意味着国家和社会都需要超越自身视野的局限，承认彼此的自主性，充分发挥各自拥有的发展所必需的互补性资源，实现国家与社会的相互赋权、协同互动。

国家建构需要在增强国家能力的同时塑造国家权力的正当性。国家能力

---

① Giddens, Anthony. “Power” in the Writings of Talcott Parsons, in Giddens, Anthony. *Politics, Sociology and Social Theory: Encounters with Classical and Contemporary Social Thought*[M]. Stanford: Stanford University Press, 1995:199—215.

② Shue, Vivienne. State Power and Social Organization in China. in Migdal, Joel & Kohli, Atul & Shue, Vivienne(eds). *State Power and Social Forces: Domination and Transformation in the Third World*[M]. New York: Cambridge University Press, 1994:65—88.

③ Evans, Peter. *Embedded Autonomy: States and Industrial Transformation*[M]. Princeton University Press, 1995:12.

④ 哈贝马斯. 交往行为理论[M]. 曹卫东，译. 上海：上海人民出版社，2004；哈贝马斯. 在事实与规范之间[M]. 童世骏，译. 北京：生活·读书·新知三联书店，2003.

与正当性之间的内在张力使得公民教育承担着具有内在张力的双重任务：一方面，公民教育要培养个体基于公共理由行使其公民权利，实现个人的自主发展；另一方面，公民教育要培养个体理性的国家认同，并承担对国家的公民责任。可以说，公民教育双重任务之间的张力源于国家建构两个基本议题之间的内在张力。如果国家与社会可以实现相互赋权、协同互动，那么，国家能力与正当性之间的张力就可以得到调适与缓解，国家与社会可以发挥各自的相对自主性，实现公民教育与国家建构的良性互动。

参考文献

未刊档案：

北京市档案馆：京师学务局档案、北平特别市教育局档案
成都市档案馆：成都市教育局档案
江苏省档案馆：江苏省教育厅档案
南充市档案馆：南部县衙档案
南京市档案馆：国民党南京特别市党部档案、南京特别市教育局档案
四川省档案馆：四川省教育厅档案
台湾地区“国史馆”：教育部档案、行政院档案、国民政府档案
台湾地区中国国民党文化传播委员会党史馆：汉口档案、五部档案、会议档案
台湾地区“中央研究院”近代史所档案馆：朱家骅档案
浙江省档案馆：浙江省教育厅档案
中国第二历史档案馆：教育部全宗、中央训练部全宗

已刊档案：

陈元晖. 中国近代教育史资料汇编[G]. 上海：上海教育出版社，2007.

故宫博物院明清档案部. 清末筹备立宪档案史料[G]. 北京：中华书局，1979.

教育部教育年鉴编纂委员会. 第二次中国教育年鉴[M]. 上海：商务印书馆，1948.

秦孝仪. 先“总统”蒋公思想言论总集[G]. 台北：国民党中央党史委员会出版，1984.

荣孟源. 中国国民党历次代表大会及中央全会资料[G]. 北京：光明日报出版

社，1985.

舒新城. 近代中国教育史料[G]. 北京：中国人民大学出版社，2012.

王有朋. 中国近代中小学教科书总目[M]. 上海：上海辞书出版社，2010.

中共中央党史研究室第一研究部. 联共（布）、共产国际与中国国民革命运动[G]. 北京图书馆出版社，1997.

中国第二历史档案馆. 中华民国史档案资料汇编[G]. 南京：江苏古籍出版社，1991.

中国第二历史档案馆. 中国国民党中央执行委员会常务委员会会议录[G]. 桂林：广西师范大学出版社，2000.

中国第二历史档案馆，海峡两岸出版交流中心. 中国国民党历次全国代表大会暨中央全会文献汇编[G]. 南京：江苏古籍出版社，2012.

中国新民主主义青年团中央委员会办公厅. 中国青年运动历史资料[Z]. 内部资料，1957.

中华民国大学院. 全国教育会议报告[R]. 上海：商务印书馆，1928.

中华民国教育部. 第一次中国教育年鉴[M]. 上海：开明书店，1934.

"中华民国"史事纪要编辑委员会. "中华民国"史事纪要（初稿）[M]. 台北："国史馆"，1978-1983.

中央统战部，中央档案馆. 中共中央第一次国内革命战争时期统一战线文件选编[G]. 北京：档案出版社，1991.

朱寿朋. 光绪朝东华录[M]. 北京：中华书局，1958.

教科书：

包公毅，沈颐. 共和国教科书新修身（六册）[M]. 上海：商务印书馆，1913.

蔡元培. 中学修身教科书（1912 年 5 月）[M]// 高平叔. 蔡元培全集（第二卷）. 北京：中华书局，1984.

陈宝泉，高步瀛. 国民必读（1-2 册）[M]. 上海：南洋官书局，1905.

方浏生. 公民读本[M]. 上海：中华书局，1917.

高凤谦，蔡元培，张元济. 最新初等小学修身教科书教授法（八册）[M]. 上海：商务印书馆，1906.

胡钟瑞，等. 复兴公民教科书（小学校高级用）[M]. 上海：商务印书馆，1933.

蒋智由. 小学修身书[M]. 东京：同文印刷舍，1910.

李嘉谷. 蒙学修身教科书[M]. 上海：文明书局，1903.

李之鹦. 复兴初级中学公民教本[M]. 上海：商务印书馆，1935.

刘师培. 伦理教科书[M]. 上海：国学保存会，1906.

陆费逵. 修身讲义[M]. 上海：商务印书馆，1910.

陆绍昌. 小学校高级用新中华三民主义课本（四册）[M]. 上海：中华书局，1927.

三等公学堂. 蒙学读本全书[M]. 上海：文明书局，1904.

商务印书馆编译所. 最新修身科教科书（十册）[M]. 上海：商务印书馆，1906.

沈颐，等. 新编中华修身教科书（八册）[M]. 上海：中华书局，1914.

舒新城，冯顺伯. 新中学公民课本[M]. 上海：中华书局，1933.

孙伯謇. 复兴初级中学公民课本[M]. 上海：商务印书馆，1934.

唐湛声. 小学公民科教学法[M]. 上海：中华书局，1924.

万良濬，魏屏三. 新撰公民教科书（四册）[M]. 上海：商务印书馆，1924.

王剑星，等. 前期小学三民主义课本教学法（八册）[M]. 上海：世界书局，1932.

魏冰心，徐映川. 初中党义（六册）[M]. 上海：世界书局，1929.

谢允燮. 初等小学女子修身教科书[M]. 上海：中国教育改良会，1906.

杨复耀，等. 小学校高级用新中华三民主义课本教授书（四册）[M]. 上海：新国民图书社，1928.

杨志洵. 中等修身教科书[M]. 上海：文明书局，1906.

杨中明. 公民学课程大纲[M]. 上海：商务印书馆，1923.

赵景源. 新时代党义教科书（八册）[M]. 上海：商务印书馆，1929.

赵景源，魏志澄. 复兴公民教科书（高小四册）[M]. 上海：商务印书馆，1934.

赵侣青，等. 小学公民课本（高级四册）[M]. 上海：中华书局，1933.

郑昶，吕伯攸．新中华党义课本教授书（八册）[M]．上海：新国民图书社，1930．

郑昶．初级中学用新中华三民主义（四册）[M]．上海：中华书局，1930．

周鲠生．新学制公民教科书（二册）[M]．上海：商务印书馆，1923．

中文著作类：

阿尔都塞．论再生产[M]．吴子枫，译．西安：西北大学出版社，2019．

阿伦特．极权主义的起源[M]．林骧华，译．北京：生活·读书·新知三联书店，2008．

安迪·格林．教育、全球化与民族国家[M]．朱旭东，等，译．北京：教育科学出版社，2004．

安迪·格林．教育与国家形成：英、法、美教育体系起源之比较[M]．王春华，等，译．北京：教育科学出版社，2004．

安东尼·吉登斯．民族—国家与暴力[M]．胡宗泽，译．北京：生活·读书·新知三联书店，1998．

奥德丽·奥斯勒，休·斯塔基．变动中的公民身份：教育中的民主与包容[M]．王啸，等，译．北京：教育科学出版社，2012．

巴林顿·摩尔．民主与专制的社会起源[M]．王茁，等，译．上海：上海译文出版社，2013．

鲍尔斯，金蒂斯．美国：经济生活与教育改革[M]．王佩雄，等，译．上海：上海教育出版社，1990．

贝登堡．童子军训练原理[M]．谢又华，等，译．台北："中华书局"，1965．

北京师大附中．北京师大附中[M]．北京：人民教育出版社，2000．

本尼迪克特·安德森．想象的共同体——民族主义的起源与散布[M]．吴叡人，译．上海：上海人民出版社，2005．

彼得·埃文斯，迪特里希·鲁施迈耶，西达·斯考克波．找回国家[M]．方力维，译．北京：生活·读书·新知三联书店，2009．

毕苑．建造常识：教科书与近代中国文化转型[M]．福州：福建教育出版社，2010．

曹伯言．胡适日记全编（六）[M]．合肥：安徽教育出版社，2001．

查尔斯·蒂利. 强制、资本和欧洲国家（公元990—1992年）[M]. 魏洪钟，译. 上海：上海人民出版社，2012.

陈进金. 抗战前教育政策之研究[M]. 台北：近代中国出版社，1997.

陈弱水. 公共意识与中国文化[M]. 北京：新星出版社，2006.

陈翊林. 最近三十年中国教育史[M]. 上海：上海太平洋书店，1930.

陈永森. 告别臣民的尝试——清末民初的公民意识与公民行为[M]. 北京：中国人民大学出版社，2004.

陈钊. 国民党党化教育制度研究：1924—1937[M]. 杨凌：西北农林科技大学出版社，2014.

程湘帆. 中国教育行政[M]. 上海：商务印书馆，1926.

丛小平. 师范学校与中国的现代化：民族国家的形成与社会转型（1897—1937）[M]. 北京：商务印书馆，2014.

戴季陶. 青年之路[M]. 上海：民智书局，1928.

戴季陶. 孙文主义之哲学的基础[M]. 上海：民智书局，1925.

迪尔凯姆. 社会学方法的准则[M]. 狄玉明，译. 北京：商务印书馆，1995.

丁致聘. 中国近七十年来教育记事[M]. 南京：国立编译馆，1935.

杜赞奇. 从民族国家拯救历史：民族主义话语与中国现代史研究[M]. 王宪明，等，译. 南京：江苏人民出版社，2009.

杜赞奇. 文化、权力与国家：1900—1942年的华北农村[M]. 王福明，译. 南京：江苏人民出版社，1995.

费约翰. 唤醒中国：国民革命中的政治、文化与阶级[M]. 李霞，等，译. 北京：生活·读书·新知三联书店，2004.

费正清，等. 剑桥中国晚清史：1800—1911年（上、下卷）[M]. 中国社会科学院历史研究所编译室，译. 北京：中国社会科学出版社，2006.

冯双. 邹鲁年谱（上）[M]. 广州：中山大学出版社，2010.

弗朗西斯·福山. 国家构建：21世纪的国家治理与世界秩序[M]. 黄胜强，等，译. 北京：中国社会科学出版社，2007.

弗朗西斯·福山. 政治秩序的起源：从前人类时代到法国大革命[M]. 毛俊杰，译. 桂林：广西师范大学出版社，2012.

弗朗西斯·福山. 政治秩序与政治衰败[M]. 毛俊杰，译. 桂林：广西师范大学出版社，2015.

干春松. 制度化儒家及其解体[M]. 北京：中国人民大学出版社，2003.

高平叔. 蔡元培全集（第二卷）[M]. 北京：中华书局，1984.

高谦民. 中国小学思想品德教学史[M]. 济南：山东教育出版社，1995.

葛兰西. 狱中札记[M]. 曹雷雨，等，译. 郑州：河南大学出版社，2014.

谷秀青. 清末民初江苏省教育会研究[M]. 桂林：广西师范大学出版社，2009.

关晓红. 科举停废与近代中国社会[M]. 北京：社会科学文献出版社，2013.

关晓红. 晚清学部研究[M]. 广州：广东教育出版社，2000.

广东省社会科学院历史研究室，等. 孙中山全集[M]. 北京：中华书局，1986.

郭绍敏. 清末立宪与国家建设的困境[M]. 开封：河南大学出版社，2010.

郭圣莉. 城市社会重构与国家政权建设：建国初期上海国家政权建设分析[M]. 天津：天津人民出版社，2006.

哈贝马斯. 合法化危机[M]. 刘北成，等，译. 上海：上海人民出版社，2009.

哈贝马斯. 交往行为理论[M]. 曹卫东，译. 上海：上海人民出版社，2004.

哈贝马斯. 交往与社会进化[M]. 张博树，译. 重庆：重庆出版社，1989.

哈贝马斯. 在事实与规范之间[M]. 童世骏，译. 北京：生活·读书·新知三联书店，2003.

何炳棣. 明初以降人口及其相关问题 1368—1953[M]. 葛兆光，译. 北京：生活·读书·新知三联书店，2000.

何廉. 何廉回忆录[M]. 朱佑慈，等，译. 北京：中国文史出版社，1988.

亨利·吉鲁. 教师作为知识分子——迈向批判教育学[M]. 朱红文，译. 北京：教育科学出版社，2008.

胡安·林茨，阿尔弗莱德·斯泰潘. 民主转型与巩固的问题：南欧、南美和后共产主义欧洲[M]. 孙龙，等，译. 杭州：浙江人民出版社，2008.

胡汉民. 三民主义的连环性[M]. 上海：民智书局，1928.

黄冬娅. 转变中的工商所：1949 年后国家基础权力的演变及其逻辑[M]. 北京：中央编译出版社，2009.

黄坚立. 难展的双翼：中国国民党面对学生运动的困境与决策：1927—1949年[M]. 北京：商务印书馆，2010.

黄金麟. 历史、身体、国家：近代中国身体的形成（1895—1937）[M]. 北京：

新星出版社，2006.

黄庭康. 批判教育社会学九讲[M]. 北京：社会科学文献出版社，2017.

霍布斯. 论公民[M]. 应星，冯克利，译. 贵阳：贵州人民出版社，2003.

霍尔. 国家[M]. 施雪华，译. 长春：吉林人民出版社，2008.

姜朝晖. 民国时期教育独立思潮研究[M]. 北京：中国社会科学出版社，2008.

蒋梦麟. 西潮·新潮[M]. 长沙：岳麓书社，2000.

金观涛，刘青峰. 观念史研究：中国现代重要政治术语的形成[M]. 北京：法律出版社，2009.

金耀基. 中国社会与文化[M]. 香港：牛津大学出版社，1992.

柯政. 理解困境：课程改革实施行为的新制度主义分析[M]. 北京：教育科学出版社，2011.

孔飞力. 中华帝国晚期的叛乱及其敌人[M]. 谢亮生，等，译. 北京：中国社会科学出版社，1990.

孔飞力. 中国现代国家的起源[M]. 陈兼，等，译. 北京：生活·读书·新知三联书店，2013.

蓝维，等. 公民教育：理论、历史与实践探索[M]. 北京：人民出版社，2007.

乐先莲. 当代西方教育与国家关系：基于国家利益观视角的思想研究[M]. 北京：教育科学出版社，2011.

拉克曼. 国家与权力[M]. 郦菁，等，译. 上海：上海人民出版社，2013.

利普赛特. 政治人：政治的社会基础[M]. 刘钢敏，等，译. 北京：商务印书馆，1993.

栗蕊蕊. 学校道德教育的本土演进：以公民教育为核心[M]. 北京：中国经济出版社，2014.

梁景和. 清末国民意识与参政意识研究[M]. 长沙：湖南教育出版社，1999.

刘大鹏. 退想斋日记[M]. 太原：山西人民出版社，1990.

刘寿林，等. 民国职官年表[M]. 北京：中华书局，1995.

刘维开. 中国国民党职名录（1894—1994）[M]. 北京：中华书局，2014.

罗兹曼. 中国的现代化[M]. 国家社会科学基金“比较现代化”课题组，译. 南京：江苏人民出版社，1998.

罗志田. 权势转移：近代中国的思想、社会与学术（修订版）[M]. 北京：北京师范大学出版社，2014.

吕达. 中国近代课程史论[M]. 北京：人民教育出版社，1994.

吕芳上. 从学生运动到运动学生：民国八年到十八年[M]. 台北："中央研究院"近代史研究所，1994.

马克思,恩格斯. 马克思恩格斯选集[M]. 中共中央马克思恩格斯列宁斯大林著作编译局,编译. 北京：人民出版社，1995.

马克思. 路易·波拿巴的雾月十八日[M]. 中共中央马克思恩格斯列宁斯大林著作编译局,编译. 北京：人民出版社，2015.

马克斯·韦伯. 经济与社会[M]. 阎克文,译. 上海：上海人民出版社，2010.

马克斯·韦伯. 支配社会学[M]. 康乐,简美慧,译. 桂林：广西师范大学出版社，2010.

玛格利特·利瓦伊. 统治与岁入[M]. 周军华,译. 上海：格致出版社，2010.

迈克尔·阿普尔. 官方知识：保守时代的民主教育（第 2 版）[M]. 曲囡囡,等,译. 上海：华东师范大学出版社，2004.

迈克尔·阿普尔. 教育与权力[M]. 曲囡囡,等,译. 上海：华东师范大学出版社，2008.

迈克尔·阿普尔. 意识形态与课程[M]. 黄忠敬,译. 上海：华东师范大学出版社，2001.

迈克尔·阿普尔,等. 国家与知识政治[M]. 黄忠敬,等,译. 上海：华东师范大学出版社，2007.

麦克·F·D. 扬. 知识与控制：教育社会学新探[M]. 谢维和,等,译. 上海：华东师范大学出版社，2002.

米尔斯. 社会学的想象力[M]. 李康,译,李钧鹏,校. 北京：北京师范大学出版社，2017.

佩里·安德森. 绝对主义国家的系谱[M]. 刘北成,等,译. 上海：上海人民出版社，2001.

皮埃尔·布尔迪约，J.－C. 帕斯隆. 再生产——一种教育系统理论的要点[M]. 邢克超,译. 北京：商务印书馆，2002.

乔尔·S. 米格代尔. 强社会与弱国家——第三世界的国家社会关系及国家能力[M]. 张长东,等,译. 南京：江苏人民出版社，2009.

乔尔·S. 米格代尔. 社会中的国家——国家与社会如何相互改变与相互构成[M]. 李杨,等,译. 南京：江苏人民出版社，2013.

任时先. 中国教育思想史[M]. 上海：商务印书馆，1937.

塞缪尔·P. 亨廷顿. 变化社会中的政治秩序[M]. 王冠华,等,译. 上海：上海人民出版社，2008.

桑兵. 晚清学堂学生与社会变迁[M]. 桂林：广西师范大学出版社，2007.

斯科特. 国家的视角：那些试图改善人类状况的项目是如何失败的[M]. 王晓毅,译. 北京：社会科学文献出版社，2004.

盛朗西. 小学课程沿革[M]. 福州：福建教育出版社，2007.

施纯纯. 革命抑或反革命：蒋中正革命道路的起源[M]. 台北：中正纪念堂管理处，2017.

石元康. 历史与社会：对人存在的哲学反思[M]. 上海：上海人民出版社，2016.

舒新城. 近代中国教育思想史[M]. 福州：福建教育出版社，2007.

斯科特. 弱者的武器：农民反抗的日常形式[M]. 郑广怀,等,译. 南京：译林出版社，2007.

斯科特. 逃避统治的艺术：东南亚高地的无政府主义历史[M]. 王晓毅,译. 北京：生活·读书·新知三联书店，2016.

苏守波. 美国现代化进程中的公民教育[M]. 济南：山东人民出版社，2011.

苏云峰. 从清华学堂到清华大学（1911—1927）[M]. 北京：生活·读书·新知三联书店，2001.

檀传宝,等. 公民教育引论：国际经验、历史变迁与中国公民教育的选择[M]. 北京：人民出版社，2011.

唐克军. 比较公民教育[M]. 北京：中国社会科学出版社，2008.

T.H. 马歇尔,安东尼·吉登斯,等. 公民身份与社会阶级[M]. 郭忠华,等,编. 南京：江苏人民出版社，2008.

涂尔干. 道德教育[M]. 陈光金,等,译. 上海：上海人民出版社，2001.

涂尔干. 道德教育论[M]. 崔载阳,译. 上海：民智书局，1929.

涂尔干. 教育思想的演进：法国中等教育的形成与发展讲稿[M]. 李康,译. 北京：商务印书馆，2016.

涂尔干. 乱伦禁忌及其起源[M]. 汲喆,等,译. 上海:上海人民出版社,2003.

涂尔干. 社会分工论[M]. 渠东,译. 北京:生活·读书·新知三联书店,2000.

涂尔干. 职业伦理与公民道德[M]. 渠东,等,译. 上海:上海人民出版社,2001.

汪晖. 现代中国思想的兴起[M]. 北京:生活·读书·新知三联书店,2004.

汪家熔. 民族魂——教科书变迁[M]. 北京:商务印书馆,2008.

王东杰. 国家与学术的地方互动:四川大学国立化进程(1925—1939)[M]. 北京:生活·读书·新知三联书店,2005.

王汎森,等. 中国近代思想史的转型时代——张灏院士七秩祝寿论文集[C]. 台北:联经出版事业公司,2007.

王国斌. 转变的中国——历史变迁与欧洲经验的局限[M]. 李伯重,等,译. 南京:江苏人民出版社,2010.

王建军. 中国近代教科书发展研究[M]. 广州:广东教育出版社,1996.

王健文. 奉天承运:中国古代的国家概念及其正当性基础[M]. 台北:东大图书,1995.

王奇生. 党员、党权与党争:1924—1949年中国国民党的组织形态(修订增补本)[M]. 北京:华文出版社,2010.

王仰清,等. 邵元冲日记(1924—1936年)[M]. 上海:上海人民出版社,1990.

王子壮. 王子壮日记[M]. 台北:"中央研究院"近代史研究所,2001.

威尔·金里卡. 当代政治哲学[M]. 刘莘,译. 上海:上海译文出版社,2011.

魏光奇. 官治与自治:20世纪上半期的中国县制[M]. 北京:商务印书馆,2004.

吴俊升. 德育原理[M]. 上海:商务印书馆,1935.

吴科达. 臣民还是公民——教科书审定制度和思想道德教科书(1902—1949)[M]. 北京:中国社会科学出版社,2013.

吴宓. 吴宓自编年谱1894—1925[M]. 北京:生活·读书·新知三联书店,1995.

吴艳兰. 北京师范大学图书馆馆藏师范学校及中小学教科书书目(清末至1949)[M]. 北京:北京师范大学出版社,2002.

吴耀麟. 青年训练之理论与实际[M]. 上海：商务印书馆，1947.

西达·斯考切波. 国家与社会革命：对法国、俄国和中国的比较分析[M]. 何俊志，等，译. 上海：上海人民出版社，2013.

西达·斯考切波. 历史社会学的视野与方法[M]. 封积文，等，译. 上海：上海人民出版社，2007.

肖滨，郭忠华，郭台辉. 现代政治中的公民身份[M]. 上海：上海人民出版社，2010.

熊子容. 公民教育[M]. 上海：商务印书馆，1933.

许纪霖，刘擎. 知识分子论丛（第 14 辑）：中国启蒙的自觉与焦虑：新文化运动百年省思[M]. 上海：上海人民出版社，2016.

许纪霖，等. 中国现代化史（第一卷）1800—1949[M]. 上海：学林出版社，2006.

许纪霖. 知识分子论丛（第 2 辑）：共和、社群与公民[M]. 南京：江苏人民出版社，2004.

许纪霖. 知识分子论丛（第 9 辑）：启蒙的遗产与反思[M]. 南京：江苏人民出版社，2010.

许田波. 战争与国家形成：春秋战国与近代早期欧洲之比较[M]. 徐进，译. 上海：上海人民出版社，2009.

薛福成. 出使英法义比四国日记[M]. 长沙：岳麓书社，1985.

晏辉，等. 公共生活与公民伦理[M]. 北京：北京师范大学出版社，2007.

杨荫蒲. 民国财政史[M]. 北京：中国财政经济出版社，1985.

姚大力. 追寻“我们”的根源：中国历史上的民族与国家意识[M]. 北京：生活·读书·新知三联书店，2018.

袁刚，等. 民治主义与现代社会——杜威在华讲演集[M]. 北京：北京大学出版社，2004.

袁征. 孔子·蔡元培·西南联大——中国教育的发展和转折[M]. 北京：人民日报出版社，2007.

苑书义，等. 张之洞全集[M]. 石家庄：河北人民出版社，1998.

约翰·罗尔斯. 正义论[M]. 何怀宏，等，译. 北京：中国社会科学出版社，1988.

约翰·罗尔斯. 政治自由主义[M]. 万俊人,译. 南京：译林出版社，2000.

约翰·杜威. 民主与教育[M]. 薛绚,译. 南京：译林出版社，2014.

约瑟夫·列文森. 儒教中国及其现代命运[M]. 郑大华,等,译. 桂林：广西师范大学出版社，2009.

詹姆斯·马歇尔. 米歇尔·福柯：个人自主与教育[M]. 于伟,李姗姗,译. 北京：北京师范大学出版社，2008.

张静. 现代公共规则与乡村社会[M]. 上海：上海书店出版社，2006.

章永乐. 旧邦新造（1911—1917）[M]. 北京：北京大学出版社，2011.

赵鼎新. 东周战争与儒法国家的诞生[M]. 夏江旗,译. 上海：华东师范大学出版社，2006.

赵鼎新. 社会与政治运动讲义（第2版）[M]. 北京：社会科学文献出版社，2012.

赵汀阳. 没有世界观的世界[M]. 北京：中国人民大学出版社，2003.

郑航. 中国近代德育课程史[M]. 北京：人民教育出版社，2004.

中共中央关于全面深化改革若干重大问题的决定[R]. 北京：人民出版社，2013.

中国人民政治协商会议全国委员会文史资料研究委员会. 辛亥革命回忆录（二、三）[M]. 北京：中华书局，1962.

周保松. 自由人的平等政治[M]. 北京：生活·读书·新知三联书店，2010.

周濂. 现代政治的正当性基础[M]. 北京：生活·读书·新知三联书店，2008.

周予同. 中国现代教育史[M]. 上海：良友图书公司，1934.

竺可桢. 竺可桢日记[M]. 北京：人民出版社，1984.

邹谠. 二十世纪中国政治：从宏观历史与微观行动的角度看[M]. 香港：牛津大学出版社，1994.

邹鲁. 中国国民党史稿[M]. 上海：东方出版中心，2011.

左松涛. 近代中国的私塾与学堂之争[M]. 北京：生活·读书·新知三联书店，2017.

中文报刊类：

包刚升. 走出理解“国家能力”概念的误区[N]. 中国社会科学报，2013—10—25（B02）.

贝磊. 教育控制：集权与分权问题及其张力[J]. 教育研究，2006（6）.

卞冬磊. “中国”的一年：新闻、阅读与民族－国家在日常的兴起（1894—1895）[J]. 传播与社会学刊，2020（52）.

Culp，Robert. 中国童子军——南京十年童子军手册中的公民训练与社会意识[J]. 新史学，2000（4）.

陈炳. 中国近代公民教育的历史逻辑——基于对公民身份的省察[J]. 社会科学战线，2012（3）.

陈慧荣. 国家治理与国家建设[J]. 学术月刊，2014（7）.

陈涛. 人造社会还是自然社会——涂尔干对社会契约论的批判[J]. 社会学研究，2013（3）.

陈振明. 非市场缺陷的政治经济学分析——公共选择和政策分析学者的政府失败论[J]. 中国社会科学，1998（6）.

丁乙. “党国视角”、知识生产与地方性经验——“民国大学史”研究的新动向及其反思[J]. 教育学报，2019（5）.

冯建军. 公民身份的自我认同及其教育[J]. 现代教育论丛，2013（5）.

高力克. 陈独秀的国家观[J]. 香港：二十一世纪，2006（4）.

高伟. 现代性图景中公民教育的二律背反[J]. 教育学报，2012（4）.

郭绍敏. 塑造“国民”：清末政府的努力及困境[J]. 社会科学论坛，2009（6）.

郭台辉. 中日的“国民”语义与国家构建——从明治维新到辛亥革命[J]. 社会学研究，2011（4）.

郭忠华. 立民与立国：中国现代国家构建中的话语选择[J]. 武汉大学学报：哲学社会科学版，2014（3）.

胡君进，刘争先. 中国公民教育研究述评（2011—2015年）：取向、对象与方法[J]. 中国人民大学教育学刊，2017（2）.

暨爱民. “公民教育”与“民族国家”诉求——以近代中国知识分子的公民教育观为分析对象[J]. 教学与研究，2011（1）.

Judge, Joan. 改造国家——晚清的教科书与国民读本[J]. 新史学，2001（2）.

柯继铭. 理想与现实：清季十年思想中的“民”意识[J]. 中国社会科学，2007（1）.

劳凯声. 公立学校 200 年：问题与变革[J]. 北京大学教育评论，2009（4）.

李小科. 澄清被混用的“新自由主义”——兼谈对New liberalism 和Neo-liberalism 的翻译[J]. 复旦学报（社会科学版），2006（1）.

李艳霞. 公民资格视域下当代中国公民教育的历史与逻辑[J]. 浙江社会科学，2010（10）.

李艳霞. 公民资格与我国公民教育的历史逻辑[J]. 厦门大学学报：哲学社会科学版，2011（1）.

刘文楠. 规训日常生活：新生活运动与现代国家的治理[J]. 南京大学学报：哲学·人文科学·社会科学，2013（5）.

刘争先. 两类国家认同的分殊、整合与教育——以香港人的国家认同问题为中心[J]. 贵州师范大学学报：社会科学版，2014（5）.

刘争先. 社会转型视野下的公民教育[J]. 教育科学研究，2014（8）.

刘争先. 有效性与正当性：作为国家课程的公民科——基于对英格兰公民科国家课程危机的考察[J]. 外国教育研究，2015（1）.

罗志田. 科举制废除在乡村中的社会后果[J]. 中国社会科学，2006（1）.

罗志田. 清季科举制改革的社会影响[J]. 中国社会科学，1998（4）.

洛克伍德. 社会整合与系统整合[J]. 李康，译. 社会理论论坛，1997（3）.

骆军. 民国时期的大学生公民意识教育研究[J]. 武汉大学学报：哲学社会科学版，2011（2）.

慕宝龙. 教师专业自主的概念论争及其思考[J]. 教育学报，2014（5）.

庞金友. 当代西方国家失败理论的路径与逻辑[J]. 政治学研究，2017（5）.

任勇. 公民教育与国家建设——基于民族地区的考察[J]. 浙江社会科学，2012（7）.

任勇. 国家治理视野中的公民教育：文化资本的维度[J]. 广东行政学院学报，2013（1）.

沈松侨. 国权与民权：晚清的“国民”论述（1895—1911）[J]. 台北：历史语言研究所集刊，第七十三本，第四分册，2002.

苏守波. 现代化、国家建构与公民教育[J]. 清华大学学报：哲学社会科学版，2009（3）.

苏守波. 现代化、民主国家与公民教育[J]. 外国教育研究，2008（12）.

苏守波，饶从满. 现代化、民族国家与公民教育[J]. 首都师范大学学报：社会科学版，2009（3）.

孙凤华. 从修身科到公民科：清末民初我国学校公民教育[J]. 华南师范大学学报：社会科学版，2008（5）.

檀传宝. 论公民概念的普遍性与特殊性——兼论公民教育概念的基本内涵[J]. 教育研究，2010（5）.

檀传宝. 论公民教育是全部教育的转型——公民教育意义的现代化视角分析[J]. 安徽师范大学学报：人文社会科学版，2010（5）.

王绍光. 国家治理与基础性国家能力[J]. 华中科技大学学报：社会科学版，2014（3）.

吴永. 近代知识精英的“国民”话语及其政治维度刻画——以梁启超和陈独秀为例[J]. 安庆师范学院学报：社会科学版，2009（8）.

忻平，陆华东. “制造国民”：1920 年代醒狮派的公民教育思想[J]. 史学月刊，2012（11）.

徐临江. 民国时期公民教育何以失败——以 20 世纪 30 年代浙江省公民教育为中心的考察[J]. 天津社会科学，2006（5）.

徐勇. “回归国家”与现代国家的建构[J]. 东南学术，2006（4）.

徐勇. 现代国家建构中的非均衡性和自主性分析[J]. 华中师范大学学报：人文社会科学版，2003（5）.

晏辉. 在公共生活与私人生活之间：传统伦理的现代境遇[J]. 中国人民大学学报，2008（1）.

闫健. 失效国家研究引论[J]. 经济社会体制比较，2014（3）.

杨雪冬. 民族国家与国家构建：一个理论综述[J]. 复旦政治学评论，2005.

叶隽. 蔡元培的法国情结及大学区制移植的制度史意义[J]. 教育学报，2010（4）.

俞可平. 推进国家治理体系和治理能力现代化[J]. 前线，2014（1）.

曾荣光. 教学专业与教师专业化：一个社会学的阐释[J]. 教育学报，1984（2）.

赵鼎新. 国家合法性和国家社会关系[J]. 学术月刊，2016（8）.

赵鼎新. 加州学派与工业资本主义的兴起[J]. 学术月刊，2014（7）.

赵鼎新. 路径不依赖、政策不相干：什么才是中国经济成功的关键?[J]. 学海，2016（2）.

赵明玉，饶从满. 现代化进程中的国家建构与公民教育[J]. 比较教育研究，2008（5）.

周雪光. 从“黄宗羲定律”到帝国的逻辑：中国国家治理逻辑的历史线索[J]. 开放时代，2014（4）.

朱小蔓，冯秀军. 中国公民教育观发展脉络探析[J]. 教育研究，2006（12）.

朱旭东. 格林的教育发展和国家形成理论[J]. 比较教育研究，2002（4）.

庄泽晞. 卢梭学说在清末的传播方式与影响所及——对知识、舆论及现实政治的检讨[J]. 中山大学学报：社会科学版，2019（1）.

中文学位论文：

陈华. 中国公民教育的诞生：课程史的研究[D]. 华东师范大学博士学位论文，2012.

蒋舟. 晏阳初公民教育思想研究[D]. 华中师范大学硕士学位论文，2008.

阚欣欣. 民国前期中小学公民教育研究[D]. 山东师范大学硕士学位论文，2009.

刘争先. 李大钊公民教育思想研究[D]. 北京大学硕士学位论文，2010.

亓娜. 清末民初中小学公民教育研究[D]. 山东师范大学硕士学位论文，2016.

汪澜. 国家建构理论视角下的民国公民教育——以民国商务印书馆公民读本文本为分析对象[D]. 厦门大学硕士学位论文，2012.

王颖春. 从修身到公民再到三民主义与党义——民国公民教育课程的演变[D]. 北京师范大学硕士学位论文，2008.

吴亚玲. 民国时期公民教育研究[D]. 中山大学博士学位论文，2012.

徐涛. 作为公民教育理想类型的“新民”——《新民说》中的公民教育思想研究[D]. 北京师范大学硕士学位论文，2010.

曾鸿祥. 蔡元培公民教育思想研究（1901－1932）[D]. 中央大学硕士学位论文，2007.

赵明玉. 现代化进程中的英国公民教育研究[D]. 东北师范大学博士学位论文，2008.

英文著作类：

Archer, Margaret. *Social Origins of Educational Systems* [M]. Routledge, 2013.

Archer, Margaret. *Students, University and Society: A Comparative Sociological Review*[M]. Heinemann Educational Publishers, 1972.

Ball, Stephen , et al. *How Schools Do Policy: Policy Enactments in Secondary Schools*[M]. Routledge, 2011.

Bendix, Reinhard. *Kings or People: Power and the Mandate to Rule* [M]. Berkeley, University of California Press, 1980.

Bendix, Reinhard. *Nation—building and Citizenship: Studies of Our Changing Social Order* [M]. University of California press, 1977.

Bernstein, Basil. *Class, Codes and Control, V3, Towards a Theory of Educational Transmissions* [M]. London: Routledge, 2003.

Bernstein, Basil. *Class, Codes and Control, V4, The Structuring of Pedagogic Discourse* [M]. London: Routledge, 2003.

Bernstein, Basil. *Pedagogy, Symbolic Control, and Identity: Theory, Research, Critique* [M]. London: Taylor & Francis, 2000.

Birrell, Robert. *A Nation of Our Own: Citizenship and Nation—building in Federation Australia* [M]. Longman Publishing Group, 1995.

Bourdieu, Pierre. *Homo Academicus*[M]. Stanford University Press, 1988.

Carnoy, Martin & Henry Levin. *Schooling and Work in the Democratic State* [M]. Stanford University Press, 1985.

Chia, Yeow Tong. *Education, Culture and the Singapore Developmental State: "World—Soul" Lost and Regained?* [M]. Palgrave Macmillan, 2015.

Corrigan, Philip & Sayer, Derek. *The Great Arch: English State Formation as Cultural Revolution* [M]. Basil Blackwell, 1985.

Culp, Robert. *Articulating Citizenship: Civic Education and Student Politics in Southeastern China, 1912—1940* [M]. Harvard University Press, 2007.

Curtis, Bruce. *Building the Educational State: Canada West, 1836—1871*[M]. London: Falmer Press, 1988.

Evans, Peter. *Embedded Autonomy: States and Industrial Transformation*[M]. Princeton University Press, 1995.

Fogel, Joshua & Zarrow, Peter(eds). *Imagining the People: Chinese Intellectuals and the Concept of Citizenship, 1890—1920*[M].NewYork : M.E. Sharpe, 1997.

Freidson, Eliot. *Professionalism, the Third Logic: On the Practice of Knowledge*[M]. University of Chicago Press, 2001.

Giroux, Henry. *Ideology, Culture, and the Process of Schooling*[M]. Temple University Press, 1984.

Goldman, Merle & Perry, Elizabeth(eds). *Changing Meanings of Citizenship in Modern China* [M]. Harvard University Press, 2002.

Gorski, Philip. *The Disciplinary Revolution: Calvinism and the Rise of the Early Modern State*[M]. Chicago: University of Chicago Press, 2003.

Harrison, Henrietta. *The Making of the Republican Citizen* [M]. Oxford: Oxford University Press, 2000.

Heater, Derek. *A History of Education for Citizenship* [M]. Routledge Falmer, 2004.

Isin, Engin & Nielsen, Greg (eds). *Acts of Citizenship*[M]. Zed Books, 2008.

Israel, John. *Student Nationalism in China, 1927—1937*[M]. Stanford University Press, 1966.

Jackson, Philip. *Life in Classrooms* [M]. Teachers College Press, 1968.

Jessop, Bob. *The Future of the Capitalist State*[M]. Cambridge: Polity Press, 2002.

Kennedy, Kerry(ed.). *Citizenship Education and the Modern State* [M]. Falmer Press, 1997.

Kohli, Atul. *State—directed Development: Political Power and Industrialization in the Global Periphery*[M]. Cambridge University Press, 2004.

Law, Wing—Wah. *Citizenship and Citizenship Education in a Global Age: Politics, Policies, and Practices in China*[M]. Peter Lang Publishing, 2011.

Lipsky, Michael. *Street—level Bureaucracy: Dilemmas of the Individual in Public Service*[M]. Russell Sage Foundation, 2010.

Marshall, Thomas. *Citizenship and Social Class: And Other Essays*[M]. Cambridge: Cambridge University Press, 1950.

Michael, Hill & Fee, Lian Kwen. *The Politics of Nation Building and Citizenship in Singapore* [M]. New York: Routledge, 1995.

Ngai, Mae. *Impossible Subjects: Illegal Aliens and the Making of Modern America*[M]. New Jersey: Princeton University Press, 2004.

Nordlinger, Eric. *On the Autonomy of the Democratic State*[M]. Harvard University Press, 1981.

Parsons, Talcott. *The System of Modern Societies*[M]. Englewood Cliffs, NJ: Prentice—Hall, 1971.

Somers, Margaret. *Genealogies of Citizenship: Markets, Statelessness, and the Right to Have Rights*[M]. Cambridge University Press, 2008.

Steinmetz, George(ed.). *State/Culture: State—formation after the Cultural Turn*[M]. Cornell University Press, 1999.

Thornton, Patricia. *Disciplining the State: Virtue, Violence, and State—making in Modern China*[M]. Harvard University Press, 2007.

Tilly, Charles. *The Formation of National States in Western Europe* [M]. Princeton University Press, 1975.

Turner, Bryan S. & Hamilton, Peter. *Citizenship: Critical Concepts, Vol.l* [M]. London and New York: Routledge, 1994.

Waldner, David. *State—Building and Late Development*[M]. Ithaca, N.Y.: Cornell University Press, 1999.

Weber, Eugen. *Peasants into Frenchmen: The Modernization of Rural France, 1870—1914*[M]. Stanford University Press, 1976.

Wong, Ting—Hong. *Hegemonies Compared: State Formation and Chinese School Politics in Postwar Singapore and Hong Kong*[M]. Routledge, 2002.

Zheng, Shiping. *Party vs. State in Post—1949 China* [M]. Cambridge University Press, 1997.

英文报刊类:

Alan, Whaites. States in Development: Understanding State—building (A DFID Working Paper)[A]. London: The Department for International Development, 2008.

Anderson, Lorin. The Decline of Teacher Autonomy: Tears or Cheers? [J]. *International Review of Education*, 1987 (3).

Apple, Michael. Does Education Have Independent Power? Bernstein and the Question of Relative Autonomy[J]. *British Journal of Sociology of Education*, 2002(4).

Becker, Sascha & Woessmann, Ludger. Was Weber Wrong? A Human Capital Theory of Protestant Economic History[J]. *The Quarterly Journal of Economics*, 2009(2).

Brighouse, Harry. Civic Education and Liberal Legitimacy[J]. Ethics, 1998(4).

Carnoy, Martin. Rethinking the Comparative and the International[J]. *Comparative Education Review*, 2006(4).

Cvrcek, Tomas & Zajicek, Miroslav. The Rise of Public Schooling in Nineteenth-century Imperial Austria: Who Gained and who Paid?[J]. *Cliometrica*, 2019(3) .

Deng, Kent. State-Building, the Original Push for Institutional Changes in Modern China, 1840-1950 [R]. https://core.ac.uk/reader/94983 2004.

DFID. State-building, Peace-building and Service Delivery in Fragile and Conflict Affected States [R]. London, 2012(11).

Fritz, Verena & Menocal, Alina. Understanding State-building from a Political Economy Perspective[R]. Overseas Development Institute, 2007.

Ghani, Ashraf, et al. Closing the Sovereignty Gap: An Approach to State-Building[A]. Working paper 253, Overseas Development Institute, 2005.

Harris, Peter. The Origins of Modern Citizenship in China[J]. *Asia Pacific Viewpoint*, 2002(2).

Ikegami, Eiko. Citizenship and National Identity in Early Meiji Japan, 1868-

1889: A Comparative Assessment[J]. *International Review of Social History*, 1995 (S3).

Kalev, Leif & Ruutsoo, Rein. Citizenship Policies Between Nation-State Building and Globalisation: Attitudes of the Decision Makers in Estonia[J]. *Studies of Transition States and Societies*, 2010(1).

Kiser, Edgar & Linton, April. The Hinges of History: State—Making and Revolt in Early Modern France[J]. *American Sociological Review*, 2002(6).

Lutz, Jessie. Chinese Nationalism and the Anti-Christian Campaigns of the 1920s[J]. *Modern Asian Studies*, 1976(3).

Mann, Michael. Ruling Class Strategies and Citizenship[J]. *Sociology*, 1987(3).

Mann, Michael. The Autonomous Power of the State: Its Origins, Mechanisms and Results[J]. *Archives Européennes de Sociologie*, 1984(2).

Meyer, John, et al. World Expansion of Mass Education, 1870–1980[J]. *Sociology of Education*, 1992(2).

O' Brien, Kevin & Li, Lianjiang. Selective Policy Implementation in Rural China[J]. *Comparative Politics*, 1999(2).

Pring, Richard. Political Education: Relevance of the Humanities[J]. *Oxford Review of Education*, 1999 (1&2).

Reeve, Johnmarshall. Why Teachers Adopt a Controlling Motivating Style Toward Students and How They Can Become More Autonomy Supportive[J]. *Educational Psychologist*, 2009(3).

Reeve, Johnmarshall & Jang, Hyungshim. What Teachers Say and Do to Support Students' Autonomy During a Learning Activity[J]. *Journal of Educational Psychology*, 2006(1).

Salokangas, Maija & Chapman, Christopher. Exploring Governance in Two Chains of Academy Schools: A Comparative Case Study[J]. *Educational Management Administration & Leadership*, 2014(3).

Scott, Zoe. Literature Review on State—Building[R]. International Development Department, 2007.

Simmons, John. Justification and Legitimacy[J]. *Ethics*, 1999 (4).

Vu, Tuong. Studying the State through State Formation[J]. *World politics*, 2010(1).

Waghid, Yusef. Patriotism and Democratic Citizenship Education in South Africa: On the (im) possibility of reconciliation and nation building [J]. *Educational* Philosophy and Theory, 2009(4).

Wang, Shaoguang. State Effectiveness and Democracy[J]. *Journal of Democracy*, 2003(1).

英文学位论文：

Bowles, David. Finding the Way: Guomindang Discourse, Confucius, and the Challenges of Revolutionary Traditionalism in China, 1919—1934[D]. Doctor Dissertation of Oxford University, 2016.

Keller, Charles. Making Model Citizens: the Chinese YMCA, Social Activism, and Internationalism in Republican China, 1919—1937[D]. Doctor Dissertation of University of Kansas, 1996.

Tiregol, Jessica. The Role of Primary Education in Nation State Building: the Case of the Early Turkish Republic[D]. Doctor Dissertation of Princeton University, 1998.

图书在版编目（CIP）数据

公民教育与国家建构的互动关系研究 ：基于中国近代公民教育史的考察 / 刘争先著. -- 杭州 ：浙江教育出版社，2021.5
（公民教育研究）
ISBN 978-7-5722-1416-5

Ⅰ. ①公… Ⅱ. ①刘… Ⅲ. ①公民教育—研究—中国—近代 Ⅳ. ①D693.4

中国版本图书馆CIP数据核字(2021)第020930号

责任编辑 高露露 洪 滔　　责任校对 彭 宁 戴正泉
封面设计 韩 波　　责任印务 陈 沁

公民教育研究
公民教育与国家建构的互动关系研究：基于中国近代公民教育史的考察
GONGMIN JIAOYU YU GUOJIA JIANGOU DE HUDONG GUANXI YANJIU: JIYU ZHONGGUO JINDAI GONGMIN JIAOYUSHI DE KAOCHA
刘争先 著

出版发行 浙江教育出版社
（杭州市天目山路40号 电话：0571-85170300-80928）
图文制作 杭州林智广告有限公司
印刷装订 浙江新华数码印务有限公司
开 本 710mm×1000mm 1/16
印 张 26
插 页 1
字 数 424 000
版 次 2021年5月第1版
印 次 2021年5月第1次印刷
标准书号 ISBN 978-7-5722-1416-5
定 价 58.00元